고양이 한국 문학

– 한국 문학을 종단(縱斷)하는 고양이들

이재선(李在銑)

1936년 경상북도 의성에서 태어나 서울대학교 문리대 국어국문학과 및 동대학원 졸업 영남대학교 교수를 거쳐서 1969년부터 서강대학교 국어국문학과 교수로 재직 현재는 서강대학교명예교수로 있다. 하버드대학 E. A. L. C학과 객원교수역임 한국출판문화대상(저작상)과 대한민국문학상을 수상했다. 저서로는 『한국 개화기 소설 연구』, 『한국 단편 소설 연구』, 『한국 소설사(근현대편』, 『현대한국 소설사 1945-1990』, 『현대소설의 서사 주제학』, 『현대소설의 서사시학』, 『한국문학 주제론』, 『이광수문학의 지적 편력』 등 저서와 여러 편의 논문이 있다.

서강학술총서
113

細細毛淺青 團團眼深綠

고양이 한국 문학

– 한국 문학을 종단(縱斷)하는 고양이들

꽃가루와 같이 부드러운 고양이의 털에
고운 봄의 향기가 어리우도다.

이재선 지음

서강대학교출판부

서강학술총서 113

고양이 한국 문학

– 한국 문학을 종단(縱斷)하는 고양이들

초판 1쇄 발행 | 2018년 9월 5일

지 은 이 | 이재선
발 행 인 | 박종구
편 집 인 | 이정재
발 행 처 | 서강대학교출판부
등록 번호 | 제2002-000170호

주 소 | 서울특별시 마포구 백범로 35(신수동)
전 화 | (02) 705-8212
팩 스 | (02) 705-8612

ISBN 978-89-7273-350-8 93810
ISBN 978-89-7273-139-9(세트)

값 30,000원

* '서강학술총서'는 SK SUPEX 기금의 후원으로 제작됩니다.

책머리에

고양이의 문학을 위하여

근자의 보도에 의하면 현재 우리나라 반려동물의 수가 천만이 넘는다고 한다. 이 천만의 수 가운데서 주종이 되는 것은 의당 개가 되겠지만, 애완과 반려의 주요 가축으로서 집 안에서 사람과 함께 동거하면서 살고 있는 고양이의 수만 하여도 적게 잡아도 그 삼분의 일 정도는 능히 될 것이라 믿어진다. 그뿐이겠는가. 집 안에서 보호받거나 사랑받고 있는 행복한 고양이들과는 달리 우리가 흔히 목격하듯이 인간에 의해서 박해받아 집 밖으로 냉혹하게 버려지거나 유기되어서 도시의 위험한 골목길이나 아파트의 어두운 차고 등에서 살아가거나 들판과 산에서 야생화되어 헤메는 고양이들을 다 감안하면 그 수는 훨씬 더 상회할 것으로 믿어진다.

고양이는 오래 전부터 쥐를 잡는 특별한 능력 때문에 유익하고 가치 있는 동물로서 인간과 더불어 동반 관계로서 공서한 이래로 점점 애완동물이 되었고 현재는 개 이상으로 가장 가깝고 사랑스럽고 친근한 반려가 되고 외롭거나 홀로 사는 독신자들의 가족적 동반 동거동물로서의 인기가 높아져 가고 있는 추세이다. 또 고양이는 사이버공간을 채워간다. 그런가 하면, 이러한 애묘 현상과는 반대로 사람에 따라서는 고양이는 영물이나 마물로서 혐오와 두려움의 부정적 대상이 되기도 한다. 나는 이제껏 한 번도 고양이를 키워 본 적이 없다. 현재도 고양이를 좋아하지도 싫어하지도 않는, 애증(愛憎)의 대상으로 삼지 않는 중립 상태이다. 이런 처지에 있으면서 문학 속의 고양이를 언급하다니 이는 분명코 기이하거나 아이러니가 아닐 수 없는 것이다.

그래서 많고 많은 대상 중에 하필 왜 고양이에 관해서 쓰냐고 지적하는 이들도 없지 않다. 분명히 말하자면 이 작업은 단순한 고양이 연구가 아니라 고양이가 우리의 문화 및 의식체계와 한국 문학 속에 각인되어 있는 여러 상징체계와 의미를 살피거나 추구해 보는 한국 문학의 동물상징론이자 인문학적 작업의 일환이다. 즉 한국 문학의 상상력에서 동물로서의 고양이는 어떤 역할을 하는가 하는 동물의 문학성 및 문학적 동물학인 동시에 그 상징적인 계보에 대한 살핌이고자 한다.

고양이의 문화적 상상력 또는 문학적 상상력 속의 고양이에 대해서 내가 특별한 관심을 두게 된 계기는 오래이다. 그것은 젊은 교수시절 문학 이론 강좌에서 고월 이장희(李章熙)의 시 「봄은 고양이로다」를 분석하고 해석하는 장을 준비하면서 보들레르의 시 「고양이」(Les Chats)와의 비교문학적 · 주제학적 연계를 시도하면서부터다. 1960년대에 출현한 글들이지만, 보들레르의 「고양이」 한 편을 두고서 당대 문학 비평의 세계적 정상에 있는, 로만 야콥슨과 레비-스트로스의 구조주의, 미셸 리파테르의 문체론, 뤼시앙 골드만의 문학 사회학 등의 서로 다른 비평적 시각과 방법들에 의해서 수행되는 이른바 고양이 논쟁의 그 지적 통찰과 첨예 치밀함을 접하면서 그것이 내게 주는 충격과 자극은 엄청난 파장이었던 것으로 기억한다. 그것은 그때 그 젊은 나이의 나에게는 문학 작품의 연구나 비평의 관점은 모름지기 이리되어야 한다는 준엄한 일깨움의 하나이었던 것이다. 이후로 내게는 고양이와 관련되어서 포우의 「검은 고양이」나 나쓰메 소세키의 「나는 고양이로다」 등은 물론 한국 현대 문학의 장에서 고양이가 출현하는 시와 소설 작품들을 찾고 숙고해보는 시간들이 이어지게 되었던 것이다.

이 책은 이렇게 이어져온 나의 동물 상징에의 관심이 테마와 모티프와 상징(이미지)의 탐색을 중심으로 지향하는 연구방법이 새로운 문학 주제학의 영역과 합류되면서 이루어진 것이다. 고려 시대의 문학에서 21세기의 당대 문학에 이르기까지를 고양이를 종단적으로 그리고 총체적으로 살피면서 고양이 문학으로서의 성격을 살펴보고 한국사람은 고양이를 어떻게 생각하는가를 체계적으로 해석해 보려는 작업의 결산 보고서이다.

다양한 테마가 아니라 고양이라는 단일한 하나의 테마를 중심으로 고전 문학의 영역인 설화 문학 · 한시 · 제화시 · 응제시 등의 시, 가전(假傳) 서사 · 회화 · 민속적 속신 · 백과전서 등에 관련된 비유 · 상징 알레고리에서 비롯해서 현대문학에 이르기까지 전 장르를 두루 대상화 한 작업이다. 따라서 이 작업으로 해서 한국 문학 전반에 있어서 고양이 문학의 현상과 특성을 90여 편이나 찾아서 처음으로 집중적으로 그리고 분명할 정도로 가시화할 수 있게 되었음을 자부한다.

나는 내 나름으로 정성을 다해 이루게 된 이 책을 늘 스승같은 선배 故 김열규 선생께 헌정(獻呈)한다. 자랑스런 서강에서 선생과 함께하면서 보낸 삼십 년의 그 시간들이 너무도 귀하고 고맙고 그리워서이다.

이 연구 작업을 지원해준 서강학술총서 기획위원회의 배려에 감사하고 출판부에도 깊이 감사한다. 그리고 이 작업의 수행을 도와준 제자들 허윤진, 조경은, 이소연 그리고 특히 원고 정리 등 힘겨운 일을 감내해 준 박상익 등. 이 네 젊은 박사들에게도 감사의 마음을 전하고자 한다.

2018년 여름날

이 재 선

목 차

1부
고양이의 문학 주제학:
고전 문학편

1장
프롤로그 : 한국 문학 속의 고양이, 그 상징 동물학

오늘날 한국인들에게 있어서 고양이는 개와 더불어 가장 인기 있는 애완동물이자 반려 동물이다. 그리고 가족이고 동반자이다. 후미진 도시의 골목길과 아파트의 지하 차고에서 버려진 채로 그림자처럼 살아가는 길고양이도 흔히 보이지만 가족의 일원으로서 멋진 이름을 갖고 집 안에서 인간의 사랑을 받고 동물 병원을 수시로 드나들고 있는 동거자로서의 호사스러운 집 고양이도 많아지고 있는 추세이다. 애니메이션(만화) · TV · 광고 등 영상매체에서도 애용 동물로 넓게 자리잡아 가고 있는 현실이다. 고양이를 아예 혐오하거나 무서워하는 고양이 공포증(Ailurophobia)을 가진 사람들도 적지 않지만 반대로 고양이를 노부모나 자식 이상으로 사랑하고 살가워하면서 집 안에서 함께 품고 사는 고양이 애호증(Ailurophilia)의 독신 젊은이 · 아이들 · 노인들도 점점 많아질 만큼 고양이와 사람의 동반적 관계 또한 점진적으로 돈독해져

가는 추세이다. 마치 사람과 사람의 혈연 관계가 사람과 짐승(개·고양이)과의 대응적 관계에로 옮겨가는 듯한 현상이다.

고양이는 주인에 대한 충성심과 순종성이 유달리 강한 개와는 달리 자연 상태에서의 잘 길들여지지 않은 야성의 습성을 이어받은 듯 개보다는 제멋대로의 독립적 특성을 보이며 제멋대로 행동하고 혼자 돌아 다니기를 좋아한다. 인간의 보호를 받으면서도 독립성의 습성을 지닌 이 생태의 양면성이 고양이가 지닌 독자적인 특성이고 매력이다. 그런 가운데 고양이는 또 친밀한 범주에 속하는 주인은 묘하게 잘 알아보기도 하는 애완동물이다.

그렇다면 이런 고양이는 우리 한국 문학의 짐승의 상상력이나 의식구조에서 어떻게 받아들여지고 또 어떤 이미지나 비유 · 상징으로서 제시되고 있을까. 이를 추적하고 검증해보려는 것이 이 글이 의도하고 지향하는 바다. 관심의 시간적인 범위는 고려시대에서 21세기 오늘 당대에 이르기까지 넓게 펼쳐진다. 메어리 엘른은 그의 『미국 문학의 동물들(Animal in American Literature)』[1](1983)에서 미국 문학 속에서 인상적인 역할을 하는 놀랄만한 동물 종류 수를 따르고 있지만, 나의 이 작업은 많은 동물 중에서도 고양이 하나에만 집중해서 한국 문학이 지니고 있는 동물 중에서 고양이의 상징학(Symbology)만을 살피는 일이다. 즉 고전 문학과 현대문학 · 설화 · 회화 · 민속 등의 여러 영역을 상하종횡으로 맥락화하면서 한국 문학의 유구한 동물 왕국에서 간지(干支)의 동물은 아니지만 대표적인 상징과 동물 모티프의 하나로서의 고양이의 효

1 Mary Allen, *Animal in American Literature*, University of Illinois Press, 1983.

용적 비유와 상징성과 미학성을 종단적으로 꿰뚫고 추출해 보려는 작업인 것이다. 다시 말해서 한국 문학은 지 · 정 · 의(知·情·意)의 측면에서 고양이를 어떻게 보고 있는가이다. 그렇다면 한국 문학에서 고양이가 과연 그럴 만큼 비중있게 충분히 채집될 수 있고 또 그것이 그럴만큼 가치 있고 의미 있는 작업이 될 수 있을 것인가? 굳이 이 물음에 대답을 해야 한다면, 나는 '그렇다'라고 단호하게 답하겠고 그 이유를 증명해 갈 것이다.

조선 조 후기의 탁월한 실학자요 문인인 다산(茶山) 정약용(丁若鏞, 1762~1836)의 한시에 「이노행(狸奴行)」[2]이라는 고양이 시가 있다. 다산 연구가인 송재소 교수가 번역한 이 시의 전문을 옮기면 다음과 같다.

> 남산골 한 늙은이네 고양이를 길렀더니
> 해묵고 꾀 들어 요악(妖惡)하기가 늙은 여우로다.
>
> 밤마다 초당에서 고기 뒤져 훔쳐 먹고
> 작은 단지 큰 단지 마구잡이 깨뜨리네.
>
> 어둠을 틈타 교활한 짓 제멋대로 다하다가
> 문 열고 크게 소리치면 형체 없이 사라지네.
>
> 등불 켜고 비춰보면 더러운 발자국 널려 있고
> 이빨 자국 나 있는 찌꺼기만 낭자하네.
> 늙은 주인 잠 못 이뤄 근력은 떨어지고
> 이리저리 궁리하나 한숨만 나온다네.

2 '이노행'란 표제를 김지용은 「고양이 도적이 된 노래」(『정다산 시문선』, 1975), 박석무 · 정해렴은 「삵괭이」(『다산시 정선』, 2001), 송재소는 「고양이」(『다산시 연구』, 1981/2014)로 번역함. '狸奴'는 고양이를 가리킴.

생각할수록 이 고양이란 놈 죄 극악하기 짝이 없네
긴 칼 빼어들고 천벌을 내리고 싶구나.

네 놈이 생겨날 때 무엇 하러 생겼더냐.
너로 하여금 쥐 잡게 해 백성 근심 덜려 했지.

들쥐는 구멍 파서 여린 낟알 숨겨두고
집쥐는 집을 파서 모든 집안 살림과 물건 훔치네.
백성들 쥐 피해로 날마다 초췌해져
기름 피 다 마르고 피골도 말랐다네.

이에 너로 하여 쥐 잡는 대장 삼았으니
쥐들 마음대로 죽이고 살릴 권력 네게 주었네.
황금처럼 반짝이는 한 쌍의 눈을 주어
칠흑 같은 밤중에도 올빼미처럼 벼룩도 잡을 만큼 두 눈 밝혔지.

강철 같은 매의 발톱을 주었고
톱날 같은 범의 이빨도 주지 않았더냐.
날뛰고 치고 잡는 용기를 네게 주니

하루에 백 마리 쥐 잡은들 누가 네게 뭐라겠나
보는 사람 네 기상 뛰어나다고 입에 침이 마르도록 칭찬해줄 뿐
너의 공로 보답하는 팔사제(八蜡祭)에도
누런 갓 쓰고 큰 술잔 바치잖느냐
이제 네 놈 쥐 한 마리 잡지 않고
도리어 도둑놈 되어 판장문에 구멍 뚫네.

쥐는 본래 작은 도적 그 피해도 적지만
너는 힘 억세고 꾀 또한 풍부하니
쥐가 못하는 짓 네 놈은 마음대로라

처마에 매달리고 닫은 뚜껑 걷어내고 흙담 무너뜨리고

뭇 쥐들 이제 와서 거리낄 것이 없어
구멍 드나들 제 수염 세우고 시끌벅적하네

쥐들은 훔친 물건 모아서 네게 뇌물 주고
태연히 네놈과 함께 돌아다니니
호사가(好事家)들 때때로 너를 본받아
무수한 쥐떼들이 하인처럼 떠 받들어
북 치고 나팔 불며 떼를 지어선
깃발 휘날리며 앞장서 가네.
너는 큰 가마 타고 거만 부리며
뭇 쥐들의 떠 받듦만 즐기고 있구나.

내 이제 붉은 활에 큰 화살 메겨 내 손으로 네 녀석 쏘아 잡으니
만약에 쥐들이 행패부리면 차라리 사나운 개를 불러 대리라.[3]

쥐를 잡으라고 있는 고양이가 역설적으로 도둑이 된다는 뜻을 함축하고 있는 이 시는 다산이 49세 때(1810) 유배지 다산초당에서 지은 것이다. 고양이는 한자로 '묘(猫)'이외에도 '이노(狸奴)', '오원(烏圓)', '몽귀(蒙貴)'라고도 하며 도둑 고양이는 '투묘(偷猫)', 집고양이를 '가리(家狸)'로 일컫는다. 시 「이노행」은 고양이를 있는 실재 그대로 묘사하거나 제시하고 있는 단순한 동물시(Poéme Animalier)가 아니다. 표면적으로 서로가 앙숙이고 상극의 관계인 쥐와 고양이를 끌어와서 비유적으로 그들을 사람으로 의인화하고 우의화(寓意化, 알레고리)한 일종의 현실 비판적 의도의 풍자시인 것이다. 즉 다산이 살았던 조선 후기에 부패한

3 송재소, 『다산시 연구』, 창비, 1981, 298~301쪽. / 2014, 193~6쪽.

사회상으로서 감사와 노회한 지방 하급 관리들의 본분을 잃은 나쁜 행태를 쥐와 고양이로 빗대어서 쓴 것이다. 사람에게 해로운 쥐는 잡지도 않고 오히려 그런 쥐들과 한통속이 되거나 서로 공생하는 뒤틀린 현상으로 전도하고 변형화시키고 있는 수법의 시인 것이다. 즉 수탈하고 국고를 탕진하는 간신 수탈자로 표상된 쥐를 잡지 않는 고양이와 민폐만을 끼치는 관료들의 의무에 배치된 횡포를 일치화하고 등가화해서 폭로하는 내용이다. 여기서 고양이를 풍자를 위해서 부정적인 관리로 전도 · 강등한 알레고릭한 상(像)으로 변형시킨 것이다. 풍자는 관리나 치자를 위한 정치 윤리적 비판 철학을 위한 수단으로 이렇게 알레고리와 비판의 레토릭으로서 고양이를 사랑한다.

우리가 잘 알고 있듯이, 풍자의 문학적 목표는 전도된 세계에 대한 고발이다. 인간과 사회의 왜곡되고 불합리하게 뒤틀어져 있는 관계나 상태에 대한 비판과 폭로를 수행하는 것이다. 그러면서도 궁극에 있어서는 비난과 폭로를 통해서 개선을 지향코자 하는 비판적 태도의 예술 형식인 것이다. 이런 풍자적인 우의는 주로 전통 한국문학에서 쥐나 고양이 같은 동물 · 식물 같은 비인격적인 대상을 인간화시키는 환치의 의인화의 시학 또는 동물 우화의 수법으로 이루어지는 것이 일반적인 현상이다. 고양이를 특별히 의미화한 이 시의 시적 화자(話者) 또는 스피커인 남산골 늙은이는 곧 보는 자의 시선 쪽에 있는 일반 백성이다. 그리고 쥐를 잡아야 하는 고양이는 사람에게 유익한 본래의 직분을 행하는 고양이 = 관리이지만 이 직분으로 부여된 특권과 힘을 악용함으로써 오히려 잡아야 할 쥐는 안 잡고 쥐와 야합하여 도둑이 되고 있는 유해한 도둑 고양이가 되고 있다. 이 도둑 고양이는 민폐를 끼치고 백성에게 무자비한 착취와 횡포를 부리면서 전도된 시추에이션에 있는 부패 관리를 암시한다. 그야말로 '고양이에 생선(또는 생선가게)'를 맡긴 상황이다. 다산의 이와 같이 한통속이 된 쥐와 고양이를 끌어들인 풍자적 표현은 문란한 이도(吏道)에 대한 신랄한 공격과 풍자적 표현으로 비판을 위한 대담한 유추적 지각에 의한 결과임이 분명하다. 고양이는 원래 우리에게 해를 끼치는 쥐를 잡고 사냥해주는 이로운 짐승이다. 그럼에도 불구하고 여기서는 오히려 도둑으로 역설적 반전 · 비하되어 있는 부정적인 존재가 되어 있다. 그러나 쥐사냥을 전제할 때 고양이는 더없이 고마운 존재이고 그런가 하면 고양이(狸奴)의 이미지는 이런 긍 · 부정을 떠나서 고려 말의 목은(牧隱) 이색(李穡)의 한적시의 시구 '추운 밤 고양이는 가까이 붙고 하늘 제비는 높이 나누나'(夜冷狸奴近 天晴燕子高)에서처럼 시적 대상으로 매력있는 이미지로 의롭고 쓸쓸하고 적적한 삶을 더불어 함께하는 친밀의 근접 · 교감적 존재로서 받아들여지기도 한다.

갯과의(Felidas) 고양이는 이전부터 이렇게 긍 · 부정의 상반된 의미로 공존하면서 한국 문학의 영역 도처에서 웅크리고 있으며 작품을 혹은 전체적으로 전유하거나 혹은 효과적인 이미지로서 삽입되는 부분으로서 뚜렷하게 존재하기도 하며 그러면서 이들은 문학의 비판성과 미학성을 위한 상징과 은유와 알레고리로서 부호화(encode)의 대상이 되면서 있어온 존재이다.

고양이(Felis Catus)는 일반적으로 집고양이를 가리키지만 야행성 · 육식성 · 포유성의 동물이다. 즉 포서수(捕鼠獸)로서 쥐를 잡는 짐승이다. 천변만화의 묘한 눈동자를 갖고 발톱은 예리하고 쓰지 않을 때에는 피부 속으로 감춘다. 몸길이는 약 50cm 안팎이고 몸무게는 대략 7.5 Kg이고 교근(咬筋)과 송곳니가 발달된 동물이다. 높은 곳에서 떨어져도 땅에는 사뿐하게 내려설 정도로 평행 감각이 뛰어나다. 행동이 민첩해서 원래 쥐를 잘 잡고 귀소본능(歸巢本能)이 또한 뛰어나다. 품종으로 크게 장모종과 단모종으로 나뉜다. 그런 중에도 수대기호(獸帶記號)의 십이간지 동물에 끼지 못한 것으로 보아서는 고양이가 중국의 토종은 아니었던 것은 분명하다. 농경 시대부터 인간에게 큰 피해를 끼치는 쥐를 잘 잡는 사냥 능력 때문에 유익하고 가치 있지만 다른 한편으로는 두려움이나 무서움을 느끼게 할 뿐 아니라 사악과 악마의 화신 혹은 영물로서의 공격성이 또한 강한 것으로 알려지고 있는 것도 사실이다. 그리고 매혹적인 아름다움과 유혹적인 앙칼진 여성성을 함께 지니고 있어서 여성의 묘성(猫性)이 연계되기도 하며, 특히 여성들의 애완 동물이기도 하다. 이것이 고양이의 가축성과 야수성의 상반된 성격을 암시한다.

고양이란 종의 기원은 분명히 알 수는 없지만 포유동물의 진화 초기에 그 형태가 이미 발견되며, 족(族)의 자취가 4천만 년 전 화석에서 관찰된다는 주장이 있다. 구속을 싫어하는 자립적인 야생 고양이가 처음으로 집고양이(Felis Catus)로 가축화하며 인간과 동반적 관계로 집에서 살게 된 것은 대략 3500년 전 이집트에서 비롯되었다고 한다. 이것이 고고학적 역사적 기록을 바탕으로 한 고양이 가족화에 대한 전통적인 이론이다. 기원을 확정하기는 어렵지만 주목해 볼 수 있는 점은 고대 이집트에 있어서 고양이를 신수(神獸)와 신성 동물로서 받아들였다는 사실이다. 고양이의 여신인 바스테트(Bastet) 또는 바스트(Bast)는 신성하고 인간의 수호자 및 후원자로서 숭상되었기 때문에 이집트에서는 고양이를 죽인 자는 사형 처분을 받았고 또 집 고양이가 죽으면 주인은 애도의 표시로 눈썹을 깎고 장례식을 엄수했다고 한다.[4]

어쨌거나, 고양이의 사육 또는 가축화 현상은 오랜 역사를 가지고 있고, 그 기본적인 요인은 무엇보다 쥐잡이와 관련되어 있다. 사람에게 큰 피해를 줄 뿐만 아니라 곡식을 거덜 내는 설치류인 쥐를 사냥해 줌으로써 인간에게 큰 이득을 주는 것이 바로 고양이였기 때문이다. 한국이나 중국 역시 이 같은 현상에서 예외가 아닌 것이다. 고양이는 중국에서 한국으로 도래되었을 것으로 생각된다. 『캣 센스(*Cat Sense*, 2013)』를 쓴 존 브래드쇼(John Bradshaw)는 인간이 고양이의 가축화 현상에 관련되어 부과한 두 역할과 그 변화 추이에 대해서 다음과 같이 기술하고 있다.

> 인간이 고양이게 부과한 첫 번째 역할은 인간에게 해를 끼치는 동물을 관리하는 것이다. 야생 고양이는 대략 1만년 전 인간의 곡식 창고로 들어온 수많은 설치류를 잡아먹기 위해 인간 사회로 들어왔다가 인간 주변에 머물게 되었다. 사람들은 쥐만 잡아먹고 곡식이나 작물에 아무런 관심이 없는 고양이가 얼마나 유익한 존재인지를 깨닫고 때때로 남아도는 우유나 동물 내장들을 주면서 녀석들을 곁에 머물게 했을 것이다.
>
> 고양이의 두 번째 역할은 오늘날 가장 중요하게 여기는 인간의 동반자 역할이다. 녀석들이 언제부터 그런 역할을 했는지 정확하게 밝혀지지는 않았지만, 그 첫 번째 증거는 4000년전 이집트 유적

---

4 Ad de Vries. *Dictionary of Symbols and Imagery*, North Holland Publishing Co. 1975, pp. 85~6.
Jean Chevalier · Alain Gheerbrant. *A Dictionary of Symbols*, Blackwell, 1994, p. 162.
Wolfram Eberhard, *A Dictionary of Chinese Symbols*, Routledge & Kegan paul, 1983, pp. 58~ .

에서 찾아볼 수 있다. 하지만 아마 여성이나 아이들은 그 보다 훨씬 전부터 야생 고양이 새끼를 반려동물로 여겼을 것이다. 이렇듯 오랜 세월 동안 고양이는 쥐잡는 동물과 반려동물이라는 두 가지 역할을 해왔지만, 지난 수십 년 사이에 쥐 잡는 역할은 버리도록 강요당했다.[5]

여기에는 고양이가 인간에게 주는 긍정적인 두 가지의 기여 및 혜택과 그 혜택의 추이에 대한 해명이 제시되어 있다. 첫 째는 고양이는 인간에게 해를 끼치는 동물(쥐)에 대한 사냥꾼으로서, 그리고 인간에 대한 동반적 반려라는 것으로 연계된다는 사실과 두 번째는 고양이와 인간과의 관계가 오랜 세월을 거치는 과정에서 원시적인 유산으로서의 쥐잡는 동물, 야생의 사냥꾼이나 현실적인 실용성으로부터 이제는 점차 반려동물로서의 매력적이고 사랑스런 존재로의 가변적 이행이 이루어져 가고 있는 현상이라는 것이다. 이 두 기능은 무엇이든 고양이란 존재에 대한 일반적 특성에 있어서 긍정적이고 호의적 징표이다. 그러나 이미 지적했지만 반드시 고양이가 이렇게 인간에게 고마운 존재 또는 신성한 존재로까지 여겨지는 것만은 아니다. 그와는 정반대로 교활하고 야행성인 고양이의 특성이 악마나 영물의 화신으로 공포와 무서움 · 복수의 음수(陰獸)로서 비호감 · 비호의성의 존재로 받아들여지기도 하는 부정적 측면이 있기도 하다. 에드거 앨런 포의 소설「검은 고양이」가 연상된다. 여기서 고양이는 불길함이나 공포를 불러일으키고 인간의 내면에 감추어진 광기나 악마성을 상징한다. 뿐만 아니라 속신적

5 John Bradshaw. *Cat Sense*, Conville & Walsh Ltd, 2015. 한유선 역.『캣 센스』, 큰항아리, 2015, 28~9쪽.

으로 고양이는 죽은 송장을 일으켜 세우는 신통력이나 주력을 갖고 있으며, 해를 끼친 사람에게는 영물로 변해서 반드시 앙칼진 앙갚음의 복수를 한다고 믿어질 정도로 사악하고 두려운 존재이기도 해서 우리의 생각에서 고양이의 이미지는 부정적이다. 따라서 고양이는 우리의 상상력이나 기본적인 상징 이미지에 있어서 이중의 기호학(Semiotics), 즉 긍 · 부정의 상반되는 반대 이미지를 공유하는 짐승으로 통한다. 쥐를 박멸하는 쥐약의 발명과 보급화는 사람들의 자살율을 높이는 반면 쥐잡이로서의 고양이에 대한 전래의 신뢰에는 어느 정도 감소시키는 변화가 있었을 것이다.

이런 고양이를 대상화하여 우리 한국 문학 속에서 고양이는 과연 어떻게 형상화되었으며 그 속에 각인된 고양이의 비유와 상징 체계와 의미가 어떠한지를 살펴보려고 하는 것이다.[6]

이 작업의 대상이 되는 것은 고전 문학은 물론 오늘 21세기 초 당대의 현대 문학에 이르기까지를 모두 포함한다. 이렇게 하나의 문학사적 체계를 갖춘 한국 문학을 총체적으로 전 장르적으로 종단함으로써 신뢰할 수 있는 상징의 체계화와 궤적이 이루어지리라고 믿고 있기 때문이다. 따라서 대상화되는 작품은 12세기 고려 시대의 이규보 · 이색 · 이제현의 작품에서부터 비롯하여, 조선의 서거정 · 정약용을 거쳐서, 조구명의 「오원자전」, 유본학의 「오원전」 및 이장희의 「봄은 고양이로다」(1924), 한용운 · 서정주의 시, 그 이후 약간의 출현의 부침도 있었

6 여기에 관련된 기존 논의로는 『한국 문화 상징사전』(1995), 김종대의 『우리 문화의 상징체계』(2001), 심우장 등의 「설화 속 동물 인간을 말하다」(2008), 김홍식의 「조선 동물기」(2014), 천진기 『한국 동물 민속론』(2013) 등이 있음.

지만 김동인의 「송동이」, 이기영의 「묘양자」, 조벽암의 「구직과 고양이」를 모두 찍고, 최명익의 「봄과 신작로」, 박노갑의 「고양이」, 황인숙의 시 「나는 고양이로 태어나리라」(1998)와 황병승과 송찬호의 고양이 시까지 그리고 한말숙의 「고양이」, 김문수의 「증묘」, 양선규의 「고양이 키우기」, 전경린의 소설 「낯선 운명」과 김연경의 「고양이의, 고양이에 의한, 고양이를 위한 소설」, 권지예의 「퍼즐」(2007), 편혜영의 「문득」(2005), 황정음의 「묘씨생」(2010), 박덕규의 「고양이 살리기」(2004), 김중미의 「그날, 고야이가 내게로 왔다」(2016)에 이르기까지 점점 출현의 증가 현상을 보이는 고양이 관련 모든 작품이 될 것이다. 뿐만 아니라 전래 설화와 이암과 변상벽 · 김득신과 같은 조선시대의 화가들의 회화도 함께 상동적(isomorphic)으로 다루고자 한다.

그리고 단순히 고양이가 나타나거나 제시되어 있는 장면이나 현상만을 인용하거나 주목하려는 소재론적 차원을 넘어서 그것들이 전체 작품의 구조나 주제 · 상징미학으로서 어떻게 긴밀하고 유기적인 관계와 기능을 맺거나 발휘하고 있는지를 밝히기 위해서 작품론적 차원에서 너무 지나칠 정도의 이론적 차용의 현학성은 가급적 배제하지만 그 작품 내재적 의미를 깊이있게 밝히는 문학 해석의 시선만은 심화하고자 한다. 그러면서 문학 주제론의 지향은 물론 한국 문학의 동물에 대한 인문학적 비전 및 상징 동물학을 열어보려고 한다.

2장

고양이의 설화학 : 민속 전래적 선악의 스토리텔링

그렇다면 우리 한국인의 삶과 문학과 사유 속에 공존의 관계로서 웅크리거나 숨어 있는 고양이의 원형적 상(像)과 상징 체계는 어떤가. 이를 위한 긴 트레킹의 장정(長征)을 출발한다. 문학의 기원은 동물과 함께 한다. 그 시작의 첫 장(場)은 집단 문예로서의 설화의 영역이다. 설화란 쉽게 말해서 '이야기' 즉 구전(Mündliche Überlieferung)되는 민중문학 또는 민중 서사(Volkserzäeung)으로서의 전(前) 문학적(Vorliterarische)인 구연성의 '단순 형태'이고 단형 서사 내지 '서사적인 단형'이다. 이야기의 민속적 자산으로서 전승 · 전래되는 민중적인 집단 문학으로서의 서사이기에 개인 문학으로서의 기록성의 창작적 문학(Literarische) 형태와는 경계가 있는 것이다. 이는 로만 야콥슨의 구조 언어학의 측면에서 보면 '랑그(Langue)'와 '빠롤(Parole)'의 관계로 유추된다.

그런데 일찍이 앙드레 욜레스(André Jolles)는 그의 '단순형식

(Einfache Formen, 1930/1965)'에서 형식과 구조가 간단한 이 단순 형태의 범위로서 전설 · 영웅전설 · 신화 · 수수께끼 · 격언 · 사건 · 회상록 · 민담 · 재담으로 들고 일화와 소화(笑話)를 보충한다. 그러나 모나카 슈라더는 그의 『서사적 단형(*Epische Kurzformen*, 1986)』에서 그 갈래를 전설(Sage), 민담(Märchen), 소화(Schwank), 우화(Fabel) · 비유담(Parabel) · 일화(Anekdote)로서 간명하게 분류하고 있다.[7] 한국에서의 설화 분류는 이보다 더 단순하고 간단하게 주로 신화 · 전설 · 민담 등으로 삼분화된다. 어느 것이든 이 중 우리가 통상적으로 쓰고 있는 '민담(民譚)'은 서구에서 쓰여지고 있는 'Folktale'이나 'Märchen'과 유사하거나 연계되는 개념의 장르다. 게로 폰 빌페르트(Gero von Wilfert)는 메르헨을 시간적 · 공간적 확정없이 환상적 · 놀라운 사건과 사태를 자유롭게 꾸며낸 짧고 재미있는 산문 이야기[8]라 규정한다. 이 경우 막스 뤼티는 민담을 단축적 승화적 문체 형상으로된 세계함유적 모험이야기로 규정하기도 한다.[9] 여기서 뤼티는 민담의 특징을 ① 1차원적, ② 평면적, ③ 고립적, ④ 비현실적인 것으로 예거한다.

이 경우 '민담'은 창작으로서의 쿤스트 메르헨(Kunst Märchen)이 아니고 막스 뤼티(Max Lüthi)가 지적하듯 '옛날 옛적에'(Es Wár

7 Monika Schrader. *Epische Kurzformen*, Scriptor, 1986, s. 9f.
장덕순, 『한국 설화 문학 연구』, 서울대출판부, 1970.
장덕순 · 조동일 · 서대석 · 조희웅 공저, 『구비문학개론』, 일조각, 1971 참조.

8 Udo Reinhardt. Mythen-Sagen-Märchen Eine Einführung mit exemplarischen Motivreihen Rombach, 2012, S174.

9 Max Lüthi. *'Es Wár Einmal...', Vom Wesen des Volks-Märchen*, Vandenvhoeck & Ruprecht, 1983.
Max Lüthi. Des Europäische Volks-Märchen, Form und Wesen, UTB Francke, 1978, S. 77.

Einmal…)의 형식으로 시작하는 전래의 민간 설화로서의 폴크스 메르헨(Volksmärchen)이다. 곧 이야기이다. 그 속에는 흔히 짐승이 출현한다.

한국의 기층 문학인 옛 이야기요, 스토리텔링의 원형인 민중 설화 속에 나타나고 있는 고양이는 즉, 민담(民譚 : 나는 이를 '담(譚)'이란 묘한 한자 대신, 민화(民話)라고 명명하고 싶다)을 중심으로 한 설화적 상상력 속에 고양이는 '더블 비전'으로 나타난다. 즉, 설화든 민담이든 우리 민중 서사에서의 고양이에 대한 반응과 상징성의 특징은 크게 유익하고 호의적이고 우호적인 긍정의 성격(善)과 사악하고 불길한 비호감적인 부정의 성격(惡)으로 양면화된다. 좋은 조짐의 표상적 짐승으로 나쁜 조짐의 불길의 표상적 짐승으로의 상반된 양가성이 그것이다. 그래서 한국 설화 공간의 민담 미학에서 나타나는 고양이는 쥐잡이로서 재앙과 두려움의 존재로서 플러스(+)상 · 마이너스(−)상 두 계열의 고양이 서사를 이루게 된다. 또 양자는 전도되기도 한다. 이것은 워낙 고양이를 영물이나 악물로서 호불호가 분명하게 나타나는 우리의 고양이에 대한 상반된 의식 구조나 현상과 관련되어 있음은 물론이다.

1. 호감과 긍정 상으로서의 유익한 고양이

긍정적 고양이 서사의 유형(AT 545)

강원도 오대산의 전통 사찰인 월정사를 연하여 있는 상원사(上院寺) 뜰에는 보기 드물게도 한 쌍의 고양이 석상이 지금도 자리잡고 있다. 그런데 여기에는 조카인 단종을 죽이고 조선의 7대 임금으로 즉위한 세조(재위 1415~1468)와 고양이가 서로 얽힌 사연과 예조(預兆) 모티프의 설화가 전래해 내려오고 있다. 연기 설화인즉, 문수 동자(文殊菩薩)의 도움으로 심한 피부병을 고친 세조가 상원사에 이르러 법당으로 들어가 예불을 올리려고 하는데, 이때 홀연히 어디선가 고양이 두 마리가 나타났다. 고양이가 세조의 옷자락을 물고 세 번이나 자꾸 잡아 당기는 시늉을 했다. 이상한 예감에 세조는 밖으로 나왔고 그를 호위하던 병사들로 하여금 법당 안팎을 샅샅이 뒤져보게 했다.

상원사 고양이석상(石象) 사진 저자찍음

그런데 그 결과 불상을 모신 탁자 밑에 세조를 시해하려는 세 사람의 자객이 칼을 품고 은신해 있는 것을 발견하게 된다. 고양이가 아니었으면 세조는 자객들에 의해서 죽음을 면치 못하였을 것이 아닌가. 이에 죽을 뻔한 목숨을 구해준 고양이를 위해서 세조는 상원사 사방 80리의 땅을 묘전(猫田)으로 하사하고 매년 고양이를 위해서 제사를 지내도록 명령했다. 궁궐에 돌아온 세조는 고양이를 잡아 죽이지 말라는 왕명을 내렸다고 한다. 상원사의 고양이 석상은 이 일을 기리기 위해서 사찰에 세운 것이다. 이 석상은 왕릉들의 길수(吉獸) 석상들과는 이질적인 석상으로 나도 1990년 5월 이를 처음으로 찾아보고 사진을 찍은 바 있다. 이 비슷한 짐승의 석상으로 불 속에서 주인을 구한 의구(義狗)의 석상이 전북 임실군 둔남면 오수(獒樹)에 있기도 하지만 어쨌든 여기서 세조는 꼭 죽을 악운을 맞고 있었는데, 고양이의 도움에 의해서 필사의 죽음을 면하게 되었다. 고양이는 그저 쥐나 잡는 짐승이 아니라 제왕의 보호자로서, 운명에 대한 투시력을 갖고서 목숨을 노리는 살육자에 대한 예방의 예지력을 갖춘 영적 능력의 유익한 존재이다. 이런 고양이는 스티스 톰슨(Stith Thompson)의 『민속 문학의 모티프-인덱스(*Motif-Index of Folk Literature*)』의 「일반 개요(General Synopsis of the Index)」에 의하면 '주술적 동물'인 동시에 '친한 동물'에 해당한다. 그러나 이 이야기는 고양이가 유익한 긍정 동물이란 점에서는 맞지만, 이른바 메르헨과 같은 민담은 아니고 전설에 해당한다. 민담이 그 기본 성격으로 지니는 시간과 공간과 인물과 연계되지 않으며, 전적으로 허구적인 공간, 모든 시간적인 연관성이 없는 비현실적인 순수한 허구이며, 계보적 고정화가 없는 것과는 어그러지기 때문이다.[10] 이렇게 왕과 관련된 고양이의 전설적 이야기는 또 있다. 이는 『증보문헌비고(增補文獻備考)』에서 전하는 금묘(金猫)의 이야기이다. 조선조 숙종의 만년에 궁중에서 금묘 한 마리를 기르며 무척 사랑했었는데, 숙종이 승하하자 그 고양이는 전혀 먹지 않고 굶어 죽는다. 사람들이 의롭고 충성스러운 고양이라 하여 숙종릉인 명릉(明陵)의 길가에 묻어 주었다는 이야기이다. 이 역시 긍정적인 고양이 상(像)이다. 이렇게 왕가와 관련된 고양이 이야기로는 17

10 Udo Reinhardt. 앞의 책, S. 202.

세기 효종 대왕과 숙명공주(淑明公主)의 이야기가 전한다. 효종은 시집 가서 고양이만 품고 지내는 공주에게 이런 친필의 서간을 보낸다.

> 너는 싀집에 가 바틴다는 ᄒᆞ거니와 어이 괴양이ᄒᆞ 품고 잇ᄂᆞᆫ다. 행여 감모(감기)나 ᄒᆞ얏거든 약이나 ᄒᆞ야 먹어라[11]
>
> (너는 시집에 가 바친다고는 하거니와 어찌 고양이는 품고 있느냐? 행여 감기나 걸렸거든 약이나 하여 먹어라)

이것이 아비로서의 부정이 담긴 효종의 공주에게 보낸 서한의 내용이다. 이로 보면 숙명공주야말로 이 나라 조선의 여성으로서는 드문 애묘가(Ailurophile)임이 분명하고 고양이만 사랑하여 6년이 넘도록 아이가 없는 그런 공주를 효종은 무척이나 안타까워하고 마음 아파하였던 모양이다.

이런 전설의 이야기에서 이제 본격적으로 민담의 세계로 옮겨가 보기로 한다. 고양이가 친한 동물로서 사람을 돕는 민담에서 가장 대표적인 이야기는 「견묘보주탈환(犬猫寶珠奪還)」이다.[12] 이 이야기는 『한국 구비 문학대계』(정신문화연구원), 『한국 구전 설화』(임석재, 1980) 등에서 「구슬 찾으러 간 개와 고양이」 또는 「견묘쟁주(犬猫爭珠)」라는 이름으로 구전되거나 기술되는 등 버전이 적지 않다. 정인섭은 『한국의 민담(*Folktales of Korea*, 1952)』으로 이를 소개하는 가운데 「고양이와 개(The Cat and the Dog)」란 이름으로 이를 신화 부분에 배치했다. 이는 아마도 용궁 방문 때문이었을 것이다. 그리고 일인 이시이 마사미(石井正己)도

11 「숙명신간첩(淑明宸簡帖)」, 『조선 왕실의 한글 편지』, 국립 청주 박물관, 2011, 60~1쪽.

12 손진태, 『한국 민족 설화의 연구』, 을유문화사, 1947, 92~7쪽.
이 이야기의 제보자는 아동문학가인 방정환(方定煥)이라고 기록되어 있다(97쪽). 손진태는 이 설화가 몽고 설화에서 전래한 것이 아닌가 추측한다.

『조선 설화집』에서 「고양이와 개」로 번역 소개한 바가 있다.[13] 이 이야기의 원형은 어느 나라인지 알 수 없지만, 비슷한 이야기가 세계 각국에서 45개의 변종이 존재하고 있고 W. 에버하드(Wolfgang Eberhard)가 편한 『중국의 민담(Folktales of China, 1965)』에서는 'The Helpfue Animals'란 이름으로 소개되어 있다. 이 각종 버전들에서는 개와 고양이가 찾는 탐색 대상이 구슬 · 여의주 · 야광주 · 연적 · 쇠됫박 · 호리병 등으로 달라진다. 대표적인 손진태의 「견묘보주탈환」을 옮겨서 살핌의 표준적 중심 대상으로 삼는다.

> 옛날 어느 바닷가에 영감 · 할머니가 고기잡이를 하면서 어렵게 살아가고 있었다. 하루는 영감이 고기잡이를 나갔다가 아무것도 낚지 못하고 집으로 돌아오려고 하는데 큰 잉어 한 마리가 낚시에 걸렸다. 그런데 그 잉어가 눈물을 뚝뚝 흘리고 있어서 불쌍한 생각이 든 노인영감은 잉어를 놓아 주었다. 다음날 다시 고기잡이를 하고 있는데 한 초립동(草笠童)이 나타나 절하며 이르기를 "저는 용왕님의 사자입니다. 어제 노인이 우리 임금님 아들의 명(命)을 구해 주었기에 용왕님이 저로 하여금 노인을 모시고 오라 하였습니다."라고 했다. 그후 용궁에서 성대한 잔치에 대접을 받고 다시 집으로 돌아오고자 하니 용왕의 아들이 말하기를 "필시 용왕이 선물을 주고자 할 터인즉 옥함 속에 든 구슬을 달라고 말하라"는 것이다. 귀한 구슬을 갖고 온 영감 내외는 큰 부자가 되었다.
>
> 그때 강 건너에 사는 심술 궂은 한 노파가 방물장수 차림으로 가장하고 와서는 꾀를 부려서 구슬을 훔쳐갔다. 구슬이 없어지자 큰 기와집은 없어지고 다시 영감과 할머니네는 가난해져 버렸다.
>
> 그때 자식같이 키운 영감 할머니네의 개와 고양이가 구슬을 찾

13 신의주 고등 보통학교 2년 갑 · 을반 수집, 이시이 마사미 엮음, 최인학 번안, 『조선설화집』, 1923년.

기 위해서 부자가 된 심술궂은 노파네 집으로 갔다.[14] 고양이와 개는 쥐들을 협박해서 구슬을 다시 찾아오게 되는데 마침 강을 건너오게 되었다. 그래서 개는 강을 헤엄치고 고양이는 입에 구슬을 물고 있는 상태였다. 강 가운데 이르러 개가 고양이에게 구슬을 잘 물고 있느냐고 물었지만 입에 구슬을 물고 있는 고양이는 대답할 수가 없었다. 거듭 물고 있느냐고 묻는 개의 말에 짜증이 난 고양이가 끝내는 그렇다고 대답을 하는 순간, 입에 물었던 구슬을 그만 대답과 함께 강물에 빠트려 버리게 된 것이다. 일이 이렇게 낭패가 되자 무안하기도 한 개는 그냥 주인의 집으로 돌아왔지만 고양이는 돌아가지 않고 강변을 서성거린다. 배가 고픈 차에 어부들이 잡은 물고기 중에서 죽은 고기를 버리자 고양이가 그 죽은 고기를 먹다가 고기 내장 속에서 구슬을 찾아서 집으로 돌아오게 되었다. 죽은 물고기는 구슬을 먹고 죽었던 것이다. 구슬을 다시 찾은 주인 영감 할머니는 다시 부자가 되었다. 이에 주인은 고양이더러는 너는 최후까지 노력을 해서 구슬을 찾아왔으니 그 다음부터 방 안에서 정하게 돌고 음식도 좋은 것을 먹어라. 그러나 개에게는 "개야 너는 고양이보다 공이 못하니 이 담부터는 방으로 들어오지 말고 마당이나 마루 밑에서 자고 고기 뼈다귀같은 것이나 먹어라"라고 했다.

방에서 사람과 함께 지내는 고양이와 밖에만 있게 된 개는 그후 서로 앙숙으로 지내게 되었다.

남의 집의 길쌈을 해주며 겨우 살아가는 부인이 있었다. 하루는 부인이 고갯마루를 넘다가 강아지와 고양이를 버리려고 하는 사람을 만나서 그 강아지와 고양이를 샀다. 어느 날 강아지와 고양이가 강에서 야광주(연적)를 먹은 물고기를 물어왔다. 그 덕분에 부인은 부자가 되었다. 그런데 어느날 도적이 야광주를 훔쳐갔다. 고양이와 개는 부인에게 은혜를 갚기 위하여 쥐에에 야광주를 찾아오라고

---

14 이는 설화 구성의 주요 요소인 무엇인가를 찾아나서는 탐색(Quest) 과정이다. 그러니까 이 이야기는 한국 설화에 있어서 탐색의 묘견기(猫犬記)인 것이다.

시켰다. 쥐 덕분에 고양이와 개는 야광주를 손에 넣었지만 강을 건너다가 야광주를 물에 빠트렸다. 고양이와 개는 야광주를 잃어버린 것을 서로의 탓으로 돌리며 싸웠다.[15]

옛날에 어떤 집에서 광이(고양이)하고 가이(개)를 길렀다. 하루는 광이와 가이가 주인네 은혜를 갚아주겠다고 강 건너 정승네 집에 있는 야광주를 채려 갔다. 광이는 정승네 집에 들어가서 큰 쥐를 잡아다 놓고 "집안에 든 야광주를 가져오지 않으면 잡아먹겠다"고 위협했다. 쥐는 네네 하고서는 집안에 들어가더니 이어 야광주를 갖다 주었다.

괭이는 야광주를 입에 물고 가이 잔등에 업혀서 강을 건넜다. 건너 가다가 가이는 괭이가 야광주를 잘 물고 있는지 알고파서 "물었니?"하고 물었다. 광이는 물었다하고 대답을 하다가 야광주를 강에 빠트렸다.

가이와 괭이는 야광주를 잃어서 고기나 갖다가 주인네 집에 주자하고 낚시질하는 사람한테 가서 잡아 놓은 고기 하나 채 가지구 집에 왔다. 고기를 먹겠다고 고기 배를 째니 고기배에서 야광주가 나왔다. 야광주를 얻은 주인네 집은 잘 살게 되었다. 그 후부터는 광이는 집안에서 기르구 가이는 뜨락에서 기르게 됐구한다.[16]

근본요소가 뤼티가 지적하는 '옛날 어느 바닷가에 영감 · 할머니가'로 시작하는 이 민담의 공간적 · 시간적 · 인물적 전제부터가 모범적으로 역사적인 전설과는 구별되는 민담적인 구성으로 전개된다. 고양이와 개 등 행동 주역은 행복했다 곤경에 빠진 주인(사람)을 도울 목적으로 서로 의기투합하여 함께 도둑맞아 잃어버린 구슬 탐색(Quest)을 위

15 이인경.『한국구비문학대계』 소재 설화해제-줄거리 편, 민속원, 322쪽.

16 임석재 전집.『한국구전설화』, 평민사, 1980, 162쪽.

해서 떠났다가[떠남] 찾아서 돌아오는[돌아옴] 내용이다. 민담의 유형으로 보면 등장하는 상(像)들의 위상과 배치가 사람(영감 내외·방물장수 노파)도 있고, 물속 용궁의 왕자 · 용왕 · 초립동과 같은 보은하는 조력자로서의 인간이 아닌 행위자가 나타나 있지만, 주행위자로서 활약하는 것이 고양이와 개라는 점에서 동물 민담이다. 그리고 구슬찾기라는 과제의 이행이 목적이어서 탐색담으로서의 성격도 지니고 있다. 뿐만 아니라 나쁜 관계인 '견묘지간(犬猫之間)'이란 말이 의미하듯이 친한 사이의 고양이가 어떻게 공에 대한 보상의 차이로 인해서 앙숙의 나쁜 사이가 되고 말았는지의 이유를 밝히는 전래적 유래담(혹은 내력담)이기도 하다. 서사된 이야기의 요소로 보아서 여기에는 떠남/돌아옴, 행복/불행, 가난/부유(부자), 선/악(Gut/Böse), 이쪽(인세)/저쪽(용궁)과 위장과 속임 모티프가 장치되어 있을 뿐 아니라 서사 구조적으로도 결핍(부재)—과제 수행을 위한 모험(탐색)—해결된 과제—난국—재해결 등의 행위 등으로서의 시퀀스가 연이어지면서 이루어지게 된다. 문제는 과제의 수행 정도에 의해서 협력하는 굳은 양자의 관계 기능이 결말에 가서 보상에 의한 갈등으로 절연되어 버리는 상태로 변이되어 버린다는 점이다. 이는 과제 수행의 경합에서의 미완과 완수의 결과에서 연유되어진 것이다. 결과적으로 공로에 의한 이득(merit)에서 고양이와 개의 관계는 보상의 차등화 현상인 안(방)/퐉(마루 밑)과 미식/조식(粗食 : 검소한 음식을 먹음 혹은 그 음식)의 대응으로써 동렬화되지 못하고 있다. 그것이 양자의 앙숙화의 원인이 된 것이다. 그런데 인간에게 가장 충성한다고 보편적으로 인지되고 있는 개가 거소(居所)를 실내로 삼는 애완동물인 고양이에게 바깥으로 내몰리는 열위에 있다는 것은 매우 특이하고 드문 현상이다. 문학 작품에서 개는 가장 사랑받는 동물이며, 고양이 보다는 우위에 있다. 볼길에서 주인을 살리고 수백리 먼 길을 이사 가버린 주인집을 수개월이 걸려서 찾아가는 짐승이 개가 아닌가.

오디세우스가 먼 항로를 거쳐서 집에 돌아왔을 때 거지꼴의 그를 알아보는 것은 가족이 아니라 단지 그의 개 아르고스(Argos)다. 그의 아들은 그를 도시의 거지로 생각하고 그의 아내는 신원 증명을 요구한다. 오직 아르고스만이 그를 알아본다. 비루먹고 벼룩을 뒤집어 쓴 늙은 아르고스는 오디세우스가 가까이 그에게 다가가자 꼬리를 흔들고 양쪽 귀를 약간 쫑긋했지만 반가운 주인을 향해 꼼짝할 수 있는 힘이 전혀 없었다. 이를 본 오디세우스는 옆으로 돌아서서 눈물을 훔친다.[17] 마찬가지로 중국인들의 사유 속에서도 고양이보다 개를 더 긍정하는 「묘쇠견왕설(猫衰犬旺說)」이 있다. 그런데 여기 견묘쟁주에 있어서 고양이가 충성도나 공에 있어서 개보다 존재론적 위상이 한층 더 우월화되어 있다. 「견묘보주탈환」 민담은 이렇게 개보다 고양이가 환영받는 이야기다. 다른 변종들의 경우도 마찬가지이다.

2. 비호감과 부정상으로서의 영악한 고양이

부정적 고양이 서사의 유형(AT)

여기에 해당하는 민담은 어떤 것일까. 장덕순, 조동일, 서대석, 조

17 Mary Allen. 위의 책, p. 6.

희웅이 공저한 『구비문학개론』(1971)[18]에는 자료로서 서울대학교 문리대 학술 조사단 설화반이 조사한 「최 부자네 개무덤」이라는 다음과 같은 전설적 민담(Legendenmärchen)이[19] 소개되어 있다. 이 변형은 그 시작에서 '최씨', '최 부자들' 등 특정 가문과 성씨 · 명칭 등이 밝혀지고 이와 관련하여 말미에서 '최씨네 개무덤'이라고 명시됨으로써 민담의 고유 세계로서의 시간 · 장소 · 인명이 연계되지 않는다는 조건이 맞지 않고 전설처럼 노출됨으로써 복합적으로 서술되어진 민담이기 때문이다.

> 명주 최씨의 증조상 한 분에 만석꾼이 있었는데, 여름 어느날 제삿날이 돌아와서 비부와 마름들이 음식을 장만하고 제물 장만을 한참 하는데 하도 더워서 열두대문 밖으로 나올려고 거동차 나오다 보니 고양이가 제상의 제물을 먹고 있었어. 하도 괫씸하여 삼죽 부채로 애 이놈의 고양이하고 머리르 툭 때리니까 고양이가 떼그르 궁그러 죽었어. 그런데 이 죽은 놈이 암놈이고 수놈은 제사 후 사라지고 없어졌어. 몇 해 후 한 팔구년 지난 후 그 근방의 절에 도사가 와서 소승 문한 드립니다 시주 좀 주십시오 하니 그 자리에서 쌀 천 석을 문서로 써주었어. 백배 치하하고 나가다가 되돌아와서 그 도사가 하도 감축해서 그 주인에게 관상과 점괘를 하나 풀더니 대감님 큰 일 났습니다. 몇 해 전에 고양이 죽인 일이 있지요? 하니 없는데……. 아 왜 있지 없다고 하십니까? 대감님 부차에 맞아 죽은 놈은 암놈이고요. 숫 놈은 집을 나가서 남쪽가에 해남에 가서 원수를 갚으려고 십년을 기운을 돋아 어느덧 소만합니다. 며칟날 몇시에 그 놈이 오는데 예비하는 방법이 하나 있습니다. 대감께서는 돈

18 장덕순 · 조동일 · 서대석 · 조희웅 공저, 『구비문학개설-구비 전승의 한국문학적 고찰』, 일조각, 1971.

19 이 용어는 Monika Schrader, 위의 책, S. 61. Legenden-märchen.
Udo Reinhardt, 위의 책, S. 220 참조.

도 많고 하시니 비부와 마름을 전국에 풀어서 좋은 개 열 두 마리를 구하여 하루에 소 한 마리를 잡아 먹이시오 하니 대감이 그제서야 고양이 죽인 생각이 나더란 말이야. 그래서 그렇게 하마 하고 며칠이 지난 뒤에도 쌀을 안 가져가므로 광을 열어보니 쌀 천 석이 없어졌드란 말이야. 그래서 대감은 감탄하고 즉시 개를 구해다가 하루에 소 한 마리를 먹였지. 그 전에 도사가 말하기를 열구 개 문을 잠그되, 한 대문에 두 마리씩 개를 놓고 집안 식구는 싹 숨으시오. 그리고 대감께서는 헤메진 방 누다락 위에 벽장에서 보시오 하였었어. 그래 그대로 해 놓고 벽장에 있으니 그 시간이 되자 첫째 대문에서 개가 억세게 짓고 싸우는 소리가 들렸어. 그러다가 조용해지고 또 중간 대문에서 개 짖는 소리가 났어. 또 조용해지더니 차츰차츰 개 짖는 소리는 마루에 가까워졌어 마침내 마지막 개 두 마리가 있는 마루에서 개 싸우는 소리와 밀치락뒤치락하는 소리가 들려서 대감ㅁ은 거의 까무러치다시피 되었지. 얼마 후에 쾅하는 소리와 함께 멍멍멍하는 개의 세 마디가 있었고 그런 뒤에는 조용해졌어. 무서워서 가만히 있으니 얼마 후에 닭이 울어 새는데 6 · 7월쯤 됐든 모양이야. 이웃의 사람 소리가 나고해서 마루에 나가보니 타작집 같은 놈이 쓰러져 있고 개 열 두 마리는 전부 죽었어. 하고 개에게 고마워서 사람처럼 행상을 해서 무덤을 세웠는데 그것이 최씨네 개무덤이야.[20]

이 민담 속에 등장하는 고양이는 처음부터 부정적이다. 제사 제물을 훔쳐 먹는 등 도둑질을 하다 그로 인해서 삼죽 부채에 맞아 죽게됨으로써 그것으로 앙심을 먹고 복수를 실행하는 해코지의 영악한 짐승이다. 그러니까 돕는 짐승이 아니라 도둑의 대리자요 복수의 화신이다. 고양이는 자기에게 해코지를 한 사람에게는 반드시 원수 같은 복

---

20 「최부자네 개무덤」, 같은 책, 251~2쪽.

수를 한다는 속설 그대로다. 그래서 이 민담은 복수 모티프(Blutrache-motiv 또는 Rache-motif)[21]와 이에 대한 액막이인 대복수행위(Gegenrache Handlung)이며 괴물 퇴치로 이루어진 대립 긴장과 해결의 서사구조로 이루어져있다. 이 악령 고양이와 개들의 싸움의 결과는 설화의 모티프이기도 한 서 번의 시추에이션, 이른바 '과제의 삼중도식(dreierschema der Aufgabe)' 즉 삼-세-판의 변화를 거침으로써 개들의 승리로 결말이 난다. 선의 필연적인 승리다. 그러나 변신한 고양이 귀신 괴물이 죽음에 의해 퇴치되었지만, 충직한 개들도 역시 승리와 함께 희생된다. 고양이는 복수의 화신이지만 개는 충성과 희생의 표상이다.

이와 유사하거나 변종으로서의 고양이와 개와의 다툼의 민담이 『한국 구비문학 대계』(2-7)에서도 채록되어 있다.[22]

> 옛날에 자손이 귀한 어떤 사람이 고양이를 키우며 살았다. 그런데 이 고양이란 놈이 아주 게을러서 잡으라는 쥐는 안잡고 도둑 고양이처럼 밥상머리에서 음식을 훔쳐 먹기만 했다. 화가 난 주인은 죽여서 목을 새끼줄로 매달아서 대밭에 버렸다. 며칠 후에 고양이를 죽인 곳에 가 보았더니 고양이는 없고 썩은 새끼줄만 있었다. 주인은 죽었겠지 하고 집으로 돌아왔다.
>
> 그러고는 몇 해가 지나 삼대독자 아이가 열두 살 쯤이 되었을 때 하루는 시주를 하러온 중이 아이를 보고 연신 고개를 갸웃거리며 큰일이 닥쳐올 것이라고 했다. 궁금해서 연유를 묻자, 중은 주

21 Elisabeth Frenzel. Motive der Weltliteratur, Alfred Kföner, 1976, S. 65f. 영어로는 "Revenge".

22 『한국 구비문학 대계』, (2-7)
이 이야기는 아래의 책에도 실려있다.
김종대, 『우리 문화의 상징세계』, 다른세상, 2001, 62~64쪽.
심우장 · 김경희 외, 『설화 속 동물, 인간을 말하다』, 책과함께, 2009, 274~6쪽.

인에게 몇 년 전에 고양이를 죽인 일이 있는지를 묻고는 그 고양이가 다시 살아나서 원수를 갚기 위해 며칠 안에 아들을 잡아갈 것이라고 했다. 주인은 깜짝 놀라 중에게 해결할 방책을 물었다. 그러자 중은 강아지(또는 호박개) 세 마리를 송아지 값으로 쳐서 사서 잘 먹여 사립문, 마당 가운데 그리고 마루 밑에 각각 한 마리씩 두라고 했다. 그렇게 해서 그날이 다가오자 주인은 대문과 대청 마루 그리고 마루 뒤꼍에 개를 두고 자기는 방에 들어가서 꼼짝도 하지 않았다. 드디어 고양이가 나타날 그날에 불덩어리가 보이기 시작하고 별안간에 뇌성벽력이 치더니 개들이 그 불덩어리와 싸우기 시작했다. 오랜 싸움 끝에 불덩어리가 차차 수그러지며 고양이 모양이 되더니 결국 나자빠졌다. 새벽이 되어서 주인이 밖으로 나가보니 개 세 마리가 모두 죽어있고 그 곁에는 커다란 고양이 한 마리가 죽어있었다. 즉시 고양이는 불살라버리고 주인의 목숨을 죽음으로 막아준 개들은 묘를 써서 잘 묻어주었다.

이 이야기는 복수담이면서 희생담이다. 고양이 죽이기의 살묘(殺猫) 모티프까지 작용하고 있는 이야기 내용은 앞선 이야기와 대동소이하지만, 그 구성 요소의 변화가 조금씩 있다. 고양이의 보복의 대상이 주인의 삼대독자 아들이고 살묘된 고양이가 환생하여 복수를 위해서 불덩어리로 변신하고 이를 괴물과 싸우면서 퇴치하는 열두 마리의 개가 세 마리의 호박개로 수적인 변이된 것이 그것이다. 불행에 대한 예조와 알림, 시간과 행동의 금기가 부과된 모라토리움으로서의 이른바 '장벽시간'(Barrier Time)의 장치는 모두 유사하다. 살묘와 복수의 모티프가 작용하고 있는 (2)의 유형의 민담에서의 고양이는 도적질하고 사람에게 접근하지도 않을 뿐 아니라 더 많이 원망을 갖고 복수를 결행하는 해로운 '보구(報仇)'의 악물로서 인식된다.

그런데 비해서 유형 (1)이나 (2)에서 제시되고 있는 것처럼 개는 민중 문예(Volk Poesie)의 공동체 모티프에 있어서 주인에게 충직하고 주인을 위해서 제 목숨을 희생하는 '보은(報恩)'의 표상으로서 제시되는 것이다. 그리고 고양이의 죽음과 개의 죽음에 대한 의식도 차이가 있다. 고양이는 영물과 악물로 죽어서도 되살아나서 해코지로 꼭 보복의 앙갚음으로 제시되지만 개의 죽음은 충직한 희생으로서 보상된다. 그래서 최래옥은 개의 의로운 동물로서의 설화 유형을 분류해서 '진화구조형(鎭火救助型)', '수주해난형(守主解難型)', '보은순사형(報恩殉死型)' 등의 14가지로 분류한 바 있다.[23] 그래서 한국 민담이나 설화에서는 고양이보다 갯과동물(caids)로서의 개에 대한 애견증(Cynophilia) 지향의 경우가 훨씬 많다.

그러나 「견묘보주탈환」의 민담은 모험적이고 지략적인 탐색과 경쟁의 모티프 및 그 결과로서의 보상의 차등적 모티프가 작용하는 이야기이자 개나 고양이의 보은에 중도적인 비중이 실린 것은 아니다. 여기에 보은이 서사 내용으로 작용하고 있다면 그것은 잉어(왕자)와 구슬로 매개적 짝이 되어서 은혜를 서로 주고받은 고기잡이 영감과 용왕(용왕의 아들) 사이에서 이루어지는 '주고 받음'의 시혜 관계인 것이다. 세계의 역동적인 힘은 악에 대한 선의 싸움이다. 이 선과 악의 원리의 이분법적 구분은 선 원리의 결과적인 승리에의 낙관적 확인에 근거해 있는 것이다. 이 선악의 원리이자 은유로서 고양이는 우리의 서사적 이야기인 민담에서 플러스적이거나 마이너스적인 양면성으로 표상된다.

---

23 최래옥, 『오수형 의견 설화의 연구』, 『한국문학론』, 일조각, 1981.

3장

고양이를 품은 한시(漢詩)의 시적 공간

심재완 선생의 방대한 역저 『역대 시조 전서』(1972)를 아주 여러 번 살펴보아도 그 많은 시조 속에서 고양이를 찾아보기란 참 힘들다. 이상한 현상이다. 민족 시가인 시조는 고양이를 품어주는 시적 공간으로는 무척 좁고 인색한 문학 장르인 모양이다. 그렇다면 한국 한시의 경우는 어떠한가. 전공의 외역에 있어서 그냥 랜덤하게 고양이를 품고 있는 한시들을 찾아가는 트래킹을 시작해보니 뜻밖에도 중국으로 부터의 '인용'(Quatation)의 시학적으로 성격이 현저한 한시에서는 고양이가 많이 발견된다. 그 출발점이 고려조 대표적 문인인 이규보(李奎報, 1168~1241)의 경우이다. 이규보는 우리가 모두 잘 알고 있는 것처럼 민족 서사시인 『동명왕편(東明王篇)』을 썼고, 『동국이상국집(東國李相國集)』 53권을 우리에게 남겨준 큰 광세(曠世)의 문인이다. 그가 남긴 시만 해도 7~8천 수에 이른다고 한다.

내가 더듬어보아도 고양이는 한국의 글쓰기에서 이규보의 「주서문 병서(呪鼠文 并序)」에 이미 등장한다. 이는 이름 그대로 쥐를 저주하는 글이지만, 그 속에 함께 고양이가 등장한다. 번역하면 다음과 같은 글이다.

1. 이규보의 「주서문」과 고양이 시

우리 집에는 평소에 고양이를 기르지 않으므로 쥐 떼들이 마구 날뛴다. 그래서 그것이 미워서 저주한다.

생각하건대, 사람의 집에는 아버지와 어머니가 어른이 되고, 곁에서 이를 돕는 데에는 각각 맡은 바가 있다.

음식 만드는 일을 맡은 자는 적각(赤脚; 계집종)이고, 마소 치는 일을 맡은 자는 곤륜(崑崙; 사내종)이며, 아래로 육축(六畜; 말·소·양·돼지·개·닭)에 이르기까지 직책에 각기 구분이 있다. 말은 수고를 대신하여 사람이나 짐을 싣고 달리며, 소는 무거운 짐을 끌거나 밭을 갈며, 닭은 울어서 새벽을 알리며, 개는 짖어서 문을 지키는 등 모두 맡은 바 직책으로 주인집을 돕고 있다.

뭇 쥐들에게 묻는다. 너희는 맡은 일이 무엇이고 누가 길렀으며 어디서 생겨나서 번성하는가? 구멍을 뚫고 도둑질하는 것은 오직 너희만이 아는 바다.

대개 도둑은 밖에서 들어오는 것이거늘 너희는 어찌 안에 살면서 도리어 주인의 집에 해를 끼치는가? 구멍을 많이 만들어 이리저리 들락날락하며, 어둠을 틈타 마구 쏘다녀 밤새도록 시끄럽게 하며, 잠이 들면 더욱 방자하고 대낮에도 떳떳이 다니며, 방에서 부엌으로 가고 마루에서 방으로 가며, 부처에게 드리는 음식과 신령을 섬기는 물품을 너희가 먼저 맛보니, 이는 신령을 능멸하고 부처를 무시하는 것이다.

> 단단한 것을 구멍 뚫어 상자나 궤 속에 잘 들어가며 굴뚝을 뚫어 구석에서 연기가 나게 하면서 음식을 먹으니 이는 도둑이다. 너희도 배를 채우기 위한 것일진대, 어찌하여 옷감을 씹어서 옷을 이루지 못하게 하며, 어찌하여 실을 씹어서 명주를 짜지 못하게 하는가?
>
> 너희를 막아줄 것은 고양이이지만 내가 기르지 않는 것은, 성품이 본래 인자하여 차마 악독한 일을 할 수 없기 때문이다. 만약 나의 덕성을 알아주지 않고 날뛰어 내가 금하는 짓을 하게 된다면 너희를 응징하여 후회하게 할 것이니, 빨리 나의 집에서 나가라.
>
> 그렇지 않으면 사나운 고양이를 풀어서 하루에 너희 족속을 씨를 말리게 하여, 고양이의 입술에 너희 기름을 칠하게 하고, 고양이의 뱃속에 너희 살을 장사지내게 할 것이다. 그때에는 비록 부활(復活)하려 하여도 생명이 다시 이어질 수 없을 것이니 속히 가거라. 속히 가거라. 율령(律令)과 같이 급급히 하여라.
>
> (「주서문 병서(呪鼠文 并序)」, 고딕체 및 굵은 글씨는 인용자)[24]

이는 시가 아니고 이름 그대로 그 폐해를 들어서 쥐를 저주하는 글(文)이다. 쥐라고 어찌 좋고 긍정적인 표상이 없으랴마는 여기서 쥐의 이미지는 인간에게 온갖 폐해를 주는, 저주받을 도둑으로서 부정적인 이미지의 동물이다. 구멍을 뚫어서 도둑질을 하고 어둠을 틈타 마구 쏘다니며 밤새도록 시끄럽게 하고, 굴뚝을 뚫어 구석에서 연기가 나게 한다. 음식을 훔쳐먹고 옷감을 씹어 옷을 못 이루게 하는가 하면 실을 씹어서 명주를 짜지 못하게 하는 등 일련의 악독한 일을 다 가려서 저지른다. 이와는 대비적으로 고양이는 그런 도둑과 같은 쥐를 응징하고 처단하는 유익

---

24 이규보. 『동국이상국집』 권 20, (잡저 · 운어 · 어록 · 전) 고전간행회 동국문화사, 1958, 215~6쪽.
번역은 『동국이상국집』 III, 민족문화추진회, 1978, 174~5쪽 및 『이규보 시문선』, 솔, 1997, 207~8쪽을 참조하였음.

하고 긍정적인 이미지로서의 선한 동물상이다. 그러하기 때문에 화자인 '나'는 이런 쥐를 응징하기 위해서 쥐들이 가장 무서워하는 고양이를 풀어서 모두 도륙하려고 하니 어서 쥐가 빨리 떠나가기를 경고한다. 여기에는 잠재적인 함의가 내재한다. 즉 쥐가 행하고 있는 일련의 악행들은 그러한 쥐의 생물학적인 생태, 그 자체보다는 이를 빌리고 빗대어서 조정과 사회를 어지럽히고 문란케하며 백성을 괴롭히고 도둑질을 행하는 나라의 내적(內賊)인 간신배들이나 벼슬아치들의 직분을 망각한 악행을 경멸하고 비판하는 우의와 풍자로서의 상징적인 가치를 지니고 있는 것이다. 쥐는 도덕적의 이미지다. 이렇게 인간의 상황과 쥐의 생태를 교호시키는 모티프의 우의성은 하나의 전상(前像)이 되어서 이후 한국 문학에서 다산(茶山)의 「이노행」과 한용운의 시 「쥐」로까지 반복적으로 순환되어 이어지고 있는 것이다.

쥐와 고양이에 대한 이규보의 이같은 동물성에의 비유(animal trope)인식은 시의 경우에도 다음과 같이 그대로 나타난다. 시 「검은 고양이 새끼를 얻다(得黑猫兒)」와 「고양이를 나무라다(責猫)」의 시가 그것이다.

보송보송 푸르스름한 털 / 細細毛淺青
동글동글 새파란 눈 / 團團眼深綠
생김새는 범 새끼 비슷하고 / 形堪比虎兒
우는 소리 집 사슴 겁준다 / 聲已懾家鹿
붉은 실끈으로 목사리 매고 / 承以紅絲纓
참새 고기를 먹이로 준다 / 餌之黃雀肉
처음엔 발톱 세워 화닥이더니 / 奮爪初騰踩
점차로 꼬리치며 따르는구나 / 搖尾漸馴服
내 옛날엔 살림이 가난타 하여 / 我昔恃家貧

중년까지 너를 기르지 않아 / 中年不汝畜
쥐 떼가 제멋대로 설치면서 / 衆鼠恣横行
날이 선 이빨로 집을 뚫었다 / 利吻工穴屋
장롱 속에 옷가지 물어뜯어 / 齩齧箱中衣
너덜너덜 조각 베를 만들었구나 / 離離作短幅
대낮에 책상 위에서 싸움질하여 / 白日闘几安
나로 하여금 벼룻물 엎지르게도 했네 / 使我硯池覆
내 그 행패가 몹시 미워 / 我甚疾其狂
장탕[25]의 옥사를 갖추려 했지만 / 欲具張湯獄
빨리 달아나므로 잡지는 못하고 / 捷走不可捉
공연히 벽만 안고 쫓을 뿐이다 / 遶壁空追逐
네가 내 집에 있고부터는 / 自汝在吾家
쥐들이 이미 움츠러들었으니 / 鼠輩已收縮
어찌 원장만 완전할 뿐이랴 / 豈唯垣墉完
됫박 양식도 보전하겠다 / 亦保升斗蓄
권하노니 공밥만 먹지 말고 / 勸爾勿素餐
힘껏 노력하여 이 무리를 섬멸하라 / 努力殲此族

이는 「검은 고양이 새끼를 얻다」라는 이규보의 시이다. 색채론적으로만 보면 서두의 '푸르스름한 털', '새파란 눈'은 마치 1920년대의 고월 이장희와 황석우 등의 시에 나타나는 '푸른 고양이'(青猫)나 '벽묘'(碧猫)의 이미지와 유사하거나 상통하는 현상이라고나 할까. 그런데 이 시의 고양이도 역시 앞선 「주서문」에서의 쥐잡이로서의 고양이 이미지와 상통한다. 전자가 이름 그대로 쥐에 대한 저주의 글이라면 대응적으로 이 시의 특징

25 역자 주 : 장탕(張湯)은 중국 한(漢)나라의 관리로 엄격한 법 집행으로 이름이 높았다. 어릴적에 쥐에게 고기를 도둑맞아 아버지에게 혼나자, 쥐를 잡아 취조를 엄격히 하였다. 우연히 이를 본 아버지가 노련한 형리보다 나았으므로 찬탄하였다는 내용이 『史記 列傳』에 전한다.

은 고양이에 대한 청원적인 명령과 격려의 이법이다. 처음은 고양이의 형상들을 감각적으로 묘사하고 가축으로서 기르고 성장하는 과정이 이어진다. 그 다음은 고양이가 없는 청빈한 선비 집안에서의 쥐들의 온갖 행패를 열거하고, 뒷부분은 비로소 집안에 생긴 고양이에게 공짜밥만 먹지 말고 쥐를 잡고 섬멸하는 역할을 제대로 성실하게 수행해 줄 것을 권고한다. 이규보는 이렇게 쥐에게는 저주를, 고양이에게는 부지런한 임무 수행을 권유한다.

다음은 「고양이를 나무라다」란 시이다. 이름 그대로 도둑(쥐)을 잡는 제 본분과 의무를 잊고 오히려 쥐처럼 고기를 훔치는 도둑이 되고 나태하게 잠이나 자는 전도된 고양이를 책임의 소재를 물어 질책하는 내용이다.

> 감춰 둔 나의 고기를 훔쳐 배를 채우고 / 盜吾藏肉飽於腸
> 천연스레 이불 속에 들어와 잠을 자누나 / 好入人衾自塞聲
> 쥐들이 날뛰는 게 누구의 책임이냐 / 鼠輩猖狂誰任責
> 밤낮을 불구하고 마구 다니네 / 勿論晝夜漸公行

이 표면 속에 잠재된 숨은 함의야 굳이 더 설명이 필요할까.

2. 이색의 고양이 시

고려 말의 학자 · 시인인 목은(牧隱) 이색(李穡, 1328–1395)의 고양이와 관련된 시로는 「팔월초십일(八月初十日)」, 「고양이가 새끼를 낳다(猫生子)」, 「고양이와 개 싸움(猫拘鬪)」 등이 있다. 그가 남긴 『목은집』 55권 25책에 수록된 시만 해도 4,347 제(題) 5,970 수라고 하니 그 가운데서 고양이 시인들 어찌 여기에 그치겠는가. 그의 시풍은 도도하고 웅장하다고 한다. 그러면서도 그의 시는 생활의 일부요 일상 생활의 이야기를 시화하는 측면도 있다고 한다.

깊은 가을이라 구름은 절로 변하고 / 深秋雲自變
늘그막이라 기는 더욱 호탕해지네 / 老境氣彌豪
밤이 썰렁하니 괭이는 가까이 오고 / 夜冷狸奴近
하늘이 맑으니 제비는 높이 나누나 / 天晴燕子高
덥고 서늘함은 한계가 나뉘어졌고 / 炎涼分有界
법령은 흡사 터럭처럼 까다롭나니[26] / 法令細如毛
다만 굳은 얼음이 이를까 두려워[27] / 祇恐堅氷至
털끝만 한 사심도 경계할 뿐이로세 / 私心戒一毫

(「8월 10일에 읊다.」)

사계 물색의 변화에 대한 서정적 감응의 과정과 시간적 변화 및 교차의 분계적 고비의 위상에 서서 엄격하고 치열하게 경계의 의지를 표현한 사심 없는 오성적인 자기 경영의 뜻을 함께 읊고 있다. 이 시와 (팔월 초십일) 관련하여 한시학자인 정민은 『소문쇄록(謏聞鎖錄)』에서의 한적시(閑寂詩)의 대표로서 이색의 이한 비슷한 시를 소개하고 있다.[28]

---

26 인용자 주 : 여름이 가고 쌀쌀한 가을철이 됨.

27 인용자 주 : 『주역(周易)』에 실린 구절로, 서리가 오고 나면 곧 얼음이 얼게 된다는 뜻이다. 그 내포된 의미는 고난은 처음에는 미약하나 곧 심대해지므로, 미리 경계해야한다는 것이다. 상허 이태준(李泰俊)의 목은집, 「패강랭(浿江冷)」의 마지막 부분에서 주인공 현의 독백으로 유명하다. 목은집, 시고 권19 한국고전번역원.

28 정민. 『한시 미학 산책』, 솔, 1996/1998, 261~2쪽.

夜冷狸奴近 차가운 밤 고양이는 가까이 붙고
天晴燕子高 맑은 하늘 제비는 높이 나누나
殘年深閉戶 남은 해, 깊이 문 닫아 걸고
淸曉獨行庭 맑은 새벽, 홀로 뜰을 걸으리

(「한적시(閑寂詩)」)

서늘해진 가을밤, 고양이는 추위를 못 이겨 자꾸 사람 곁을 찾아들고, 하늘 높이 제비는 강남 가는 길을 서두른다. 이렇게 3 · 4 행의 뜻이 전과 달리 더 시적으로 바꾸어지고 보면 시적 자아가 느끼는 한적함과 추정(秋情)의 고적한 정황의 서정 미학이 더욱 선연해지는 것이 사실이다. 여기서 고양이는 쥐 사냥과 전혀 관계없이 찬 한기 속에 사람과 더불어 서로가 따뜻한 온기를 나누는 반려로서의 존재이다.

개는 서쪽의 금화(金火) 기운을 받아
처지가 건위(乾位)에 있으니 어찌 그리도 굳센가?
고양이는 범 같이 생겼으나 아주 연약하건만
악을 미워하여 털을 세울 땐 고슴도치 같네.
문앞에서 도둑지켜 돈과 재물 가멸케 하고
창고에서 쥐를 잡아 창고 곡식 온전히 하네.

공(功)을 논하자면 한 집 안에서 난형난제라
서로 돕고 의지해야지 왜 싸움질인가?
개가 없으면 도둑이 하고픈 대로 하고
고양이가 없으면 쥐가 내키는 대로 날뛰겠지.
주인은 자리가 편치 않고 잠도 자지 못해
기력이 다 빠지리니 어찌 삶을 이어가리?
개야 고양이야!
너희들은 어느 날 마음이 맞겠는가?

머리 센 목은이 바야흐로 골똘히 읊으니
거센 바람만 쌀쌀하게 저 높은 숲에서 불어 오네.

(「고양이와 개 싸움(猫拘鬪)」)[29]

화자가 고양이와 개의 싸움을 보면서 지은 시다. '견묘지간'이라는 말이 있지만, 이미 앞에서 보았듯이 개와 고양이는 서로가 앙숙관계이다. 머리 센 노년의 시적 화자인 목은은 고양이와 개가 서로 다투고 싸우는 장면을 보면서 마음 속으로 몹시 안타까워 한다. 문 앞에서 도둑을 지키고 창고에서 쥐를 잡아서 주인에게 돈과 재물을 넉넉케하고 창고 곡식을 온전케하는 공이 난형난제인 서로가 화해롭게 지내지 못하고 싸워서 서로의 존재가치가 없어지게 해버리면 그 주인의 삶이 어떻게 이어질 수가 있겠느냐고 한탄한다. 그러니 '개야 고양이야'라고 개와 고양이를 호명하며 제발 서로 다투지 말기를 찬바람 높은 숲 속이듯 안타깝고 격정 깊은 강렬한 마음으로 호소한다. 그 간절함 속에는 화자의 화평에의 상상력이 깊이 잠재하고 있다.

고양이는 가축 중에 사람과 가장 친하고 / 猫人畜也最相親
생김새 경쾌한 데다 성질도 잘 길드는데 / 質稟經柔性又馴
갑자기 한밤중에 자는 나를 놀래 깨우고 / 忽向夜中驚我夢
새끼 낳아 핥아주어라 사랑을 알 만하네 / 子生便舐可知仁

(「고양이가 새끼를 낳다.」)

29 목은 이색은 이 시를 짓게 된 까닭을 다음과 같이 적는다.
조용히 앉아서 듣자니, 고양이와 개가 막 서로 싸우려 하는 차에 하녀가 마침 그것을 보고 구해주었다. 그래서 마음속으로 말하기를 '개나 고양이가 모두 사람이 기르는 동물인데, 어찌하여 이렇게 서로 친하지 않단 말인가.'하고는 묘구투 한 편을 읊어 얻다.(靜坐聞猫狗將接赤脚適見而救之心語曰皆人畜也何不相悅如是哉吟得猫拘鬪一篇)

인간과 가장 친밀한 관계인 날렵하고 길 잘드는 고양이를 사랑스러워하고 새끼 낳아 핥아주는 어미의 모습을 보면서 고양이의 지극한 모성애를 기리고 있다. 미물에 불과할 뿐인 새끼 낳는 고양이에 대한 화자의 인간애적 관심을 드러내주는 시다. 그러나 이렇게 친밀한 관계이긴 하지만 거처마저 같아지는 분별력 없는 관계이기보다는 거처가 다르고 삶의 방식에 있어서 엄격한 거리를 두고 있는 것이다.

3. 이제현의 「눈」과 서거정의 「절구즉사」의 고양이

익재(益齋) 이제현(李齊賢, 1287~1367)의 「눈(雪)」이란 시다. 익재는 고려 말 고문 운동을 주도한 문인이요 학자다. 『익재난고(益齋亂藁)』와 『역옹패설(櫟翁稗說)』 등의 글이 있다.

북풍이 땅을 쓸어 하진이 캄캄한데 / 朔風卷地暗河津
변방 구름 눈 빚어 길손을 괴롭힌다 / 塞雲作雪愁行人
천지가 홍몽하여 대기가 일렁거리고 / 兩儀洪荒盪元氣
만물이 번쩍번쩍 태고의 봄을 머금었네 / 萬物陸離含古春
처음에는 은하수를 거꾸로 쏟는가 의심했더니 / 初疑倒瀉銀河空
어느 새 푸른 산봉우리 눌리어 꺾일까 겁이 나네 / 轉恐壓折青山峯
천녀가 예의 날리며 난봉을 희롱하는 듯 / 天女霓衣戲鸞鳳
해선은 패궐 속에서 어룡을 뒤집는 듯 / 海仙貝闕翻魚龍
말굽이 얼어붙어서 때려도 꼼짝 않고 / 馬蹄凌兢鞭不動
몸에 걸친 털옷은 백 근 무게로다 / 身上氈裘百斤重

이때 생각하노니 맹양양[30]은 / 令人却憶孟襄陽
나귀 등에서 시 읊노라 주림도 추위도 참았다네 / 驢背吟詩忍飢凍
주막 주인은 참 그럴싸한 사람이라 / 逆旅主人眞可人
나를 보자 술항아리 딱지를 떼거든 / 爲我一發浮蛆瓮
뉘라서 흥이 다했다고 문밖에서 돌아서랴 / 誰能興盡到門廻
자리가 따스하니 고양이 같이 들어앉네 / 席暖且與狸奴共
그대 보았으리, 오중 주생의 절품 그림[31]을 / 君不見吳中朱生畫稱絕
짤막한 폭에다 연산설(그림이름)을 그렸거든 / 短幅曾掃燕山雪
하교 늙은 버드나무에 갈가마귀 한 마리 없고 / 河橋老柳不棲鴉
작은 주막은 문 닫힌 채 불이 꺼졌네 / 小店閉門煙火滅
길손은 수레 몰고서 어디로 가려는고 / 客子驅車欲安適
아마 이름이란 그 굴레가 사람의 코를 꿰어서 몰아내는 게지 /
應被名韁牽鼻裂
그이야 어찌 알기나 하랴, 와유의 밑 꿈나라를 / 豈知瓦油衣下黑甜鄉
추위 더위도 없는 것을 아는가 / 一天歲月無炎涼
그 그림의 경지를 이제 내 스스로가 딛고 보니 / 畫中之境今自蹈
그림 속의 뜻을 다시 잊을 수 없구나 / 畫中之意不可忘
늙으면 정녕 다시 만날 날 있으리라 / 白頭更有相逢日
손 잡고 그림 펼치니 감탄도 길어 / 握手披圖感嘆長

(이제현, 「눈(雪)」, 『동문선』 제7권.)

익재는 눈(雪)을 무척 좋아했는가 보다. 그의 시에서 가장 많은 주목을 받고 있는 것이 이 「산중설야(山中雪夜)」라는 한 편이다. 서거정은 이 시에 대해서 산가(山家)의 눈 내린 밤의 기이한 취미를 잘 표현했기 때문에 사람으로 하여금 깊은 밤에 이슬이 고여 뺨 사이에서 나게 한다고 했다.

---

30 인용자 주 : 맹호연(孟浩然)

31 인용자 주 : 고소성(姑蘇城)의 주택민(朱澤民)이 산수화에 능해 연산효설도(燕山曉雪圖)를 그림.(姑蘇城 朱澤民 嘗爲我作 燕山曉雪圖) 『韓國漢詩大觀』 5, 150~1쪽.

얇은 이불에선 한기가 일고 불등은 어두운데 / 紙被生寒佛燈暗
어린 중은 밤새도록 종을 울리지 않는구나 / 沙彌一夜不鳴鐘
자는 손 문을 일찍 연다고 응당 화를 내겠지만 / 應嗔宿客開門早
암자 앞에 눈이 소나무를 누른 것을 꼭 보리라 / 要看庵前雪壓松

눈과 관련된 다른 시로 「다경루설후(多景樓雪後)」도 있다. 「눈」은 겨울 나그네의 여정의 서정시이다. 시인은 겨울날 나루에 몰아치는 바람과 눈 속에서 여행하는 길손이다. 동천(冬天)의 추운 강나루는 어두워지고 말발굽마저 얼어붙고 채찍도 움직이지 않는다. 가죽옷도 천근처럼 무거워진다. 이런 속에서 시적 화자는 문득 시인 맹양양의 시를 읊으면서 그 주림과 추위를 참는다. 여관에 드니 집주인은 인심 좋게 술을 내놓고 자리마저 따뜻해지니 고양이가 이불 속으로 들어온다. 고양이와 인간이 이렇게 친화적인 관계가 된다. 눈 속에 언 찬[寒]몸이 녹고 술이 있고 자리마저 따뜻한 난[暖]속에 고양이와 함께하니 화자는 여유로와져서 주택민이 자신에게 그려준 연산효설도의 화첩을 꺼내어 완상해 본다. 눈 내린 그림의 풍경과 이에 대한 제화시 같은 화자의 감회가 읊어지면서 머리가 하얗게 새어 그림을 그려준 이를 잊지 않고 다시 만날 수 있기를 간절히 바란다. 시중유화(詩中有畵)다. 눈과 시와 그림이 함께 조응하는 겨울연가가 아닌가. 하얀 눈 속에 묻혀가는 겨울 여로의 서정시이다. 고양이 마저 함께 있으니 덜 적적할 것 같다.

가지 끝에 앉은 까치 / 枝頭乾地鵲
꽃 아래에는 낮잠 자는 고양이 / 花下午時猫
문득 들른 손님이 있어 / 忽有客經過
함께 바둑 두며 긴 낮을 보내네 / 圍棋長日消

(서거정, 「절구 즉사(絕句 卽事)」

서거정(徐居正, 1420~1488)은 뒷장에서 다시 논의하겠지만 조선의 왕권 체제가 확립된 후에 활약한 관료문인이다. 조선 전기의 가장 융성했던 세조 때에 대사헌과 대제학을 거쳐 좌찬성에까지 올랐던 박학다식한 인물이다. 자신의 문집인 『사가집(四佳集)』을 위시해서 『동문선(東文選)』, 『동인시화(東人詩話)』, 『필원잡기(筆苑雜記)』, 『태평한화골계전(太平閑話滑稽傳)』을 저술했다. 조선시대의 문인으로서 고양이와 관련되어 있는 시를 가장 많이 쓴 시인이기도 하다.

이런 서거정의 「절구 즉사」는 참 담백하고 한없이 한적하고 안일한 삶의 풍경이 그려진 서경적인 시다. 나뭇가지 끝에는 까치 꽃이 핀 아래쪽으로 고양이가 한껏 게으르게 졸고 있다. 이 한가로운 시공 속으로 지나가는 길손이 있어 함께 여름의 긴 날을 바둑으로 보낸다. 까치와 고양이와 사람이 서로 상응하는 시간의 여유로움이 주는 참 한담(閑淡)과 정한(靜閑)한 삶의 정경들이 화미(華美)한 문장 속에 한 폭의 작은 소품 그림처럼 잘 형상화되어 있다. 참으로 회화적 이다.

4. 장유(張維)의 「색거방언 10수」의 고양이

장유(1583~1638)는 조선 중기 광해군 · 인조 시대를 살았던 문인이자 정치가이다. 인조 반정의 공신이고 벼슬이 우의정에 올랐으며 한문 사대가의 한 사람으로 문명을 떨쳤던 인물이다. 문집으로 『계곡집(谿谷集)』이 있으며, 1500여 수에 가까운 시를 남겼다. 시 「혼자 쓸쓸히 지내면서 아무렇게나 읊어본 시 열 수(索居放言十首)」는 이름 그대로 10수로 구성되어 있으며, 이 중 8수째가 고양이에 관한 시이다.

> 괭이란 놈 곧잘 쥐를 잡기에 / 狸奴善搏鼠
> 고기 훔쳐 먹어도 눈감아 주곤 하였는데 / 偷肉屢不治
> 어느날 저녁엔 병아리를 냅다 채가 / 一夕攫鷄雛
> 자지러지듯 슬픈 어미 닭 울음소리 / 母鷄鳴聲悲
> 한 번으로 끝난다면 봐줄 수도 있겠지만 / 一攫猶自可
> 다시금 채간다면 닭의 씨가 마를텐데 / 再攫鷄且盡
> 쥐 잡는 공이야 정말 있다 하더라도 / 去鼠誠有功
> 닭이 전멸한다면 또 어찌 참으리요 / 鷄盡又何忍
> 사내 종 불러다 들에 버리게 하였나니 / 呼僮棄野外
> 죽이지 않은 것만도 인심 톡톡히 쓴 셈이지 / 不殺猶存厚
> 공 믿고 까불다간 끝이 좋지 않은 법 / 恃功多不終
> 한신(韓信)과 팽월(彭越)[32] 역시 죽음 자초하였도다 / 韓彭亦自取

화자는 고양이를 기른다. 쥐를 잘 잡기 때문에 고기를 훔쳐 먹는 것까지도 징치하지 않고 눈감아준다. 그런데 어느 날, 이 고양이 소동 때문에 화들짝 놀란다. 병아리를 냅다 채감으로써 어미닭이 자지러지게 슬픈 울음소리를 내는 걸 듣게 된다. 한 번도 아니고 자주 이러다가는 닭의 씨가 마를 것이라고 염려하게 되자, 설사 쥐잡는 공이 아무리 크다한들 닭이 전멸하는 것은 참을 수가 없다고 생각하게 된다. 그래서 화자는 사내

32 인용자 주 : 한신(韓信)과 팽월(彭越)은 진한 쟁패기에 한(漢) 고제(高祖) 유방(劉邦)의 장수들이다. 한신은 초패왕(楚霸王) 항우(項羽)의 휘하였으나, 그를 중용하지 않는 항우를 떠나 유방의 진영에 귀순한다. 그리고 유방은 소하(蕭何)와 장량(張良)의 조언을 따라, 한신을 대장군에 임명한다. 이후 한신은 조나라 · 제나라 · 연나라를 연파하며, 해하(垓下) 전투에서 항우를 사면초가(四面楚歌)의 상황으로 몰아넣는다. 결국 항우는 이 싸움에서 패해 자결한다. 팽월은 한신과 유방이 정면에서 항우를 상대하는 동안, 지속적으로 항우의 후방을 교란한 큰 공을 세운다.

종을 불러서 죽이지는 않고, 들 밖에 내다 버린다. 인심을 베푼 셈이다. 마지막 부분의 두 행은 시의 주제와 관련되어 있다. 한신 · 팽월의 중국의 고사를 인유하면서, 공을 믿고 까불다가는 끝이 좋지 않다고 말한다.

비정한 살묘(殺猫)는 아니지만 고양이 버리기의 모티프가 제시되어 있는 것에 주목해 보자. 고양이는 대체로 쥐를 잡는다는 점에서 그 존재가 긍정적으로 여겨지지만, 비록 공이 있어도 그를 믿고 까불면 이처럼 냉혹하게 버려지는 대상이 되는 것이고, 지나치면 화와 죽음을 자초하게 된다는 비판적인 교훈을 내재하고 있다.

여기에서 보는 것처럼 10수의 시 「혼자 쓸쓸히 지내면서 아무렇게나 읊어본 시 열 수(索居放言十首)」는 심미적 정감이 표출된 서정시도 아니고 아무렇게나 한 말(放言)은 더더구나 아니다. 상징과 은유와 우의로서 동물을 의미있게 기호화하는 동물적 상상력을 구사한 비판적이고 풍자적인 교훈시이다. 여기에 등장하는 사람과 모기와 돼지, 거미, 구더기, 이, 벼룩 등의 동물 모두가 다르지 않다. 인간을 비판하기 위해서 동물을 해충까지 끌어들이는 수사적 전략이라고나 할까. 작품의 전반부 세 수를 옮겨 보면 다음과 같다. 초탈적인 관점에서 보고 있는 약육강식의 세상사를 욕정이 미혹 · 권세의 무상함에 함몰되어 있는 인간의 애니멀리티(Animality)와 취약성의 인간 세속에 대한 풍자적인 어법이 실로 신랄하다.

큰 놈은 작은 놈을 먹이로 하고 / 大虫食小虫
힘 센 놈은 약한 놈 포식하나니 / 彊者飽弱肉
잡아 먹고 살아가는 이 세상 운명 / 呑啖世界內
먹이 사슬 속에서 서로들 해치누나 / 物物相殘賊
그러나 강하다고 어찌 항상 강하리요 / 彊者豈常彊

때때로 사나운 적 불시에 만나나니 / 有時遇勍敵
힘세다 자랑말라 힘센 놈 한이 없고 / 任力力無盡
꾀 많다 자랑말라 꾀 많은 놈 즐비하리 / 任智智相百
나와 너 분별의식 지인에겐 아예 없어 / 至人斷人我
그 마음 허공처럼 툭 트였나니 / 心與虛空廓
허공이 이기는 물건 하나 없지만 / 虛空不勝物
허공을 이기는 것도 하나 없도다 / 物亦勝不得

사람들 세 치 혓바닥 위해 / 人爲膚寸舌
온갖 고량진미 좇아 다니는데 / 百味窮鮮腴
목구멍만 잠깐 넘기고 나면 / 不知纔過咽
똥 덩어리 되는 것은 모르고 있네 / 便與糞穢俱
기막힌 눈요기 감 찾아 다니면서 / 目欲極艶色
치장한 미녀 보면 사족을 못 쓰는데 / 花顔丹白粧
생각하면 도대체 이 물건이 무엇인가 / 尋思此何物
가죽 부대에 담긴 고름 덩어리 / 臭血盛革囊
음식이든 여색(女色)이든 욕정(欲情)임은 마찬가지 / 味色是同欲
결국은 모두가 크나큰 미혹(迷惑) / 究竟皆大惑
이 화두(話頭)를 깨어 부수면 / 勘破此公案
멀리 벗어나 집착 없게 되리라 / 超然無所着

영화로운 벼슬자리 사모하지만 / 榮宦世所慕
천작(天爵)이 아닌 외물(外物)의 소치 / 外至非天得
내적(內的)으로 무엇이 줄어들고 늘어날까 / 於中無增損
겉 모양이 미추(美醜)로 드러나는 것일 따름 / 於外有美惡
선비가 바야흐로 불우할 때는 / 士方被褐時
친척들도 염두에 두지 않다가 / 親戚不省錄
하루 아침에 높은 신분 올라서면은 / 一朝乘高軒
길 가는 사람들도 설설 긴다오 / 路人爲匍匐
본래 무상한 영예와 치욕 / 寵辱本無常

처지 바뀌면 변덕들을 부리는데 / 世情隨地易
참으로 귀한 경지 본래 따로 있는 것을 / 眞貴自有在
사람들 모르다니 가련하도다 / 可憐人不識

5. 박세당의 「소리가(小貍歌)」의 고양이

서계(西溪) 박세당(朴世堂, 1629~1703)은 17세기에 산 탈주자학적 실학 사상의 선구자이다. 권력에 연연하지 않고 수락산 아래에서 은거 생활을 하였다. 그래서 노장 철학은 물론 불선도 수용하는 마음의 여유가 있었다. 문집으로 『서계집(西溪集)』이 있고, 남긴 시가 779수라고 한다.

고양이야 고양이야 두 마리 고양이야 / 小貍小貍兩小貍
장로는 아비고 고양이는 자식이지 / 長老爲爹貍爲兒
전생 후생 인연이 하마 정해졌으니 / 前緣後緣緣已定
삼생의 빚일랑 누가 알까 보냐 / 三生債負誰能知
끼니는 셋이 나누어 먹고 잠은 함께 자며 / 粥飯三分眠一團
아침저녁 장로 곁에서 아양을 떠는구나 / 朝暮戲嬉長老側
창문에서 훌쩍 뛰어가 쥐를 잡고 / 房櫳驃突去捕鼠
밥상에 냉큼 뛰어와 고기를 훔치네 / 盤案翻倒來偸肉
장로는 괜찮아도 사람들은 화를 내니 / 長老不怒人怒貍
고양이를 욕하다가 장로까지 욕을 하네 / 罵貍仍多罵長老
한편은 기뻐하고 한편은 짜증 내니 / 一是喜歡一是愁
쥐 잡고 고기 훔침에 기뻐하고 괴로워하네 / 擒鼠偸肉兼欣惱
아아! 장로의 인연에 두 마리 고양이 있으니 / 嗚呼長老緣有兩小貍
온 몸에 얽매여 버리지를 못하네 / 纏綿一身不肯捨
비록 염라대왕을 만나는 건 면하더라도 / 縱免去對閻王問

위로 해탈을 이룬 제불에 낄 수야 없겠지 / 料不得上參諸佛成勝果

(「소리가(小貍歌) : 해안[33] 장로를 놀리다」)

박세당은 석촌동에 머물면서 석림암의 스님들과도 왕래하며 교류하였다. 그곳 주지스님인 해안(海眼)이 고양이 두 마리를 기르는 것을 보고 전생에 인연이 있다고 생각하였다. 그 스님과 고양이들은 혈육지간의 부자와 같이 긴밀한 관계가 있는 것으로 이 시에서 표현하고 있다.

고양이는 스님의 밥을 얻어 먹고 스님의 곁에서 아양과 재롱을 부리다가는 또 느닷없이 쥐도 잡고 밥상에 냉큼 올라 반찬을 훔치는 말썽꾸러기가 된다. 사람들은 이를 보고 화를 내고 스님을 욕하기까지 하지만 스님은 그저 관대하기만 하다. 이에 사람들은 스님이 아무래도 고양이와 전생에 인연이 고리처럼 얽매여 있는가보다라고 생각한다.

6. 윤기의 「고양이를 잃고(失猫)」의 고양이

숙직 마치고 겨우 돌아왔더니 / 豹直俄纔返
고양이가 홀연 사라졌구나 / 烏圓忽不留
개에게 잡힌 게 아니면 / 得非遇犬獲
누가 훔쳐 간 건지 / 無乃爲人偷
재주도 좋아 잘 뛰어 놀던 모습 / 跳戲思才捷
성질도 온순해서 잘도 따랐는데, 아쉽다 / 依隨惜性柔
장독 사이로 날뛰는 쥐떼들을 / 甕間舞鼠洴
앉아서 볼 뿐이로구나, 누가 잡을 수 있을지 / 坐看誰能投

33 인용자 주 : 석림암(石林庵)에 주지로 있던 노장이다.

시인 윤기(尹愭)가 고양이를 잃은 안타까운 마음을 읊은 오언 율시이다. 화자가 평소에 무척 애착을 둔 것이 고양이다. 어느날 숙직을 마치고 돌아와 보니 그 고양이가 어디론가 사라져버려, 행방을 영 모르게 되었으니 어찌나 아쉽고 없어진 이유가 궁금하고 그 민첩한 행동과 사람을 따르는 유약함이 모두 눈에 밟혀서 아까워진다. 더구나 장독 사이에서 함부로 날뛰는 쥐들의 난동을 그냥 앉아서 바라보기만 해야 하다니 잃어버려서 어찌할 수 없는 마음이 실로 한없이 안타까울 뿐이다. 고양이를 잃어버린 이런 안타까움을 시화한 작품이다.

7. 홍길주의 「불매(不寐 : 잠 못 이루고)」의 고양이

저명한 문인 항해(沆瀣) 홍길주(洪吉周, 1786~1841)의 시이다.
잠 못 이루는 역마을의 밤 / 不寐郵村夜
가을 등잔, 불꽃이 절로 까분다 / 秋燈影自搖
터진 이불 틈으로 설레발이 뻔질나게 모여들고 / 綻衾頻集蠍
무너진 벽 사이로 고양이 용케도 들어왔다 / 頹壁巧容猫
꾸물꾸물 먼동 틀 낌새도 없고 / 冉冉天慳曙
추적추적 아침까지 비가 이어진다 / 颼颼雨達朝
여기서 더 머물기는 어렵고말고 / 此中難更住
하물며 산이랑 바다가 부르지 않나? / 何況海山超

시인은 아마도 어느 바닷길을 여행 중에 있는 상태인 모양이다. 밤이 되어 역마을 숙소에 머무르며 가을 바람에 켜놓은 등잔불이 절로 흔들린다. 잠을 청해도 잠이 영 오지 않는다. 억지로라도 잠을 청해 보려고 터진 이불을 덮었지만, 그 사이로 설레발(전갈)이 스멀스멀 끼어들고 무너진 벽 틈새로 고양이 한 마리가 용케 기어들어 와서 응시한다. 이 고양이는 친화적인 존재가 아니고 잠을 방해하는 훼방꾼 같은 존재이다. 그러니 이제 더 이상 잠자기는 아예 글러버린 상태. 어서 날이나 새면 좋으려만 먼동이 틀 기미는 아직도 아득하고 거기다 아침까지도 비는 추적거린다. 그러니 온 밤을 그냥 지새우며 머물 수는 없다는 생각을 한다. 그러나 바다와 산은 너무 멀리도 있다는 안타까운 마음이 드러나 있다. 이 시는 여로에 잠들지 못하는 나그네가 갑갑한 상태를 안타까워하는 시정이다.

僑寓荒僻.
旣與城邑相遠.
鍾漏之所不及.
村聚又隔.
隣鷄不可得聞.
守寂無眠.
夜不肯晨.
家養一鷄.
以候早晩.
忽爲貍奴乘暗噛傷.
慘然賦二絕.
以志余防護不謹之過.

(김안로, 『희락당고(希樂堂稿)』 권2 상.)

한시 속에 나타나는 고양이의 이미지도 그렇게 단순하지만은 않다. 쥐를 잘 잡는 용맹하고 제 직분에 성실한 고양이가 있고, 공은 분명하지만 그것을 믿음이 지나쳐서 결과적으로 그 이유로 죽음을 자초하는 고양이도 있다. 사람에게 벗과 같이 가까이 접근하면서 더불어 사는 친화적 존재로서의 고양이가 있고 그저 한가하게 낮잠이나 자는 고양이도 있다.

이렇게 한시의 영역에서 시인들은 고양이를 사냥꾼이나 반려로서의 이미지를 모두 활용한다. 그러나 시가 비판성이나 윤리적 가르침이나 실용적 가치를 지향하고자 하는 경우에는 전자의 이미지가 강세화되는 반면 심미성이나 친화적인 서정성의 가치를 지향하는 경우에는 후자의 이미지가 강조된다. 특히 후자의 경우에는 쥐 사냥꾼으로서의 고양이의 이미지는 매우 엷어지는 대신, 인수(人獸)가 서로 자리를 같이하거나 지근거리에서 더불어 사는 친밀한 존재로서의 접근적인 관계가 된다. 가축이라기 보다는 반려동물로서의 관계이다.

8. 서거정의 고양이와 제화시(題畫詩) : 조는 고양이 이미지와 고양이 예찬론

한국의 고전 한시의 문학 공간 속에 고양이를 받아들이고 그 고양이를 시적으로 가장 사랑한 애묘의 문인이 있다면 그는 분명코 서거정(徐居正, 1420-1488)이다. 조선 전기의 한문학을 대표하는 서거정은 호를 사가(四佳)라 하였고, 역대의 시문을 뽑아서 모은 『동문선(東文選)』 편찬에 관여하였으며 '시화(詩話)'라는 명칭을 한국 문학에 처음으로 사용한 시화집 『동인시화』란 비평집을 저술하였다. 그 밖에 『태평한화골계전』, 『필원잡기』를 저술하고 『동국통감(東國通鑑)』을 편찬하는 등 많은 저술을 후세에 남겼다. 조선 초기의 한문학은 서거정에 이르러 비로소 대성하였다고 평가되고 있는 것처럼, 조선 초기를 대표하는 관료이자 문인이다. 그는 평생을 관료로 살았고 그런 가운데 시를 즐겨 지어서 일만여 수를 헤아릴 만큼 많은 시를 지음으로써 우리나라 시사에서 일찍이 드문 사례를 만든 대시인이다. 그의 저작집인 『사가집』[34]에는 고양이(貍奴)와 관련된 여러 수의 한시가 수록되어 있다. 대표적인 것은 「비 온 뒤에 잠깐 앉아서 홀로 읊다」, 「밤에 앉아서 즉사(卽事)를 읊다.」, 「또 앞의 운을 사용하다」, 「절구 즉사」, 「화묘(畫貓)에 제(題)하다」, 「화병(畫屏)에 제(題)하다: 이옥여를 위하여 짓다.」, 「설중(雪中)에 우연히 읊다」, 「고양이의 그림 104운(韻)」 및 「오원자부(烏圓子賦)」 등이다. 이만하면 고양이 모티프의 시적 운용이라는 점에 있어서도 이는 전례가 드문 현상이다.

이들 가운데서 3편의 제화시와 부(賦)를 뺀 세 수의 시에는 봄 · 여름 · 가을 · 겨울 등 절후나 계절과 밤낮의 시간성을 조금씩 다루기도 하지만, 고양이의 행동 양태는 모두 하나같이 '수(睡)'나 '면(眠)', 즉 자거나 조는 상태의 이미지이다. 다시 말해서, 한려(閑餘)한 삶의 경지를 상징하는 것으로 일치되어 있다. 그리고 또 차가움[惻惻輕寒雪]이나 외로움[孤燈]의 차가운[寒] 공간 이미지 속에 함께 잠드는 포근하고 따사로움을 끌어들임으로써 인간과 동물, 즉 사람과 고양이의 주객이 분여(分與) 존유공동(存有共同)의 더불어 사는 존재로서의 친밀한 반려 관계의 함의성을 느끼게 해 주는 것이다.

---

34 서거정. 『서거정전집(徐居正全集)』, 1980, 엄정기 역. 『국역 사가집』, 민족문화추진회, 2008을 참조하였음.

햇살은 흡사 옥처럼 다사롭고 / 日色溫如玉
봄 경치는 연유처럼 윤활한데 / 春光潤似酥
깊은 대숲엔 제비가 날아들고 / 竹深飛燕子
떨어진 꽃 위엔 고양이가 조누나 / 花落睡狸奴

—「비 온 뒤에 잠깐 앉아서 홀로 읊다」

봄추위는 쌀쌀하고 창밖에 눈은 가득한데 / 惻惻輕寒雪滿窓
화롯가의 따뜻한 술은 항아리 가득 향기롭네 / 爐頭香煖酒盈缸
팔 폭 병풍 둘러친 안에 등잔불은 어둑한데 / 屏回八疊孤燈暗
한가로이 괭이와 함께 나란히 잠을 자노라 / 閑與狸奴睡作雙

—「밤에 앉아서 즉사(卽事)를 읊다.」

대나무 샛길엔 조는 괭이가 한가함 차지했네 / 竹徑狸奴睡占閑

—「또 앞의 운을 사용하다」

고양이와 함께 한가로이 잠을 청하네 / 閑眠分與小狸奴

—「설중(雪中)에 우연히 읊다」

이렇게 서거정의 시에 있어서의 고양이는 쥐잡이 · 닭잡이 또는 도둑이 아니라 주객이 함께 고독과 한가한 삶을 더불어 하는 매력 있는 반려이자 친밀한 정감적인 존재이다. 고양이야말로 '한가로움(閑)', '잠(睡)', '따스함(溫)'의 상징적인 생명이고 안일과 더불어 삶과 더불어 삶을 위한 생의 시적인 이미지이다. 개는 선비의 곁에 있을 수 없지만 고양이는 이렇게 자리를 함께 할 수 있는 존재이다.

서거정이 쓴 『필원잡기』에는 묘사총(猫蛇塚) 이야기가 전해지고 있기도 하다. 한 스님이 충주(忠州)의 어느 집에 탁발을 가게 되었는데, 노파가 나와 말하기를 부부가 딸과 함께 살고 있는데, 갑자기 남편과 딸이 같은 시각에 함께 죽었으니 불쌍히 여겨 살려달라 간청한다. 스님이 들어가보니 한 방에 늙은 아비, 딸 그리고 고양이와 뱀이 같이 죽어 있었다. 이유인 즉, 딸 아이가 손에 종기가 나서 앓다가 삽시간에 다리만큼 커지고 허리며 배가 독 같이 붓다가 즉사했던 것이다. 이는 고양이가 뱀을 잡아 아랫 부분만 먹고 대가리를 남겨 뱀이 딸아이를 물었기 때문이다. 아비가 고양이를 죽이려고 해 고양이와 아비가 서로 싸우다가 죽었다는 것이다. 탁발승은 "이제 넷의 삼생(三生)의 죄업이 이와 같으니 만약 명복을 닦지 않으면 영원히 떨어지기 어려울 것이오."하고 두 시신을 불살라 재를 만들고 고양이와 뱀을 거두어 무덤을 만들었다는 이야기이다.

한편, 고양이에 관련된 글로서 「오원자부」라는 부(賦) 한 편이 있다. 오원자는 고양이의 다른 이름이고 '부(賦)'는 한시 장르의 하나로 사실의 서사와 감상이 함께 서술되는 서사적이고 경험적인 자기 반사의 운문시이다. 이 부의 진술주체로서의 화자는 바로 시인 자신의 자호인 '사가자(四佳子)'이다. 서정적 자아라기보다는 이른바 작가의 '자아-원점(Ich-Origo, 케테 함부르거의 용어)'인 경험적 자아와 밀착 일치되고 있어서, 오늘의 관점으로 보면 서사적인 시 및 자기 반사의 수필로서의 운문이다. 전체적으로 고양이를 노래하고 예찬하는 시부이다.

우선 「오원자부」의 본문을 옮겨보면 다음과 같다.

해는 정유년이요 / 歲在火鷄
하짓날 저녁에 / 夏至之夕
비바람이 몰아쳐서 / 風雨晦冥
밤은 칠흑 같은데 / 夜昏如漆
사가자는 가슴이 결려서 / 四佳子患心痞

자리에 편히 눕지 못하고 / 身不帖席
벽에 기대어 졸고 있다가 / 倚壁而睡
갑자기 병장 사이에서 마찰하는 소리가 / 忽聞屛幛間有聲摩戛
언뜻 들리다 말다 하누나 / 乍止乍作
내 집엔 병아리를 깨어서 / 予有鷄雛
닭장이 와상 곁에 있었는지라 / 籠在臥榻之側
동자를 불러 닭장을 잘 가려서 / 呼童子而護之
고양이를 방비케 하려 했지만 / 以防猫竊
동자는 코를 콜콜 골면서 / 童子鼻雷
깊은 잠에 빠져 있었네 / 其睡也熟
나는 늙은 고양이가 사람 자는 틈을 타서 / 予意老猫幸人之睡
약한 병아리를 잡아먹으려 하는 줄 알고 / 磨牙鼓吻於弱之肉也
갑자기 지팡이를 휘두르며 성난 어조로 / 猝然奮杖而怒曰
고양이를 기름은 쥐를 제거하자는 게고 / 養猫所以除鼠
가축을 해치라는 뜻이 아니거늘 / 非爲害物
지금 도리어 그리하지 않아서 / 今反不爾
네 직책을 수행하지 못한다면 / 惟職之闕
대번에 쳐서 가루를 내고 말리라 / 當一擊而粉碎
내가 고양이를 어찌 아끼랴 하였네 / 予於猫乎何惜
이윽고 두 마리 짐승이 / 俄有二物
내 정강이를 스쳐 번쩍 지나가는데 / 掠吾脛而閃去
앞엣 놈은 조그맣고 뒤엣 놈은 커다라서 / 前者小而後者大
고양이가 쥐를 덮친 듯한 형상이기에 / 狀若猫之捍鼠
동자를 깨워 불을 켜고 보니 / 蹴童燭之
쥐를 벌써 모조리 도륙하고 / 鼠已屠盡
고양이는 제 집에서 편히 쉬고 있기에 / 而猫則寢處乎其所矣
그제야 사가자는 깜짝 놀라 이렇게 말하노라 / 四佳子矍然驚曰
고양이가 쥐를 덮쳐 잡아서 / 猫捍其鼠
제 직책을 잘 수행하거늘 / 乃職其職

내가 스스로 밝지 못하여 / 予不自明
혼자 속으로 억측한 끝에 / 以忖以臆
고양이에게 의심을 품어서 / 致疑於猫
불측한 일을 저지를 뻔했구나 / 幾蹈不測
아 참으로 가상하기도 해라 / 嗚呼嘻噫
쥐라는 동물을 살펴보면 / 鼠之爲蟲
그것만큼 천한 동물은 없으니 / 物莫比其賤
털은 옅어서 탐스럽지 못하고 / 毛淺不雋
살은 천해서 제사에도 안 쓰거니와 / 肉卑不薦
뾰족한 수염에 사나운 눈깔은 / 尖鬚悍目
누가 너 같은 자질을 타고나며 / 孰賦爾質
측간이나 땅속을 파고 살거니 / 處溷穴壤
누가 네 굴을 다투려 하겠느냐 / 孰爭爾窟
담장 타고 도는 건 교사함이요 / 循墻其詐
사에 의탁하는 건 교활함이라 / 托社其黠
네 배는 채우기도 쉽거늘 / 爾腹易盈
어찌하여 끝없는 욕심을 부리며 / 何欲乎溪壑
네 부리는 길지도 않거늘 / 爾喙不長
어찌하여 창끝보다 날카로우냐 / 何銛乎戈戟
인기척을 교묘히 엿보아 / 善伺巧候
낮에는 숨고 밤이면 종횡하면서 / 晝竄夜縱
나의 옷상자를 갉아 뚫고 / 穿我箱篋
나의 쌀항아리를 널브러뜨리니 / 攪我盆甕
나의 옷이 어찌 완전하겠으며 / 我衣何完
나의 쌀이 어찌 채워져 있으랴 / 我粟何贏
네 썩은 고기는 누가 퀙 했으며 / 孰腐其嚇
네 간은 누가 삶아 먹었다더냐 / 孰肝其烹
위치는 그릇 깰까가 꺼려웁고 / 地嫌忌器
형세는 부호한 집에 의탁하여 / 勢倚熏屋

멋대로 날뛰며 극성을 부리지만 / 跳梁跋扈
하늘은 그 악을 북돋아주기에 / 天縱厥惡
이 때문에 국풍에선 석서를 풍자하고 / 此所以國風刺碩
『춘추』에선 먹은 것을 기록했었지 / 麟史書食
이런 때에 오원자의 제거하는 공이 없다면 /
　當斯時不有烏圓子驅除之功
너를 버리고 떠나지 않을 자가 얼마나 되랴 / 幾何不逝汝彼適者乎
내가 일찍이 『예기』를 읽었는데 / 我嘗讀禮
고양이 맞이하는 법이 있었으니 / 迎猫有法
우리 밭농사를 잘되게 도와서 / 興我田功
민물에 이택을 입힌 때문이었네 / 利民澤物
내가 오원자를 기르는 뜻도 / 予養烏圓子
대체로 이와 같은 것이었기에 / 意蓋如此
내 요와 이불을 함께 쓰고 / 同我衾褥
내 맛있는 음식을 나눠 먹이니 / 分我甘旨
오원자가 저를 알아줌에 감격한 나머지 / 惟烏圓子感激知己
기운을 뽐내고 용맹을 떨쳐서 / 奮氣鼓勇
재능과 기예를 한껏 발휘하여 / 效才展技
이를 악물고 으르렁거리면서 / 狺然其聲
호시탐탐 노려보고 있다가 / 耽然其視
획 허니 번개를 냅다 치는 듯 / 劃若電邁
별안간 바람을 일으키는지라 / 倏若風動
쥐들이 풀이 죽어 엎드린 채 / 鼠輩帖伏
황공한 태도로 바싹 움츠리자 / 主臣人拱
산 놈 움키고 달리는 놈 쫓아가 / 攫生搏走
있는 힘을 다해 냅다 후려쳐서 / 搪突赑屭
혹은 눈깔을 긁어내기도 하고 / 或抉其目
혹은 머리를 잘라내기도 하여 / 或截其首
낭자하게 갈가리 찢어 널어서 / 磔裂狼藉

간과 뇌를 땅 위에 흩어버리고 / 肝腦塗地
쥐의 소굴을 모조리 소탕하여 / 擣巢盪穴
종자를 남기지 못하게 하였네 / 無俾易種
이때엔 비록 높은 녹봉의 후작에 봉하여 / 當此時雖封以肉食之侯
날마다 고관의 성찬으로 먹인다 해도 / 日享大官之羞
그 공덕을 보상하기엔 부족할 터인데 / 未足償功而酬德
어이해 한 생각을 신중히 하지 못하여 / 何一念之不察
어지러이 이런 의혹을 가졌단 말인가 / 紛然致此惑也
너는 정직함 때문에 해를 당할 뻔했고 / 爾以直而買害
나는 의혹으로 너를 잘못 죽일 뻔했구나 / 我以疑而枉殺
내가 병아리에겐 인했으나 네겐 인하지 못해 /
　我雖仁於鷄雛而不仁於爾
쥐의 원수를 갚아주는 게 어찌 도리이랴 / 爲鼠報仇豈理也哉
아 천하에 / 嗚呼天下
사리가 하도 무궁하여 / 事理無窮
사람의 대처하는 도리도 / 人之酬酢
오만 가지로 다른 까닭에 / 有萬不同
의심 안 할 걸 의심하기도 하고 / 有疑於不疑
의심할 걸 의심 않기도 하지만 / 有不疑於疑
의심하고 안 하는 차이는 / 疑與不疑
천리 멀리 동떨어지나니 / 毫釐千里
사리로 안 헤아리고 사심으로 헤아리거나 / 不揆以理而揆以心
실체를 포착 못 하고 유사한 걸 포착했다간 / 不跡其實而跡其似
천하 사리가 모두 닭과 쥐의 관계 같아서 / 靡有不鷄鼠於其間
반드시 오원자를 의심하게 되고 말리라 / 而致疑於烏圓子也
동자를 불러 이대로 기록해서 / 呼童子而書之
인하여 스스로 맹세하노라 / 因以自矢[35]

35　서거정, 『서거정전집(徐居正全集)』 券之一 賦錄, 1980.

이에 대한 구조적 분절을 한시의 정통시법과 시학이나 기(起)-승(承)-포(鋪)-서(敍)-과(過)-결(結)의 체단(體段) 4법의 반법으로 어떻게 분절하고 있는지는 명확히 모르겠지만, 오늘의 텍스트의 기호학으로서의 구성의 프로그램을 감안해보면, 대략 다음과 같은 4개의 단락(시퀀스)으로 연속되어 있는 구조이다.

a) 서두로서의 출구상황(언술 주체의 호명, 시간과 공간에서의 사건, 상황의 정립), 의혹으로서의 행동의 시작.
b) 그와는 다른 행동(결과)이 결과적으로 일어남 - 억측의 판단적 오류를 지각함
c) 반대의 대립적인 관점으로 반(反)-찬(贊) 대상을 대비함
d) 종결- 결과로 헤아림없는 의심과 판단에 대한 뉘우침과 다짐이 따름

단락 1. 해는 정유년이요 하짓날 저녁에 ~ 내가 고양이를 어찌 아끼랴 하였네

시간은 비바람치는 하짓날 저녁, 공간은 탑(榻)과 등장 인물 겸 화자인 사가자 및 1인칭의 '나'

비바람이 치는 여름날 저녁 사가자, 즉 '나'는 심홧병으로 벽에 기대어 졸고 있는데, 병아리집을 노리는 도둑 고양이가 병아리 둥주리 근방에서 바스락 거리는 소리를 듣는다. 그 소리는 사람 몰래 병아리를 잡아 먹으려고 노리는 것으로 인지한 '나'는 처음에는 아이놈을 시켜 도둑 고양이를 막으라 한다. 그러나 아이는 아랑곳없이 깊이 잠들고 만다. 결국 '나'는 쥐를 잡으려고 스스로 나선다. 나는 고양이가 제 직책을 잊고 병아리를 노리는 것으로 생각한다. '고양이를 기르는 것은 쥐를 제거하기 위함인데'

라고 생각하며 어린 고양이가 소용없다며 일격에 때려 죽이려고 막대기를 든다. 고양이에 대한 의혹과 분격을 결행하려는 상황이다.

단락 2. 이윽고 두 마리 짐승이 내 정강이를 스쳐 번쩍 지나가는데 ~ 고양이에게 의심을 품어서 불측한 일을 저지를 뻔했구나

나는 그 다음 순간 정강이 사이로 스치고 지나가는 두 마리 짐승을 감지하고 이상히 여겨서 확인해보니 쥐가 도살되고 고양이는 제 자리에서 자고 있음을 확인한다. 화자는 이를 보면서 고양이는 제 구실을 다 했는데 오히려 자신이 어리석어서 억측으로 고양이를 의심하고 불측한 일을 저지를 수도 있었음을 지각하게 된다. 첫 번째의 시퀀스로부터의 전기(轉機, Wendepunkt)이다.

단락 3. 아 참으로 가상하기도 해라 쥐라는 동물을 살펴보면 ~ 이때엔 비록 높은 녹봉의 후작에 봉하여 날마다 고관의 성찬으로 먹인다 해도 그 공덕을 보상하기엔 부족할 터인데 : 쥐의 과(過)와 고양이의 공(功)의 대비적 시퀀스

고양이의 적대상인 쥐의 부정적인 '과'의 행위들의 제시. 여기서 쥐의 이미지는 철저할 만큼 의미론적으로 부정화되어 있다. 즉 쥐는 천하고, 더럽고, 쓸모없으며, 간사(간교)하고, 욕심 많고, 엿보며, 상자를 뚫고 독과 동이를 휘저으며 옷을 씹고, 양식을 훔치는 등 가지가지의 악행을 하는 동물이다. 그래서 이 동물은 인간에게 해로운 일만 하는 부정한 존재이다. 이와는 반대로 고양이는 형상의 위상에 있어서 이민택물(利民澤物), 즉 이로운 공의 대상으로 긍정화된다. 사람과 잠자리를 함께하고 맛난 것을 나누는 존재이고 특히 기운과 용맹으로써 번개 치듯 바람 치듯 사람

이 싫어하는 쥐를 덮쳐서 잡는다. 쥐를 잡고 궤멸시키는 형상을 "혹은 눈깔을 긁어내기도 하고 / 혹은 머리를 잘라내기도 하여 / 낭자하게 갈가리 찢어 널어서 / 간과 뇌를 땅 위에 흩어버리고 / 쥐의 소굴을 모조리 소탕하여 / 종자를 남기지 못하게 하였네"라며 처절할 정도로 잔혹하게 묘사하고 있다. 이럴 정도로 가치론적으로 혐오의 대상인 쥐의 과(過)가 열거되고 고양이의 공덕은 대비되어 크게 예찬된다. 두 번째 시퀀스의 전기이다.

단락 4. 어이해 한 생각을 신중히 하지 못하여 ~ 인하여 스스로 맹세하노라

종결의 반성적 시퀀스이다. 화자는 쥐와 대립 관계인 고양이로 인한 사건을 실제로 경험함으로써 이치로써 객관적으로 합리적으로 헤아리지 않고 다만 고양이에 대한 의심의 주관적인 마음으로만 판단해 온 자신의 불찰을 뉘우친다. 이런 결말의 기능은 화자의 열린 자기 인지의 면모와 함께 이치나 이성적인 판단이 아니라 주관적인 마음 또는 '사실(実)이 아니라 그 비슷한 것(其似)'만으로 따지는 판단 오류의 과오를 지적하는 교화적인 명제가 함축되어 있기도 하다.

9. 고양이 제화시와 고양이 그림 104운 (응제시)

그러나, 서거정의 시에서 내가 특별히 주목하는 것은 서거정이 고양이를 그린 화묘(畵猫)와 병풍그림에 시를 긴밀하게 관련시키거나 그림과 글의 두 장르를 함께 상동적으로 또는 유질적(類質的)으로 공존시킨 제화시(題畫詩)의 예술미학의 미학적 현상이다. 한국을 비롯한 동양의 전통 회

화는 언어 예술과 회화 예술이 서로 융섭한다. 문인화(文人畵)도 이런 양식의 한 예술이다. 제화시는 회화 작품, 화면의 안이나 옆에 직접 써 넣은 시이거나, 시로서 회화작품에 직접 써 넣은 것은 아니지만, 그림과 관련해서 「제화십수육언」, 「제안견산수도 동경(題安堅山水圖 冬景)」처럼, 그림과 감상한 시, 즉 그림과 시가 멋있게 서로 예술적으로 정여물(情與物)의 밀접한 관계로 교융(交融)된 시를 일컫는다. 즉 그림을 보면서 화가의 화의에 시인의 의경(意境)을 실은 시다.

한시 연구자들에 의하면, 서거정의 그림과 병풍 그림에 대한 제화시만 하여도 400여 수에 이른다고 한다. 이는 그가 귀족적이고 정관적인 한가로움의 여유에서 오는 그림을 보는 심미적인 정감이 비범했음을 뜻한다. 이렇듯 그림 보기를 좋아하여 서화를 탐미하고, 여러 제화시를 남긴 서거정은 고양이에 관한 제화시 3편을 남기고 있다. 그 시들의 대상이 된 그림이 누구에 의해서 그려진 것인지 확인되지 않는 것이 안타깝지만, 어떻든 간에 그에게는 그림 속의 고양이를 보는 감흥이 확실히 즐거움 또는 재미와 기쁨을 찾는 일로서 받아들여졌을 것이라는 점은 짐작하고도 남음이 있다.

고양이 그림의 제화시는 「화묘(畫貓)에 제(題)하다」와 「화병(畫屛)에 제(題)하다」, 「고양이의 그림 104운(韻), 畫貓一百四韻一應製作」이 있다.

화려한 집의 높은 곳에 괭이가 잠들었네 / 畫堂高處睡貍奴
운모병 앞의 붉은 비단 요자리 위에서 / 雲母屛前紫錦毹
내 옛날 모란꽃 밑에서 본 게 생각난다 / 憶昔牧丹花下看
두 눈동자가 야광주처럼 반짝거렸었지 / 雙睛炯炯夜光珠

(「화묘(畫貓)에 제(題)하다」)

수박 넝쿨 울타리 밑에 두 고양이가 있어 / 寒瓜蘺落兩貍奴
한낮에 두 눈동자가 구슬처럼 반짝거리네 / 日午雙睛纈似珠
네 본래 고기 먹는 골상임을 사랑하거니 / 愛汝元來食肉相
저 쥐새끼 놈들을 다 몰아낼 수 있을는지 / 可能驅盡鼠兒無
(「화병(畫屛)에 제(題)하다.」)

두 편은 제목 그대로 그림 속의 고양이와 병풍 속의 그림 고양이를 읊은 것이다. 후자는 '이옥여를 위하여 짓다'라고 부제를 지은 시 중 다섯 번째의 시이다. 이 두편 모두 시적 묘사의 초점이 된 것은 고양이의 눈동자이다. 이 눈동자는 동공이 '야광주'나 '구슬'로 은유화되어서 반짝반짝 빛난다고 제시되고 있다. 연상적인 기억의 기법이 작용하고 있는 전자에서는 자고 있는 상태의 고양이와 눈동자를 반짝이며 깨어있는 고양이를 대비시킴으로써 시간이 현재와 과거(기억)가 교호한다. 과거와 현재의 회상적인 결합 현상이다. 후자는 '한낮'이란 현재적 시간 및 '울타리 밑'이란 공간을 배경으로 구슬 같은 형형한 눈을 반짝이고 있는 그림 속의 생동하는 고양이들을 그림 밖으로 끄집어 내어서 저들이 쥐새끼들을 다 몰아낼 수 있을까라는 정감을 표출한다. 오백 년이란 시간이 지나서 1920년대에 고월 이장희(李章熙) 시인은 그의 시 「봄은 고양이로다」에서 고양이의 눈동자를 두고 '금방울같이 호동그란 고양이의 눈에 미친 봄의 불길이 흐르도다'라고 읊었다. 비록 촉발된 감응의 차이와 변화가 없는 것은 아니지만, 그럼에도 불구하고 고양이의 눈이나 동자를 '금방울'과 '야광주'(구슬)이란 이물관물(以物觀物)의 비유적 유사성을 지닌다. 후자의 시에서는 그림의 고양이를 보면서 원래 고양이란 존재가 쥐를 잡는 사냥꾼임을 환기하면서 쥐를 다 몰아낼 수 있을까란 그림 밖의 세계로 생명화해내는 것도 그림의 생동성에 대한 시인의 범상치 않은 상상력의 소산이다.

그러나 서거정의 고양이 제화시에서 가장 주목되는 것은 「고양이 그림 104운」이다. 여기에는 '응제하여 짓다'(應製作)이라는 시작의 조건이 명기되어 있다. 그러니까 이 시는 제화시인 동시에 응제시인 것이다. 이 '응제'란 신하가 제왕의 명이나 특명에 응하여 시문을 짓는다는 뜻이다.[36] 따라서 응제시의 경우는 태평을 칭송 노래하고 궁원지사(宮苑之辭)를 읊으며 시의 대우가 잘 정돈되고 사조(辭藻)가 아담 · 화려하다. 그러나 결점은 지나치게 조탁(彫琢)하여서 내용과 체제가 너무 형식화되어 정감을 펴는 데 있어서 어려움이 있다는 것이다.[37] 이렇게 타의의 왕명에 의한 응제시로서의 이 「고양이 그림 104운」은 관료 사대부의 시여서 한 행 한 행이 각주가 필요할 정도로 중국 고전 텍스트의 인용과 인유 및 고사, 그리고 난삽한 어휘 등이 실로 많아서 한시 학자가 아니고서는 접근과 이해가 결코 쉽지 않다. 그렇지만 이 시는 한국 문학에서의 고양이 시로서는 드물게 긴 장시로서의 존재 의의를 지니고 있다. 궁정 응제시로서의 양상은 시의 말미 부분에서 구체화된다. 그러나 그 부분은 시학적으로는 이 논의의 주요 부분은 아니다.

천지 조화가 만물을 잘 양육하니 / 乾坤妙亭毒
만물의 변화가 정히 아득하여라 / 物化正茫洋
짐승의 겨레는 더욱 중다하거니 / 獸族滋繁庶
짐승을 어찌 다 헤아릴 수 있으랴 / 毛蟲詎數量
기린은 기이한 모습을 바쳐왔고 / 麒麟來獻異

36 凌欣欣.『初唐詩歌中季節之硏究』, 文津出版社, 1997, 台北, pp. 48~51 참조.

37 『국역 사가시집』 제 44권, 임정기 역. 2008, 민족문화추진회, 14~28쪽을 인용, 참조.

해치도 상서를 바칠 줄 알았도다 / 獬豸解呈祥
사택의 신기함은 어디에 비기랴 / 獅澤神誰比
추우의 덕은 이미 드러났고말고 / 騶虞德已彰
서진은 해교에 이름이 높거니와 / 犀珍名海嶠
상공은 산과 바다를 거쳐 들오네 / 象貢入梯航
안개를 피해 숨어 문채는 빛났고 / 隱霧斑猶蔚
산모퉁이서 으르렁댐은 막강했지 / 負嵎闞莫强
웅비의 위엄은 아주 두렵거니와 / 熊羆威震慴
추맥(맹수)의 힘은 대단히 억세고말고 / 貙貊力劻勷
용마는 본래 기주로부터 나오되 / 龍馬生從冀
천상의 방성과 서로 호응하는데 / 天星上應房
정기가 비범한 요뇨를 사랑하고 / 權奇愛騕褭
무리에 뛰어난 숙상도 구경하네 / 倜儻看驌驦
도림 들엔 남은 종자가 많거니와 / 桃野多遺種
계전에선 얼마나 짐을 끌었던고 / 蹊田幾服箱
자고 움직이고 내려오고 마시되 / 寢訛時降飮
벌벌 떠는 건 참으로 슬프다마다 / 觳觫可悲傷
험갈(사냥꾼)의 재주는 응당 익숙커니와 / 獫猲才應熟
한로(명견)의 기량 또한 훌륭하고말고 / 韓盧技亦良
우인 없어도 사슴 쫓을 줄 알거니 / 無虞知卽鹿
네 목자는 네 양을 오게 하리로다 / 爾牧想來羊
풍각의 낙타는 천리를 달리거니와 / 風脚駝千里
동제나 오소리는 한 떼를 이루네 / 銅蹄貉一行
원숭이는 괜히 조급하고 간사하고 / 狙猴空躁詐
여우 토끼는 절로 미쳐 날뛰도다 / 狐兎自披猖
꿇고 젖 먹는 놈 치아를 지닌 놈이 / 跪乳與含齒
모두가 음을 업고 양을 안았지만 / 負陰還抱陽
횡생은 번다하여 굼틀거릴 뿐인데 / 橫生多蠢蠢
어두운 성질 또한 갈 바를 모르도다 / 昧性亦倀倀

고양이는 과연 어떤 물건이던고 / 貓子知何物
고양이는 범과 함께 있기도 했으니 / 貍奴虎亦當
이름은 일찍이 한토(한나라)에 드러났고 / 名曾著韓土
성은 본디 저 묘향에서 나왔었네 / 姓本出苗鄉
성질은 잽싸게 뛰는 버릇이 있고 / 性質偏跳捷
마음은 강포한 짓을 좋아하는데 / 心情喜虣剛
무엇을 엿보는 덴 능수이거니와 / 已能工覘伺
또한 나는 듯 뜀질도 잘하고말고 / 亦復巧騰驤
눈동자는 구슬처럼 반짝거리고 / 活眼珠生暈
터럭 무늬는 알록달록 화려한데 / 斑毛繡錯章
이빨은 갈아서 예리한 창끝 같고 / 磨牙兵利戟
발톱은 흡사 칼끝처럼 뾰족하네 / 抽爪劍生鋩
별똥별처럼 언뜻 지나는가 하면 / 倏似飛星過
번개보다 더 급히 서둘기도 하여 / 急於迅電忙[38]
고기 먹는 턱을 넉넉히 지니고 / 飽將食肉頷
생선 먹는 창자를 잘 채우나니 / 養得飼魚腸
별안간에 재빠른 발을 과시하여 / 瞥爾矜趫足
으르렁대며 목 조르길 일삼누나 / 狺然事扼吭
눈동자는 남북으로 나뉜 듯하고 / 睛猶分子午
코는 염량세태를 점칠 만도 한데 / 鼻可卜炎涼
스스로 편히 눕길 좋아하거니와 / 自愛便身臥
누굴 위해 낯은 씻고 단장하는지 / 爲誰洗面妝
경쾌한 행동은 매우 순간이거니와 / 輕儇深造次
노려보는 꼴은 보통이 아니고말고 / 睥睨異尋常
쥐는 보니 의심이 많아 망설이고 / 相鼠持疑豫
사람을 속여 재물도 잘 훔치는데 / 欺人善盜贓
벼이삭 잘라대라 식탐도 심하지만 / 害苗饞孔棘

38 인용자 주 : 고양이가 육식 동물임을 의미함 본문중 (고양이부분) 고딕체는 인용자에 의함

뿔 먹은 죄는 용서될 수 없다마다 / 食角罪無償
지붕 뚫는 건 참 억제키 어렵지만 / 穴屋誠難制
봉창 뚫는 것도 쉬 막을 수가 없네 / 穿牖未易防
간물 용납한 사당에 먼저 의탁하고 / 容奸先托社
교활하게 거짓으로 달아나기도 하지만 / 逞黠詐循墻
슬금슬금 몰래 항아리를 엿보고 / 祕跡潛窺甕
숨어서 가만히 광주리도 씹어대네 / 竄形暗噬筐
그 누가 저 더러운 뒷간에 살면서 / 誰教居溷廁
묵은 창고의 곡식을 축내게 했던고 / 正爾耗陳倉
일찍이 장탕에게 찢겨짐을 피했고 / 早避張湯磔
도사의 물리치는 술법도 피했지 / 曾逃道客禳
던지자면 그릇 다칠까 꺼리는데 / 投因嫌器忌
발동할 땐 반드시 기회를 엿보네 / 發必伺機張
욕심이 많음은 제 본색이거니와 / 多欲固常態
꾀를 씀은 왜 그리 착하지 못한고 / 爲謀胡不臧
황혼만 되면 마냥 방자히 굴다가 / 黃昏長自恣
대낮엔 깊이깊이 숨어 들앉았으니 / 白晝遠深藏
이 무리가 어지러이 미쳐 날뛰면 / 此輩紛狂擾
그 누가 상쾌히 쳐 죽일 수 있을꼬 / 誰能快伐戕
괭이의 용맹 뽐내는 걸 빙자하여 / 憑渠常鼓勇
방자히 날뛰는 쥐를 누를 수 밖에 / 制彼肆跳梁
씹으려면 톱니 같은 치아를 펼치고 / 齩齕張金鋸
입 떡 벌리면 쇠 같은 창이 뾰족한데 / 啥呀聳鐵槍
날카로운 수염은 쥐가 놀라 피하고 / 尖鬚驚辟易
부릅뜬 눈은 쥐를 혼비 백산케 하네 / 悍目走顚僵
힘 모두어 한번 부닥뜨렸다 하면 / 奰贔纔搪突
발톱으로 움켜 이내 강탈하는데 / 攫挐旋奪搶
새 새끼는 탁 쳐서 깨물고자 하고 / 孤雛思搏噬
약한 고기는 집어 삼키고자 하네 / 弱肉志呑嘗

굴은 공격해 모조리 더듬어 찾고 / 擣穴探還盡
둥지는 엎어 종자를 없애려 하여 / 傾巢種欲亡
몸뚱이를 갈기갈기 찢어버리면 / 形軀屠異處
간과 뇌에선 피가 줄줄 흐르는데 / 肝腦血流滂
썩은 고기 있어 올빼미는 꿱 했지만 / 有腐鴟鳶嚇
개미들은 끌어갈 뼈도 없네그려 / 無骸螻蟻搒
일찍이 나라 좀먹는 해를 없앴고 / 曾消蠹國害
다시 백성 해치는 재앙을 끊었으니 / 更絕損民殃
생김새를 일러 왜소하다 말 마오 / 謂物莫些小
공을 논하자면 누구와 오르내릴꼬 / 論功孰頡頏
고인이 이 때문에 정중히 여기어 / 古人斯鄭重
사제 때마다 맞고 보내고 했거니와 / 祭蜡爲迎將
이사에서 다시 서로 말들 하거니 / 里社還相語
복 비는 일을 어찌 힘쓰지 않으랴 / 祈禳曷不蘉
제사하면 정성이 신을 감동시키고 / 享神誠必格
북을 치면 북소리 당당도 하여라 / 擊鼓響其鏜
해를 제거함이 참으로 능사거니 / 除害眞能事
농사 풍년 들 희망이 있게 되었네 / 興農庶有望
예경의 글에도 나타나 있거니와 / 禮經書著見
빈아에선 풍년을 아뢰기도 하였지 / 豳雅報豐穰
곳곳마다 사람들이 다 보호하거니 / 處處人皆護
집집마다 길러도 해롭지 않고말고 / 家家畜不妨
검은 눈동자는 참으로 예쁘건만 / 烏瞳誠媚嫵
황이는 부질없이 노닐기만 하네 / 黃耳謾徜徉
저 간사하게 물고기 모는 수달이나 / 獝彼驅魚獺
완악하게 제 꼬리 밟는 이리 따위의 / 頑然疐尾狼
수다한 것들을 어찌 셀 것 있으랴 / 紛紜何足數
잗단 것들은 끝 비길 수 없다마다 / 瑣屑竟難方
출입할 땐 사람 품 안에 얼싸안기고 / 出入親懷裏

조용히 사람 자리 곁에 앉아 놀다가 / 從容近座傍
잠에 취하면 채색 방석 깔고 자고 / 醉眠憑綵罽
실컷 자고는 요 자리 깔고 노니네 / 飽睡藉茵床
직책은 절로 광주리를 지키거니와 / 職自司筐篋
재주는 응당 도끼와 맞설 만하니 / 才應敵斧斯
탐한 자 제거할 땐 준엄한 법관인 듯 / 去貪法吏峻
사나운 자 죽일 땐 굳센 무부 같아라 / 誅暴武夫洸
이 때문에 명성이 세상에 중하여 / 從此聲名重
번창한 족보를 서로 전해 왔었지 / 相傳族譜昌
사람을 해칠 땐 의부인가 싶지만 / 害人咄義府
새끼를 젖먹일 땐 당왕의 상서로되 / 乳子瑞唐王
우보의 문사는 참 화려했거니와 / 祐甫文辭麗
창려의 저설은 의미가 심장했었네 / 昌黎著說汪
그 누가 저리도 붓놀림을 잘하여 / 阿誰工戲墨
특별히 이 비단에 고양이를 그렸나 / 特此畫縑緗
붓을 빨고 처음에 두 다리를 뻗더니 / 吮筆初盤礴
정신을 모아 깊은 경지로 들어가서 / 凝神入渺茫
곧장 염입본을 따라잡으려 하고 / 欲追閻立本
또한 고장강을 본받으려 했으니 / 願效顧長康
유곽은 지게미에 불과하려니와 / 劉郭爲糟粕
위한은 역시 쭉정이와 같고말고 / 韋韓等秕糠
단청은 화려한 광채를 더하고 / 丹靑增炳煥
채색은 더욱 휘황 찬란하여라 / 繪綵轉焜煌
미묘한 건 형용이 바로 그것이요 / 恍惚形容是
방불한 건 골격의 세밀함이로다 / 依俙骨骼詳
오묘한 경지에 이름을 알고말고 / 深知臻要妙
가는 털끝 하나도 놓치지 않았네 / 細不失毫芒
기세는 아직도 날래고도 사납고 / 氣勢猶精悍
봉릉은 아직도 준마처럼 교만해라 / 鋒稜尙駿彭

자웅은 양쪽에서 서로 돌아보고 / 雌雄相顧眄
모자는 서로 내리보고 쳐다보는데 / 母子互低昂
얼룩 무늬는 혹 비단보다 선명하고 / 彪或明於錦
흰 빛깔은 서릿빛처럼 깨끗해라 / 白曾皎似霜
부드런 터럭엔 묽은 먹물이 어렸고 / 柔毫凝淡墨
보송보송한 솜털은 담황빛이로다 / 軟毳著輕黃
장난하는 꼴은 천태만상이지만 / 狡獪知千狀
한바탕씩 즐겁게 놀기도 하는데 / 嬉娛又一場
몸을 솟구치면 뛰려는가 의아하고 / 竦身疑奮躍
꼬리 내리면 비슬비슬한 듯도 한데 / 妥尾訝踉蹡
두더지가 보면 넋이 캄캄해질 게고 / 鼴見魂應黯
다람쥐가 보면 쓸개가 벌벌 떨리리 / 鼯聞膽亦恇
새 그림은 참으로 더없이 절묘해 / 新圖儘奇絶
뛰어난 경치가 한도 끝도 없으니 / 異景未渠央
운골은 천년만년 묵은 돌이요 / 雲骨千年石
상자는 백 척의 높은 대나무라 / 霜姿百尺篁
빽빽한 그늘은 세세히 두루 감싸고 / 繁陰籠細細
고요한 그림자는 푸르게 덮였는데 / 靜影覆蒼蒼
붉게 터진 꽃송이는 막 요염하고요 / 紅綻花初艶
파랗게 나온 예쁜 잎 또한 향기롭네 / 靑嬌葉更芳
색깔은 기름진 성성이의 핏빛 훔쳤고 / 色偸猩血膩
향기는 사향 배꼽을 보내온 듯하니 / 芬送麝臍香
나비는 찾아와 훨훨 날아다니고 / 蝶使來蘧栩
벌은 날아와 고성 방가를 하면서 / 蜂媒對浩倡
쌍쌍이 날아서 빙빙 도는가 하면 / 飛飛雙繚繞
쌍쌍이 자주 이리저리 배회하는데 / 故故兩回徨
또 여기에 잠자리가 빙둘러 있어 / 又此蜻蜓匝
훌쩍훌쩍 위아래로 서로 나는구려 / 翩然上下翔
좋은 종이에 일찍이 그림 그리고 / 金牋曾賁飾

옥축으로 잘 꾸며 놓은 이 화첩을 / 玉軸巧裝繢
손 씻고 한참 동안 문지르다가 / 拭手摩挲久
눈 닦고 하염없이 완상하노라 / 揩眸展翫長
그 몇 해나 비부에 갈무리했다가 / 幾年藏秘府
오늘에야 화려한 당에 걸었는고 / 今日揭華堂
돈어에도 신의가 입혀진 듯하고 / 似被豚魚信
조수도 와서 함께 춤을 추는 듯하네 / 來同鳥獸蹌
성군들께서 보위에 높이 오르시어 / 聖神尊御極
가만히 앉아 엄연히 의상 드리우고 / 端拱儼垂裳
공검하여 안일하지 않게 살면서 / 恭儉居無逸
근심 걱정에 밥 먹을 겨를도 없이 / 憂勤戒不遑
항상 엄인하고 또 억외하셨거니 / 嚴寅恒抑畏
지구만 할 뿐 어찌 황녕하셨으랴 / 祗懼豈寧荒
잠목은 순 임금의 마음을 전했고 / 箴木心傳舜
명반은 탕임금의 덕을 짝했도다 / 銘盤德媲湯
어병엔 간하는 상소문을 붙이었고 / 御屏粘諫疏
휘장은 상서한 베를 모아 만들었네 / 經幄集書囊
진기한 노리개는 모두 멀리하고 / 奇玩皆疏外
세쇄한 놀이는 다 물리쳐 버리고 / 細娛盡斥攘
형상으로 부암의 들만 생각하거니 / 像形思傅野
산수 찾는 현황은 비루할 뿐이로다 / 山水鄙玄皇
보배로 여긴 건 진기한 게 아니요 / 所寶非珍異
오직 성광을 얼마나 생각했던고 / 惟幾念聖狂
소신은 성상의 나라에 태어나서 / 小臣生下土
오랫동안 성상을 가까이 뫼셨으되 / 多日近天光
성상의 덕을 보필하지 못했거니 / 睿德難裨補
왕의 아름다움을 감히 대양하리오 / 王休敢對揚
아뢴 시가 참으로 거짓이 아니니 / 矢詩眞不佞
성상께서는 원컨대 잊지 마소서 / 當宁願毋忘

화답한 노래는 고직에 부끄러우나 / 賡載慙皐稷
공손히 머리 조아려 크게 아뢉니다 / 恭陳稽首颺

「고양이의 그림 104운(韻)」

서두의 시작은 천지 자연의 조화가 만물을 양육하는 것이 실로 묘하여서 만물의 변화가 바로 아득할 뿐만 아니라 짐승의 종(種)도 또한 많고 많아서 그 수를 헤아릴 수 없다고 전제한다.(1~4) 이런 전제하에서 기린 · 해치 · 사자 · 곰 · 말 · 개 · 낙타 · 사슴 · 오소리 · 원숭이 · 여우 · 토끼 등등이 짐승의 각 종족으로서 열거된다.(5~34) 그 다음에는 '고양이는 과연 어떤 물건이던고'로 이어지며 고양이라는 종이 소개 · 설명된다.(35~58) 여기까지는 고양이의 고향 · 명칭 · 현상과 풍모 · 행태와 습성 · 동태 등의 특징들이 비유적 수사에 의해서 표현된다. 여기에 표현된 특징을 대략 간추려 보면 다음과 같다. 잽싸게 뛰는 버릇 · 강포한 성질 · 엿보기의 능수 · 나는 듯한 뜀질 · 구슬 같은 눈동자와 반짝임 · 알록달록 화려한 털무늬 · 창끝같이 예리한 이빨 · 칼끝 같은 발톱 · 별똥별같이 언뜻 지나가는 모습 · 번개보다 빠르고 급하게 서둘기 · 고기 먹기에 넉넉한 턱 · 먹은 생선을 채우는 창자 · 재빠른 발 · 으르렁대며 목조르기 · 남북으로 바로 서는 눈동자 · 세수 단장하는 버릇 · 경쾌한 행동 동작 · 노려보는 응시 등이다. 고양이라는 종족이 지니고 있는 행태들, 그리고 부위별 기능들이 생체해부적인 수사에 의해서 자세히 묘사되고 있는 것이다. 과시 고양이의 생태 해부도이고 옛 선조들이나 선비들이 가지고 있는 고양이 동물관의 집중적이고 표본적인 도본이다.

이에 비해서 다음에 이어지는 단락은 고양이의 상대인 쥐의 시편이다. 쥐를 사냥하는 고양이가 적대적으로 상대해야하는 쥐의 행태들은 고양이와는 아주 다른 부정적인 이미지로 일관되고 조합된다. 고양이 대 쥐의 두 상(像)은 가치론적인 구조에 있어서 대비되고 대립한다. 이런 대비화는 앞서 언급한 「오원자부」에서도 제시되어 있다. 쥐가 인간에게 행하는 온갖 악행과 만행들은 다음과 같이 열거된다.(59~80) 의심이 많아서 망설이고 사람을 속여서 재물을 훔친다. 벼이삭을 갉아대고 식탐이 많고 소의 뿔을 먹는다. 지붕을 뚫고 봉창을 뚫는다. 간소배의 짓을 하며 교활하고 항아리를 엿보고 숨어서 광주리를 씹어대고 창고의 곡식을 축낸다. 욕심이 많은 본색, 착하지 못한 꾀를 잘 쓰고 낮에는 숨고 황혼이 되면 방자해지고 무리가 미쳐 날뛰며 어지럽게 한다. 무엇을 던져서 잡으려 해도 그릇을 깰까 염려되게 한다. 물론 쥐는 십이간지(十二干支)의 첫 번째에 해당하는 상징 동물로서 근면과 번영의 긍정적인 동물 상징으로도 여겨지기도 한다. 그러나 이 시편에 있어서만은 마치 쥐가 페스트균의 숙주인 기생충을 옮긴다는 현대 의학적인 불결하고 부정적인 이미지로 규정되는 경우와 마찬가지로 이 시에 있어서도 오직 '쳐 죽여야 할' 대상으로서만 부정화되고 있다. 그래서 이어지면서 다시 한 번 이런 쥐를 응징하거나 제거하는 유익한 주체로서의 고양이의 행동 역할과 능력과 공적이 전개되고 사람들의 보호를 받는 친선 관계 및 예찬이 많은 현란스런 중국 고사들의 인유와 함께 이루어진다.(81~132)

이렇게 방자하게 날뛰는 쥐를 제압하거나 관리하는 고양이의 용맹스러움과 재앙과 해를 끊음으로써 사람들의 생활에 희망을 주는 고양이의 공덕을 예찬한다. 그리고 사람과 곁을 함께하는 근접적이고 친밀한 관계를 갖는 고양이의 생태를 통해서 고양이가 얼마나 인간에게 살갑고 또 유익한 존재인지와 동시에 애완적인 반려인가를 떠올리고 있다. 그러나 여기까지는 시 표제의 '고양이의 그림'(畵猫)의 그림과는 아무런 상관성이 없다. 그림의 고양이가 아니라 고양이란 짐승 자체의 형용 · 생태 · 행태와 인간 생활에 주는 유익함 및 상호 관계에 대한 기술이 되어있을 뿐이다. 그러니까 그림 밖의 고양이에 관한 것이다. 그림으로 그려진 고양이에 대한 제화시적 반응은 이제부터 술회된다.(133~180) 고양이 회하의 특색에 대한 반응과 감상과 완상이 이제부터 표출된다. 여기에 염입본(閻立本) · 고개지(顧愷之) · 곽희(郭熙) · 유도권(劉道權) · 위언(韋偃) · 한간(韓幹) 등 중국의 많은 명화가들의 이름이 모조리 열거 · 인용되고 있다. 그런 화가들을 능가하거나 비견되는 회화적 가치를 지닌 것으로서 견주어진 대상으로서의 화첩 그림의 화가는 정작 누구이며 또 화제는 무엇인지에 대해서는 구체적인 지적이 전혀 없다. 과장적인 장식의 수법인가 보는 자의 확인의 소홀함인가. 이런 대상의 불명료성의 상태가 제화로서 결과적으로 신뢰감을 약화시킬 수 있는 것이 사실이지만, 화공의 먹의 운용과 운필로서의 붓놀림의 능숙함이 여유있고 깊은 경지에 이르러 있음을 암시한다. 그리고 형용이 미묘하고 단청과 채색이 색채론적으로 화려하고 찬란하다고 찬탄한다. 그런 고양이의 골격이 세밀화의 오묘한 경지에 이르렀으며 일호의 가는 털끝 하나도 놓치지 않는 세밀하고 정치한 묘사력을 지니고 있다는 표현 방식을 해석한다. 그리고 고양이의 자웅이 서로 양쪽에서 평면적인 상태로 돌아보고 있고 모자(어미와 새끼)는 내려다보고 쳐다보는 부감과 암시의 수직적 구도로 포치되어 있음을 묘사한다. 그리고 고양이들의 털과 얼룩 무늬와 서릿발 같이 희고 깨끗한 빛깔이 담묵(淡墨) · 담황(淡黃)의 선명한 색채의 장으로 이루어져 있음을 주목한다. 그리고 마치 장난하듯 놀고 몸을 솟구치고 뛰노는 듯한 동작태의 생동감을 놓치지 않고 완상한다. 뿐만 아니라 고양이들 주변 배경의 경관과 풍경 또한 절묘한 배치로 이루어져 있음을 완미한다. 수천 년의 시간(세월)도 묵은 돌 · 백 척 높이의 대나무와 그 푸른 그늘의 음영 · 붉은 꽃송이와 푸르고 향기 나는 잎 등 색과 향기의 감각 · 비상하고 선회하는 벌과 나비와 잠자리의 시각미와 동태미가 주는 만상 환희의 회화적 정경들의 아름다움을 또한 시적 미감의 감수성으로 파악해 내고 있다. 결과적으로 이 부분은 시와 회화와의 서화 상응의 미적 관계에 대한 시인의 높은 미학적 인지를 표출해 내고 있는 것으로서 의미를 지닌다. 그것이 여기에서는 고양이를 매개로 한 점이란 것이 특성인 것이다. 시인의 시로 쓴 회화론이다. 이후 연속 부분(181~208)인 말미는 응제시의 특성으로서, 응제시의 창작을 명령한 왕의 덕을 칭송하는 내용이다.

어떠한 여건이었든, 서거정은 조선 시대의 문인 학자들 가운데에서는 이렇게 긴 고양이 시를 지었다는 사실만으로도 고양이를 가장 사랑한 애묘의 최대 시인임이 분명하다. 미학사나 회화사적으로 이런 대상이 된 그림과 화가가 설사 중국의 경우일지라도 그림과 시의 이른바 '상동성'('화가원 그림' Homology)이나 '상동구조' (isomorphic tructure)를 알기 위해서라도 구체적으로 확인되었으면 하는 바람을 떨쳐버릴 수 없다.

4장
지식의 종합적 지도 백과전서 속의 고양이들

백과사전 속에 고양이가 산다. 고양이는 설화와 문학과 그림에서 모습을 나타내지만 백과사전에서도 당연히 등장한다. 그런데 우리에게 그런 백과전서가 있었던가. 이수광(李睟光, 1563~1628)의 『지봉유설(芝峯類說)』, 이익(李瀷, 1681~1753)의 『성호사설(星湖僿說)』, 이규경(李圭景, 1788~ ?)의 『오주연문장전산고(五洲衍文長箋散稿)』, 이유원(李裕元, 1814~1888)의 『임하필기(林下筆記)』와 같은 방대한 지식이 체계화된 고전에는 조선시대의 학자와 선비들의 관점에서 '금수문'이나 '만물문'에 관찰하고 많은 중국 서책들을 통해서 알아 본 고양이들에 대한 동물기[39]적 관심과 지식들이 간략한 편린으로 기록되어 있다. 조선시대 중기와 후기에 쓰여진 이 책들은 비록 중국 전적으로부터 인용이 많기는 하지만 그 내용이나 성격에 있어

39 김홍식 편, 정종우 해설. 『조선동물기』, 서해문집, 2014.
이 책은 조선시대 선비들의 동물관을 문헌적으로 그리고 생물학적으로 넓게 살핀 노작이다. 이 책의 '고양이' 항목(88~96쪽)을 참조.

서 방대한 조선의 백과사전적 전서로서의 지식체계와 분류의 가치와 성격을 지니고 있는 저술이다. 에누리 없이 귀한 조선의 백과전서인 것이다. 이 속에 고양이에 대한 선비들의 총체적인 기록이 있다. 그렇다면 이들 백과사전적 저술 속의 분류 체계로서 금수문(禽獸文)이나 모충부(毛蟲部)에서 편자인 선비들의 눈에 비친 고양이는 과연 어떤 모습으로 기술되고 있으며 또 선비들의 고양이에 대한 지식 내용의 폭은 어떠한가.

1. 『지봉유설』의 고양이

저자인 지봉(芝峰) 이수광은 조선 중기의 문신 · 학자 · 관리이며, 벼슬은 이조판서에까지 올랐으며, 관료로 봉직하는 가운데 검소하게 살면서 『지봉집』 31권과 『지봉유설』 20권을 저술했다. 『지봉유설』 20권 10책은 25부 182장 3435항목으로, 광해군 5년(1613)에 편찬 저술을 시작하여 이듬해인 1614년 7월에 완성하고 「자서(自序)」도 썼다. 원전의 '범례'에 따르면 참고 인용한 서적이 박학다식하게 육경(六經) 이하 348가(家)의 책에 이르며, 여기에 등장하는 인명은 중국 상고 시대부터 조선 중기까지 2265명이나 되고, 또 그 출처를 반드시 밝혔다고 한다. 그래서 남창 김현성(金玄成)은 이를 두고 "위로 천시(天時)를 관찰하고 아래로 인사(人事)를 바탕으로 삼아 뜻과 이치의 정미함과 문장의 좋고 나쁨을 드러내 보이고 곤충이나 초목의 성장 · 발육에 이르기까지 빠트리지 않고 수립하여 남김없이 분석 · 고찰하였다"고 평가한다.

우리 집에 고양이 한 마리가 있는데, 새끼를 품고 있었다. 마침 우리는 온 식구가 다른 곳으로 옮기게 되었더니, 고양이도 역시 새끼를 데리고 떠났으나 어디로 갔는지 알 수가 없었다. 그런 지 몇 달 만에 돌아왔더니 고양이도 역시 같은 날 집으로 돌아왔다. 그 누가 짐승이라 해서 아무런 것도 모른다고 하겠는가.

(余家有猫方拘兒. 適一家他徙. 猫亦率兒去. 不知所向. 越數月返. 則猫亦以是日還. 孰謂畜物爲無知哉.)

『유양잡조(酉陽雜俎), 段成式』에 보면, "고양이의 눈동자는 아침과 밤에는 둥글고 낮이 되면 세로가 줄어들어 실날 만하게 된다. 그 코는 항상 찬데 오직 하지(夏至)날 하루만 따뜻하다"라고 했다. 세속에서 말하기를, "고양이가 얼굴을 씻고 귀까지 닦으면 그 날은 손이 온다"라고 한다. 이런 말은 생긴 지가 역시 오래다. 지금도 고양이 눈을 가지고 시간을 안다고 한다.

(酉陽雜俎曰. 猫目睛朝晝圓. 及午竪斂如綻. 其鼻常冷. 唯夏至一日暖. 俗言猫洗面過耳則客至云. 其說亦久矣. 今有以猫眼定時法.)

고양이는 다른 동물을 해치는 짐승이다. 그런데 내가 중국에 갔을 때 사람의 집에 고양이 기르는 것을 보았는데, 모두 꼬리를 잘랐고 그 성질이 매우 온순했다. 병아리와 같이 거처하면서도 조금도 해칠 마음이 없어 보였다. 들으니, 정월 첫 인일(寅日)에 그 꼬리를 자르면 이와 같이 유순해진다고 한다. 그러나 꼭 그런지는 알 수가 없다.

(猫者害物之獸也. 而余赴京時. 見人家畜猫皆斷尾. 性甚順. 與雞雛共處而無害意. 聞正月上寅日截其尾. 故馴善如此云. 未知信否.)

『사문옥설(事文玉屑)』에 보면, "고양이는 중국에서 난 것이 아니다. 서쪽 지방 천축국(天竺國)에서 난다. 쥐가 『불경(佛經)』을 뜯는 것을 막기 위해서 중들이 이것을 길렀다. 당(唐)나라 삼장(三藏)이 서쪽 땅에 가서 『불경』을 얻어올 때에 고양이도 가지고 왔던 것인데, 그 씨가 퍼진 것이다'라고 했다.

상고해 보건대 기(記)에 말하기를, "교특생(郊特牲)"으로 고양이를 쓴다. 그것은 고양이가 두더지를 잡아먹기 때문이다"라고 했다. 또 공자(孔子)는 거문고를 타면서 고양이가 쥐를 잡는 것을 보고 있었다는 말도 있다. 그러니 고양이란 이름이 생긴 지는 오래다. 삼장은 당나라 태종(太宗) 때의 중이니 삼장이 처음 고양이를 가져왔다는 말은 잘못된 것이다.

(事文玉屑曰. 猫非中國之種. 出于西方天竺國. 釋子因鼠咬侵壞佛經養之. 唐三藏往西方取經帶歸. 乃遺種也云. 按記曰. 郊特牲迎猫. 爲食田鼠也. 又孔子鼓琴. 見猫方取鼠云. 則猫之名久矣. 三藏乃唐太宗時僧. 其說誣矣.)[40]

이에서 보면, 이수광이 고양이에 대한 동물상 및 기록은 직접 고양이를 길러보거나 견문한 경험을 토대로 서술하였고, 『유양잡조』, 『사문옥설』, 『예기』, 『사문유취』 및 기타 다른 중국의 선행 텍스트를 전거로 삼는 인용적 지식의 경우가 혼화되어 있다. 여기에 다루어진 고양이의 특징은 밤낮의 시간을 따라서 가변적인 고양이의 동공(瞳孔) 상태, 귀소성(歸巢性)에 대한 것이다. 또 고양이는 본래 중국이 원산지가 아니라 서쪽 천축이 원산지라는 것과 그리고 믿을 바는 아니지만 꼬리를 자르면 순해진다는 것이 기록되어 있다. 당나라의 스님인 삼장법사가 서방에 가서 불경을 구해올 때 쥐들이 불경을 갉아먹는 것을 방지하기 위하여 고양이를 함께 도입했다는 설도 기록되어 있다.

40 이수광. 『지봉유설』 20권, 조선 고전 간행사, 313~14쪽.
이수광 저, 남만성 역. 「금충(禽蟲)」, 『지봉유설』 제 25부.
이수광 저, 정해렴 역. 『지봉유설』, 현대실학사, 2008, 378쪽 참조.

2. 『성호사설』과 『임하필기』의 고양이

저자인 성호(星湖) 이익은 조선 후기의 실학자이다. 그는 관직에서 철저하게 배제된 처지였다. 사대부로서 벼슬을 할 수 없게 되자 오직 학문에만 침잠하여, 성호의 학문은 참으로 넓고 깊어지게 되었다. 그는 문학 · 성리학 · 예학 · 경학 · 경세학 · 자연과학 등 당시 학자들이 상상할 수 있는 거의 모든 부분에 깊은 조예를 가지고 있었다. 정약용 등 후대 실학자들의 사상 형성에 커다란 영향을 끼쳤으며 저서로는 『성호선생문집』, 『성호사설』 등이 있다. 한문으로 쓰인 『성호사설』의 구성은 모두 30여 편의 글을 천지문(天地門) · 만물문(萬物門) · 인사문(人事門) · 경사문(經史門) · 시문문(詩文門)의 다섯 부문으로 나뉘어져 있다. 만물문의 금수문에는 고양이와 관련된 '금묘(金猫)' · '묘견(猫犬)' · '투묘(偸猫 : 도둑고양이)', '가리(家狸 : 집고양이)' 등이 기재되어 있어서, 고양이에 대한 관찰과 관심과 내용이 가장 많이 다루어져 있다.

> 우리 숙종대왕도 일찍이 금묘(金猫) 한 마리를 길렀었는데, 숙종이 세상을 떠나자 그 고양이 역시 밥을 먹지 않고 죽으므로, 명릉(明陵 : 숙종의 능호) 곁에 묻어주었다.
>
> 대저 '개와 말도 주인을 생각한다.'는 말은 옛적부터 있지만, 고양이란 성질이 매우 사나운 것이므로, 비록 여러 해를 길들여 친하게 만들었다 해도, 하루아침만 제 비위에 틀리면 갑자기 주인도 아는 체하지 않고 가버리는 것이다. 그런데 이 금묘 같은 사실은 도화견[41]에 비하면 더욱 이상하다.[42]
>
> (「금묘」)

41 이 금묘의 앞부분은 송나라 함평 순화 연간에 충성스러운 개 도화견의 이야기이다.

42 이익, 「만물문」, 『국역 성호사설 II』, 민족문화추진회, 1976, 20쪽.

소씨(蘇氏 : 소동파)는 "쥐가 없다해서 사냥 못하는 고양이를 기르거나, 도둑이 없다해서 짖지 못하는 개를 먹여서는 안된다"하였다. 이는 사람을 관리로 쓰는데 반드시 재주와 능력을 가려서 써야 하며, 아무 일도 없이 녹만 먹지 못하도록 해야 한다는 것을 지적해 한 말이다.

정개부(鄭介夫)는 "고양이를 기름은 쥐를 방비하는 것인데, 굶은 고양인줄 모르고 기르면 도둑맞는 해가 더욱 심할 것이며 개를 먹임은 도둑을 못 오게 하는 것인데, 사나운 개인줄 모르고 먹이면 사람을 해치는 폐단이 더욱 심할 것이다"라고 하였다.

이는 유익이 없을 뿐만 아니라, 재물을 축내고 백성을 못살게 굴어, 국가의 좀이 된 것을 비유해 말한 것이다. 나도 보건대 대낮에 닭을 물어가는 고양이와 미친 듯이 달려가서 사람을 무는 개도 있었으니. 아, 슬프다.[43]

(「묘견」)

떠돌아다니는 고양이 한 마리가 밖에서 들어왔는데, 천성이 도둑질을 잘하였다. 더구나 쥐가 많지 않아서 배부르게 잡아 먹을 수 없었다. 단속을 조금만 소홀히 하면 상에 차려 놓은 음식조차 훔쳐 먹게 되었다. 사람들이 모두 미워하면서 잡아 죽이려 하면 또 도망치기를 잘하였다.

얼마 후에 떠나 다른 집으로 들어갔다. 그 집 식구들은 본래부터 고양이를 사랑했던 바 먹을 것을 많이 주어 배고프지 않도록 하였다. 또 쥐도 많아서 사냥을 잘하여 배부르게 먹을 수가 있었으므

똑같은 금묘의 이야기가 『증보문헌비고』 권 12에서도 전한다.
숙종 만년에 한 마리 금묘를 상하여 궁중에 키우면서 금손(金孫)이라 이름지어 불렀고, 불근(不謹)하여 한강 무동도(無童島)에 버렸더니 멀지않아 슬피 울어 뉘우치는 것 같다는 소식을 듣고 이를 연민히 여겨서 명하기를 입양 사육케 했으나, 경자(庚子) 상을 당하매, 고양이가 육식을 가까이 하지 않고 오래 빈정에 엎드려 주야로 슬피울며 마침내 죽었다. 상이 특명으로 명릉에 매장할 것을 특별히 명하였다.

43 같은 책, 122쪽.

로, 드디어 다시는 도둑질을 하지 않고 좋은 고양이라는 이름을 얻게 되었다.

나는 이 소문을 듣고 탄식하기를,

"이 고양이는 반드시 가난한 집에서 기르던 고양일 것이다. 먹을 것이 없는 까닭에 하는 수 없어 도둑질하게 되었고, 이미 도둑질했기 때문에 내쫓기었다. 우리 집에 들어왔을 때도 역시 그 본질이 좋은 것은 모르고 도둑질하는 고양이로 대우하였다. 이 고양이가 그때 형편으로는 도둑질을 하지 않으면 생명을 유지할 수 없었기 때문이었다. 비록 사냥을 잘하는 재주가 있었다 할지라도 누가 그런 줄을 알겠는가?

그 옳은 주인을 만난 다음에 어진 본성이 나타나고 재주도 또한 제대로 쓰게 되었다. 만약 도둑질하고 다닐 때에 잡아서 죽여 버렸다면 어찌 애석하지 않겠는가. 아! 사람도 세상을 잘 만나기도 하고 못 만나기도 하는 자가 있는데, 저 짐승도 또한 그러한 이치가 있다."고 한다.[44]

(「투묘」)

똑같은 고양이인데 '우리집'의 것은 도둑 고양이인데 어째서 '다른 집'의 것은 좋은 고양이인가. 본성이 문제가 아니라 처한 환경이 문제임을 제기하고 있는 것이다. 이렇게 이익은 동물 세계를 관찰하면서 그 가운데에서 인간과 삶의 조건을 찾게 되는 것이다.

고양이(猫)는 가리(家貍)라는 것이다. 해설한 자가, "이 가리는

44 같은 책, 192쪽.
『성호사설』과 『유선(類選)』(성호사설)과는 분량과 체재의 차이가 있다. 『유선』에는 「투묘」는 있는데 「가리」는 없다. 이 『성호사설 유선』은 성호가 죽기 1년 전인 1762년 문인 안정복에 의해 다시 정리된 것이다. 분량도 『성호사설』의 전반 3007책을 1396책으로 줄이고, 사설에서 '문(門)'이라 쓰인 것을 '편(篇)'으로 고쳐썼다.

장건(張騫)[45]이 가져온 것인데, 서역(西域) 지방 추운 기후에서 태어난 짐승인 까닭에 코끝이 늘 차다가 오직 하지(夏至)날에만 잠깐 따뜻할 뿐이다." 하였다.

그러나 내가 징험해 보니, 하지에도 역시 여전히 차기만 하다. 그리고 어두운 밤중이 되면 가끔 그 털을 뒤흔드는데 환한 불빛이 생기면서 털이 불에 타는 듯한 소리가 있고 털 끝이 모두 꼬부라지게 된다. 사람들은 그 가죽을 모아 갖옷을 만들어 입는데 아주 따스하고 담결(痰結) 같은 병도 저절로 없어지게 되니, 어찌 찬 기가 있다 할 수 있겠는가?

그러나 『본초(本草 : 본초강목)』에는, "고양이 고기는 성질이 약간 찬데 겉은 뜨거워도 속은 차다." 하였으니, 또한 이상하다 하겠다. 또 어떤 이는, "당(唐) 나라 삼장(三藏)이 불경(佛經)을 씹어 먹는 쥐를 잡기 위해서 이 가리를 갖고 온 것이다."고 하였다.

요즈음 사람들은 이 가리의 고기를 약으로 쓰는데, 가슴과 뱃속에서 생기는 모든 담증(痰症)을 치료하니, 이는 옛날에는 없었고 지금 생긴 묘방(妙方)이라는 것이다.

나는 생각건대, 만약 이 가리를 장건이 갖고 온 것이라고 한다면, "팔사(八蜡)[46]에 고양이에게 제사 지내 준다."는 고양이는 과연 무슨 짐승인가? 이는, '밭의 쥐를 잡아 먹는 공을 위해서 제사 지내 준다.'고 했으니, 이도 역시 쥐를 잡아 먹는 짐승이라는 것이 분명하다.

이로 본다면, 장건이 갖고 오기 전 옛날부터 이 가리란 짐승이 있었다는 것을 알 수 있다.

『이아(爾雅)』에, "범이 몽근 털로 생긴 것은 이름을 잔묘(虥猫)라 한다." 하고 그 주에, '이 잔묘는 몽근 털로 된 범이다.' 하였다.

그렇다면 이 잔묘란 짐승은 반드시 몽근 털로 생긴 것이 범과는

45 인용자 주 : 한(漢) 무제(武帝)의 신하로, 실크로드를 개척한 인물이다.

46 인용자 주 : 여덟 가지의 귀신에게 제사 지내는 일, 『예기(禮記)』 교특성에 설명되어 있다.

다르다는 것이다.

또『고공기(考工記)』[47]의 주에는, "나충(倮虫)은 몽근 털로 생긴 호표(虎豹)와 같다." 하였다.

그렇다면 이 호표도 모두 몽근 털로 되었다는 것이다. 이는 또 무슨 이유인가?

또 일찍이 상고해 보니, 고양이와 범은 둘이 다 딴 짐승이고 이 가리라는 것은 아니니,『시경(詩經)』,「대아(大雅)」편에서 말한, "고양이도 있고 범도 있다(有猫有虎)."는 것이 바로 이것이다. 어떤 이는, "따로 쥐를 잡아 먹는 몽근 털로 생긴 짐승이 있는데, 이것이 팔사 중의 하 나라는 고양이요 가리는 아니다."고 하니, 어느 말이 옳은지 알 수 없다.

또 옛사람의 시에,

고양이 눈 속에는 주천[48]이 제대로 정해져 있어 / 猫兒眼裏定周天
자오로 지남침을 달고 묘유로 둥글게 돈다 / 子午懸針卯酉圓
인신과 사해로 갈 때는 살구씨처럼 길쭉하게 되고 / 寅申巳亥杏仁橢
사계로 돌아올 때는 대추씨와 같이 뾰족하구나 / 四季還如棗心然

라고 하였다. 이는 추측컨대 고양이 눈동자가 살구씨처럼 생겨서 시간을 빙빙 돈다는 것인 듯하다. 자오(子午)란 방위는 바로 남북인 까닭에 다만 그 한쪽 모만 드러내게 되고, 묘유(卯酉)란 방위는 동서(東西)로 가로 놓였기 때문에 그 둥근 전체가 나타나게 된다.

그 중간에 대추씨처럼 되기도 하고 살구씨처럼 되기도 하는 것은 모두 앞을 향하여 비뚜름하게 나타나는 까닭에 그 모습이 각각 다르게 되는 것이다. 혹 고양이가 성을 내게 될 때는 눈 속에 달린 지남침이 반드시 그 성내는 기를 따라 움직이는 까닭에 성을 내면

47 인용자 주 : 제(齊) 나라 사람이 지은 공예기술 관련 서적이다.『주례(周禮)』의 일부로 수록되어 있다.

48 인용자 주 : 주천(周天)은 하늘에 해와 달과 별들이 각기 제 궤도를 따라 두루 돈다는 뜻이다. 사계(四季)는 진술(辰戌) 축미(丑未)를 가리킨다.

기가 따라 움직이게 되고, 눈동자도 역시 남북으로 바로 서게 된다는 것이다.

(「가리」)

이 밖에도, 앞서 언급한 조선후기 문신 이유원의 『임하필기』의 고양이 기록이 있다.

고양이는 일명 몽귀(蒙貴)라고도 하고 오원(烏圓)이라고도 하는데, 눈동자가 아침과 저녁에는 둥글고 낮에는 쭈그러져서 실오라기와 같다. 콧끝은 항상 차고 오직 하지(夏至) 하루에만 따뜻하며, 털은 이나 벼룩을 용납하지 않는다. 검은 고양이가 어두움 속에서 털을 역으로 세워 화성(火星)처럼 빛내고 귀 부분을 넘어서까지 낯을 씻으면 손님이 온다.[49]

『성호사설』의 「만물문」에서 제시 · 기록되고 있는 고양이는 『본초강목』, 『예기』, 『주례』의 「고공기」, 『이아』, 『시경』 등의 중국 문헌들이 전거로서 인용되어 있다. 이런 사실들은 당시 큰 나라와 한문을 섬기면서 살던 조선시대의 선비로서는 어쩔 수 없는 작업이기도 했겠지만, 그런 가운데에서도 기록과 지식 체계를 세워보겠다는 뜻과 의기를 찾아볼 수 있는 것이다. 이러한 증좌는 기왕의 논의와 설명에 대해서, '내가 증험해 보니'나 '내가 생각건대'와 같이 스스로 자신이 기존의 지식을 검증하려고 하는 점과 자기 견해나 관점을 내세우려는 실증적인 태도에서 찾아볼 수 있다. 그리고 이러한 실증적인 태도는 선험적(先驗的)이고 사대주의(事大主義) 일변도로 이해되었던 조선 선비들의 정신 세계가 점차 변화하고 있음을 보

49 『임하필기』 제 35권, 255쪽.

여주는 중요한 증거이다. 그리고 특히 경험론적 사실에 근거하고 있는 도둑 고양이(偸猫) 이야기는 단순한 동물 생태기를 넘어서는 인문학적 가치를 지닌 것으로서 이해된다. 본성이 나쁘다고 미워하여 죽이려한 도둑 고양이가 환경이 좋은 다른 곳으로 옮겨감으로써 달라졌다는 사례를 통해서 본성이 아니라 환경이 중요하다는 것을 설명한다. 이는 인간과 짐승의 삶의 이치가 서로 다른 것이 아니라 같은 것임을 일깨운다. 그리고 고양이의 본성이 좋은 것을 모르고 도둑 고양이로만 대해온 자기 식구들의 과오에 대한 자성을 이에 곁들여 동반시키고 있음은 매우 색다른 면이다.

참고로 근자에, 마리오 오티즈로블스는 「문학과 동물연구 (Litercture and Animal Ctudies, 2017)」의 동물비유의 분류를 「Equids」, 「Conids」, 「Srrgbirds」, 「Felids」, 「Vermin」 등 으로 5분류한다. 이 가운데서 고양이는 「Felids」이다.

5장
고양이 가전(假傳) 서사의 의인 시학과 우의성

고양이 단형 서사 「오원자전」과 「오원전」

명(明)나라의 학자 서사증(徐師曾)은 그의 『문체명변(文體明辯)』에서 전(傳=傳記, Biography)의 부분을 사전(史傳) · 가전(家傳) · 탁전(託傳) · 가전(假傳) 등의 4품으로 분류한다. 이 분류는 오늘날까지도 한문 단형 서사의 장르적 분류체계를 위한 보편적인 통례가 되어오곤 한다. 사품 중에 하나인 가전은 간명히 지적하면 가짜(Pseudo)의 전, 전통적인 전(傳)을 비인격적인 대상으로 패러디화 한 것, 즉 우화(寓話, Fable)적 입전(立傳) 양식이다. 서사 문학의 장르이자 짧은 형식의 동물의 이야기와 관련되어 있는 것이다. 이는 사물이나 동식물 · 추상의 존재와 현상을 의인화(Prosopopoeia)함으로써 언뜻 외견상으로 보면 동물 세계의 이야기나 비인간적 영역의 이야기인 것처럼 보여진다. 그러나 이런 가전 또는 우화가 의도하는 것은 의인화 내지는 의동물화의 표층적 표현에 의해서 숨겨진 잠재적 의미와 개념 또는 사상을 말하려는 교훈적이거나 도덕적 풍자의 효과를 겨냥한 의도적 우의성(Allegorie)을 지니고 있는 것이다. 주로 인간성을 비추는 거울로서 동물이 많이 등장하기 때문에 'Tier—Fabel', 즉 동물을 사람으로 꾸민 허구적 이야기, 또는 동물담이라 불리우기도 한다. 다시 말해서 인간 대신 동물을 이용하는 표리의 교섭 관계가 우화인 것이다. 우화에는 인간적인 성격이나 행동 양식이 동물을 통해서 나타나기 때문이다. 그러나 이는 동물의 본질을 탐구하는 동물 문학(Tierdichtung)과는 구별된다.

모니카 슈라더는 그의 『서사적 단형(*Epische Kurzformen*, 1988)』에서 짧은 서사 문학 형식인 파벨(우화)의 텍스트적 요소가 '알레고리의 이야기(Allegorische Erzählung)'이고, 현실에 충실한 사건 재현보다는 현실의 비유적인 의미를 나타내기 위해 서사의 비모사적(Amimetischen) 형태를 보인다고 지적한다.[50] 이런 이야기 형식 또는 서사 텍스트로서의 서구식 파벨은 동식물 · 기타 사물과 심성을 전으로 입전시킨 고려 중엽 이후의 임춘의 「국순전」, 이규보의 「국선생전」 등에서 비롯하여 오랜 전통을 지닌 조선시대의 한문 단형 서사 형태의 가전에 이르기까지와 서로 유사하거나 상통하는 문학 형식이다. 대조적인 성격의 동물들이 등장하는 구조와 짜임새, 극적 전환점을 갖는 서술 형태, 결말 부위에 있어서의 도덕적인 평결의 글 등이 그것이다.

조선 시대의 한문 단형 서사로서의 가전 또는 동물 우화에 고양이가 입전된 산문 작품으로 현재까지 알려진 것으로는 동계(東溪) 조구명(趙

50 Monika Schrader. *Epische Kurzformen : Theorie und Didaktik*, Scriptor, 1986, S. 113.

龜命, 1693~1739)의 「오원자전(烏圓子傳, 1732)」과 문암(門菴) 유본학(柳本學, 1770~?)의 「오원전(烏圓傳)」 등의 두 편이 있다. 창작 연대가 30~40 여년의 시간차를 두고 있는 이들 작품은 우의의 대상으로서 오원 즉, 고양이를 의인화한 것이다. 고양이가 인간적 특성이나 본질을 부여받거나 취하는 고양이가 우화나 가전의 악퉈르(Akteurer, 행위자·배우)가 되고 있는 것이다. 그리고 이들 두 작품은 모두 지은이가 밝혀져 있다. 이는 중요한 점을 시사한다. 물론 이전부터 가전의 지은이들이 명시되어 있어 왔던 전통에서 보면 그리 대단한 현상도 아니겠지만, 동일한 단형 서사인 설화와 이를 연계지어 보면 어떤 의의가 떠오르게 되는 것이다. 그것은 가전은 전(前)문학적인 구술적 집단 문학(Kollektivdichtung)으로서의 서민 문학 형태인 설화 이야기(Märchen)가 아니고 개인 문학(Individualdichtung)으로서의 예술 형태로서의 문학이라는 점이다. 다만 그 창작 계층들이 글의 표현 매체로서 한문을 쓰고 따라서 중국의 전거나 텍스트들에 대한 인용과 의존성이 높은 특성을 지닌 것이 사실이다. 이 점이 구전적 민중시학(Volkspoesie)인 설화와의 차이이다. 물론 구전 설화나 기록되어진 것에 있어서도 중국의 전거들에 대한 인용 · 열거되는 경우 역시 적지 않지만 정도의 차이가 있는 것도 또한 사실이다.

표제의 '오원'은 고양이를 달리 부르는 명칭이다. 고양이의 몸 빛깔이 검고(烏) 또 몸을 궁글게(圓) 잘 구부린다는 데서 연유된 것이라고 한다. 고양이는 예로부터 '쥐를 잡는 짐승'(捕鼠獸)으로 알려져 있듯이 쥐는 주로 고양이의 적이요 대도적인 상(像)으로서 양자는 동물 우화 등에서 대립적 관계로서 거의 고정 배역화되어 있다. 「오원자전」은 「오원전」만큼 잘 알려지지는 않았지만 그럼에도 불구하고 한국 문학에서는 고양이 모티프의 산문으로 된 서사 형태로서는 가장 선행 모형이어서 주제론적으로 특별한 의미를 지닌 것으로 평가된다.

여하간 가전인 「오원자전」과 「오원전」은 의인화와 알레고리의 시학으로 이루어진 작품이다. 의인화와 알레고리의 관계는 스티븐 바아니가 그의 『역사의 알레고리 · 사랑의 알레고리』에서 밝히고 있듯이 '의인화는 알레고리의 가장 믿을만한 신호이다.'[51]라고 밝히고 있다. 그런데 어떤 특성이나 추상의 인격화나 구상화 및 비생명적 대상에 대한 인간적 특질로써 귀속의 의인화도 불룸필드의 「의인화 알레고리의 문법적 접근」에 의하면 이른바 '생명적 은유'로서의 수사적 의인화가 있고, 성격 꾸미기의 양식으로서의 의인화가 있다고 분류한다. 이런 분류가 어떠하든 의인화는 은유적 · 시적 비유의 모드로서의 미학적인 의인화가 있고 서사적 레벨에서 동물 우화(Animal Apologue)에 근거하여 이루어지는 표상적인 형상화의 의인화가 있는 것이다. 전자가 주로 시적 수사로서의 의인화라면 후자는 우화나 가전에서의 의인화다. 그리고 의인화가 후자적인 것의 양식으로 고려되는 것이 알레고리의 근거가 되는 것이다. 알레고레는 그리스어 'Allegoria', 즉 '달리 말하다'에서 연유하는 것으로, 이중의 의미를 지니고 있다. 1차적 표면적 의미와 2차적 심층적인 의미가 그 것이다. 두 가지 레벨에서 읽혀지고 이해되고 해석되어질 수 있는 이야기이다.

따라서 알레고리는 우화나 가전과는 밀접히 관련되어 있는 것이다. 그보다는 파벨이 알레고리의 이야기이듯이, 가전 또는 의인화와 알레고리에 의한 서사형태인 것이다. 그렇다면 가전이라는 산문 서사로 이루어

51 James J. Parson. *The Poetics of Personification*, Cambridge University Press, 1994.

진 동물 모티프로서의 「오원자전」 및 「오원전」에서의 고양이는 어떤 모습으로 제시되고 있으며 고양이 텍스트의 의인화와 알레고리의 시학은 어떻게 이루어지고 있는가. 가전은 고려조에서 이미 비롯된 것이다.

「오원자전(烏圓子傳)」의 자씨(子氏 : 쥐) 토벌 작전

오원자(烏圓子)의 성은 묘씨(苗氏) – 고양이 묘(猫)에서 수성의 '개 견(犭)'을 배제– 이다. 기록에서 이름을 잃었음으로 그 출원한 바는 알 수가 없다.…(한자 원본에서 35자 생략)… 어려서는 도적들을 위해서 무덤을 파헤치고 여염 곳곳을 위협하며 노략질을 했다.

오원자는 비록 금수(禽獸)의 행동을 했지만, 평소에는 성품이 유순해서 남들에게 친하게 따라 붙고 사람들도 역시 시장하여서 그를 어루만져 주기도 하였다.

그때 마침 자씨(子氏 – 12 간지(干支)에서 '자(子)'는 쥐)의 부족이 반란을 일으켜, 담장과 벽에 구멍을 파고, 인가(人家)의 곳간들을 헤쳐내니 온 천하가 괴로워했다. 이에 황제가 진노해서 문무관원들에게 명하여 기포관(譏捕官)을 설치하고 잡도록 하였다. 그런데 자씨(쥐)들은 병법을 배워서 밤에는 나다니고 낮에는 엎드려 숨어 있어서 종시 체포의 요령을 터득할 수 없었다. 황제는 오원자가 '조아재(爪牙材 : 발톱과 이빨과 같은 방어 무술)'를 가졌다는 소식을 듣고서 그를 불러다 쥐들을 토벌케 하였다.

오원자는 기뻐 뛰면서 가로되,

"이는 내 임무로다. 평소에 고기를 좋아하였더니 이런 명이 있게 되었구나."

또 분연히 이르기를

"옛날 악붕거(嶽鵬擧)는 음주를 좋아했으되 군사들과 약속한대로 황룡 요새에 이르러서야 통음했거니와 나 또한 자씨의 무리를 진멸해서 그 피를 낭자히 한 뒤에 고기를 먹으리라."고 하였다. 그는 대전(大戰)에 나아가 그 부족들을 섬멸하였다. 황제가 크게 기뻐하여 소명(召命)을 내리기를,

"황제는 승상(丞相) 어사(御史)에게 조명(명령내림)하노라. 근래 자씨가 종횡하고 그 무리가 번식하여 저녁과 밤에 대비가 없는 틈을 타서 주머니를 뒤지고 서랍을 열어 제끼며 곳곳에서 절도질을 해대니 세상이 소란하구나. 지아비는 경작을 해도 먹을 것을 얻지 못하고 지어미는 베를 짜도 치마를 얻지 못할 지경이었더니, 이에 이 묘(苗)가 사나운 이빨과 부릅 뜬 눈으로 응시할 제, 저들은 비로소 그 형체를 감추었다. 마침내 용기를 진작시켜 사상부(師商父 : 주나라의 현명한 신하)처럼 매 날아오르듯 하여, 일거에 괴수를 잡고 두 번 거동하매 그 소굴을 말끔히 해치우니 남은 잔당들이 놀라서 떨며 모두 조수(鳥獸)가 흩어지듯 하였더니라. 짐(朕)은 이제부터 날새기 전에 일어나는 근심을 늦추게 되었고, 백성들은 일찍 잠자리에 들고 느지막히 일어나며, 닭울고 개짖는 소리에 조심스러움도 사라졌으니 짐은 매우 가상히 여기노라. 대저 기부(祈父 : 『시경』의 「소아(小雅)」 가운데 기보편을 말함)는 조사를 칭송했고, 강한(江漢)은 무신(武臣)을 참내하였으니, 짐은 몹시 흠모하노라. 묘에게 집금오(執金吾 : 대궐 경비를 맡던 한나라의 벼슬) 벼슬을 내리되, 대사구의 일을 행하도록 하고 오원자의 작위와 함께 관내후에 비교하여 헤아리게 하겠노라. 그 사로잡은 포로들은 모조리 사면해줄 것이요, 육식과 모피의 잠자리로 그 마음을 쾌하게 할 지니라. 오호라, 맹수가 산에 있으면 명아주며 콩을 캘 수 없으리니 도적이 없다해서 도적 못잡는 신하를 기룰 수 없나니라. 그대는 예리함을 쌓고 위엄 떨치는 일을 높이 여기어 그대 조상ㅇ의 완고하면서 탐욕스러움 같게는 하지 말지어다."

같은 때에 한로(韓盧 : 한나라 산(産) 명견)라는 자가 있었다. 그 역시 군사의 공으로 명성이 드러나서 오원자와 더불어서 동등한 서

열에 있었다. 오원자가 공을 다투다가 견디지 못해 직접 그를 비난하기를

"너는 사냥개처럼 시키는 일이나 하는 자이다."라고 하였다.

그러나 오원자는 예우가 특별히 뛰어나서 전상(殿上)에 올라서조차 예의를 차려서 허리굽혀 빨리가는 것을 하지 않아도 좋다는 허가를 내려 받았다.

그가 마침내 죽으매 선달 제사(여덟 귀신에 제사하고 팔사 중에 고양이에게 제사지내 줌)에 부치어졌다. 오원자는 기후를 잘 예측하였으니 항상 눈동자를 열었다 닫았다하면서 자신과 오시, 묘시와 유시를 분간하였고, 코의 차갑고 따스함으로 음과 양의 이름을 증험하였다. 그 타고나 자품이 다른 사람과 아주 종신토록 바꾸지 않았다. 다만 음험하게 도적을 해칠 뜻이 마음에 나타나면 급기야 흘겨째리는 눈매에 드러났고, 항시 조정의 명령이나 핑계대며 바느질이 덜 된 옷을 입게 만들었으므로 사람들이 이것을 허물하였다. 태사공(太史公)이 가로되,

"오원자는 산군(山君 : 호랑이)과의 관계에서 보면 대개 그 형체는 갖추었으나 미미한 자이다. 그 수염을 치켜들고 한 번 소리치고 가죽입고 먼저 높은데 오르면 쥐같은 좀도둑들이 다 쓰러지니 어찌 장하지 않으랴. 세상에서 이에 승헌(乘軒)의 학(鶴) – 대부의 관복에 수놓아진 학 – 과 개부(開府)의 매(鷹) – 무관의 관복에 수놓아진 매 –에서 같이 비난하며, 또 의부의 음적(陰賊)을 이묘(李苗)라고까지 한 것은 그 공은 죽이고 허물만을 드러냄이 다분히 보여진 것이니 그 헤아림이 떳떳하지 못하였다."

저(猪) 선생은 이른다.[52]

오원자의 전공은 위대하였다. 그러나 그에게 금수와 같은 행함이 있다고 하여 사신(史臣)들이 그를 누르고 단지 그 제왕의 명령만을 기술하여 위곽전(衛郭傳 : 한무제 시대의 용맹한 두 장수인 위청과

52 나레이터(화자)와 앞서 '태사공'의 평으로 끝나지 않으며, 이어서 또 하나 '저선생'의 평이 첨가된다.

곽거병을 이름)의 사례를 썼으니, 공로를 포상하고 진실을 적고자 하는 소이(까닭)가 심히 아니었다. 어제 군사를 기록하여 아뢴 것이 보이거늘 그 개략에 이르기를,

"신(臣) 아무개는 말씀드리나이다. 신이 폐하를 호위하니, 그 위광은 바르고 가지런해서 군대가 길에 나섬에 추호도 범함이 없었나이다. 지름길로 적의 지경에 다다르매 도적들이 소신의 위세를 돋고, 소리를 죽이고, 소굴에 엎드려 깊고 험난한 것을 밀어 나무와 돌을 옮겨서 큰 길 입구를 막았나이다. 신은 길 바깥쪽에 머물러 지키면서 티끌을 일으키고 용맹스러움을 날리는 가운데 발가벗은 몸으로 도적들을 욕하고 꾸짖으니 그들이 더욱 스스로를 감추면서 그림자조차 보이질 않았습니다. 신은 가만히 헤아려 생각했나이다. '만일 요충에 깊숙이 들어가기만 하면 수색하고 사로잡아 적을 진멸할 수 있으리라. 다만 지형에 익숙치 않은데다 계곡이 깊고 어두워서 창졸 간에 급히 공격하기는 어렵고 놀라 달아나 숨도록 하기는 쉬우리라. 또한 큰 길 입구는 협착해서 많은 무리가 들어가기가 어려운지라 진퇴의 유리함을 놓치게 되매 참으로 낭패의 근심이 있으리라. 그러니 저들을 유인하여 그 소굴을 떠나게 하고 그런 다음에 사로잡아 행병의 기틀을 삼아야 함과 같지 못하리라.' 이리하여 예봉(銳鋒)을 거두어서 짐짓 군대를 퇴각시키는 척하면서 군사와 말의 입에 나무를 물리고 방울을 떼어낸 채 엎드려서 기다렸더이다. 적이 처음에는 의심하다가 보루에 올라 사방을 살피었고 이윽고 양익마저 떨어지자 몰려나와 훔쳐내더이다. 신은 저들의 준비 없는 틈을 덮쳐서 회오리 바람 같이 달리고 번개같이 쳐서 손수 그 괴수를 포박하니, 그들은 진 앞에 엎어져 사로잡혔나이다. 세찬 기세가 꺾이고 무너지는 틈을 타서 바로 소굴을 두들겨서 위내자(僞內子) 안씨(晏氏)와 위태자(僞太子) 해(奚)를 사로잡으니 나머지 잔당들은 다 양손 맞잡고 엎드려 슬피 울었더이다. 신은 생각건대 짐승같은 마음과 흉포한 속임수는 마침내 그 면모를 바꿀 수 없는 것이니, 종자를 이어 교체하면 이 어린 것들조차 모두 분쇄하여 남겨놓음

이 없도록 해야 하나이다. 피와 기름이 낭자하나 재앙의 티끌은 깨끗해졌습니다. 소신은 외교 담판의 사이에서 절충하고 잠자리 맡에서 군사를 움직일 수 있게 되어 매일처럼 머리를 바치지 않아도 되고 병력도 이지러짐 없게 되었나이다. 이 모두 폐하의 지시와 전수와 사직의 홍복(洪福)에 힘 입은 것이온지라. 신 아무개는 죄를 면할 수 있게 되니 참으로 황공하오이다. 삼가 표를 받들어 아뢰나이다."

(『동계집(東溪集)』[53]

이것이 조선 시대의 한문 단형 서사 형태에서 제시된 고양이 모티프에 출현하는 선행 모형으로서의 가전 「오원자전」의 번역된 전문이다. 유본학의 「오원전」에 비해서 시기적으로 30~40년 앞서는 작품이다. 이 작품의 중심이 되는 서사 내용은 쥐들의 무리가 난을 일으켜서 인가의 담을 허물고 곳간을 파헤친다. 이로 인해서 천하가 괴로워하자 황제가 진노해서 오원자가 도적을 막고 칠 수 있는, '조아의 재능'을 가지고 있음을 듣고 그로 하여금 도적을 토벌케 한다. 오원자는 황제의 명령을 받들어서 일거에 그 괴수를 잡을 뿐 아니라 그 소굴을 깨끗이 소탕하고 잔당들을 흩어지게 만든다. 고양이에의 한 도둑으로서의 쥐떼 토벌 작전의 이야기이다. 따라서 이 작품을 논한 학자들은 마치 대규모의 게릴라 토벌작전을 방불케 하는 군사 이야기로서 전쟁정복장군 등 군담적(軍談的) 비유 담론을 바탕으로 한 이야기라고 긍정적으로 평가한다. 이는 사실인 것으로 보인다. 그러나 그럼에도 불구하고 짧지만 현대의 독자로서는 접근하기가 쉽지 않은 수많은 중국의 고사 텍스트들과 관련되어 있는 다소 혼란스러운 인

53 김창룡 편역, 『한국의 가전 문학』 상, 태학사, 1997, 170~6쪽 그리고 김창룡 역저, 『한국 가전 문학선』, 정음사, 1988, 319~22쪽을 크게 참조하였고, 인용자가 어려운 표현은 부분적으로 쉽게 수정함.

용의 취용, 서사 내용과 유기화되어 있지 않은 평언(評言) 등 비판의 여지가 없지도 않다.

「오원전(烏圓傳)」의 숫고양이 오원의 영욕무상한 인생관

오원의 자는 오직(午直)으로 노(魯) 나라 사람이다. 그의 선조에 오공(烏公)이라는 사람이 있었는데, 오공은 위(魏) 나라 사람인 서려(西閭)의 집에 출입했다. 가록(家鹿)을 잘 잡는 탓으로 서려의 사랑을 받았다. 서려는 날마다 봉급 100냥을 주고 오공을 백전군에 봉하였다.

오원의 어머니는 꿈에 큰 말(斗)[54]이 자기의 몸에 덮인 것을 꾼 지 석달 만에 오원을 낳았다. 그는 어려서는 몸이 몹시 잔약해서 스스로 견뎌내지 못할 것 같았다. 그러나 커감에 따라 모습이 정한(精悍)해지고, 날랜 것이 절륜(絕倫)해 보였다. 눈은 광채가 있었고 눈동자가 대낮이 되면 실오라기처럼 가늘어졌다. 어떤 사람이 오원이 도둑을 잘 살핀다고 해서 그를 임금에게 추천해주었다.

임금이 오원을 지극히 사랑하여 늘 그를 좌우에 두고 털방석에 앉히고는 어육(漁肉)을 하사하면 오원이 반드시 엎드려서 먹었으며, 배가 부르면 곧 몸을 굽혀 졸곤 했는데, 어떤 때에는 종일토록 일어나지 않았으나 임금은 이를 추궁하지 않았다. 그 사랑함이 이와 같았다.

오원의 사람됨이 굳세고, 모질고, 날랬으며 힘으로 군소배들을 꺾어버리곤 했다. 아침마다 그가 까만 옷과 흰 치마를 입고 대쪽 같

54 이가원은 '말'(斗)로 해석하나 '별'로 번역하는 이도 있음. 김창룡. 『한국의 가전문학』(1997) · 안병설. 『한국 가전 연구』(1988) 참조.

은 소리를 내며 들어오면 군소배들은 모두 놀라서 피하곤 했다. 임금이 일찍이 오원과 더불어 어전에서 희롱하다가 우연히 그 코가 손에 닿으니 코가 몹시 차가왔다. 임금이 깜짝 놀라 물었다.

"네 코는 어찌 그리 차가운고?"

오원이 그만 겁을 먹고 떨며 아뢰었다.

"신이 콧병이 있어 언제나 코가 차갑사옵니다. 다만 하지(夏至)에 이르면 조금 따스해지옵니다."

임금이 웃으며 의원을 시켜 오약수(烏藥水)를 주어서 콧구멍을 씻었으나 그 콧병이 끝내 낫지 않았다. 오원이 어느 날 금중(禁中)에서 숙직을 할 때였다. 캄캄한 밤중에 검은 옷을 입은 조그마한 도적 하나가 내고(內庫)로부터 궁중에 남몰래 들어와서, 복도에서 무엇을 붙잡고 오르려다가 오원을 보고는 벽 구멍 속으로 들어갔다. 오원이 그것을 알고 숨을 죽인 채 가만히 문 밖에 엎드려 있었다. 그러자 도적이 다시 방안으로 들어와서는 기물을 물어 뜯는 것이었다. 뿐만 아니었다. 쌓인 반찬을 도둑질해 먹기도 했다. 그때 오원이 힘을 한번 써서 몸을 솟구쳐 그놈의 목을 졸라 죽이고 말았다.

임금이 그의 공을 가상하게 여겨 오원을 오정후(烏程候)에 봉하고 조서산(烏鼠山)을 식읍(食邑)으로 정해주었다. 오원이 임금에게

"'이것들은 쥐나 개 따위의 도적'에 지나지 않는데 어찌 제가 감히 봉후를 받겠나이까."

하고 사양했으나 임금은 한사코 듣지 않았다. 오원은 이로 말미암아 교만해지고 동류를 해쳤다. 그리고 사냥꾼 노령과 서로 사이가 좋지 않아 싸울 때 노령이 주먹으로 그를 갈기면 오원은 노령의 힘을 당해내지 못했다. 노령이 그의 뺨을 때렸다. 크게 노한 오원이 임금에게 하소연했다. 그러나 임금이 못마땅한 얼굴로 말렸다.

"오정후가 저 사냥꾼에게 얻어맞았으니 무엇에 쓰겠는가."

이로부터 오원에 대한 임금의 사랑이 점점 쇠해져 갔다. 게다가 나이가 늙고 얼굴이 옹졸해진데다가 또한 졸기를 좋아하여 군소배를 제어하지 못하게 되니 임금이 그를 미워하기에 이르렀다. 하루

는 좌우에 모시고 있더니 임금이 마침 일어나 뒷간에 갔다. 오원이 가만히 수라상 위에 있는 고기를 핥다가 임금이 들어오는 것을 보고는 평상 밑에 들어가 숨었다. 이를 본 임금이 크게 노하여 소리쳤다.

"저 쥐 같은 하찮은 도적을 잡지 못하면서 도리어 쥐도둑을 흉내낸단 말이냐."

임금이 곧 불경죄로 다스리어 오정후의 인(印)을 빼앗은 다음 그를 가죽 자루에 넣어서 길가에다 버리게 하였다. 오원이 겨우 몸을 빠져 나와서 남의 집에 기식하였다. 그러나 도둑질을 잘했으므로 사람들이 모두 그를 미워하게 되었다. 얼마 후 오원이 병들어 죽었으나 그의 자손이 번성하여 온 나라 안에 두루 살고 있었다.

태사공(太史公)은 논평해 말한다.

"오원에게 행동할 수 있는 것이라면 곧 그가 강맹하여서 근소배를 겁먹이는데 있다고 할 것이다. 그러나 그가 늙자 사냥꾼과 다투었고 또 거기에다 임금의 수라의 반찬마저 도둑질 하였으니, 이것이야말로 '노망이 나면 그 정상적인 상도(常道)를 잃게 된다는 것이 아니겠는가. 무릇 사람은 처음이 있고 끝이 있음이 어려운 일이 아닐 수 없는 것이다. 그러나 오원은 도둑을 잡는 기이한 공로가 있음에도 불구하고 하찮은 허물로서 벼슬에서 쫓겨나서 그 공이 마침내 허물을 덮지 못했으니 이 어찌 원통치 않으랴."[55]

이는 고양이를 입전(立傳)한 유본학의 「오원전」이다. 그의 문집 『문항문고(問巷文藁)』에 실려있는 작품이다. 내용을 간단히 요약하면 다음과 같다. 오원의 어미가 큰 별이 덮치는 꿈을 꾸고 잉태하여 석 달 만에 원을 낳는다. 어릴 때는 잔약하였으나 자라면서 강성하고 눈빛이 반짝이며 눈동자가 실오리 같이 가늘어져서 도적을 잘 살핀다고 하여 임금에게 천거

55 이가원 편역. 『이조 한문 소설선』, 민중서관, 1961/1971, 376~80쪽. 김창룡 역저. 『한국 가전 문학선』, 정음사, 1988, 189~92쪽을 참조하여 부분 수정함.

된다. 임금이 사랑하였고 어느 날 궁궐에서 숙직하다가 그는 '흑의소적(黑衣小賊 : 쥐)'을 잡는다. 그 공을 가상하게 여긴 왕이 그에게 오정후의 벼슬에 봉하고 조서산에 식읍(食邑)을 준다. 그러나 이로 말미암아 더 교만해지고 동족들을 해치고 '노령(盧令 : 사냥개)'과 더불어 틈이 생겨서 서로 다투게 된다. 노령과의 다툼에서 당하지 못함을 임금에게 하소연했지만 오히려 핀잔을 받고 임금에게 혼난다. 오원은 그때부터 점점 쇠하게 된다. 게다가 늙어서 모양이 볼품없는 데다가 졸기를 즐기고 능히 군소를 제압하지도 못한다. 어느 날은 임금을 모시고 있다가 임금이 측간(변소)에 간 사이 임금님의 수라상에서 고기를 훔쳐 먹다 들켜서 노한 임금으로부터 오정후의 인장을 빼앗기고 가죽 부대에 넣어져 길에 버려지게 된다. 겨우 벗어나 안가에 기식하며 지내다가 도둑질을 하는데, 그 행동이 미움을 받아 천대받는다. 그리고 오원은 병들어 죽는다. 말미에 붙은 태사공의 논평 – 실은 작가가 서사 담론의 서술자로서 작가/텍스트의 관계에서 전면에 드러내는 방법 – 은 공(功)이 과(過)를 덜지 못하고 인간의 삶은 영욕무상과 흥망성쇠하다는 인생관을 천명한다.

이 작품의 서사 구조는 다음과 같다.

a) 행동 담당자인 주인공의 출생, 이름, 시공 속에서 서사 위상 설정의 출발 상황

b) 주인공의 과제 수행 등 긍정적인 행위들

c) 대립자와 대응 상황

d) 대립자와의 경쟁의 실패와 행동 담당자인 주인공 자신의 과실(잘못), 결말

이 네 개의 행동 연속으로 이루어진다. 끌로드 브레몽의 이른바, 악화 → 개선, 공 → 보상, 부당 → 벌이라는 기능의 세 쌍[56]과 연결해 보면 서사 전반의 시퀀스들은 과제 수행의 공(Merit)으로 인한 개선, 보상의 시퀀스로 전개되지만, ⓒ의 중반 이후는 교만과 상대적 무력화로 인한 악화가 A–B–C로 이어지게 된다. 그리고 임금님의 밥상까지 도적질하는 악화와 잘못(Demerit)으로 인해서 종국에는 벌을 받게 되는 것이다. 그래서 통상적인 '해피엔딩'의 결말은 아니다.

그렇다면, 「오원자전」 및 「오원전」 등의 고양이 가전 서사 텍스트들의 인물상(像)과 행위의 대립상 · 비유 · 저자–텍스트의 관계 등의 기본 요소들의 특성과 성격을 정리해보면 다음과 같다.

1. 오원자 가전의 주인공 또는 주역(Akteure)으로서의 짐승은 고양이이고, 그 적대적 대립상(像)은 쥐이다.
   - 이름(성명)의 명명은 '묘씨' 또는 오원임 — 긍정적인 동물상 → 긍정적인 인간의 아이덴티티
   - 비상한 능력으로 사회적 신분 상승을 얻는다.

2. 행동 연쇄는 출발 상황 — 구심 행동 상황, 상승(과제수행) — 정점 — 대립(갈등) 행동 — 반작용 결격 상황(위난, 쇠약) — 결말(죽음) — 논평(도덕적인 글로 4 분절 내지 5 분절로 이어짐, 가장 간단히 분류하면 사건 서술부와 논평부로 2 분화 됨).

3. 사건 서술부는 작가– 텍스트 관계에 있어서 작가가 텍스트에 숨어버린다. 그러나 논평부의 '태사공' 등으로 사기 열전의 논평자와 같은

56 Claude Bremond. *The Morphology of the French Fairy Tale : The Ethical Model in World Anthropological Pattern in Oral Literature*, Heda Jason Dmitri Segal, Mouton Publishers, 1977, p. 49.

서술자로서 전면화하여 나타난다. 이 논평부가 주제와 관련된다.

4. 짐승을 의인화하는 비유(trope)의 은유화 현상으로서 '가록'(쥐), '검은 옷 입은 작은 도적'(黑衣小賊), '현의호상'(玄衣縞裳), '악악성창'(諤諤聲唱 : 야옹야옹하는 소리), '엽자노령'(獵者盧令, 사냥개)와 같은 은유 · 환유 · 의성어와 같은 비유적 수사학을 구사하고 있다.

5. 경쟁자와 더 힘 센 대상들을 내세우고 대립화시킴으로써 권력(힘)의 도상학(Iconography)이 제시된다.

결국 동물 가전의 양식은 동물을 빙자해서 인간의 성공과 실패, 열흘 붉은 꽃이 없고 백년가는 권세가 없다는 권력 원리와 흥하고 망하는 흥망성쇠와 사랑과 영화, 얻음과 잃음의 총영득실(寵榮得失)의 다 헛되고 허무함의 이치를 알레고리화 하는데 기본 의도가 잠재하고 있는 것이다. 그것이 바로 가전이 지닌 빗대기와 잠복의 서사로서의 특유한 미학이다.

6장

조선 시대의 고양이 그리기 : 고양이의 회화론

한국의 전통 회화에서 고양이는 어떻게 그려졌는가. 고려시대 이전은 현재로선 상고할 길이 없고 조선 시대의 회화 예술의 세계에 있어서도 고양이 그림은 그리 흔치는 않다. 어떤 미술 사학자가 이르기를 극히 일부 화가들에 의해서 간헐적으로 그려졌다고 지적하고는 있다. 산수화와는 달리 고양이 그림은 영묘 동물화나 풍속화 등에서 아주 이따금씩만 그려져있기 때문이다. 그 이유야 고양이가 매력적인 회화적 대상이나 정감적인 상징성이 될 수 없었기 때문이라고 유추할 수 밖에 없겠지만, 그럼에도 불구하고 고양이가 한국 회화에서 아주 기피적 대상이 되었던 것은 결코 아니다. 조선 시대에도 제화시와 함께 고양이에 대한 특별한 애정을 갖고 고양이를 즐겨 그린 화가들이 얼마쯤은 존재하고 있었기 때문이다.

조선 초기(16세기)의 이암(李巖, 1507~1566)의 〈화조묘구〉(花鳥猫狗), 변상벽(卞相璧, 17세기~18세기)의 〈묘작도〉(猫雀圖), 〈모계영자도〉(母鷄領子圖),

〈국정추묘〉(菊庭秋猫), 김득신(金得臣, 1754~1822)의 〈파적도〉(破寂圖) 혹은 〈야묘도추〉(野猫盜雛) 등이 조선시대를 대표하는 고양이 그림들이다. 이 밖에도 장승업(張承業, 1843~1897)의 〈추정유묘도〉(秋庭遊猫圖), 정선(鄭敾, 1672~1759)의 〈국일한묘〉(菊日閑猫), 김홍도(金弘道, 1745~1816)의 〈모질도〉(耄耋圖), 〈황묘농접〉(黃猫弄蝶), 조지운(趙之耘, 1697~)의 〈필유하묘도〉(筆柳下猫圖), 오련(吳璉)의 고양이 그림 등이 있다고 전해진다.[57] 조선 초기 서거정의 시 '제화묘' 혹은 '화묘'는 누구의 고양이 그림을 두고 읊은 것일까. 중국의 화첩인가 당시 조선의 그림인가. 그것은 풀리지 않는 의문이다. 금후 서화의 미학사는 이도 밝혀내야 할 작업이다. 그렇다면 잘 알려진 이암 · 변상벽 · 김득신 등 세 사람의 회화 세계에서 고양이는 어떻게 그려지고 있는가.

1. 이암의 〈화조묘구〉의 고양이

이암은 세종의 넷 째 아들인 임영대군(臨瀛大君)의 증손이다. 자(字)는 정중(靜仲) 제 오품의 두성령(杜城令)에 제수된 종실의 인물이다. 영모(翎毛)와 화조(花鳥)에 뛰어났고 중종 초상화 제작에도 참여하였으며 초상화나 동물화 등의 섬세한 분야에서 독보적인 경지를 인정 받은 화가로 알려져 있다. 화가로서 그의 대표적인 작품으로는 〈모견도〉(母犬圖), 〈화조구

57 정선 · 장승업 · 김홍도 · 오련에 대한 기록이 있는 논저는 다음과 같다.
천진기. 『한국 동물 민속론』, 2003, 23쪽.
김종대. 『우리 문화의 상징체계』, 다른세상, 2001, 63쪽.
안휘준. 『한국 회화사 연구』, 시공사, 2000, 540쪽.

자도〉(花鳥狗子圖)가 있으며 고양이가 등장하는 그림으로는 〈화조묘구〉(花鳥猫狗)가 있다. 이 그림은 아마도 고양이가 등장하는 것으로는 조선 최초일 것이다. 이름 그대로, 꽃과 새, 고양이와 강아지(개)가 묘사 대상이 되고 있는 이 〈화조묘구〉는 꽃과 새와 강아지(개)가 등장하고 있는 〈화조구자도〉와 화조(꽃과 새)의 동물 이미지라는 연관성에서 자매작이라고 할 만큼 서로가 유사하면서도 비교가 되는 그림이다. 〈화조구자도〉는 〈화조묘구〉의 고양이가 없는 대신 세 마리의 개와 나비와 별이 등장한다. 둘 모두가 계절 물색으로나 시간적으로 봄이요 화창한 봄날의 정경을 시간적인 배경으로 하고 있다.

〈화조구자도〉는 봄날 활짝 핀 복사꽃을 배경으로 하여 그 나무 아래 확 트인 공간에 검둥이 · 누렁이 · 흰둥이 등 세 마리의 강아지들이 묘사되어 있다. 그런데 강아지들의 털의 색깔과 동태 그리고 자세의 방향은

이암의 〈화조묘구 〉

같으나 서로 다른 시선이 아주 재미있게 대조되어 있다. 머리는 다 서쪽을 향하고 있으나 누렁이인 한 녀석은 잠자고 또 앉아 있는 흰둥이 녀석은 방아깨비인 듯한 벌레를 물고 장난을 치고 있고 중심에 있는 검둥이 녀석은 곧 선 자세로 앉아 말똥말똥한 눈으로 무엇인가를 뒤돌아 살피고 있다. 이렇게 각양각색의 상태에 있는 강아지들의 모습들이 무척 천진난만해 보인다. 그러나 이 나무 아래의 공간과는 달리 봄의 물색이 더 완연한 꽃나무 위 상부 공간에서는 두

마리의 새와 나비와 벌이 사각의 구도로 도치되고 있을 뿐만 아니라 섬세하게 그려진 새들의 시선은 활짝핀 꽃을 향해서 날아드는 탐화봉접(探花蜂蝶) 상태의 나비와 벌 쪽으로 향해서 동쪽으로 향하고 있다. 윗가지에 앉은 새는 벌을, 아랫 가지의 새는 머리를 돌리고 나비를 각기 응시하고 있어서 시선이 서로 교차하는 구도이다. 강아지들의 상태에 대한 묘사력이 숙달되어 있기도 하지만 귀여운 제시이다. 중국상징사전 등에 의하며 봄의 꽃인 복숭아는 희경의 상징이고 고양이와 나비(猫蝶)는 음이 7-80세 연기(年記)와 8-90세기 연기인 모질(耄耋)과 어울리니, 부귀장수의 상징이다.

이에 비해서 천진함이 넘치는 화풍의 〈화조묘구〉에는 새끼인 듯한 고양이 한 마리가 그려져 있다. 역시 꽃이 되고 새가 우는 봄날, 새끼 고양이 한 마리가 장난꾸러기인 듯 꽃나무 둥지에 한참 올라가서 스스로 놀란 듯, 장한 듯 아래와 주변을 내려다 보고 있다. 이를 지상에서 쳐다보고 있는 강아지는 부러운 듯 꽃이 활짝 핀 꽃나무 위에 올라간 고양이를 쳐다봄으로써 시선이 내려보기 · 올려보기의 부앙(俯仰)적 대치 현상을 이룬다. 동화적인 모습이다. 일반통념상으로 고양이와 개는 견묘지간의 앙숙관계로 알려져 있다. 그러나 여기의 고양이와 강아지는 그런 적의가 전혀 없어 보인다. 그저 평화스럽기만 하다. 그 대신에 참새인 듯한 두 마리의 새가 느닷없는 틈입자로서

이암의 〈화조구자도〉

나무 위로까지 올라온 고양이의 출현을 보고 놀라서 항의하듯 도망하는 날개짓으로 야단이 난 정경이다. 고양이의 눈동자가 둥근 것으로 보아서는 한낮이 아니고 아침녘이다.

이암은 조선 초기의 회화에서 개나 천진난만한 강아지를 전문으로 그린 화가로서 독보적인 세계를 이루고 있으며 〈화조묘구〉에서 보듯이 동화적이며 천진함이 넘치는 독특한 화풍으로 고양이를 처음 그린 화가로서도 명성이 높다. 그래서 미술사가인 안휘준은 그의 『한국 회화사 연구』(2000)에서 비록 〈화조묘구〉는 아니지만, 그 자매도라 할 수 있는 〈화조구자도〉에 대해서 다음과 같이 평가하고 있다.

> 실로 강아지들의 생태에 대한 애정어린 관찰과 정확한 파악, 숙달된 솜씨와 물체를 드러내는 묘사력이 결합된 결과가 아닐 수 없다.
>
> 이 강아지들의 묘사에서 감지되는 묵법은 일본의 '다라시코미'라고 하는 기법의 시원으로 생각한다.[58]

국내에는 작품이 드물지만 일본에 전래된 작품은 여럿이며 한때는 일본의 화승(畵僧)으로 잘못 알려지기도 했었다.

2. '변고양이' 변상벽의 〈묘작도〉의 고양이 그림

화제(和齊) 변상벽(卞相璧)은 18세기에 활동한 화가이다. 그는 특히 고

58 안휘준, 『한국 회화사 연구』, 시공사, 2000, 334쪽.
김원룡 · 안휘준, 『신판 한국 미술사』, 서울대 출판부, 1993, 273~4쪽.
박영대, 『우리 그림 백 가지』, 현암사, 2002, 110~3쪽.

변상벽의 〈묘작도〉

양이와 닭을 잘 그려서 '변고양이' 또는 '변계(卞鷄)'라는 별명이 있었고 초상화에서도 솜씨가 뛰어나서 국수(國手)라고 일컬어지기도 하였다. 조선시대의 화가로서 화제만큼 고양이와 닭 등의 동물화를 한평생 그린 화가는 드물다. 고양이 그림으로서 뛰어난 것이 바로 〈묘작도〉(猫雀圖)이며, 닭 그림으로는 어미 닭과 병아리를 그린 〈계자도〉(鷄子圖) 또는 〈모계영자도〉(母鷄領子圖)가 있다. 둘 모두가 면밀한 관찰과 출중한 사실적 표현력에 의한 소산으로 높은 경지의 예술성을 지니고 있는 것으로 평가되고 있다. 근래에 이 변상벽이 고양이 그림에 대한 귀한 글이 알려지게 된다. 18세기 문인 정극순(鄭克淳, 1700~1753)의 「변씨화기」(卞氏畫記)란 변상벽에 대한 전기가 그것이다. 이는 근래 서울대의 이종묵 교수(한국 한문학 전공)가 미 버클리 대학에 소장된 정극순의 문집 『연뇌유고(淵雷遺稿)』를 찾아서 소개함으로써[59] 알려지게 된 자료이다. 이와 함께 서양화의 도입과 관련된 「서양화기(西洋畫記)」란 화론도 소개된다. 「변씨화기」는 다음과 같은 글이다.

위항인 변씨는 약관에 고양이 그림에 능하여 서울에서 명성을 날렸다. 문에 이르러 맞으려는 자가 매일 백 명을 헤아렸다. 변씨는 대개 감당하지 않으려 하였으니, 이미 사람이 이르더라도 뜻이 즐

59 이종묵, 「정극순의 『연뇌유고』-서양화 변상벽 매합에 대한 이야기를 겸하여」, 『문헌과 해석』 39권, 2006. 「변씨화기」는 이 교수가 한문에서 역문한 것.

겁지 않으면 조금 있다가 도망가 갑자기 숨어버려 종적을 알 수 없었다. 여러 종실과 귀인들이 그를 물색하여 길에서 만나게 되면, 거절하고 달아나 버렸다. 마치 새매가 덮치듯 (그림을 그릴 흥이) 갑자기 이르면, 궁벽한 집을 닫고 사람이 접근하지 못하게 하고는 일을 마치면 집사람을 보내어 전해주었다. 어떤 때에는 한 달씩이나 어디에 있는지를 알지 못하기도 하였다.

병인년 결울 내가 힘써 오게 하여 이틀을 머물게 하고 고양이 그림을 얻게 되었다. 앉아있는 놈, 조는 놈, 새끼를 데리고 장난치는 놈, 나비를 돌아보는 놈, 엎드려 닭을 노려보는 놈 등, 무릇 고양이가 주로 하는 일 다섯 가지를 그렸는데, 모두 그 변화를 다하고 생기발랄하여 살아 움직일 것 같았다. 특히 털의 윤기를 잘 그려 까치가 보고서 울고 개가 돌아보고 컹컹 짖었으며, 쥐들은 보고 깊이 숨어 굴에서 나오지 않았다. 정말 기예로서 지극한 자라 하겠다. 그가 말하였다.

"재주란 넓으면서도 조잡한 것보다는 차라리 한 가지에 정밀하여 이름을 이루는 것이 낫다고 생각하오. 나 또한 산수화를 그리는 것을 배웠지만, 지금의 화가를 압도하여 그 위로 올라설 수 없다는 것을 알았기에, 사물을 골라서 연습을 하였지요. 저 고양이는 가축인지라 매일 사람과 친근하지요. 그 굶주리거나 배부르고, 기뻐하거나 성내고 혹은 움직이거나 가만히 있거나 하는 모습을 쉽게 관찰하여 익숙하게 되지요. 고양이의 생리가 내 마음에 있고 모습이 내 눈에 있게 되면 그 다음에는 고양이의 형태가 내 손을 닿아 나오게 됩니다. 나의 고양이가 인간 세상에 있는 놈이 수천 수백 마리인지 알 수 없지만 내 마음과 손에 있는 놈 또한 헤아릴 수 없습니다. 이것이 내가 일세에 독보적인 존재가 된 까닭입니다."

아, 지금의 학사와 사대부들이 마음을 쓰는 것이 변씨와 같은 사람이 있는가? 사물의 이치를 다하여 변씨의 그림이 공교롭게 되었는데, 사람의 이치를 다하였다면 어찌 학문이 정밀하지 못할 것을 근심하겠는가〉 그러나 이것이 위항인의 낮은 신분에서 나왔음을 알지니 개탄스럽다. 변씨의 이름은 상벽이고 고양이를 잘 그려 호를 변고양이(卞猫)라 하였다. 또 어미와 새끼 닭을 잘 그려 고양이 다음 간다. 내가 그 사람을 보니 말을 더듬어 총민하지는 못하지만 기예의 정밀함은 이와 같다. 외모로 사람을 정할 수 있겠는가?

이에서 보는 것처럼 고양이 그림에 능하여서 변고양이라는 별명까지 얻게 된 화가 변상벽의 전기이다. 별명 정도야 잘 알려졌지만, 그의 드날리는 명성을 따라 그림을 얻으려는 종실과 귀인 및 기타의 사람들이 매일 백여 명을 헤아렸다고 하니 그 명성의 대단함을 짐작할 수 있게 한다. 거기에다 정극순은 변상벽과 친교가 있어 힘써 집에 오게 하여 다섯 자세의 고양이들의 그림을 그리게 하였으며, 그 고양이 그림들이 모두 "그 변화를 다하고 생기발랄하여 살아 움직일 것 같았다. 특히 털의 윤기를 잘 그려 까치가 보고서 울고 개가 돌아보고 컹컹 짖었으며, 쥐들은 보고 깊이 숨어 굴에서 나오지 않았다. 정말 기예로서 지극한 자"라고 하여 그의 고양이 그림의 생동성, 사실성의 정치함을 예찬하고 그를 '기예로서 지극한 자'로서 높이 평가한다. 또한 정극순은 변상벽이 원래부터 고양이 그림에 능숙했던 것은 아니며, 산수화를 그려보아야 그 방면 다른 대가들을 압도할 수 없을 것이라고 생각한 나머지 오로지 한 가지 고양이 그림에만 집중하여 마침내 최고의 대가가 되었다는 사실과 내력을 직접 변상벽의 입을 통해서 말하고 있다. 고양이를 꾸준히 관찰하고 그 습성들을 자세히 익히다보니 변상벽의 마음 속에 헤아릴 수 없는 수 많은 고양이가 존재하게 되고 이로 인해서 여러 종류의 고양이들을 잘 그릴 수가 있게 되었다는 것이다. 이런 「변씨화기」의 내용을 두고 변상벽의 성공의 예술가적 삶을 '선택과 집중'이라고 소개한 이교수의 지적은 의미 있다. 정극순은 이를 학문과 연계하여 신분이 낮은 위항인보다 못한 사대부들의 정밀하지 못한 학문을 은근히 나무라기도 한다.

〈모계영자도〉도 그러하지만, 고양이와 참새가 그려진 〈묘작도〉야말로 세밀한 관찰과 현대 회화적 수법을 방불케 할 사실적인 묘사에 의해서 핍진성을 유감없이 발휘한 그림이다. 미술사학자 최순우는 이 그림을 두고 갓맑은 해학과 시정을 일깨운다고 지적했다고 한다. 〈묘작도〉는 조선 초기 이암의 강아지 그림과 함께 우리나라 동물화의 쌍벽을 이루는 것으로 평가된다.[60] 그러나 보는 입장에 따라서는 세밀하면서도 빈틈없는 동물 생태에 대한 묘사의 사실적 성취와 생동감이 넘치는 변상벽의 그림을 더 높게 평가한다.

〈묘작도〉는 두 마리의 고양이와 여섯 마리의 참새를 그린 작품이다. 화면의 왼편 하단에서 솟아오른 옹이가 나고 뒤틀린 고목나무 위로 한 마리 고양이가 기어오르다 떨어지지 않으려는 듯 잔뜩 긴장해서 꼬리를 세운 모습으로 발톱으로 버티면서 나무 밑 풀밭에 뒤돌아서 단정히 앉아서 올려다보는 좀 더 큰 고양이를 내려다보고 있다. 응시하는 호동그란 눈이 튀어나올 듯 반짝거린다.

나뭇가지 위로는 참새 여섯 마리가 시선의 방향을 구심화 하면서 다급한 듯 지저귀고 있다. 고양이의 출현에 다급해 하고 서로 경계하는 새소리가 들릴 듯 참새나 고양이의 동태가 모두 생동감이 철철 넘치며 정밀

60 김원룡 · 안휘준. 『신판 한국 미술사』, 서울대학교 출판부, 1993, 305쪽.
김원룡 · 안휘준의 공저인 이 책에서는 변상벽의 예술을 함께 높이 평가하였는데, 그 뒤 안휘준 단독의 방대한 저서 『한국 회화사 연구』(시공사, 2000)에서는 〈계자도〉든 〈묘작도〉든 변상벽에 대해서는 단 한 줄도 없이 배제해버리고 있는데 왜 이렇게 되었을까? 박영대, 「변상벽의 모작도」, 앞의 책, 214~7쪽 참고.

하고 자세한 붓 끝이 놀랍다. 올려다보고 내려다보며 감통하는 고양이들의 응시하는 시선의 교류가 인상 깊게 느껴진다. 그리고 나무 위에 올라간 고양이의 고부라진 꼬리, 호동그란 눈, 일어선 털, 구부러진 등, 밀어올리듯 한껏 몸을 지탱케하는 뒷다리 등의 신체구조가 고양이의 해부학적인 생태성을 여실하게 드러내주고 있다. 이런 정경이라면 고목나무 가지의 연초록 나뭇잎은 계절적으로 봄날을 표상하는 것으로 보아야 하리라.

고양이 그리기에 있어서 가장 절묘한 작품이다. 간호 미술 문화재단이 소장하고 있는 〈국정추묘〉 역시 호동그란 눈동자의 삭조, 날카로운 수염과 눈썹, 쫑긋하게 세운 귀, 동그랗게 웅크린 원과 같은 행동과 치밀하게 극세사처럼 그려낸 털은 고양이 묘사의 회화 미학을 유감없이 발휘하고 있다. 이런 생동성의 미학이 드러나는 작품들에서는 쥐라든가 핏빛 사냥 현장의 처절한 모습은 제시되지 않는다.

한편 다산 정약용은 「변상벽의 묘계영자도에 제(題)하다」라는 시를 썼다.

변상벽을 변고양이라 함은
고양이를 잘 그려 사방에 이름나서인데
이젠 또 새끼 거느린 닭을 그려
하나하나 털이 살아있는 듯하네.
어미닭은 까닭도 없이 성을 내어
낯빛이 몹시 사납게 달아오르고
목털이 고슴도치마냥 꼿꼿이 서서
만나는 놈마다 꾸짖음을 당하네.
쓰레기 버린 곳이나 방앗간에서

흙을 파내듯 땅을 항상 허비어
한 톨이나 얻으면 거짓 먹는 체하고
애써 주림을 참는다네.
놀라 허둥지둥 낌새를 채는데
올빼미 그림자 숲 끝을 지나도다.
아, 새끼를 사랑하는 그 성질은
하늘이 주었으니 누가 뺏겠는가.
새끼들은 어미를 둘러싸고 다니며
노란 옷 더부룩이 입었는데
밀랍 같은 부리는 막 엉긴 듯 연하고
붉은 볏은 씻은 듯이 엷어라.
새끼 둘이 막 어미를 따라가는데
어이하여 급급하게 저리 뛰는고.
앞엣놈 부리에 물린 것을
뒤엣놈이 빼앗고자 하여
새끼 둘이 한 지렁이를 다투어
서로 물고 놓지 아니하도다.
새끼 하나는 어미 등을 타고 앉아
가려운 곳 한창 스스로 긁고
새끼 하나는 홀로 따르지 않고
채소의 싹을 한창 쪼아 먹누나.
형형색색 세밀하여 실물과 똑같고
도도한 기상 또한 막을 수 없네.
들으니 이 그림 막 그렸을 때
수탉이 보고 잘못 떠들어 댔다 하네.
또한 그가 그린 고양이 그림도
뭇 쥐들을 겁먹게 할 만하여라.
뛰어난 기예가 여기에 이르니
만져볼수록 흥미가 줄지 않네.

큰 솜씨라 산수화를 그리는 데도
여기저기 붓놀림이 활달하구려.

이는 제목 그대로 새끼(병아리)를 거느린 어미 닭을 그린 것이다. 어미 닭과 병아리의 생태의 관찰에 의한 생기발랄함과 표현의 핍진적 사실성에 표현의 지적 역시 앞서의 정극순의 「변씨화기」와 다를 바가 없다. 이 제화시에 변상벽의 고양이 그림 대목이 있다. 서두에 '변상벽은 변고양이라 함은 고양이를 잘 그려 사방에 이름이 나서'에서는 '변고양이'라는 별명의 내력이, 끝부분에 '그가 그린 고양이 그림도 / 뭇 쥐들을 겁먹게 할 만하여라'에서 시사되는 바, 그의 고양이 그림의 탁월한 사실적 핍진성의 기예의 경지에 대한 언급이다.

변상벽이야말로 한국의 회화사에 있어서 그와 견줄 이가 없는 경지의 사실주의 화풍의 고양이 화가이다. 그의 고양이 묘사는 사실적으로 극히 세밀 · 정치할 뿐만 아니라 강력한 생동미를 발산한다. 그런 점에서 변상벽의 〈묘작도〉의 고양이와 참새가 고양이는 70세 참새는 기쁨으로 보아서 묘작도가 고희 축하의 그림이라는 실용적 실용성이나 용도성에 중점을 두는 기본적 해석은 예술의 미학적 관점으로 보아서 그런대로 상징성이 있으나 전적으로는 동의하기가 어렵다는 생각이다. 그리고 국립 중앙 박물관에서 소장하고 있는 조지운의 〈필유하묘도〉(筆柳下猫圖)의 5마리 고양이는 화풍과 수법에 있어서 변상벽의 〈묘작도〉의 경우를 너무 닮아 있다.

3. 김득신의 〈야묘도추〉의 병아리 채 가는 들고양이

김득신 〈야묘도추〉

김득신은 호가 긍재(兢齋), 화원으로 벼슬은 첨사를 지냈다. 인물화와 풍속화에 뛰어났던 그는 간결 · 소박한 선묘법으로 평민들의 삶을 예술 속으로 끌어들인 화가이다. 그의 그림 〈들고양이 병아리를 채가다〉란 뜻의 〈야묘도추〉 또는 〈파적〉(破寂)은 긍재 나름의 해학과 기지가 잘 드러나는 가작으로 평가된다.[61] 때는 복사꽃 꽃망울이 몽우리지는 봄날, 어느 조용한 민가에 들고양이(도둑 고양이) 한 마리가 들이닥쳐 별안간에 병아리를 낚아채감으로써 벌어지는 긴박한 소동의 한 순간의 정황을 설화적인 구성 속에 생동감 있고 박진감 있게 그리고 익살스럽게 묘사한 동적 장면이다. 이를 두고서 정병모는 '돌발적인 사건으로 벌어지는 소란스런 상황을 이처럼 박진감 넘치게 표현한 작품은 거의 유래가 드물 정도'[62]

61 최순우. 「도판해설」, 최순우 책임편집 및 집필, 『한국 미술 전집』 12, 동화출판공사, 1973, 159쪽.

62 정병모. 『Korean Art Book : 회화』, 예경, 2007, 162쪽.

라고 해설한다.

도둑질이든 파적이든 주인공은 바로 고양이다. 얼룩 도둑 고양이 한 마리가 갑작스럽게 나타나서 마당에 한가롭게 놀고있던 병아리 다섯 마리 중 한 마리를 잽싸게 물고 달아난다. 네 마리의 병아리는 혼비백산하여 사방으로 흩어지고 성난 어미닭이 병아리 한 마리를 물고 달아나며 뒤돌아보는 고양이를 향해서 결사적으로 달려들며 푸드득 날갯짓을 한다.

이 소동에 툇마루에서 돗자리를 짜고 있던 주인 영감이 화들짝 놀라며 비호 같이 날아서 고양이를 향해 장죽을 길다랗게 뻗는다. 이 서슬에 짜고 있던 자리틀이 마당으로 굴러떨어지고 주인 영감이 쓰고 있던 탕건이 벗겨져서 굴러떨어진다. 이 형세로는 영감마저 고양이를 타격하기보다는 굴러떨어진 판이다. 그 뒤에 있던 트레머리의 안주인도 맨발로 우당탕 뛰어들면서 소리를 질러 보지만 속수무책이다. 들고양이는 조롱이라도 하듯이 여유만만하게 뒤돌아보기까지 한다. 카메라가 포착할 수 있는 파적의 긴박한 순간의 정경을 붓으로 너무도 핍진성 있게, 생동감 있게 그리고 있는 것이다.

이런 가운데 긍재는 서민 생활의 절실한 한 단면의 제시는 물론 익살스런 해학성의 희극미를 보여준다. 이것이 바로 풍속화의 미학이다. 여기서 간과해 버릴 수 없는 것은 이암이나 변상벽의 그림의 경우와는 달리 고양이가 도둑이나 탈취자의 마이너스 이미지로서 제시되고 있다는 것이다. 이는 리얼한 풍속화이기 때문일 것이다.

이 그림에 대한 다른 해설은 다음과 같다.
김현주.『판소리와 풍속화 : 그 닮은 예술 세계』, 효형출판, 2000, 138~140쪽.
박영대.『우리 그림 백가지』, 현암사, 2002, 286~9쪽.

7장

고양이의 민속학 :

속신(俗信)과 민간 습속의 포오크로아

아드 드 브리스(Ad de Vries)의『상징과 이미지 사전』(1976)의「고양이」항목에 보면, 그 전체 구성이 다음과 같이 이루어져 있다.

Ⅰ. 일반

Ⅱ. 해(太陽)의 양상(陽)

Ⅲ. 달(月Ⅳ)의 양상(陰)

Ⅳ. 일반적 특성

a. 호의적인 것

b. 비호의적인 것

Ⅴ. 상응

Ⅵ. 특별한 의미

Ⅶ. 속신(민간 전승)

이렇게 다양한 항목으로 이루어져 있는 것이 흥미롭다. 특히 여기에서 서구의 고양이에 대한 민속 · 속신적인 민간 사유의 항목이 제시되고 있는 점[63]에 주목하게 된다. 그 몇 항목을 옮겨보면 다음과 같다.

- 아이가 잠자고 있을 때 그 숨을 빨아들임으로써 아이의 목숨을 가져간다.
- 검은 고양이는 행운, 흰 고양이는 불운.
- 검은 고양이가 집으로 들어오거나 선 내에 들어오면 아주 좋은 조짐이다.
- 선원의 아내는 남편의 안전한 귀환을 위해서 검은 고양이를 가져야 한다.
- 고양이가 앓는 사람의 집을 떠나서 돌아오지 않으면 그 사람은 죽는다.
- 고양이가 저녁에 세신을 하면 곧 친구가 온다.
- 고양이들이 거칠게 뛰어다니거나 카펫이나 쿠션을 할퀴면 바람이 인다.
- 결혼식 날 아침 신부 곁에서 재채기를 하면 행복한 결혼 생활을 하게 된다.

이들은 고양이에 대한 서구인들의 속신사고이다. 고대 이집트에서는 고양이를 성수(聖獸)로 보아서 고양이를 죽인 사람을 사형에 처하기도 하였다. 그렇다면 속신이란 무엇인가. 속신이란 성립 종교와는 달리 민간

63 Ad de Vries. *Dictionary of Symbols and Imaginary*, North-Holland Publishing Co, 1976, pp. 85~6.

에 전승되면서 그 생명을 유지해오고 있는 일종의 민간 신앙(Volksglauben, Folk-Belief) 내지 민간 전승적인 신앙이다. 흔히들 미신으로 경멸되거나 경원해버리기도 하지만 신앙상의 민간 전승이고 오랜 의식 구조 상의 상징이다. 김열규는 이 속신에 대해서 다음과 같이 명쾌하게 정의한다.

> 속신은 일단 자연 현상, 자연 사물 또는 인간 및 사회의 어떤 징표를 기호로 삼아 그것을 의미화하는 작용에서 벌어진다. 그런 뜻에서 자연과 인간 및 사회에 대한 말하자면 세계에 대한 해석 행위가 다름아닌 속신이다. 속신은 민속적인 해석학이다.[64]

그는 이렇게 '민속적인 해석학'으로서 규정하면서 전통성+믿음+주술지향성의 속성과 조건을 기저부(基底部)로 하면서 관례화된 '집단적 상징화'가 곧 속신이라는 것이다. 더 다른 부연과 첨가를 요하지 않는 명료한 규정이다. 이렇게 집단적 상징화로서의 속신은 지역 공동체인 민간과의 긴밀한 친연성이 있을 뿐만 아니라 금기인 터부(Taboo)나 주술과도 유기적으로 연계되어 있다. 고양이와 고양이에 관련된 속신적 사유 또는 주술·습속의 믿음 영역이 바로 고양이의 민속학이다.

그렇다면 고양이와 관련된 어떤 속신과 습속들이 우리의 민간 신앙 속에 잠재되어 있는가.

- 고양이가 얼굴을 씻고 귀까지 닦으면 손님이 온다.
- 고양이가 장례식 때 방고리 밑으로 들어가면 송장이 일어난다.
- 초상이 나면 아궁이의 굴뚝을 막는다.

---

64 김열규. 『한국문학사』, 탐구당, 1983, 508쪽.

- 고양이가 지붕 위에 올라가서 울면 초상이 난다.
- 고양이가 아이가 잘 때 숨을 빨아 들이면 아이의 목숨을 거두어간다.
- 죽은 고양이는 묻지 않고 나무에 매달아 둔다.
- 고양이를 3년 이상 키우면 둔갑해서 사람에게 해코지를 한다.
- 고양이가 들어오면 가난이 닥칠 징조이다.
- 고양이가 밤에 울면 귀신이 찾아온다.
- 고양이를 가마솥에 넣어 찌면 도둑이 죽는다.
- 귀신에 놀라 병든 사람에게 고양이를 삶아 즙을 내어 먹이면 낫는다.
- 고양이를 죽이면 집안에 액운이 온다.
- 고양이 간이나 다리를 땅에 묻고 저주를 하면 원한이 있는 사람의 그 부위에 병이 생긴다.
- 고양이가 관(棺)을 뛰어 넘으면 송장이 일어선다.
- 고양이가 길 앞에 지나가면 재수가 없다.

이와 같은 것으로 미루어 보면, 속신이란 이름 그대로 인간 삶의 길흉과 관련되어 있는 민간 신앙적인 집단의 믿음이요 해석학이란 것이 분명하다. 그래서 이 속신의 믿음은 시대의 진전에 의해서 합리적 사고로의 전환 · 진전에 따라서 점점 약화되거나 미신시되어 버리고 있지만 그런 가운데서도 지역 공동체의 구성원이라면 누구나 다 함께 공유하거나 나누어 갖고 있는 상속된 형태로서 의식의 하층부에 침전되어 있는 믿음인 것이다.

그리고 주목되는 현상은 속신의 구성원리 또는 구조가 '~이면(if) →'(혹은 '된다' then)의 가언적(假言的)인 추론의 형식으로 이루어지고 있다는 사실이다.[65] 전자가 가언(假言)이고 원인으로서 전제 조건이라면 후자는 길흉으로서의 결과이다. 고양이를 죽이면 집안에 액운이 온다는 것에서 전반부가 가언(원인)이면 후반부가 곧 흉변으로서의 결과인 구조이다. 『어우야담』 권2 「속기(俗忌)」에는 신숙(申塾)이 매번 시험을 볼 때마다 고양이가 자신이 가는 길 앞으로 지나가면 합격하였고 한 번은 과거시험을 앞두고 종일 길에서 고양이를 못 보았다가 친구 집에 가는 밤길에 길가 주막에 병든 고양이가 쭈그리고 있어 부채를 흔들어 놀라게하자 고양이가 깜짝 놀라 길을 가로질러 갔다. 이튿날 그는 과거에 응시해서 합격했다고 한다.(『어우야담』권 종교편 속기 「세속다기위사(世俗多忌諱事)」) 이런 속신의 가언적 추론화 현상이 곧 속신의 삼단논법인 것이다. 그런데 이 추론에서 주된 구성요소로서의 존재가 되고 있는 것은 고양이이다. 고양이가 연출하는 이상스런 행동이나 상태가 먼저 예단적으로 전제되어 있고 그것이 인과관계에서 인간에게 행 · 불행을 주게 되는 것으로 상저되어 있다. 그 중에서도 길조보다는 나쁘거나 재앙의 예조인 경우가 훨씬 많다.

앞서 김열규는 속신의 범주를 '훈계', '예언', '주술', '금기'로 분화[66]하였는데, 고양이와 걸려 있는 속신에는 '훈계'를 제외하고 그 나머지인 예언, 주술, 금기가 다 포함되어 있다. 그런데 문제는 일종의 민간적인 기층신앙인 속신에 관련되어 있는 동물들 가운데에서 네 발 가진 고양이가 이렇게 특별하게 자주 인용되고 있는 것은 무슨 까닭이며 그것도 불운한 흉조의 예조가 되고 있는 것인가. 이 역시 고양이를 무서운 짐승, 여성적 음

65 Elli Kaija Köngäs Maranda · Pierre Maranda, *Structural Modes in Folklore and Transformational Essays*, Mouton, (If A, then B,) 1976.

66 김열규, 같은 책, 513~6쪽.

수(陰獸)로서 해코지하는 기피의 짐승, 귀신같은 신통력과 마력을 지닌 화액(禍厄)의 영물로서 보아온 전통적인 의식이나 사유와 무관치 않다.

고양이와 관련된 여러 속신들 중에서 전승의 대표적인 사례가 되어 있는 것이 증묘(蒸猫)와 질병 치유에의 속신이다. 증묘는 우리나라 기속(奇俗)의 하나로 각 지방마다 그 형태는 약간씩 다르기는 하나, 대체로 도둑을 잡기 위한 범인점(犯人占)이나 애정에 관한 저주(詛呪)를 할 때 종종 행해졌던 일종의 저주 기속이다. 이는 일본 학자 무라야마 지준(村山 智順)이 쓴 『조선의 점복과 예언(朝鮮の占卜と預言)』(1931)에 처음으로 채록되어 있다.

제 5절 그 고양이를 사용하여 점친다

(1) 살아있는 고양이를 태워서 점친다.

(2) 고양이를 가마솥에 쪄서 점친다.

(3) 고양이를 범인의 집으로 찾아가게 한다.

(4) 고양이를 불로써 들이치면 범인은 자수한다.

(5) 고양이의 원한으로 범인을 점친다.[67]

이 기속으로서의 고양이찌기의 증묘 모티프는 현대소설인 김문수(金

---

67 村山 智順 저, 김희경 역. 『조선의 점복과 예언(朝鮮の占卜と預言)』, 동문선, 1990, 371~3쪽.
『한국 문화 상징사전』, 동아출판사, 1992.
고양이는 악물과 영물의 양면성을 지닌 주술적 동물로서 사람을 저주할 수 있다.(57쪽)
고양이를 잡아다가 시루 속에 넣어 상여줄로 시루를 감고, 불을 때면 이 도둑의 눈이 멀거나 손이 오그라들게 해달라는 주문을 왼다. 이렇게 고양이를 쪄 죽이면 도둑도 주문대로 눈이 멀거나 손이 오그라든다는 것이다.

文洙)의 소설「증묘」(1971)와 박양호의「이 시대의 연금술」(1993)에서 중요한 기조 모티프로서 반복 · 재현되는 것이다. 그리고 고양이 고기를 먹으면 나쁜 병이나 질병이 치유된다는 민간 의학적인 믿음, 즉 치유 주술 역시 하나의 속신 사유가 되어서 여류작가 장덕조(張德祚)의「고양이」 및 최현식의 소설「흑묘일기」에서도 삽입적인 요소로서 이어지고 있다.

이 밖에 고양이의 민속학의 영역에서 빼놓을수 없는 것이 '고양이 앞에 생선가게 맡긴다.', '고양이 쥐 어르듯' 등과 같은 고양이와 쥐와의 관계를 두고서 이루어지는 많은 속담이다. 그러나 이에 대한 인용과 논의는 일단 유보해둔다. 기록에 의하면 전라남도 지방에 전승되는 농점(農占)에 관련된 고양이 속신이 있다고 한다.

하늘에 사는 고양 할미가 설날에 지상으로 내려와서는 정월 상축일(上丑日)에는 다시 올라간다고 한다. 고양 할미가 내려올 때 곡식을 한 말 가지고 와서는 하루 한 되씩 먹는데 10일 내에 상축일이 되어 승천하면 곡식을 다 먹지 못하고 남겨 두고 가고, 10일에 상축일이 되면 가져온 곡식을 다 먹게 된다고 한다. 그러나 11일이 상축일이면 곡식이 모자라서 꾸어다 먹고 빚을 진 채 승천한다고 한다. 그래서 상축일이 일찍 든 해에는 풍년이 들고, 늦게 든 해에는 흉년이 된다고 전한다.

『증보문헌비고』 상귀고에는 묘두와(猫頭瓦-고양이 머리 모양 기와)의 이야기가 기록되어 있다. 조선조 현종 때, 궁중에 쥐가 들끓어서 임금의 처소에까지 흰 쥐가 나타난다. 다음해에 나라에 슬픈 일이 두 번이나 일어난다. 그래서 쥐를 잡는 고양이가 이런 변귀도 물리친다고 하여 널리 길렀다. 그리고 지붕의 용마루 양 끝에 묘두와를 막새로 올리기도 하였다는 것이다. 이런 고양이에 대한 민속적 속신사유는 궁중에서도 예외가 아니었던 모양이다. 그만큼 고양이는 쥐를 잡는 포서(捕鼠) 동물이고 또 영물로서 인식되어 있었던 것이다.

중국의 『사문유취(事文類聚)』의 분류를 따른 『어우야담(於于野談)』 만물편의 「금수」, 『동야휘집(東野彙集)』 권 15의 「술어부」, 『청구야담(靑邱野談)』 기타 등의 야담록에서도 대상화할 자료들이 있겠으나 이에 대해서는 깊이 탐색해보지 못했음을 밝힌다. 하지만 이들 문헌에서도 고양이에 대한 인식의 틀이나 패텐은 크게 다르진 않을 것이다.

시대는 변하고 고양이를 보고 제시하는 문학의 멘탈리티도 변화한다. 그렇다면 현대 문학의 영역에서 고양이에 대한 태도와 의식이 상징 미학적 의미 및 수사학은 어떻게 바뀌어지고 있을까.

찰스 다윈은 그의 『내 인생과 학문』에서 인간은 자신이 노예로 만든 동물이 자신과 동등해지는 것을 원치 않는다고 했지만, 분명한 사실은 고양이는 이제 어엿한 애완 동물이자, 심지어는 인간과 동반자 동거인일 정도로 친밀한 관계이고 더 이상 인간이 고양이에게 처음으로 부과했던 유익한 쥐잡이로서의 사냥놀이를 소중하게 여기지 않게 되었다는 점이다. 현대문학은 더 이상 쥐잡는 고양이를 강조하지 않는다. 그러나 그런 가변성 가운데서도 인간 우위관 및 고양이가 지닌, 또 고양이에게 부과된 기능의 항구성이 아주 없어지지는 않는다. 쥐를 잡는 고양이로서의 인간과의 반려 관계는 가변적으로 급격히 약화되고 있지만 지속의 항구성과 함께, 가장 친밀한 공생과 공존의 반려관계는 이전의 비유성을 명령적으로 이어 나갈 것이다. 이제 현대문학에의 퍼스펙티브로 옮겨가 보기로 한다.

2부

고양이 문학:

현대 문학편

1장
고월(古月) 이장희와 '푸른 고양이'(靑猫) 시대

1. 재월(齋月)과 상아탑(象牙塔)과 고월(古月) 3인의 고양이

한국 현대 문학에 있어서 동물 상징은 고양이와 환상적인 푸른 고양이로 시작한다. 20세기의 문턱을 깊숙이 진입한 1920년대의 현대 한국 문학은 그 이전의 문학이 지닌 교화적 효용과 계몽적인 목적론에서 확연한 변혁을 이루면서 본격 문학으로서 문학성의 영역을 확장한다. 김소월의 「진달래꽃」(1925), 한용운의 「님의 침묵」(1926)과 같은 빛나는 서정시편이 출현하는 시기이다. 바로 이런 시기에 뚜렷한 동물 상징이나 이미지로서 출현하고 있는 존재가 고양이이다. 이때부터 한국 문학은 고양이에 대한 전에 없는 매료 현상과 함께 단순히 쥐를 잡는 포서(捕鼠)의 실용적이고 우화적인 동물 비유로서가 아니라 시적 이미지나 비유 · 상징 및 문학 모티프로서 뚜렷하게 자리잡는 문학적 애묘 현상이 나타나게 되는 것이다. 이는 고양이를 바라보는 문학적 상상력이나 인식에 있어서의 새로운 변화의 현상이다. 이 고양이 시의 출발의 선두에 있는 한 사람이 바로 고월 이장희(李章熙, 1900~1929)이다. 대구 출신의 시인으로 1929년 11월 3일 29세에 세상과 타협하지 못하고 젊은 나이로 스스로의 목숨을 끊은 그는 그럼에도 불구하고 현대 문학 최초의 '고양이의 시인'(Poete des Chats)이다. 그가 남긴 40여편의 시 가운데에서 고양이 시는 「봄은 고양이로다」(1924), 「고양이의 꿈」(1925), 「비인 집」(1925) 등 3편이다. 우연의 일치겠지만, 보들레르의 『악의 꽃』에서의 3편의 고양이 시와 맞먹는 편수이다. 이것이 그저 단순한 우연같지만 참 묘하다는 생각이다. 이렇듯 고월에서 비로소 시작한 우리 고양이의 시는 오늘의 황인숙의 「나는 고양이로 태어나리라」(1988)와 송찬호의 「고양이」(2009) 황병승의 「고양이 짐보」(2012)로 맥락적으로 길게 이어지고 있다.

그러나 고월이 비록 한국 현대 문학사에 있어서의 고양이 시의 시발점이나 원점의 자리에 놓여 있다고 할지라도, 우리가 그 보다도 먼저 꼭 기억하고 언급해야만 하는 대상이 둘 있다. 그 하나는 고월보다도 약 4년을 앞서서 「벽모(碧毛)의 묘(猫)」(1920)라는 퍽이나 난해한 고양이 상징시를 발표한 상아탑(象牙塔)[68] 황석우(黃錫禹, 1895~1960)란 존재와 그의 시사(詩史)적 자리이다. 제목의 '벽모'란 '파란(푸른) 털'이어서 '벽모의 묘'란 곧 '파

68 상아탑은 시인 황석우의 호(號)이다. '재월'은 염상섭의 초기의 호임.

란(푸른) 고양이'를 뜻한다. 이 벽모는 이 시기 전후에 일본 근대시에 출현하고 있는 환상적 상징 시어인 '푸른 고양이(青猫)'와 일치하는 동의어이다. 이를 이어서 고월이 「고양이의 꿈」에서 '푸른 고양이'의 이미지를 끌어들임으로써 두 시인에 의해서 한국 현대시사에서도 푸른 고양이의 시대를 형성하게 되는 것이다.

어느 날 내 영혼의
낮잠터 되는 사막의 위 숲 그늘로서
파란 털의 고양이가 내 고적한
마음을 바라보면서

"이애, 너의
온갖 오뇌(懊惱), 운명을
나의 끓는 삶 같은
애(愛)에 살짝 삶아 주마.
만일에
네 마음이
우리들의 세계의
태양이 되기만 하며
기독(基督)이 되기만 하면."

(황석우, 「벽모의 묘」)

파우스트 테마의 한 버전이 작용하고 있는 시이다. 소네트형 14행으로 이루어져 있다. 1~6행은 시적 화자인 '나'의 낮잠의 환상적이고 백일몽 같은 꿈속에 나타난 파아란 털의 고양이의 형상이고 큰 따옴표(" ") 안의 7~14행은 그 고양이가 말하는 동물이 되어서 첫 번째 시적 자아인 '나'에게 말을 건다. 무엇인가 교환과 협상을 제의하는 인간-동물의 상호관계의 국면으로 이루어져 있다. 초현실적인 꿈속의 사막 숲 그늘의 유목자인 벽묘의 파란 고양이는 '나'에게 꾀는 듯한 속삭임으로 '나'의 마음이 그(들)의 세계에 대한 '태양', 즉 빛과 '기독'이 '되기만 하면'(조건 가정)—어법상 이는 실현이 거의 불가능함을 전제로 한 듯한 조건—그는 '나'의 깊은 '번뇌'와 '운명'을 자신의 사랑의 뜨겁고 끓는 샘 속에서 살짝 삶아주겠다(실현), 즉 생의 애욕적이고 쾌락적인 탐애와 영혼적 고뇌의 해소화를 해줌으로써 서로 맞바꾸거나 교환할 수 있다는 달콤한 조건적 유혹을 제의하는 것이다. 이것은 무조건적인 제의가 아니라 맞바꿈의 계약서에 전제되어 있는 조건적 상황이며, 그것은 난제의 계약적 관계이다. '~을 해주면', '~을 해주겠다.'의 구조이다. '삶는다'는 것은 의미론적으로 해소·유화시킴을 함의하고 있어서, 고적한 마음과 영혼의 오뇌를 관능적 열기와 애욕으로 녹이고 해소하고 풀어주겠다는 유혹적인 속삭임인 것이다. 그런 점에서 이 시의 바탕에는 괴테의 『파우스트(*Faust*)』의 중심 모티프이기도 한 이른바 파우스트와 메피스토펠레스의 '악마(와)의 계약'(Teufelspakt) 또는 (Teufelbündnis)[69]의 그림자 또는 그 버전이 잠재적으로 근거해 있다. 영혼적인 크리스챠니티와 신체적 애용의 '헤도니즘', 즉 빛과 그림자와 영혼과 몸(靈肉)의 이원적인 교환의 조건이 전제되어 있기 때문이다. 몽상 속의 푸른 고양이(벽묘)는 관능적 세계에의 안내자 같은 에로틱하고 요염한 여성적인 고양이이고, 마술적 존재이다. 김학동에 의하면 악마적이기보다는 보들레르가 그의 시 「고양이」(Le Chat)에서 애인인 잔느 듀발을 고양

69 Elisabeth Frenzel. *Motive der Weltliteratur*, Kröner, 1976, s. 646. "Teufelbündnis" "Pact with the Devil", Jean-Charles Seigneuret ed. *Dictionary of Literary Themes and Motifs*, Greenwood Press, 1988, pp. 941~45.

이로 상징한 것과 매우 유사하다고 지적[70]한다. 이 말을 바꾸어서 말하면 고양이의 이미지가 바로 관능적인 여인의 이미지와 밀접하게 겹쳐지거나 연관되어 있다는 뜻이다. 고양이가 여인의 은유로서 여성(女性)과 묘성(猫性)의 유사성의 은유로서 양자가 동일시되고 있다는 의미인 것이다. 그렇다면 '끓는 샘 같은 사랑에 살짝 삶아준다'는 것은 고양이와 동일시된 여인과의 관능적인 교합 상태나 유혹과 정욕과 연관된 관능적 관계의 형성인 러브 · 메이킹의 상징으로서의 의미가 아닐까. 교환 조건이 된 '태양'과 '기독'의 이미지는 우울하고 관능적인 고양이의 세계에서는 갖지 않고 없기 때문에 갖고자 하는 영적 구원의 가치와 이미지로서의 대상인 것이다. 그래서 교환과 계약이 모티프가 되고 있는 시이다.

또 다른 하나는 재월(齋月)[71] 염상섭(廉想涉, 1897–1963)의 미완의 소설 「박래묘(舶來猫, 1920)」이다. 황석우가 주도한 잡지인 『삼광(三光)』에 발표한 이 작품은 고양이가 주인공으로 등장하여서 말하는 형식의 소설이다. 이는 황석우의 「벽모의 묘」 그리고 이장희의 「봄은 고양이로다」보다도 시간적으로 4년을 앞서 처음으로 출발한 고양이 문학이지만, 미완으로 중단되고 만 것이다. 중단의 이유를 확실히 알 수는 없지만, 만약에 성공적으로 완성이 되었더라면 우리 문학은 일본의 국민 작가인 나쓰메 소세키(夏目漱石, 1867~1916)의 출세작 『나는 고양이로소이다(吾輩は猫である, 1905~6)』나 독일 낭만주의 문학의 거장 E.T.A. 호프만(E.T.A. Hoffmann, 1776~1822)의 『숫고양이 무어의 인생관(Lebens–Ansichten des Katers Murr, 1819~1821)』과 같은 유의 말하는 고양이 소설을 가장 처음으로 가져왔을런지도 모른다. 객관

70 김학동, 『현대 시인 연구』, 서강대 인문과학 연구소, 1991, 11~2쪽.

71 재월(齋月)은 당시 염상섭의 호(號)임.

적으로 불리한 여건 때문의 역량 부족 때문인가, 무슨 까닭인지 알 수 없지만, 애석한 중단이 아닐 수 없다.

> …제일 가까운 계통으로만 보아도 위선 일본의 일류 작가 나쓰메 소세키 군은 서기 겸 식객으로 생활비를 주어가며 유명한『나는 고양이다』라는 걸작을 지은 무명 묘씨(無名 猫氏)가 나의 조부다. 우리 할아버님의 공적을 자랑하는 것은 아니나 진담의 말이지 중학교 교원으로 월 3, 40원에 목을 매이고 회(灰) 박을 쓰고 일생을 소세키 군이 작고한 뒤까지라도 후생들에게 소세키 선생, 소세키 선생이라고 경모를 받게 되었을 뿐 아니라 잔돈량이라도 모아놓고 편안히 명목하게 된 것이 다 우리 조부의 덕택이었다.[72]

이렇게 「박래묘」의 1회에서 서술자인 '나' 고양이는 나츠메 소세키의 『나는 고양이로소이다』를 거론하고 있다. 여기서 '무명 묘씨', 즉 이름 없는 고양이란 소세키의 『나는 고양이로소이다』의 시작인 '나는 고양이다. 이름은 아직 없다'고 사람처럼 말하는 무명(無名)의 상태나 세계와 관련되어 있음을 알려주는 부분이다. 여기서 '나'라는 화자인 고양이의 눈을 통해서 인간 사회를 통렬히 풍자한다. 이 고양이는 소세키의 고양이의 손자라고 한다. 표제의 「박래묘」의 '박래(하쿠라이)'는 재래종이 아닌 딴 나라에서 배에 실려온 것, 즉 외래종의 족속이나 계통이 다른 이방적인 이종 존재(Heterogenious)임을 드러내는 뜻이다. 박래묘인 '나'는 동경의 신전구(神田區)의 어떤 미장이집 뒷간 옆에서 태어나 타락한 정자(精子)에 잘못 이끌려서 시모노세키에서 부산까지 연락선을 타고 조선까지 굴러오게 된다. 이 박래묘가 고양이의 시선으로 무엇을 보려고 했을까. 그런데 여기서 작품

72 『삼광』 제 2권 제 1호, 1920. 4, 19쪽.

은 중단되고 말아서 그게 아쉬울 뿐이다. 짐작컨대, 비록 좌절되고 말았지만 염상섭은 분명 나츠메 소세키의 『나는 고양이로소이다』와 같은 소설을 쓰고 싶어했을 것이다.

이제 고월「이장희(李章熙, 1900-1929)」의 본격적인 고양이의 시 세계로의 순행을 시작해 보자.

> 꽃가루와 같이 부드러운 고양이의 털에
> 고운 봄의 향기(香氣)가 어리우도다.
>
> 금방울과 같이 호동그란 고양이의 눈에
> 미친 봄의 불길이 흐르도다.
>
> 고요히 다물은 고양이의 입술에
> 포근한 봄 졸음이 떠돌아라.
>
> 날카롭게 쭉 뻗은 고양이의 수염에
> 푸른 봄의 생기(生氣)가 뛰놀아라.

시「봄은 고양이로다」(1924)의 전문이다. 한국 시사에서 고양이를 보는 인지의 시적 혁신이 크게 드러나는 작품이다. 고양이의 신체 부위를 하나씩 하나씩 열거하는 분편화의 시학으로 계절인 봄의 감각적 특징들과 연계하고 있다. 고양이의 '털'과 '눈'과 '입술'과 '수염' 등 신체 일부분의 상태 현상들과 연계해서 봄의 현상들을 '고운 봄', '미친 봄', '포근한 봄', '푸르른 봄'으로 분화해낼 뿐 아니라, 봄의 향기(감촉), 봄의 불길(정염), 봄의 졸음(나른함, 나태, 태타), 봄의 생기(생동) 등 봄의 미묘하고 다양한 속성과 특성들을 독특한 이미지로 감촉하게 하고 있다. 한 마리 고양이가 지닌 생태적인 변화 상황에 봄을 해부적으로 동격화하거나 고양이의 변화무쌍한 생태를 봄의 다양한 감각과 일치시키는 직유(simile) · 은유 등의 독특한 비유적 수사학과 상상력을 구사한 결과이다. 고양이의 털을 부드러운 감촉을 통해서 봄의 여성적인 후각성과 관능성[73]을, 호동그랗게 마력적이고 변화무쌍한 눈(동자)을 통해서 불길같은 정염을, 다물은 입술에서 봄의 졸음오는 나른한 나태를, 고양이의 쭉 뻗은 수염에서 봄의 생동하는 기운을 연계시키고 동화시킨 것이다. 여기에다, 다소 고풍스런 감탄의 어법이기는 하지만, '어리우도다'(어리다), '흐르도다'(흐르다), '떠놀아라'(떠돌다), '뛰놀아라'(뛰놀다)의 동사 형용 표현에 의해서 봄의 동력성을 역동화시키기까지 하고 있다. 이렇게 고월은 시 「봄은 고양이로다」로 봄과 고양이를 완벽하게 시학적으로 하나로 융합시킨 완성도를 보여준다. 다시 지적해보면, 고양이와 봄을 연계시키는 비유적 수사학에 의한 독특한 간법(看法)이다. 그래서 이는 '털', '향기', '눈동자의 타오르는 불' 등의 보들레르의 「고양이」(Le Chat)와 연결되는 이미지의 유사성, 기타하라 하큐슈(北原 白秋)의 「고양이(猫)」(1911)의 생태적 이미지와의 연관성[74]이 있지만 그럼에도 불구하고 고월의 「봄은 고양이로다」는 일방적인 영향관계와는 상관없이 감각의 미학으로 짠 고양이 시로서의 유니크한 독자성을 가지고 있는 것이다.

그래서, 공초 오상순(吳相淳, 1894~1963)은 죽은 고월을 추도하는 「고월과 고양이」라는 글에서 다음과 같이 지적한다.

---

73 Claude Aziza · Claude Olivievéra · Robert Sctrick. *Dictionnarie des Symbols et des Theme & Litteraires*, Fernand Nathan, 1978, p. 54. 『문학의 상징 주제 사전』, 장영수 역, 청화, 1989, 105.
이재선. 「감각의 밀도와 격절의 감정 : 고월 이장희론」, 『한국문학의 해석』, 새문사, 1982, 88~102쪽.

74 김학동. 『한국 근대시의 비교문학적 연구』, 일조각, 1981, 106~11쪽.

고월은 한 마리 고양이를 완전히 살리기 위해서 이 세상에 태어난 시인이다. 그는 시를 통해서 한 마리 고양이를 완전히 살렸다. 그리고 그는 죽었다.[75]

나는 고월의 시편 중에서 「봄은 고양이로다」 일 편을 제일로 소중히 여기고 애송한다……동서고금을 통해서 이 만큼 완벽으로 완성된 고양이의 시가나 회화를 보지 못했다. 봄은 한 마리 고양이 속에 완전히 살았고, 고양이는 봄 속에 그 생을 심미적으로 최고도로 빈틈없이 완전히 발휘하고 완성했다.[76]

오상순의 이 지적은 고월을 한국문학에서 '고양이의 시인'으로 계관시킨 최초의 언급이다. 바로 이 고양이 시인 고월이 죽은 지 아주 오랜 뒷날 1970년대의 봄비 내리는 어느 날 시인 박용래(朴龍來, 1925~1980)는 「고월(古月)」이란 시로 이렇게 이장희를 다시 떠올리고 있다.

유리병 속으로
파뿌리 내리듯
내리는
봄비.
고양이와
바라보며
몇 줄 시를 위해
젊은 날을 앓다가
하루는
돌 치켜들고
돌을 치켜들고

75 백기만 편, 『상화(尙火)와 고월(古月)』, 대구 청구출판사, 1951, 199쪽.
76 같은 책, 197쪽.

원고지 빈칸에
간혀 버렸습니다
고월(古月)은

이런 지적들처럼 고양이는 젊은 날을 앓다 간 고월의 시 세계에서 아주 매혹적이고 관능적이고 환상적인 아름다움의 동물 상징적인 대상이다.

2. 푸른 고양이(靑猫)의 이미지

고월의 두 번째의 고양이 시로서 「고양이의 꿈」(1925)이란 작품이 있다. 시추에이션의 급전적인 전환과 함께 환상적이고 신비한 세계가 두려움과 공포심을 자극하는 잔혹성의 세계로 급전적으로 바꾸어지는 상황이 서로 충돌한다. '노래'(울음)와 '피'(선혈)란 서로 상충되는 다른 두 이미지가 대응되어 있는 정황이다. 한국어에 있어서 '운다'는 '노래'와 '울음'의 양의성이 있다. 따라서 이 시는 「봄은 고양이로다」와는 달리 아름답고 환상적인 꿈과 함께 무서운 악몽과 현실이 서로 교차하고 있다. 여기에서 우리 시에 있어서의 '벽모의 묘'로서가 아니라 '푸른 고양이' 이미지가 처음으로 나온다.

1. 시내 우에 돌다리
2. 달아래 버드나무
3. 봄안개 어리인 시냇가에, 푸른 고양이
4. 곱다랗게 단장하고 빗겨 있소. 울고 있소.
5. 기름진 꼬리를 치들고

6. 밝은 애달픈 노래를 부르지요.
7. 푸른 고양이는 물은 버드나무에 스르를 올나가
8. 버들가지를 안고 버들가지를 흔들며
9. 또 목노아 웁니다, 노래를 불읍니다.

10. 멀리서 검은 그림자가 움직이고
11. 칼날이 은(銀) 같이 번쩍이더니
12. 푸른 고양이도 볼 수 없고,
13. 꽃다운 소리도 들을 수 없고
14. 그저 쓸쓸한 모래 위에 선혈(鮮血)이 흘러있소.

우선 '푸른 고양이'란 환상적인 상징의 어휘가 세 번씩이나 반복하여 등장한다. 전에 없었던 시어의 출현임이 분명하다. 하기는 연원적으로 우리 시사를 멀리 거슬러 올라가면 고려시대의 문인 이규보의 시 「득흑묘아(得黑猫兒 : 검은 고양이 새끼를 얻다)」에서 '세세모천청(細細毛淺靑)/단단안식록(團團眼湜綠)'의 색채어 '청(靑)', '녹(綠)' 상태의 고양이라면, 필시 푸른 고양이(靑猫)인 것은 사실일 것이다. 그러나 이 고월의 시어 '푸른 고양이'의 원천은 이규보보다는 보들레르의 영향을 받은 기타하라 하쿠슈(北原 白秋)와 하기와라 사쿠타로(萩原 朔太郎)의 제 2시집 『청묘(靑猫)』와 더 밀접하게 관련되어 있는 것이 분명하다. 이는 뒤에서 밝히겠지만, 사쿠타로는 『정본 청묘(正本 靑猫)』(1934)에서 '청묘'의 '청(靑)'의 의미가 영어 'Blue'의 의미로서 '희망 없는' · '우울한' · '피로한' 등의 어의를 포함하는 언어로 사용함으로써 '우울한 고양이' · '도회에의 향수'라는 이미지 표현의 언어라고 해설을 한 바 있다. '멜랑콜리 캣'(Melancholry Cats)의 뜻이 함축되어 있다. 이와 연계하여 보면 고월의 내면 세계에 잠재하는 '푸른 고양이'는 그 시적 심상에 있어서 신비적이고 환상적이며 관능적인 특성을 지닌 영물의 이미지인 것이 분명하다. 그럼에도 불구하고 고월의 이 「고양이의 꿈」이란 이 시는 노래/침묵('들을 수 없음'), 버드나무에 올라감/추락의 상황적인 대립 모티프의 형국에다 칼날의 번쩍임-선혈(鮮血)의 이미지로 인해서 참묘(斬猫 : 고양이 죽이기)의 잔혹한 모티프를 제시함으로써 독자적인 분위기를 만들어 낸다. 그야말로 시의 세계가 꽃다운 소리의 초속성의 환상과 칼날에 의한 쓸쓸한 모래 위의 선혈이라는 잔혹한 현실성이 긴장감 있게 꿈속에서 악몽처럼 대비되어 있는 상황이다.

1행에서 9행까지의 전반은 구조적으로 돌다리 · 달 · 물오른 버드나무 · 봄 안개 어린 시내의 이미지로 짜여진 환상적이고 초속적(超俗的)인 정경이다. 이 정경 속에서 푸른 고양이가 곱다랗게 단장을 하고 기름진 꼬리를 들고 버드나무에 올라가서 가지를 흔들면서 밝고 애달픈 노래를 부른다. 이렇게 울고 노래하고 버들가지를 흔드는 고양이의 동작은 발정기적 관능성을 발휘하며 무엇인가를 부르고 찾거나 기대한다는 것을 암시한다. 그런 점에서 푸른 고양이는 여성적이고 매혹적이고 관능적인 아름다움까지를 지니고 있는 환상의 상징이다.

그런데 어느 한 순간 그런 상황과 정경은 급전직하, 봄 밤으로부터 이상한 전율과 공포감의 세계로 바꾸어져 버린다. 상황의 돌변에 의한 불길한 악몽이다. 어떤 무서운 존재의 환유인 '그림자'와 그의 '칼날'에 의한 끔찍한 살묘(殺猫)로 인해서 상황은 죽음과 적요(寂寥)의 정경으로 이행해 버리게 된다. 불가해한 현실의 공포감을 암시하고 생명을 거세하는 도구인 칼날의 번쩍임과 함께 푸른 고양이의 형상도 소리도 없는 침묵의 허무적 상태가 되어 버리고 쓸쓸한 모래 위에는 다만 낭자한 선혈의 핏자국만이 존재할 뿐인 살벌한 상황이다. 푸른 고양이로 상징되고 있는 환상적 탈속성의 꿈이 '검은 그림자'라는 사악한 괴물 가해자에 의해서 무참하게 소멸되어 버리고 마는 상황을 그림으로써 현실에 대한 생리적 공포감과 전율감을 느끼게 하는 것이다. 고양이 죽이기의 모티프는 바로 이 「고양이의 꿈」에서 비롯된다. 그런 점에서 이 시는 현실에 의해서 모든 것이 허물어지고 없어져 버리는 허무감과 그의 전율감을 청묘라는 고양이를 매개로 해서 의식 내면의 심부에서 촉진하는 상태를 그린 작품이다.

고월의 세 번째 고양이 시는 「비인 집」이다. 1925년에 발표된 작품이다.

> 실내를 떠도는 그윽한 냄새.
> 좀 먹은 비단의 쓸쓸한 냄새.
> 눈물에 더럽힌 몽환의 침대.
> 낡은 벽을 의지한 피아노.
> 커다란 말라버린 다알리아. 파랗게 숭없게 여윈 고양이
> 언제든지 모색(暮色)을 숲속에
> 코끼리 같은 고풍의 비인 집이 있다.

여기서 주목되는 부분은 6행의 파랗게 숭없게 여윈 고양이란 대목이다. 퇴락하고 사람이 존재하지 않는 고풍의 빈 큰 집에 실내 공간의 멜랑콜릭한 풍경을 그리고 있는 일종의 묘사시(Descritive Poetry)이다. 어쩌면 이 정적한 모든 것이 퇴락한 인간 부재의 풍경의 공간에 속에서 수척하게 말라가는, '파랗게 숭없게 여윈 고양이'인 청묘는 외롭디 외로운 상황에서의 고월 자신의 우울한 초상화일지도 모른다. 고양이 시인 고월 이장희는 이렇게 3편의 고양이 시를 남긴 채, 스스로의 목숨을 끊는다. 그런 점에서 그의 시 「고양이의 꿈」은 자신의 최후의 예단하고 있다.

3. 노자영의 소설 :「청묘(靑猫)」와 의인화된 시각

한편, 푸른 고양이는 시뿐만 아니라 소설에까지도 그 얼굴을 드러낸다. 춘성(春城) 노자영(盧子泳, 1898~1940)의 단편「청묘」(1934)가 그것이다. 제목부터가 청묘인 이 작품은 1934년『신인 문학(新人 文學)』이라는 잡지에 발표된 것이다. 작품성은 크게 평가할 대상은 못 되지만, 제명에서 알 수 있는 것처럼 푸른 고양이라는 이 시대의 대표적인 상징어가 쓰이고 있어서 우리 근대 문학에 있어서 푸른 고양이가 중요한 상징으로서 작용한 시대적 한 단면을 이해케 하는 데는 그 나름으로 의의가 있는 작품이다.

이 작품은 15년 동안이나 형사 생활을 해온 그 경찰서의 R이란 한 형사가 밤고양이처럼 미행을 하면서 그의 고양이같은 눈을 통해 M 여학교 교장인 노처녀 P양, 미국 유학을 하고 돌아온 XX 전문학교 교수 임유선, 사회 운동을 하는 신진 청년 변호사인 박○태 등, 당대 조선 사회의 유명한 지도자급 세 사람의 지식인들의 이중적인 허위 의식과 이면적인 위선의 행태를 통렬하게 비판코자 한 일종의 가면 벗기기 모티프의 풍자 소설이다. 고양이의 날랜 시각과 다름없는 형사의 눈을 통해서 관찰된 현실 풍자이다. 이 점에서 이 소설「청묘」는 하기와라 사쿠타로 등의 '청묘'의 시 및 이름 없는 고양이의 시각으로 인간 사회의 이면과 메이지 후기의 지식인들의 행태를 신랄하게 비판한 나쓰메 소세키의 출세작『나는 고양이로소이다』의 영향이 적잖게 작용하고 있는 것이 분명하다.

소세키의 작품에서 이름이 없는 화자인 고양이와 마찬가지로 노자영의「청묘」에서 관찰자인 R의 이미지와 동태는 거의 고양이를 방불케할 정도로 눈이나 모습 · 동작이 고양이와 일치할 정도로 형상화 되거나 비유화되고 있다. 고양이와 관련하여 경찰관이 등장하는 점에서는 E. A. 포우의 「검은 고양이」와도 관련이 있을 것 같다.

- 밤 고양이라고 별명을 듣는 C 서의 R은 그 황새 목 같은 길다란 목을 느리고…그 이글이글하고 빛나는 파란 눈은 모든 것을 찾기에 족하고……
- 밤 고양이처럼 발자취도 내지 않고 가만가만 중문을 넘어섰다.
- 그는 얼른 마루 밑으로 기어들어갔다.
- 그날 저녁은 R가 P의 사택 근방에서 밤 고양이가 되어 빙빙 돌고 있었다.

이렇게 R은 고양이로 모양과 동작이 의동물화되어 있으므로 고양이의 눈으로 인간과 사회를 예리하게 풍자하고 있는 소세키를 주목했을 것은 분명하다. 하기는 비교문학적 관점에서는 소세키의 작품 역시도 18세기의 영국작가 로렌스 스턴(Laurence Sterne)의 『트리스트럼 샌디의 생애와 의견(*The Life and Opinions of Tristram Shandy*)』의 영향을 받은 것으로 평가된다. 뿐만 아니라, 독일 낭만주의의 거장 E.T.A. 호프만의 『숫고양이 무어의 인생관(Lebens-Ansichten des Katers Murr)』이 소세키의 『나는 고양이로소이다』의 선배라거나 영향을 준 것이라는 지적도 있다.[77]

여기 「청묘」에 있어서, 풍자의 대상이 되고 있는 인물은 M 여학교의

77 호리에 다마키(堀江 珠喜). 『猫の比較文学 猫と女とマゾヒスト』, ミネルヴァ書房, 1996, pp. 211~213.
Donald Keene. *Dawn to the West, Japanese Literature of Modern Era : Fiction*, Holt Rinehart and Winston, 1984, p. 350.

교장인 노처녀 P양, 사회 운동을 한다는 청년 변호사 박X태. 그리고 미국 유학을 하고 돌아온 전문학교 교수 임유선 등 모두 세 사람이다. 이 정도의 학식과 신분이면 이 시대 조선 사회에 있어서는 명사급이고 상류층의 지식인 인물들이다. 그런데 고양이의 눈을 가진 R을 통해서는 어떤 모습으로 비춰지고 있는 것일까. P양은 미국 유학을 다녀온 화려한 경력에 40의 미혼의 처녀이고 M 여학교의 교장이다. 표면적으로는 십여 간의 조선식 기와집과 반양식 별당에 사는 그녀는 남자같은 수완이 있어서 굉장한 교사를 짓고 학교를 훌륭하게 발전시킨 능력의 소유자이다. 그는 연단이나 교단에 서면 사랑과 연애를 부정하고 고결한 여성은 정조를 생명처럼 지켜야한다고 역설한다. 외관상 이런 존재가 R의 날카로운 눈에 비춰지기는 이와 전혀 다른 존재이다. 그녀는 밤이 되면 남자를 손에 넣었다 주물렀다 하면서 여걸같이 행세하고, 청년 변호사이며 마작 박사인 박X태와 밀통 · 통정을 하고 전문학교 교수인 임유선과도 서로 어울려서 도박을 한다. 특히 P의 이성관계는 거의 '인육귀'(人肉鬼)라 할 만큼 난교적인데다 마작통이다. 박이나 임 역시 교양인으로서의 상층부에 있는 존재이지만 실은 세속적인 허위 의식의 인간들이라는 점에서는 우열이 없고 부정적인 한 패이다. R이 이들의 이면 생활을 하나 하나 추적함으로써 결국 모든 것이 여지없이 발각된다. 셋은 죽어가는 고양이처럼 R에 의해서 경찰서로 끌려가게 된다. 요컨대 표리 부동한 사회적 상류 사회의 허위가 고양이의 눈과 같은 형사의 예리한 시각을 통해 폭로되거나 검증되는 것이다. 작품의 결말은 보고의 서술로 끝난다.

R은 의기양양하여 그 날 밤을 새워가며 세 사람을 취조하였다.

그 다음날 오후에 박과 임은 과료(過料) 20 원씩 내고 C 서에서 엄중한 설유를 받은 후, 무사히 나왔다. 그러나 P 양은 연전 시인으로 유명한 H와 관계하여 임신을 하게 되고 그 후에 H가 죽자 약을 먹고 애를 낙태시킨 것이 발견되어 C 서에서 7일간 취조를 받고 검사국으로 넘어갔다. 이 사실은 C 일보에 게재되어 장안은 물론이고 전 조선에 화제가 되고 그들의 명사니 무엇이니 하는 가면을 완전히 벗겨지고 말았다. 임도 C 전문학교에서 퇴직을 하게 되고 박도 3 개월 간 출정 정진 처분을 받았다.

이렇게 작품 「청묘」는 비록 처음으로 그 시대의 상징어로서의 푸른 고양이를 표제로 하고 소세키의 『나는 고양이로다』에서처럼 당시 상류층의 허위 의식을 풍자하는 의의가 있는 작품이지만, 작품으로서의 격이나 구조가 그렇게 크게 평가받을 만한 것은 되지 못한다.

4. 푸른 고양이의 비교문학

한국의 전통 시가에서 거의 볼 수 없었던 푸른 고양이의 시가 1920년대 현대시에서는 현저하게 출현한다. 여기에는 그럴만한 요인이 작용한다. 그것은 비교문학에서 중요시하는 영향 관계에서 기인하거나 그런 관계가 작용한다. 비교 문학은 그 개념이 다양한 방향으로 정의되지만, 간략히 규정하면 한 특정한 나라나 언어의 관계를 넘어선 문학의 연구이고, 한 나라의 문학과 다른 수 개의 문학과의 비교이며 문학과 다른 인간의 표현 영역과의 비교이다. 클라우디오 기옌(Claudio Guillen)은 비교문학이 초국가적 집합의 체계적 연구를 포함하는 문학 연구로 구성된다고 규정함으로써 국제적 관점의 문학 고찰 즉, '국제성'(Internationality)[78]이란 문학 관계를 살피는 영역임을 뜻한다. 그러니까 이런 비교문학의 영역에 있어서는 새로운 창조적 상상력에 미치는 영향이라는 상호 연결 관계에 대한 퍼스펙티브가 중심적인 관심과 과제가 되는 것이다.

그런데 식민지 시대의 한국 근대 초기의 문학에 대한 비교 문학적인 비교와 영향 관계의 관점에서 배려해야 할 점은 언어적으로 멀리 떨어져 있는 문학과 가까이 있는 문학과의 접촉의 관계란 문제이다. 쉽게 말해서 먼 서구 문학 A와 가까운 일본 문학 B의 문학 관계를 고려하는 점이다. 서구 문학 텍스트인 A가 직접으로 우리에게 수용되는 경우도 있으나 B나 여타 C라는 텍스트를 매개로 해서 A 텍스트가 전신되는 경우가 있다는 사실이다. 초기에는 A 텍스트와의 직접적인 접촉보다는 일본 문학이라는 번역 · 창작 등 B 텍스트의 중개적 관계가 작용했음은 부인할 수 없는 문화적 상황이었다. 고월의 고양이도 이런 과정에서 탄생한다. A 텍스트인 보들레르나 베르렌느의 시와 원접적으로 관련되지만, B 텍스트인 기타하라 하쿠슈(北原 白秋, 1885~1942)의 「고양이」 및 하기와라 사쿠타로(萩原 朔太郎, 1886~1942)의 시 「청묘」, 「환등의 향기(幻燈のにほひ)」(1911) 등과 같은 일본 작품과 번역에 의한 영향의 문학적 관계가 매우 긴밀함은 부정할 수 없다. 백기만 편의 『상화와 고월』(1951)에서 백기만과 양주동이 고월에 시에 대해서 다음과 같이 언급함으로서 고월의 고양이 및 푸른 고양이 출현에 대한 비교 문학적 고구를 위한 단초와 가능성이 처음으로 제기된 것이다. 이를 이어서 김학동에 의해서 보들레르의 시와 고월을 연관 지우는 원접

78 Claudio Guillen. *The Challenge of Comparative Literature*, Havard University Press, 1993, p. 3, 185, 240.

적인 비교문학의 작업이 최초로 실천되어진 것이다.[79]

> 그는 베르렌느의 시를 가장 좋아하며 베르렌느의 일역(日譯)을 '아기노 히노 비오론노 고도꾸'하면서 즐겨 구송(口誦)하는 것을 들었고 보들레르의 「악의 화」(라플류르 듀 말)를 시로서는 좋다고 칭찬하는 것을 들은 적도 있다. 그는 불어학력(佛語學力)은 전연 없었으므로 불문학 감상은 일역을 통한 것이요. 경도 중학을 나왔을 뿐이므로 일어에 능하였고 영어는 다소 이해하였을 뿐이다. 중국 시인으로는 두(杜甫)를 제일로 치고 일본 시인으로서는 하기와라 사쿠타로가 낫다고 하였다.[80]

양주동(梁柱東)은 추도문 「낙월애상(落月哀傷)」에서 '전자에게는 그 유적(幽寂)한 심경을 공명하였고 후자(하기와라 사쿠타로)로부터는 그 착각적 정서를 가져왔던 것이다. 그의 시편 중, 「고양이의 꿈」, 「청천의 유방」 등은 확실이 후자의 영향'이라고 지적했다. 이에 근거하여 이 「고양이의 꿈」과 사쿠타로의 시와의 연계로 근접적 비교 문학 고찰에 경주하고 있는 대표적인 것이 양동국[81]의 작업이다.

고월 이장희의 고양이 시를 비롯하여, 그 시대의 고양이 문학이 형성됨에 있어서 작용했을 영향의 권역(圈域)으로서 우리가 넓혀서 추정할 수 있는 작품으로는 원접적으로 멀게는 보들레르의 시집 『악의 꽃』(1857)의 3편에 게제된 「고양이(Le chat · Les chats)」와 베르렌느의 우수 시집 『사투르느

79 김학동. 『한국 현대시의 비교문학적 연구』, 일조각, 1981, 106~111쪽.
김학동. 『한국 근대 시인 연구』, 일조각, 1995, 1974쪽.

80 백기만 편. 『상화와 고월』, 1951, 125쪽.

81 양동국. 「『청묘』의 계보와 시취」, 『일본문화학보』 제 11집, 일본문화학회, 2001, 367~9쪽.
양동국. 「한 · 일 근대시 접촉의 일단면」, 『일본언어문화』 제 5집, 일본언어문화학회, 2004, 225~8쪽.

스의 시(*Poèmes Saturniens*)』의 「여인과 암코양이(Femme et Chate)」가 있고, 오스카 와일드의 장편시 「스핑크스(Sphinx)」 및 A. 포우의 「검은 고양이」와 그 번역들이며, 보다 가까이 근접적인 것으로는 나츠메 소세키의 「나는 고양이로소이다」, 기타하라 하쿠슈의 「고양이」, 「세월은 가네」, 「환등의 향기」, 「오월」, 하기와라 사쿠타로의 「고양이」, 「푸른 고양이」, 「고양이의 시체(猫の死體)」, 「패랭이 꽃과 푸른 고양이(石花と青猫)」 및 스스키의 소설 「새끼 고양이」 등이 있다.[82] 그러나 이 가운데에서도 고월의 고양이 내지 푸른 고양이 시와의 비교 문학적인 영향 관계가 밀접화되고 있는 것은 보들레르와 베르렌느, 그리고 키타하라 하쿠슈와 하기와라 사쿠타로의 고양이 시편들이다.

보들레르의 대표적인 시집 『악의 꽃』에는 「고양이」라는 제목의 3편의 시가 게재되어 있다. XXXIV"고양이" LI"고양이" LXIV"고양이들"이 그것이다. 하나는 잔느 듀발의 시편이고 다른 하나는 마리 도블랑의 시편이며 복수의 「고양이」는 우울 시편이다. 고양이의 묘성(猫性)과 여성의 여성성(女性性)은 서로 통한다. 고양이란 뜻의 불어 'chat'는 여음(女陰)의 의미이기도 한 것이다. 김학동은 이들 보들레르의 고양이시와 고월의 「봄은 고양이로다」를 비교 문학적 영향 관계로 주목한다.

한 마리 고양이의 생태적인 변화 상황에 봄을 동격화하거나 고양이의 변화무쌍한 생태를 봄의 다양한 감각과 일치시키는 비유적 수사학에 주목한다. '털', '향기', '눈동자의 타오르는 불' 등을 보들레르의 「고양이」와

82 Makoto. Ueda, *Modern Japanese Poets and the Nature of Literature*, Stanford UP, 1982, chapter Four "Hagiwara Sakutaro", pp. 136~80 참조.

연결시킴으로써 이미지의 상호 유사관계를 읽어내고 있는 것이다.[83] 이와 연계해서 보들레르의 시에서 고양이의 신체 부위와 관련된 부분들을 추출해본다.

금빛과 밤색의 그의 털에서	De sa fourrure blonde et brune
풍기는 향내가 하도 감미로와, 어느 날 저녁	Sort un parfum si doux, qu'un soir
한번, 단 한 번 어루만졌더니	J'en fus embaumé, pour l'avoir
그 향기 내 몸에 배어들었다	Caressée une fois, rien qu'une.
………………	
나는 그만 깜짝 놀란다	Je vois avec étonnement
창백한 눈동자의 타오르는 불	Le feu de ses prunelles pâles,
뚫어지게 나를 주시하는	Clairs fanaux, vivantes opales
밝은 신호등, 살아있는 오팔	Qui me contemplent fixement.

「고양이」의 첫 연과 마지막 연이다. 고양이의 털과 그 털에서 풍기는 향기, 그리고 불타오르는 눈동자가 제시되어 있다.

이리 온, 내 예쁜 나비야,	Viens, mon beau chat, sur mon coeur amoureux;
사랑하는 이 내 가슴에 발톱일랑 감추고	Retiens les griffes de ta patte,
금속과 마노가 뒤섞인 아름다운 내 눈 속에	Et laisse-moi plonger dans tes beaux yeux,
나를 푹 파묻게 해 다오.	Mêlés de métal et d'agate.
네 머리와 유연한 등을 내 손가락으로	Lorsque mes doigts caressent à loisir

83 김학동, 앞의 책, 1981, 101~11쪽 참조.

한가로이 어루만질 적에
전율하는 네 몸 만지는 쾌락에
내 손이 도취할 적에

Ta tête et ton dos élastique,
Et que ma main s'enivre du plaisir
De palper ton corps électrique,

나는 내 마음속의 아내를
그려 본다.
그녀의 눈매는 사랑스런 짐승
네 눈처럼 그윽하고 차가와

Je vois ma femme en esprit. Son regard,
Comme le tien, aimable bête
Profond et froid, coupe et fend
comme un dard,

투창처럼 자르고 뚫어
발끝에서 머리끝까지
미묘한 기원, 변덕스러운 향기
그 갈색 육체를 감도는구나.

Et, des pieds jusques à la tête,
Un air subtil, un dangereux parfum,
Nagent autour de son corps brun.

발톱 · 눈 · 머리 · 등 · 갈색 몸뚱이 · 향기 등의 신체 이미지가 제시된다.

풍만한 허리는 마술의
불꽃 가득하고
가는 모래알 같은 금가루는
별들인 양
어렴풋이 신비로운
눈동자에서 반짝인다.

Leurs reins féconds sont pleins
d'étincelles magiques
Et des parcelles d'or, ainsi qu'un
sable fin,
Etoilent vaguement leurs
prunelles mystiques.

「고양이들」(Les Chats)의 마지막 연(12, 13, 14행)이다. 허리, 반짝이는 눈동자가 제시되어 있다. 이로 보면 고월의 「봄은 고양이로다」에서의 고양이의 몸 부위와 봄의 '향기', '불길', '졸음', '생기'를 연계 지우는 은유 · 제유(synecdoche) · 환유(metonymy) · 연계 관계를 만듦에 있어서 보들레르의 고양이 시편과의 영향 관계는 분명히 작용하고 있는 것으로 볼 수 있다.[84] 한편, 양동국은 한 · 일 시 간의 비교문학적 시각으로 이장희를 평가해서 '사쿠타로에 버금갈 정도로 푸른 고양이 이미지를 사랑한 시인'[85]이라고 지적한다. 정확한 지적이다.

이장희의 고양이 시와의 가장 밀접한 영향 관계에 있는 일본의 고양이 시는 하기와라 사쿠타로와 기타하라 하쿠슈의 시다.

뜨거운 여름 볕에 푸른 고양이
가볍게 안아보니 손이 가려워
털 조금 움직이니 내 마음마저
감싸는 느낌처럼 몸도 뜨겁다

요술쟁이인지, 금빛 눈에는
깊이도 숨 내쉬며 두려움 가득
던져 떨어뜨리면 가벼이올라
녹색 빛 땀방울이 가만 빛난다.

이렇게 한낮 속에 있다하지만
보이지 않는 느낌 숨어 있어라
몸 전체 쫑긋 세우고
보리 향그러움에 뭔가 노린다

뜨거운 여름 볕에 푸른 고양이
볼에 비비어대니 그 아름다움,

---

84 Roman Jakobson · Claude Lévi-Strauss. "Charles Baudelaire's "Les chats"", Michael Lane ed. *Structualism*, Jonathan Cape, pp. 386~7.
Mario Ortiz Robles. "Literature and Animal Studies", Routledge, 2016 pp. 128~133. 참조

85 양동국. 「「청묘」의 계보와 시취」, 368쪽.

깊게, 그윽하게, 두려움 가득 —— 언제까지나 한층 안고 싶어라

–「고양이(猫)」(1911, 양동국 역)[86]

……어렴풋이 파란 환등 속의 아득히 눈 내린 야경을
나는 또 다시 봄을 생각한다
만돌린 소리가 그친 뒤의 깊은 두려움에
내리 쌓이는 눈 내리 쌓이는
눈 웬지 모를 성(性)의 움틈은
푸른 고양이 귀 떨림은
내 무릎에서 아름답게 보며

–「환등의 향기」(1911, 양동국 역)

이와 같이 일본 근대시에 있어서 시어로서의 푸른 고양이, 즉 청묘의 원천은 위에 옮긴 기타하라 하쿠슈의 「고양이」 및 「환등의 향기」에서다. 이 중 「환등의 향기」는 모리 오가이(森 鷗外)에 의해서 소개된 노발리스(Novalis)의 『푸른 꽃(*Heinrich von Ofterdingen*)』에서 유발된 시적 서정을 내포하고 있다고 한다.[87] 그러나 문제는 이 '푸른 고양이'라는 독특한 조어가 바로 기타하라 하쿠슈의 시에 의해서 이뤄지고 있다는 사실이다. 고양이의 털과 눈과 볼, 몸의 감촉이 탐미적으로 제시되고 푸른 빛의 환상적인 색채 감각을 통해서 미묘한 관능적 욕구를 환기시키고 있다. 여기에는 애인을 고양이에게 비유한 보들레르의 영향이 강하게 작용되며 이 영향은 고월의 「봄은 고양이로다」에로 이어지는 것이다. 이렇게 '푸른 고양이'는 하쿠슈의 독특한 조어이면서도 하기와라 사쿠타로에서 본격화되어 나타나게 된다. 하기와라는 그의 제 1시집 『달에 짖다(月に吠える)』(1917)에 이어서

86 『키타하라 하큐슈(北原 白秋) 시선』, 민음사, 1988, 76쪽.

87 위의 책, 94쪽.

낸 제 2시집의 제명부터 『푸른 고양이(靑猫)』(1923)라고 제호한다. 그는 봄밤의 정경을 시적으로 표현하면서 고양이 소리를 음상화(音像化) 또는 의성어화한 단시 「고양이」를 쓰고 이어서 시집의 표제이기도 한 「파란 고양이」(1917)를 발표한다.

> 이 아름다운 도시를 사랑하는 것은 좋은 일이다
> 이 아름다운 도시의 건축을 사랑하는 것은 좋은 일이다
> 세상 포근한 여성을 다 잊기 위해
> 세상 고귀한 생활을 다 갖기 위해
> 이 대도시에 와서 복적대는 거리를 지나는 것은 좋은 일이다
> 길가에 늘어선 벚꽃나무 거기에도 무수한 참새들이 지저귀고
> 있지 않은가
>
> 아아 이 거대한 도시의 밤에 잠들 수 있는 것은
> 단 한 마리의 파란 고양이 그림자다
> 슬픈 인류의 역사를 말하는 고양이의 그림자다
> 우리가 바라 마지않는 행복의 파란 그림자다
> 그 어떤 그림자를 찾아
> 진눈깨비 내리는 날에도 난 도쿄를 그리워 하였건만
> 거기 뒷골목 담벼락에 추워 웅크리고 있는
> 이 사람과 같은 거렁뱅이는 무슨 꿈을 꾸고 있는걸까.
>
> ─「파란 고양이」(1917)

이 시의 특징은 전반과 후반이 대응 관계로 이루어졌다는 것이다. 특히 후반부는 한 마리 푸른 고양이의 등장에 이어지며 어두운 색조로 그려진다. 도쿄에 대한 그의 매혹의 성격이 더욱 혼잡하지 않게 암시된다. 마지막 행들은 그렇게 열렬히 동경한 도시의 거리들의 비참한 웅크림에 대

한 시인의 인지를 가리킨다. 도시의 현실인 거리는 동정보다는 아이러니로 다루어지기 때문에 하기와라의 사회적 이슈와의 관련의 결여가 여러 비평가들을 놀라게 한다.[88] 하기와라 사쿠타로의 시세계에 있어서 환상적인 상징의 동물인 '푸른 고양이'의 어의는 우울한 고양이(Blue Cats)와 '도시에의 향수'라는 심상의 표현인 것이다.

사쿠타로는 「청묘」라는 어의에 대해서 1934년에 간행한 『정본청묘(定本青猫)』에서 다음과 같이 말하고 있다.

> 「청묘」란 본서의 표지의 의미에 대해서 자주 질문을 받는다. '청'은 영어 'blue'를 의미한다. 즉, 이는 '희망없음', '우울함', '피로함'의 의미를 포함하는 말로 사용한 것이다. 이 뜻을 확실히 하기 위해서 정본판 표지에는 특히 영어로 'The Blue Cats'이라고 인쇄해 두었다. 표제의 의미를 다른 말로 하면 '우울한 고양이'(A Melancholy-Looking Cat)이다. 또 다른 하나의 의미는 표제시 「청묘」에 나타나 있듯이 큰 도시의 하늘 위에 반사하는 전선의 푸르스레(Bluish-White)한 스파크가 커다란 푸른 고양이로 상상된 결과이다. 이 의미는 시골에서 이들 시를 쓰는 동안 도시에 대해서 내가 느낀 강한 향수를 표상한다. 더하여 이 시집을 쓸 당시 나는 쇼펜하우어에 탐닉하여 그 의지부정의 철학에 근거하는 염세적인 무위의 앙뉘, 소승불교적 적멸위락(寂滅爲樂)의 염세광이 시의 정조의 바닥에 잠재되었다.[89]

88 Donald Keene. Dawn to the West, *Japanese Literature of Modern Era : Fiction*, Hort Rinehart and Winston, 1984, p. 271.
中島 健蔵. 『日本近代詩 : 比較文学的にみた』, 東京 : 清水弘文堂, 1971, pp. 165~72 참조.
伊藤 信吉. 『現代詩の鑑賞』, 新潮文庫, 1952, p. 294.
양동국. 「「청묘」의 계보와 시취」, 359쪽 참조.

89 Donald Keene. Dawn in the West, *Japanese Literature of Modern Era : Fiction*, Hort Rinehart and Winston, 1984, pp. 270~1.

그는 이렇게 해설하고 있다. 그렇다면 이런 비교문학적 관련성으로 보아서 고월의 시세계에 있어서의 푸른 고양이는 무엇을 표상하는 것일까. 고월의 「고양이의 꿈」의 푸른 고양이 역시 사쿠타로의 '청묘'의 경우와 마찬가지로 '우울함'과 연관되는 양상과 의미가 없지도 않지만, 아름다운 꿈이 수수께끼처럼 무산되어 버리고마는 존재의 허망함과 생명의 무력성에 대한 공포 및 감각적 전율감과 같은 비감에 근거하고 있음을 촉지할 수 있다.

일본 근대시와의 영향의 연계 관계는 「봄은 고양이로다」는 기타무라 하쿠슈의 「고양이」의 신체 부위들의 이미지들과 더 근접되고, 이른바 '멜랑콜리 캣'으로서의 '푸른 고양이' 이미지와의 유연(類緣) 관계는 하기와라 사쿠타로의 우울한 푸른 고양이 「청묘」에서 촉발된 것이다. 그러나 무엇보다도 비교 문학적으로 중요한 것은 고월이 보들레르나 베르렌느의 고양이 시의 일본어 번역시 및 일본 근대시의 고양이 시로부터 영향을 받게 됨으로써 고양이를 바라보는 시적인 반응과 비유적 퍼스펙티브를 새롭게 바꾸어놓는 의미작용을 하게 한 점이다. 이 점은 확실하다. 그럼에도 불구하고 그 의미작용의 영향의 양 틈에서 고월은 치우치지 않고 자신만의 독자적인 고양이 시를 형성하고 그려낸 것이다.

伊藤 信吉. 『現代詩の鑑賞』, 新潮文庫, 1952, p. 294.
양동국. 「하기와라 사쿠타로의 「청묘」론」. 『어문학연구』 82집, 상명대학교 어문학연구소, 1998, 3쪽 참조.

2장
현대 소설의 공간 속으로 고양이 들어오다

현대 소설의 공간에서 고양이가 애착의 동물로서 본격적으로 처음 등장한 대표적인 경우는 1930년대 전후의 김동인의 「송동이」(1929~38)와 이기영의 「묘양자(猫養子)」(1938), 조벽암의 「구직과 고양이」(1933)이다. 물론 그 어간에 엄흥섭의 「번견(番犬) 탈출기」(1935) 및 송완식의 「만국(蠻國) 대회록」(1928)과 같은 작품들이 있기는 하다. 특히 송완식의 「만국 대회록」은 의인체의 전통적 동물 우화 소설로서 고양이가 연사로서 회의장에 잠시 등장한다. 안국선의 신소설 「금수회의록」 계의 우화 소설인 이 작품에는 26종의 말하는 동물들이 등장하여 인간과 인간의 세계를 신랄하게 규탄한다. 여기에 등장하는 고양이는 인간들이 항용 '고양이에게 반찬가게 맡기는 격'이라는 비판의 징표로서의 고양이 비하의 인간 중심주의적 격언에 반대해서 오히려 고양이가 조목조목 신용 · 신의가 없는 인간 사회의 부정적 국면들을 반격한다. 이런 류의 우화적 작품은 이미 이전의 문학 형태인 이른바 개화기 신 소설 양식의 지속이다. 그런 연설의 우화적 양식으로서가 아니라 고양이가 현실감 있게 소설의 세계에서 바로 인간과 함께 공생교호하는 짐승의 형상으로서 제시되는 경우는 김동인의 「송동이」가 아마도 처음일 것이다. 이는 계열상 범속한 리얼리즘계의 작품이다. 이에 비해서 동시대에 고양이를 양자로 삼는다는 매우 희한하고 특이한 표제의 「묘양자」는 사회주의 사실주의 계열의 경향 소설이다. 장편 소설 『고향』(1933~4)의 작가인 이기영의 작품이다. 동시대의 두 작품은 다 같이 고양이를 작품 속에 끌어들이되 고양이에 대한 문학적인 반응과 경향 및 지향하고자 하는 문학관에 있어 상당히 이질적인 현상을 드러내주고 있다. 직업없는 지식인의 궁지를 그린 「구직과 고양이」가 그러하고 이 무렵 동물을 표제로 하는 작품으로는 「붉은 쥐」(1924), 「사냥개」(1925), 「쥐이야기」(1926), 「흰 닭」(1920), 「개」(1932), 「가마귀」(1936) 등이 있다.

1. 반려묘 「까맹이」와 살묘(殺猫) 모티프

김동인(金東仁, 1900~1951)의 「송동이」[90]는 주인공의 이름이다. 4대에 걸치는 전통 가족사의 굴곡많은 변천의 세월속에서 가족의 일원인 듯 아닌 듯, 한결같이 헌신해온 하인 송동이(송 서방)의 50년 간의 충직스런 삶의 내력을 그린 작품이다. 여기에 한 마리 고양이의 운명이 마치 분신과도 같이 주인공의 운명과 밀접하게 서로 얽히고 겹쳐서 교호함으로써 둘은

90 1929~1930.1 동아일보 소재의 원래 표제는 「강도를 잡으면」이었으나, 「송동이」로 개제됨.

동반적 삶의 짝으로서의 관계를 이루지만 결국 똑같이 비극적인 삶을 끝내는 이야기이다. 그러니까 비록 단편소설이지만, 주인인 황진사가의 비운과 몰락의 가족사인 동시에 하인 송 서방의 일생의 기복이 담긴 일대기이고 고양이 '까맹이'의 이야기인 것이다. 다소 이야기 형태가 옛스런 이야기 형태의 연속화의 순차적 시간 구조로 이루어지고 있으며 고양이를 중심에 놓고 보면, 크게 반려와 살묘라는 상반된 두 서사 모티프로 이루어져 있다.

주인공인 송동이는 K읍의 세력가요 재산가인 황 진사 댁의 충직한 하인 송 서방의 어릴 적의 아명(兒名)이다. 송 서방은 지금 주인의 증조부 시대에 이 집의 하인이었던 아버지와 어머니에게서 태어나고 세 살과 열 살 때에 부모를 모두 잃는다. 오갈데 없는 천애의 고아가 된 송동이는 주인의 몸 신부름에서 시작하여 그 영리함과 충직함이 주인 황 진사의 눈에 들게 됨으로써 열 여덟살에 서로 눈맞은 관계인 계집종 춘심이와 내외 간이 된다. 송 서방은 스물 한 살때에 그 첫 주인을 잃게 된다. 황 진사는 죽기 전 유언으로 춘심이를 속량(贖良)해 주고, 송 서방도 사흘 갈이 밭을 받았다. 그러나 송서방은 자기가 난 집, 자기가 자란 집, 자기가 장가든 집, 자기 아버지와 어머니가 죽은 집을 떠나지 않은 채, 오로지 충직스럽게 둘째 주인인 새 황 진사를 섬긴다. 새 주인도 선대와 같이 인자해서 송 서방을 벗과 같이 잘 대접한다.

> 30년이라는 세월이 고요히 지나갔다. 세월은 고요히 지나갔으나, 그 동안의 사람과 세상의 변함은 이루다 말할 수가 없었다.

소설은 전반 초두에서 30년이란 변화의 긴 시간을 이렇게 단 몇 줄로 압축하여 서술한다. 이는 형태 소설론으로 보면 내력의 긴 시간 과정을 효율적으로 축약하기 위한 순진적 방법의 하나인 도약적 단축(Sprungraffung)[91]의 서술 방법이며, 보여주기(Showing)가 아닌 말하기(Telling)의 요약 방법이다. 성큼성큼 앞으로 뛰어가듯 요약되는 빠른 시간 서술 템포의 형식이다. 이 도약적인 단축과 요약의 서술방법은 '10년이라는 세월이 또한 흘러갔다'로 또 한 번 쓰인다. 이 같은 역전(逆轉)의 꺾기가 별로 없는 순진적이고 급행적 또는 도약적인 단축의 서술시간과 요약적인 말하기 방법에 의해서 전반에서 40년에 걸쳐서 세상과 황 진사 댁의 가계 그리고 송 서방의 삶에 일어난 많은 사건과 변화 양상들이 연속적으로 서술된다.

그 사이 세상은 양반과 상놈의 신분 계급이 없어지고 관찰부가 없어지고, 도청이 생기고 K읍도 10리 밖으로 기차가 지나가고 각 곳에서 학교가 생긴다. 남자들은 모두 상투를 잘라서 머리를 깎고 여인들의 옛 의상 풍속은 몰라볼 수 없을 정도로 무섭게 변한 것이다. 황 진사 댁도 1대의 황 진사가 죽고 2대의 황 진사도 전염병의 창궐로 죽는다. 3대인 셋째의 주인인 황 진사는 '황 주사'로 명칭이 바뀌어진다. 그의 대에 이르러서 황씨 가문의 변동이 가장 크고 급격히 일어나면서 황씨가는 재산이 나날이 줄어들어서 '뽕밭이 바다가 되듯이'(桑田碧海) 쇠퇴와 몰락의 상황이 현저하게 나타나게 된다. 공부를 한다는 핑계로 서울로 간 황 주사는 방탕하여 재산을 탕진하고 집안의 많은 땅은 동척(東拓)과 타인들의 손으로 넘

91 Jochen Vogt. Aspekte enzählende Prosa, Westdeutscher Verlag, 1990, s.112.
이 용어는 Eberhard Lämmert가 그의 서사의 구성 형태(Bauformen des Erzahlens, 1955)에서 처음으로 명명한 것이다.

어가게 되면서 황씨 집안은 거짓말같이 몰락해버린다. 거기에다 설상가상으로 가뭄과 같은 자연재난과 염병의 창궐이 겹쳐지면서 탕아 황 주사는 그 무서운 전염병에 걸려서 외지에서 집으로 돌아오자 죽는다. 거기다가 주인을 간호하던 이 집안의 종이라기보다는 귀한 '돌쩌귀'와 같은 귀한 존재로서 주인 아씨까지도 깍듯이 예를 한 춘심이도 병을 간호하는 가운데 전염되어 죽게 된다. 이는 무서운 전염병의 침범 현상이다. 한때 융성하고 호화롭던 황 진사 대은 이로 인해서 마치 저주받은 집안처럼 쓸쓸하고 적막한 집안이 되어버린다. 송 서방은 아내 춘심이를 잃게 됨으로써 점점 거미줄만 얽혀가는 적막한 집안에서 낙백의 한숨만 쉬는 초라한 존재가 되어버린다. 여기까지가 주로 도약적 시간 단축 방법과 요약에 의한 황씨 집안이 두 번에 걸친 전염병의 침범과 주인의 방탕으로 쇠잔해가는 가족사의 서술 및 거기에 얽힌 채 아내마저 잃는 하인 송동이의 개인사적 내력이 서술된 것이다.

그다음부터가 고양이 '까맹이'가 등장하는 서사 시퀀스들이다. 여기서부터 시간의 서술 방법은 빠른 도약의 서술템포가 이전보다는 훨씬 완화되면서 대신 자연의 질서인 봄 · 여름 · 가을 · 겨울과 같은 사계의 시간 구조로 이어지는 연속적인 프로그램에 의해서 이루어진다. 이후 자연 질서에 따른 계절의 시간 구조 및 그 속에서 이루어지는 사건의 서술된 시간 순서와 단위를 알리는 분절된 시간 지시 부사를 도식화하면 다음과 같다. SQ는 '시퀀스'의 약칭이다.

SQ(1). 봄이라기에는 좀 이르고 겨울이라기에는 좀 늦은 음력 2월 중순(봄과 겨울사이)
SQ(2). 봄이 되었다.

SQ(3). 담장안에 살구꽃이 피었다. 그러나 꽃이 질 때에는 그 열매조차 한꺼번에 다 떨어졌다. 이것은 확실히 흉조였다.

SQ(4). 봄도 다 가고 여름이 되었다.

- 어떤 날
- 이튿 날
- 이튿 날
- 한 주일이나 신고(辛苦)한 뒤 → 그날 밤
- 나흘 뒤
- 이튿 날 … 이틀 → 닷새 만에
- 이튿 날
- 어떤 날

SQ(5). 여름이 기울면서부터

SQ(6). 8월 추석이 이르렀다.

SQ(7). 가을이 깊었다.

SQ(8). 겨울이 이르렀다.

SQ(9). 겨울이 깊어갈수록 …

- 어떤 날
- 그때부터(마지막 행)

이렇게 9단위로 분절했지만 '이튿 날' 등 시간 진행 부사를 단위로 분절하면 18개의 시간적 서사 분절이 되기도 한다. SQ(1)에서 SQ(3)까지가 봄의 시퀀스, SQ(4)~SQ(5)가 여름, SQ(6)~SQ(7)이 가을, SQ(8)~SQ(9)가 겨울의 시퀀스의 해당한다.

SQ(1) : 겨울과 봄 사이인 음력 2월 중순, 뜰에 나갔던 송 서방은 담장 위에 웅크린 검정 고양이 새끼 한 마리를 발견, 자기 방으로 데려와서 먹이를 주고 키우고 애무해 주면서 애완 가축으로서의 짝 관계가 된다.(송서방과 고양이의 첫 만남)

SQ⑵ : 봄이 되자 고양이는 놀랍게 크고, 송 서방은 고양이에게 '까맹이'란 이름을 지어 준다. 검다는 뜻의 ~이름 명명화이다. 송 서방은 까맹이에게 애정을 쏟아 붓는다. 까맹이는 외로운 송 서방에게는 유일의 벗이고 반려이다. 죽은 아내 춘심이의 '대신' 즉, 대리적 반려와 같은 존재이다.

SQ⑶ : 담장 안에 살구꽃이 피었다 질 때, 그 열매조차 한꺼번에 다 떨어지는 이상한 변괴의 흉한 일이 집안에서 일어난다. 이는 분명 '흉조(凶兆 : 속신적 사고에 있어서 무엇인가 불행한 무슨 일이 일어난 것을 알리는 전조 또는 조짐)'인 것이다. 이 것은 소설의 시간적인 서사 구조 형태로 보면 '예시'(Vorausdeutung)[92]의 한 방법이다. 뒤에서 일어난 일을 먼저 환기하는 서사적 책략이다. 예고된 불행한 일은 금방 일어나지는 않지만, 곧 여름이 되어서 장난감 총기 사건으로 현실적으로 일어나게 된다. 이러한 예시 방법의 서사화 현상은 SQ⑸의 여름이 기운 초가을 시퀀스에서도 또 한 번 이용된다.

SQ⑷ : 봄도 다 가고 여름이 된 '어떤 날', 거리에 나갔던 송 서방은 4대의 소년 주인인 도련님 칠성이를 기쁘게 하려는 마음으로 주머니를 털어서 장난감 총을 사다준다. 그러나 장난감 총을 사준 호의가 송 서방에게는 '이 총이 이 집안에 비극을 일으킬 줄은 뜻도 안했다'는 서술자의 지적처럼 뜻밖에도 불행의 단초인 동시에 악화의 시작점이 된다. 총기 장난으로 인해서 칠성이가 상처를 입고 신고(辛苦)케 하는 의외의 나쁜 결과

---

92 Jochen Vogt. 앞의 책, p. 118, p. 123.
이 용어도 앞의 E. 렘메르트가 명명한 것이며 제라르 쥬네트(Gérard Genette)는 그의 『서사 담론*Discourse du Recit*』에서 'Prolepse'라 일컬음. 국내의 한 번역본『서사담론』(1992)에서는 '예상'.

를 낳는다. 화불단행(禍不單行), 재앙은 항상 겹쳐오게 마련, 송 서방에게는 거듭하여 나쁜 일들이 연달아서 일어난다. 노마님의 방에 침입한 강도와 싸워 칼을 몇 군데 맞으며 무서운 활극을 벌려서 도둑을 잡아서 경찰에 넘긴다. 그 뒤 몸을 회복한 송 서방은 '오누오누', '야'의 소리로 서로 반응하며 유일하게 교감하는 고양이 까맹이를 행랑의 순복네에게 맡기고 솔개골을 다녀오게 되는 일이 생긴다. 송 서방이 집을 비운 그 사이 황씨 집안에는 불운과 재앙이 거듭 일어난다. 설상가상, 전날 강도로 침입하여 몸을 빼쳐서 달아난 도적의 아우가 경찰에 넘어간 형의 원수를 갚는다고 난동을 부리고 도련님 칠성이(4대)를 죽이고 달아나는 참변이 일어나게 된다. 집에 돌아와 이를 알게 된 송 서방은 당혹한다. 자기 양심과 이성의 명에 따라 정당하다고 믿었던 행위가 가엾고도 귀한 도련님의 목숨을 잃게 한 것이다. 그러자 이전에는 아무 간섭도 않았던 주인 아씨로부터 '송 서방이 우리 칠성이 잡아먹을 줄을 뉘가 알았나', '도둑놈을 잡았으면 매깨나 때려서 보내지'라는 넋두리와 원성이 터져 나오고 냉대와 박대의 도가 점점 더 가중된다. 송 서방은 혼자 남은 외로움을 절실히 느끼면서 평생의 동반자인 죽은 아내 춘심이의 대리인과 같은 까맹이에게 밥을 주고 손으로 등을 쓸어주면서 커다란 눈물 방울을 떨어뜨리기까지 한다.

여름의 이 서사 단락에 제시된 것 중에 특별한 것이 보복(Revenge)의 모티프이다. 칠성이에 대한 아우 도적의 살인의 폭력 행위가 그것이다. 도적의 아우는 강도질하다가 경찰서에 잡혀간 형의 원수를 갚는다고 보복의 살인을 한 것이다. 이 보복의 살인은 송 서방의 삶에 결정타가 된다. 이 시퀀스에서는 '어떤 날', '이튿 날', '…뒤' 등 시간과 사건 경과의 짧고 빠른 추이를 지시하는 부사가 제시되어 있는 것이 특징이다.

SQ(5) : '늦여름', '여름이 기울면서'의 서사 분절은 다시 흉조의 시퀀스다. 암담한 구름, 기르던 개의 행방 불명, 살구나무에 와서 우는 올빼미 소리, 암탉의 울음, 낙엽 때도 아닌 때에 지는 살구나무의 낙엽, 밤에 청상과 부엌에서 나는 다듬이 소리, 지붕 위에 와서 우는 까마귀 소리…이런 모든 수상하고 예사롭지 않고 이상스러운 현상들은 무엇인가 미구에 황씨 가에 들어닥칠 상서롭지 못한 불운과 재앙과 파멸을 암시하는 징조들이다. 서사적으로는 일종의 서사적 예시인 동시에 점점 어둡고 음침해져 가는 분위기에 의한 상징 효과나 이미지로서 읽힌다.

SQ(6) : 8월 추석(초가을)의 서사 분절은 4대의 황씨 선산과 공동묘지의 춘심이 묘의 성묘 시퀀스다. 주인들과 아내를 다 먼저 보내고 쓸쓸한 세상에 외롭게 혼자 남아있는 자기를 생각하면서 밤이 깊어져서 묘지에서 돌아오는 송 서방의 눈은 퉁퉁 부어있는 상태이다.

SQ(7) : 송 서방의 대한 대우가 점점 악화되어가는 악화의 장절이다. 아씨는 이제 옷감도 주지 않고 방은 구두질도 않는다. 송 서방과는 뗄 수 없고 반려 관계인 고양이의 소리가 요란스럽다는 불만의 말을 한다.

SQ(8, 9) : 이 시퀀스는 겨울의 서사 장절이다. 아씨로부터는 밤에 불을 못 때워 주겠다는 최후의 선고를 받는다. 옷도 없이 헐벗은 채 입으로 성에를 토하며 냉방에서 까맹이와 체온을 나누며 살 수 밖에 없는 송서방의 처지다. 손톱과 발톱이 다 얼어서 빠지는 처절한 학대를 받는다. 이렇게 되자 그는 마지막으로 그가 조금도 잘못이 없이 정당하다고 믿어온 양심과 이성의 가치를 한 번 확인받기 위해서 고을의 보통학교 선생을 찾아가서 묻는다. 도적놈 같은 불한당을 잡으면 따귀나 때려서 놓아주어야 하는지 아니면 경찰서에 잡아넣어야 하는지를. 결과는 말로 일러서 들을 놈이 아닌 불한당 같은 놈이면 '경찰서로 보내야지'라는 선생의 확답을 듣는다. 이것은 '송서방이 우리 칠성이를 잡아 먹었다'든가, '도둑놈을 잡았으면 매 깨나 때려서 보내지'라는 아씨의 말에 대한 원성의 넋두리와 함께 자신을 처절할만큼 박대하는 아씨의 일련의 행위에 강박될 수 밖에 없었던 송 서방이 스스로의 자책의 죄의식을 풀 수 있는 방어기제이며, 안타까움을 스스로 떨쳐버리고 자신을 스스로 변호하기 위한 최후의 행위였는지도 모른다.

겨울이 깊은 어느 날 외출했다 돌아온 송 서방은 이런 어제 오늘의 흉한 현상들이 현실화되듯 까맹이가 아씨의 손을 할퀴었다는 이유로 잔혹하게 목이 매어져 뒷 개천에 버려져 뻣뻣하게 죽어 있는 것을 발견한다. 이 아씨의 까맹이에 대한 잔인한 보복의 살묘(殺猫)에 의해서 송 서방은 아내 춘심이가 죽은 뒤 춘심이와 다를 바 없이 신체 접촉의 애무로 애정을 나누며 서로 돌보고 교감해온 유일한 삶의 반려 까맹이마저 잃게 된 것이다. 송 서방은 까맹이의 주검을 거두어서 공동묘지의 제 아내 춘심이의 무덤 곁에 묻어준다. 그날 한밤까지 무덤에 넋 나간 듯이 오래 앉아 있던 송 서방은 문득 그때 어디선가 날카롭고 센 고양이 까맹이의 부르짖음을 환청으로 듣는다.

> "니양……."
> 어디서 나나? 송 서방은, 신경을 날카롭게 해가지고 귀를 기울였다.
> "니양……."[93]
> 하늘에서?

93 『김동인 전집』에서는 '니양'이 아니라 '앍!'으로 표기됨.

"니양……."

땅에서?

고양이의 부르짖음은, 한둘뿐이 아니었다. 하늘에서, 땅에서, 동에서, 서에서 사면에서, 났다. 고양이의 부르짖음은 천지에 가득 찼다.

"오누, 오누, 오누, 오누, 오누."

송서방은 마치 미친 사람 모양으로, 손으로 오라고 손짓을 하면서 허든허든 일어섰다.

"니양, 니양……."[94]

고양이의 부르짖음은, 그의 부름에 대답하듯이, 연하여 났다.

"오누, 오누, 오누."

그는 손짓을 하면서, 비틀비틀 산 아래를 향하여 내려갔다.

그때부터 송 서방의 자취는 없어졌다. 그 뒤에는 그를 본 사람이 없었다.[95] 그가 죽었는지 살았는지조차 아는 사람이 없었다. 그는 이 쓸쓸한 세상에서 흔적없이 사라져 없어지고 만 것이었다.

자기나 다름없는 반려묘 까맹이의 참살로 인해서 송 서방은 자기 행동의 결과가 주인을 죽게 했다는 이제까지의 강박적이고 잠재적 뉘우침의 고뇌와 다른 한편으로 기우는 자기 정당성과의 내면적인 갈등을 떨쳐버리면서 자신에게 주어지는 주인 아씨의 반인간적인 잔혹한 학대로부터 마침내 스스로 벗어나는 탈출을 감행하게 된다. 그것이 반려묘를 잃은 최후로 제시된 외로운 송 서방의 잠적과 후일담이다.

이 작품에서 우리가 간과할 수 없는 문학 주제론적 특성은 고양이 죽

94 『김동인 단편 전집』 4, 308쪽에서는 "니양-니양", "아-러, 아-러"로 표기됨.

95 『김동인 단편 전집』에서는 여기서 끝나지만 『김동인 전집』에서는 그 다음의 후일담이 붙어 있다.

이기의 살묘(殺猫)의 모티프이다. 즉 고양이 까맹이가 죽는 사건이다. 고월 이장희의 시 「고양이의 꿈」에서도 칼날의 번쩍임과 함께 쓸쓸한 모래 위에 선혈을 뿌리는 푸른 고양이의 죽음의 시추에이션이 제시된 적은 있지만 죽은 신체 등, 고양이 참살이 구체화한 것은 「송동이」가 처음이다. 이런 고양이 죽이기의 모티프는 애드거 앨런 포의 단편 「검은 고양이」(Black Cat)에서 주인공이 행하는 고양이 눈 빼버리기와 소름끼치는 참살 및 그 이전에 고양이에 대해서 일격을 가한 도끼질 사건에서 제기되어 있다. 작품 「송동이」보다는 상당한 시차를 두고 있는 미시마 유키오(三島 由紀夫)의 소설 『금각사(金閣寺)』에서도 노사의 '남천참묘(南泉斬猫)' 이야기[96]는 고양이 죽이기 모티프의 일례가 되기에 충분하다.

> 당대(唐代)에 지주(池州) 남천산(南泉山)에 보원선사(普願禪師)라는 명승이 있었다. 이 산 이름을 따라 남천화상이라고 불렀다. 절에 있던 중들이 총동원하여 풀베기에 나갔을 때, 이 한적한 산사에는 한 마리의 고양이 새끼가 나타났다. 신기해서 모든 중들이 쫓아 그것을 사로잡았는데, 이것이 불씨가 되어 동서의 양 법당에서 싸움이 벌어졌다. 두 법당이 서로 그 고양이 새끼를 자기들의 애완물로서 삼고자 다툰 것이다.
>
> 그것을 보고 있던 남천 화상은 그 고양이 새끼의 목에 풀베던 낫을 대고 말했다.
>
> "너희들이 나의 뜻을 터득하면 이걸 살리고, 나의 뜻을 이해치 못하면 이를 참할 것이다."
>
> 모두들 대답을 못했다. 남천 화상은 그 고양이 새끼를 베어버렸다.

96 호리에 다마키. 위의 책, pp. 8~12.
Donald Keene, op. cit., pp. 1196~1201. 「똥막대기」의 시인 이시우는 이를 두고 「남천(南泉) 조사와 고양이」라는 시를 썼다.

저녁 때가 되어 수제자(首弟子)인 조주가 돌아왔다. 남천화상은 낮에 있었던 일의 경위를 말하고 조주의 의견을 물었다. 조주는 즉시 신고 있던 신을 벗어 머리 위에 얹고 물러갔다.

화상은 탄식조로 말했다.

"아아, 오늘 낮에 네가 있었던들 고양이 새끼도 살아났을 것을!"

2. 가족으로 입양된 고양이 '애기' : 빗나간 동물 애호와 인간 학대

로버트 단턴(Robert Danton)의 『고양이 대학살(*The Great Cat Massacure*)』(1984)에는 1730년대 고양이 죽이기와 관련된 니콜라 콩타의 이야기가 제시되어 있다. 노동자들이 부르주아인 주인의 고양이를 죽이는데 대한 설명이 그것이다. 그 몇몇 대목을 인용해 본다.

콩타의 이야기를 읽는 대다수의 독자들에게 최초의 설명은 고양이 학살이 주인과 그 아내에 대한 공격에 빗댄 것으로 작용하였다는 것이다. 콩타는 그 사건을 노동자와 '부르조아' 사이의 운명의 불균형, 즉 일 · 음식 · 잠이라는 삶의 기본적 요소에 있어서의 불균형에 대한 언급이라는 컨텍스트 속에 위치시켰다. 그러한 부당한 처사는 견습공들의 경우에 특히 극악했다. 그들은 동물처럼 취급되었던 반면 동물들은 그들의 머리 위로 올라가 그 소년들이 차지했어야 하는 자리인 주인의 식탁으로 승진되었던 것이다. 견습공들이 가장 혹사당했던 것으로 보이지만 고양이를 살해한 것이 노동자들 전체에 퍼져 있다. '부르조아'에 대한 증오를 표현하였던 것임을 명

확히 하였다.[97]

> 고양이 학살이 노동자들에게 재미있었던 이유는 명백하게 나타나나는 것으로 보인다. 즉 그것은 그들이 '부르조아'에게 반격할 수 있는 수단을 제공하였던 것이다.[98]

이 책의 제 2장인 「노동자들은 폭동한다 : 생-세브랑가의 고양이 학살」에서 제시되어 있는 내용이다. 주인이 견습공들에게는 음식으로 소화시킬 수도 없는 오래되고 썩은 고기 조각이라 고양이도 거절할 밥을 준 것이다. 이에 노해서 부르주아에 대한 증오로 주인과 그 아내에 대한 공격에 빗댄 고양이 학살을 마침내 감행한다는 것이다. 이와 비슷한 이야기는 제임스 서펠(James Serpell)의 『동물 · 인간의 동반자(*In the Company of Animals : A Study of Human-Animal Relationship*)』(1996)에서도 다음과 같이 제시되고 있다.

> 역사적으로 분별력이나 돈이 더 많았던 귀족과 성직자들은 애완동물에게 동정과 애정을 쏟아 부으면서도 노동자들의 궁핍한 삶에 대해서는 지독히도 냉담했던 것이 사실이다. 그들이 기르는 애완동물은 호사스러운 생활을 했지만 평민들은 한편으로는 교회와 국가의 위협을 받고 다른 한편으로는 무지와 굶주림과 질병으로 무기력해진 상태에서 노예와 같은 삶을 살아야 했다.[99]

이와 비슷한 처지와 상황을 그린 우리의 작품이 바로 「묘양자」이다.

97 로버트 단턴, 조한욱 역. 『고양이 대학살 : 프랑스 문화사 속의 다른 이야기들』, 문학과 지성사, 1996, 116쪽.

98 같은 책, 146쪽.

99 제임스 서펠, 윤영애 역. 『동물 · 인간의 동반자 : 동물과 인간, 그 공감의 역사』, 들녘 코기토, 2003/2005, 87~8쪽.

이기영의 단편소설 「묘양자」는 1932년 1월 〈조선일보〉에 연재된 작품이다. 고양이를 단순히 애완동물이나 반려동물로 삶속에 끌어들이는 것을 넘어서서 가축화에서 가족화로서의 양자로 '입양'한다는 의미의 특이한 표제이다. 여기 입양이란 고양이를 인간과 친자 관계로 맞아들인다는 뜻이다. 그러나 애완동물에 대한 이 지독한 집착과 애정 그 자체가 문제되는 것이 아니라, 그와 관련하여 동물의 '종'이 되도록 하층 계급의 인간들에 대한 유족한 지배 계급의 지독한 인간 학대와 경멸이 문제되고 있는 것이다. 작가인 이기영은 바로 도를 벗어난 동물 애호와 인간 학대의 상반되는 두 극화(極化)된 삶의 행태를 대비함으로써 계급적 세계관에 내포된 계급 모순과 대립을 보여주고 있는 시각을 취한다. 그런 점에서 소설 「묘양자」는 사회주의 사실주의의 경향 소설이다. 경향 소설이란 특정한 주의 · 주장을 강조하고 사회주의 교의의 정당성을 드러내는 소설이다. 이는 계급적 적대란 부르주아에 대한 폭로, 사회주의 사상의 주장, 결합된 노동자의 힘을 지배적 특징으로 하며 대립(Antagonism)의 서사 구조를 애호한다.[100] 연재 중에 검열로 인해서 수십 행이 삭제되어 있는 상태이다.

안국동의 김중호는 동아 제사 회사의 사장으로 부명을 듣는 지주요 자본가다. 거기다가 '동물 학대 방지회'의 창립 발기인이자 무슨 친목회원, 무슨 정사원, 무슨 위원 등…… 온갖 명예직의 직함이 여럿 붙어 있는 소위 세속적으로 잘 나가는 위인이다. 그런데 일부의 사람들과 사회에서는 그를 잔인한 악덕지주이자 인색한 고리대금업자, 잔인한 공장주요, 지식도 별로 없이 오직 돈 한 가지를 모으는 데만 재미를 붙인 인간으로서

100 Dmitry Markov. *Socialist Literature : Problems of Development*, Raduga Publisher, Moscow, 1984, p. 21.

일컫기도 한다.

이 김중호 내외는 자식이 없어서 생각 끝에 고양이를 양자로 입양한다. 자기가 낳지 않은 사람 양자를 하는 것보다 차라리 고양이를 양자로 삼은 것이다. 이런 변태적이고 기괴한 취미의 이유인즉 남의 자식을 데려졌다가 재산을 들어먹히는 환란을 당하기 보다는 짐승인 고양이를 기르면 이런 걱정 근심은 없을 것이라고 믿었기 때문이다. 이들은 고양이를 '애기'라 이름붙이는데 이름처럼 아이로 취급할 정도로 이들에게는 고양이는, 곧 아이이고 귀한 자식의 대용품이나 다름없는 존재이다.

이렇게 오직 돈만을 아는 이들 김중호 내외의 배금사상(拜金思想)은 마침내 인간을 소외시키고 동물에게로만 집착과 애정이 쏠리는 비뚤어진 동물 애호 사상의 소유자가 되게 한다. 사람보다 동물을 더 아끼고 동물을 위해서는 온갖 별난 것을 다 하는 대신, 하층 인간에 대해서는 경멸과 학대가 도를 훨씬 넘는 지경이 된다. 머리부터 금붙이와 비단으로 온 몸을 감은 유한 계급의 이집 마님(김중호 부인)은 고양이 '애기'에게도 값비싼 보석 목도리와 황금 방울을 차게 한다. 도배 장판을 뽀얗게 해놓은 방에, 도금을 한 폭신폭신한 쇠침상과 비단 이불에다 갈비와 생선 도미, 쌀밥을 요리해주고 이름모를 서양 과자까지 입에 달고 살게 한다. 이는 부르조아의 추악한 취미와 병든 자본주의자의 행태의 상징이다.

한편 주인의 지시로 고양이 '애기'를 살피고 보살펴야 하는 처지의 하녀 삼월이는 고양이의 노린내에 질색하면서 '애기'에 시중드는 '전용 노예' 같은 존재이다. 고양이가 오줌 · 똥을 싼 이불을 빨고 심지어는 벼룩까지도 잡아주는 일도 한다. 마님은 더럽고 미운 것을 제거하는 데는 한 손가락도 움직이지 않고 다만 아름답고 깨끗한 것만 취하려 한다. 이렇게 호사스런 생활을 하는 부유한 계층의 인간들이 고양이에게 도가 넘치는 애정을 쏟아 부으면서도 정작 그런 동물보다 훨씬 열악하고 나쁜 처지에 있는 하층의 인간들의 힘겹고 궁핍한 삶의 처지에 대해서는 철저하게 외면한다. 오히려 그것을 당연한 현상으로 인지하고 있다. 이런 계급 모순을 몸으로 체감하는 삼월이는 '전용 노예'이자 '고양이의 종'으로서의 계급적인 모순을 각성 하면서, '세상이 고르지 못함'에 분개하고 원통해하게 된다. 이것은 계급적으로 무지 상태에 있던 삼월이가 살찐 애완 고양이와 서민들의 굶주림 및 김중호 네의 호사로움과 자신의 가난한 삶에 개재하는 계급적인 모순을 깨달아가는 과정이다. 그런 과정에서 어느 날 삼월이는 마님의 분부대로 갈비 곰국과 생선 도미로 고양이 요리를 만들었는데, 고양이가 그 점심을 다 먹지 않는 사단이 일어난다. 그 이유가 바로 삼월이가 반찬으로 구운 도미고기가 짜져서 맛이 없어서 그렇다는 심한 야단과 핀잔을 듣게 된다. 억울하여 변명하려는 바로 그 때, 김중호가 귀가해서 들어오면서 마님의 말만 듣고 삼월의 머리채를 잡아채어 내동댕이치고 주먹질과 발길질로 사정없이 폭행과 폭언을 감행한다. 그러면서 김중호는 '저런 년이 있기 때문에 동물 학대 방지회라는 것이 생길 필요가 있단 말야'라고 하며 흥분하여 부르짖는다. 주변에 있는 인간에 대해서 이렇게 지독하게 냉담하고 가학적인 인간 학대를 하는 중호가 동물 학대 방지를 마치 자선이나 하듯 선전하고 있다는 것은 엄청나 아이러니이며 거짓 꾸밈의 위선이고 공분의 대상이 되는 소행이 아닐 수 없는 것이다.

그래서 참을 수 없는 분통에 삼월이는 김중호의 동물 학대 방지회에 대한 반대 운동(투쟁)을 결행한다. 삼월이의 남편 춘식이는 김중호가 사장으로 있는 제사공장의 직공 인철을 주동적 조력자로 삼아서 노동자들의 단결력을 규합한다. 이 노동자들은 불경기를 구실삼아 노동자의 삯전을 내리깎고 노동시간을 14시간으로 연장할 것을 강요하며 이익금은 독점하면서 가난한 사람을 짐승 이하로 학대하는 사장 김중호를 용서할 수 없는 노동자와 직공들이다. 그 반대 세력이 김중호와 부인 이해춘 그리고 학대방지회 회원들이다. 기호-서사학적 행위항으로 도식화하면 주체가 삼월이나 춘식이고, 조력자가 인철과 노동자들이며 반주체가 김중호와 그 안방 마님, 적대자가 삼월이, 조력자가 이해춘과 회원들이다.

일요일, 김중호 편이 성대하게 결행하기로 한 동물 학대 방지회의 가두 행렬 그리고 저명 인사들의 연설은 삼월-인철 등의 단결력이 공고해진 노동자들과 군중들에 의해서 불의지변에 '똥친 막대기회'가 되어 버리고 만다. 도망질하듯 집에 돌아오니 그들이 아들처럼 귀중하게 기르던 고양이 '애기'는 안마당에 네 다리를 쭉 뻗고 죽어 있었다. 그들 내외는 한동안 그 자리에 얼어 붙은 듯 요지부동인 채 가련한 고양이 시체를 마주 들여다보고 있었다.

> 삼월이는 고양이 대가리를 기둥에다 메부쳐 죽이고 식구들과 함께 어디로인지 달아났다.

이렇게 반려 동물을 넘어서 가족으로서의 입양 동물로서 최대의 호사를 누리던 고양이 '애기'도 역시 삼월이에 의해서 참살당하고 만다. 그리고 살묘의 주인공 삼월이 가족은 자취를 감추어 버린다. 이 고양이 '애기'의 죽음은 영물로서의 죽음이 아니라 그를 입양한 김중호의 인간에 대한 분별력을 갖추지 못한 반인간적 학대와 동일시된 대리자에 대한 상징적인 보복과 응징으로서의 의미를 지니고 있다. 이 소설에서 고양이 '애기'는 부르조아의 객관적 상관물인 것이다.

한편, 엄흥섭의 「번견(番犬) 탈출기」는 개가 '나'라는 1인칭의 서술자가 되어서 개의 관점에서 말을 하고 또 사람의 말을 사람처럼 듣는 형식의 서사적 작품이다. '나'는 동물 우화적 개가 아니라 인간화된 개다. 여기에 얼룩이 고양이와 산 고양이가 초반에 잠시 등장한다. 이들 고양이는 애완동물이나 주인에게 흉측하게 묶여져 있는 가축화되어 있지 않고 반 야생 상태로 쥐를 잡거나 음식을 훔치면서 돌아 다닌다. 작품의 세계에 있어서 소동을 일으키는 외에 구조상으로 별다른 기능이 없고 미미한 존재에 불과하다. 대신에 이 작품에는 개가 화자와 주인공으로서 작품을 주제학적으로 완전히 '케너니제이션(Canonization, 견화[犬化])'[101]시키는 최초의 작품이다. 이는 일제에 나라를 잃고 유리하는 민족의 고난사를 한 마리 개 신둥이의 힘겨운 일생으로 압축시키면서 개를 주인공으로 하는 황순원의 「목넘이 마을 개」보다도 시기적으로 앞선 작품이다. 고양이의 역할은 미미하지만 「목넘이 마을의 개」와 함께 개가 주인공이 된 한국 소설의 시놀로지(Cynology) 내지 시노필리아(Cynophilia)를 드러내는 선구적인 작품이다. 표제가 되고 있는 '번견(番犬)'이란 말은 주인의 울타리 안에서 도둑을 잡거나 집을 지키고 망을 보는 지킴개 또는 생명 재산을 지킨 감시견을 뜻한다. 그래서 이 작품을 말하는 개의 모티프, 시노필리아 동물 성애(動物性愛)와 수간(獸姦) 모티프, 및 쇠줄과 탈출 모티프 등 드물거나 특이한 모티프로 주제학적으로 주목이 되는 점이 적지 않은 작품이다. 이 밖에 30년대의 고양이 작품으로서 조벽암의 「구직과 고양이」(1933)가 있다.

---

101 Theodore Ziolkowski. *Varieties of Literary Thematics*, Princeton University Press, 1983, p. 86.

3. 지식인 구직란 시대와 고양이에 대한 애증

1930년대는 심화된 경제적 공황으로 인한 지식인의 실업 홍수의 시대이다. 대학을 나와도 청년 지식인은 직장을 구하지 못한 채, 아무 일도 할 수 없는 실직 상태로 곤궁한 생활 상태를 면하지 못하는 처지이다. 그래서 이 시대에 많은 지식인들은 사회적 폐품이나 다름없는 존재일 수 밖에 없었다. 이런 인텔리로서의 지식 계급이 당면한 곤궁한 사회적 운명과 실직 취업난의 현상은 채만식(蔡萬植)의 소설 「레디-메이드 인생」(1934), 「인텔리와 빈대떡」(1934), 「치숙」(1938) 등의 일련의 작품에서 대표적으로 제시되어 있다. 조벽암(趙碧巖, 1908~1985)의 3인칭 객관 서술의 「구직과 고양이」(1933) 역시 직업도 없이 헤메는 지식인의 근대적 운명을 굶고 병들어 죽어가고 있는 고양이의 처지와 징후적으로 비유하고 고양이 독살의 매우 시니칼하고 참혹한 이야기를 담고 있는 작품이다.

주인공 창수는 장학금을 받으며 대학 문과를 졸업한 인텔리 지식인이다. 졸업을 하면 중등학교 교사로서 교육에 종사하며 장래를 기약코자 마음을 먹어 왔지만, 현실은 기약없이 부탁한 구직에 매달리며 가타부타는 연락을 부지하세월 별 희망없이 기다리고만 있는 궁색한 처지이다. 하숙집에는 두 달째 밥값도 못내어서 천골이 되어 구더기가 꿈틀거리는 새우젓 반찬의 밥상을 받는 지경으로 밥값 독촉에 시달린다. 그때마다 시골서 올라온다고 가망없는 돈을 핑계 삼아 방패막이를 하면서 수 개월째 아끼던 값나가는 장서의 책들을 책점이나 전당포에 갖다 잡히면서 겨우겨우 생활을 유지해 나가는 형편이다.

이날도 그는 바이런 · 하이네 · 쉴러 · 괴테 등의 세계 명작시집, 에세

닌 시집 「시멘트(Fedor Gladkorv)」의 작품인 듯하다, (1924년 작) 등의 단편 소설집과 문학 쿼터리 · 문학론 · 예술론 등을 들고 나가 3원 70전에 처분한다. 그 돈으로 구직에는 '프레센트 효과'가 긴요하다는 친구의 말을 믿고 3원 60전으로 큼직한 과자 두 상자를 사서 취직을 부탁한 D 여자 고등 보통학교 교무 주임의 문화 주택에 넣어 준다. 나머지 10전으로는 '마고'(담배의 일본어) 한 갑을 5전에 사고 전차 값을 아낀 나머지 5전으로는 호떡을 사먹으며 한 가닥 희망과 구직에 헤메이는 인텔리로서의 자신에 대한 착잡한 환상과 자존감을 가로막는 장벽을 느끼기도 한다. 이날 그는 하루 이틀 미루어 나가는 간지러운 술책에 속아온 것 만큼 정처도 없이 앞으로만 미루어 나가는 취직 알선이야말로 차라리 단념하는 이만 같지 못하다는 절망적인 생각까지 해보면서 귀가한다.

이렇게 창수는 이틀에 한 번 또는 사흘에 한 번, 설사 문간에서 떼이면서도 취직을 부탁한 선생 집을 굳이 지성으로 찾아 다닌다. 그때마다 상대의 반응은 '좀 더 기다려보자. 자리는 하나 있을 듯 싶으이'나 '글세, 다른 데도 주선해 보게. 꼭 이 것만이야 믿을 수 있나. 힘 있는 데 까지는 나도 힘써 볼테니'라는 당기고 미는 반응이다. 이런 말에 어느 정도까지는 기대 쪽으로 기울어지는 창수와는 달리 그 집 대문으로는 또 다른 사람에 의한 선물 보퉁이가 들어가는 것을 목격한다. 이날 그는 하숙집으로 돌아오는 골목 모퉁이에서 고양이 새끼 한 마리가 야옹거리는 소리를 들으며 무심코 지나쳐 버린다. 이튿날도 그 다음날도 비명소리가 나는 것을 듣게 된다. 그 비명 소리가 동정을 구하는 애처로운 소리로 들려서 그는 고양이를 집으로 안고 오게 된다. 고양이 새끼는 종이에 덜어주는 밥을 먹으며 앙상한 꼴로 눈을 사르르 감기도 하지만, 겨드랑이에 심한 종기가 나고 상처가 예사롭지 않아서 창수는 방 안에 있는 '메소레담'을 발라준다든가 고기 냄새가 나는 간장으로 비빈 밥을 주는 등으로 보살펴 준다. 그런 중에도 반신반의의 취직 부탁으로 답답하고 갑갑한 심회를 고양이의 눈동자와 까시러진 수염으로 해서 얼마간 위안을 받기도 한다. 그러나 고양이는 점점 더 쇠약해지고 몰골은 차마 눈으로 볼 수 없는 참상이 되자, 창수는 이렇게 죽음을 기다리는 고양이 새끼가 마치 취직의 실망을 기다리는 자기와 다를 바 없이 같다는 생각을 하게 된다.

마침내 그날 저녁 창수는 취직을 부탁한 선생으로부터 결정적인 절망의 말을 듣게 된다. 처음부터 못한다고 바로 거절이라도 해 주었던들 차라리 기다리지나 아니했을 텐데, 이삼개월 동안 지루하게 끌어오며 시원치 못한 실낱같은 여망의 줄을 잡아 당기면서 젊은 놈의 피를 바짝바짝 말린 뒤에 이제 힘 한 푼어치 안 들이고 거절하는 태도에 대한 울분을 느낀다. 그런데도 그는 돈이 없어 취해볼 술도 못 마시고 집에 돌아온다. 그때 고양이는 겨우 숨을 쉬며 팔딱이고 있는 빈사 지경이다. 창수는 죽어가는 고양이를 보면서 측은함과 동정 그리고 증오의 착잡한 감정이 겹침을 느낀다. 급기야 그는 차라리 저리 말려 죽이는 것 보다는 아주 죽여주는 게 낫지 않을까 하는 생각을 하게 된다. 그래서 창수는 남은 책 몇 권을 헐값으로 판 돈으로 약전에 가서 '네고이라스'(猫不入 : 쥐약)과 쇠고기를 사서 그것을 섞어 먹여서 고양이를 죽인다. 결말은 이렇다.

> 그대로 하숙옥을 뛰어 나왔다. 어둔 골목을 걸으면서도 온 방을 헤메이며 죽어갈 고양이 새끼의 고민과 애통이 눈에 어리어리 빛쳤다. 손으로 눈을 가리기도 하였다.
> "'네고이라스(쥐 잡는 약)'로 고양이를 도로 죽이는 현상."

창수는 혼자 중얼대면서 비웃었다. 차라리 창수도 연약한 고등 교육을 아니 받았드라면 팔다리를 훔쳐 걸고 나가 땅이라도 팔 것 아닌가.

"'네고이라스'같은 교육!"

병들어서 어차피 죽음과 삶의 황혼에 헤매이며 죽을 고양이 새끼를 측은하지만 쥐약이나 극약으로 죽일 수 밖에 없는 처지는 어찌보면 안락사(安樂死)라고 할 수도 있으리라. 그러나 여기서 고양이를 죽이는 참혹한 살묘 행위는 병든 고양이와 동일시 되고 있는 무직 인텔리 철수 자신에 대한 혐오적 자기 부정의 행위의 표출이면서 동시에 쓸모없는 실업자만을 양산해 내기만 하는 이 시대의 연약하디 연약하고 오히려 쥐약같은 고등교육 정책에 대한 증오의 표현인 것이다. 이 가운데 직업없는 지식인의 운명을 버림받고 병들어 죽어야하고 고양이의 신세와 다름이 없다는 비유적 의미가 함의되어 있는 것이다.

3장

한용운의 시 속에 숨은 세개의 고양이 이미지

만해 한용운(韓龍雲, 1879~1944)의 시집 『님의 침묵』(1926)은 님이 숨어 버리고 침묵하는 궁핍한 시대에 그 님을 향한 지극한 사랑의 연가이다. 침묵은 근원의 언어요 무한의 언어다. 『님의 침묵』은 종교적 오의(奧義)의 시든 그대로 지순한 사랑의 서정시라 하든 아무런 상관없다. 여기에는 당시로서는 스님의 시로서는 너무도 낯설고 이색적이라 할 만큼 '키스'란 단어와 '님'이 수도 없이 반복 출현한다. 이 사랑의 시공간에는 뜻밖에도 고양이 이미지가 세 번씩이나 나타나는 것도 퍽이나 주목할 만한 동물 상징 현상이다. 고양이가 출현하는 이 세 편의 시는 시집 『님의 침묵』 소재의 「?」, 「예술가」와 그 이후의 심우장 산시(尋牛莊 散詩)의 「쥐」(鼠, 1936)이다. 여기에서 고양이는 전편으로 다루어진 이전의 상아탑이나 고월 시의 경우와는 달리 전편이 아니라 달빛 창가에서 저의 털을 가다듬고 있는 고양이, 조는 고양이 그리고 쥐잡이로서의 고양이 등 시 속에서 단편화된 세

이미지로서 부분적으로 나타난다. 「쥐」는 조금 다르지만 특유한 고양이 이미지의 등장, 그것만으로도 시적 성찰의 대상이다.

그런데, 한용운의 시에 대한 이제까지의 그 많고 치열한 해석에도 불구하고 이 고양이 이미지의 시적 가치에 대한 특별한 관심과 해석은 해석 작업의 양에 비해서는 그렇게 활발했다고 할 수는 없을 것 같다. 그저 객관적인 사소한 대상으로 단순하게 읽혀졌거나 관심없이 스쳐버린 채 그냥 간과되는 경우도 적지 않았던 것 같다는 느낌이다. 이따금 있어온 해석 마저도 지나치게 불교적 상징대상으로서 해석되거나 유추되어지곤 한 것이다. 그렇다면 만해의 고양이는 문학적인 비유와 상징으로서 읽고 해석해야하는 여지가 없는 것일까. 그렇지 않다고 문제를 제기하면서 만해의 이 고양이 이미지가 문학적으로 어떤 상징적 의미를 갖고 있는지 그 의미를 나름대로 찾아보고자 한다. 해당 이미지는 밑줄 그은 부분이다.

> 사막의 꽃이여 그믐밤의 만월이여 님의 얼굴이여.
> 피려는 장미화는 아니라도, 갈지 않은 백옥인 순결한 나의 입술은
> 미소에 목욕 감는 그 입술에 채 닿지 못하였습니다.
> <u>움직이지 않는 달빛에 눌리운 창에는 저의 털을 가다듬는 고양이</u>
> <u>의 그림자가 오르락 내리락 합니다.</u>
> 아아 불(佛)이냐 마(魔)냐 인생의 티끌이냐 꿈이 황금이냐.
> 작은 새여, 바람에 흔들리는 약한 가지에서 잠자는 작은 새여.
>
> — 「?」의 3연

> 나는 파겁 못한 성악가(聲樂家)여요
> 이웃사람도 돌아가고 버러지 소리도 그쳤는데
> 당신의 가르쳐주시던 노래를 부르려다가
> <u>조는 고양이가 부끄러워서</u> 부르지 못하였습니다.

그래서 가는 바람이 문풍지를 스칠 때에, 가만히 합창하였습니다

—「예술가」의 2연

나는 아무리 좋은 뜻으로 너를 말하여도
너는 작고 방정맞고 얄미운 쥐라고 밖에 할 수가 없다.
너는 사람의 결혼의상과 연회복을 낱낱이 조아 놓았다.
너는 쌀궤와 멱서리를 다 쪼고 물어내었다.
그 외에 모든 가구를 다 쪼아 놓았다.
나는 쥐덫을 만들고 고양이를 길러서 너를 잡겠다.
이 작고 방정맞고 얄미운 쥐야.

그렇다, 나는 작고 방정맞고 얄미운 쥐다.
나는 너희가 만든 쥐덫과 너희가 기른 고양이에게 잡힐 줄은 안다.
만일 내가 너희 의장(衣欌)과 창고를 통거리째 빼앗고
또 너희 집과 너희 나라를 빼앗으면
너희는 허리를 굽혀서 절하고 나의 공덕을 찬미할 것이다.
그리고 너희들의 역사에 나의 이름을 크게 쓸 것이다.
그러나 나는 그러한 큰 죄를 지을 만한 힘이 없다.
다만 너희들이 먹고 입고 쓰고 남은 것을 조금씩 얻어먹는다.
그래서 너희는 나를 작고 방정맞고 얄미운 쥐라고 하며
쥐덫을 만들고 고양이를 길러서 나를 잡으려한다.

나는 그것이 너희들의 철학이요 도덕인 줄을 안다.
그러나 쥐덫이 나의 덜미에 벼락을 치고 고양이의 발톱이 나의 옆구리에 샘을 팔 때까지
나는 먹고 마시고 뛰고 놀겠다.
이 크고 점잖고 귀염성 있는 인간들아.

—「쥐」(1936, 전문)

⑴은 「?」란 제목부터가 매우 독특한 기호 물음표(?)의 시이다. 이것이

모르겠다(不知)는 징표인지, 묻는다(問)는 물음표인지, 아니면 시의 제목을 아주 못지었다(未定)는 뜻인지 또는 다른 숨은 의미(含意)가 있다는 뜻인지, 여러 가지의 의문을 던지는 모호성의 제목이다. 물음의 설의법(제목)과 이원적인 대립(Opposition : 감정/이지, 불[佛]/마[魔], 티끌/황금) 및 대조와 역설이 결합된 모순어법(Oxymoron : '사막의 꽃', '그믐밤의 만월', '인면의 악마 수심의 천사') 그리고 과거–현재의 시제적 이중화 현상 그리고 '뜰 앞의 파초 잎 위에 빗소리의 남은 음파가 그네를 뛴다'의 소리의 절묘한 시각적 형상화의 공미감각(Synaesthesia), '죽은 밤을 지키는 외로운 등잔불의 구슬꽃', '움직이지 않는 달빛에 눌리운 창' 등 그야말로 화려현란한 비유적 장식적인 레토릭의 미학과 구조로 이루어진 시다. 그런데 이 시에는 특이하게 '잔나비', '고양이', '작은 새' 등 세 동물이 집중적으로 제시된 가운데 특히 우리의 관심을 끄는 것은 고양이와 새이다. '잔나비'는 본래 토착동물이 아니니까 그렇다손 치더라도, 고양이의 상태를 두고서 3연에서 움직이지 않는 달빛에 눌리운 창에 저의 털을 가다듬는 고양이의 그림자가 오르락 나리락한다고 묘사하고 있다. 그리고 또 마지막 행에서 새는 '바람에 흔들리는 약한 가지에서 잠자는 작은 새'라고 하고 있다. 이 둘의 상태성은 예사롭지 않은 무언가의 의미를 함축하고 있다. 모두 시적 자아와 무관한 대상이 아니라 밀접하게 관련된 비유적이고 상징적인 정경이다.

여기 이 시의 고양이를 두고서 지금까지 이루어진 해석들은 크게 두 가닥으로 나누어진다. 그 하나는 그냥 일반적인 의미로서의 그냥 고양이로 예사로이 넘겨버린 관점이다. 그 둘은 지나치리만큼 불교 의미론이나 불교 철학에 기반한 현학적 해석이다. 특히 후자의 해석은 생과 작품을 일치 시켜서 보는 전기적 비평 관점에서 한용운 = 승려라는 근본 관계 개념에의 고착성에서 연유한다. 승려의 시니까 그 점에 유의 특별히 불교적으로 매달린 해석이다. 이와 관련된 고양이에 대한 기존 해석을 일단 살펴보기로 한다.

한용운의 시집 『님의 침묵』 전편의 해석을 위한 선구적 작업을 처음으로 자임하고 나선 이는 송욱(宋稶)이다. 그는 이 고양이 구절의 해석에서 '움직이지 않는 달빛에 눌리운 창'은 '공(空)'의 경지이고, '저의 털을 가다듬는 고양이의 그림자'는 '지해(知解)의 그림자'를 뜻한다[102]고 보고 있다. 이렇게 그가 행한 시집 전체의 해설에 다 해당하는 말이지만, 그는 분명 이 시 「?」를 '선정(禪定)의 자재로운 경지'라 하여 만해 시를 보는 사상적 안목을 우뚝하게 높혀 놓거나 깊은 경지를 이끌어 놓긴 하였으면서도 서정적 양식의 시를 시 그 자체로서 보기보다는 작품 이외의 인자에 환원하여서 심원한 불교 경전을 주해하거나 경소(經疏)나 게송(偈頌)이나 선시(禪詩)인 것처럼 해석함으로서 문예로서의 시에 대해서는 지나칠만큼 외면하는 대신 너무나 강박적으로 불교 사상에 경도된 판단을 하고 있는 것이 사실이다. 송욱의 이와 같은 불교 의미론적 또는 불교 존재론적 해석 관습은 이후 한용운 시의 해석 관습에 혹은 긍정적으로 혹은 부정적으로 결정적이고 지대한 영향을 주게 된다. 하기는 장 쉬발리에의 『상징사전』(1969/1994)에 의하면 불교 세계에 있어서 고양이는 뱀과 함께 부처의 죽음에도 냉담해한 유일한 짐승(축생)으로 비난을 받는가 하면 또 달리는 보다 높은 지혜의 징표로서 다른 각도로 간주된다고 기술되어 있기도 하다.[103] 그러나 이 시의 고양이와 그 그림자의 의미가 꼭 그리고 반드시 불교적인

102 송욱, 『『님의 침묵』 전편해설』, 과학사, 1974, 160쪽.

103 Jean Chevalier · Alain Gheerbrant, *A Dictionary of Symbols*, Blackwell, 1994, p. 162.

지해의 그림자로서의 의미나 상징만으로 굳이 해석되어야만 할 것인지는 믿어지지 않는다. 만해의 시는 시이지 불교 경전이 아니기 때문이다. 가령 달빛 · 창 · 털을 가다듬고 있는 동적인 고양이의 그림자는 생물학적 또는 생태학적인 상태와 관련된 상징적 영상으로서의 다른 해석이 얼마든지 가능할 것 같다는 생각이다. 어느 누가 지적했는지 기억되지 않지만, 시의 해석에 있어서 잘못된 해석은 없고 단지 다른 해석이 있을 뿐인 것이다. 다른 해석의 여지도 더욱 넓혀져야 한다.

그래서 만해 시 전반에 대한 언어 체계론적 시학과 불교 철학 사상의 융합적 해석을 시도한 것이 윤재근의 소론이다. 전반적으로 상당히 공들인 해석 작업이다. 그러한 관점의 그도 역시 고양이에 관한 한은 시의 서정적(시적) 자아가 창밖의 달빛을 직시하면서 달빛 속의 고양이를 있는 실제로 보는 것이라고 한다. 객관적인 풍경의 리얼리티의 현상으로 반응할 뿐 그것을 그 이상의 어떤 상징 상태의 기능으로서 보기는 유보하고 있다. 다만 그는 시의 서정적(시적) 자아인 '나'의 '잔나비'에 대한 반응과 인지가 환상적인(상상적인) 몽상인 것과는 달리 실제로 보는 '고양이'는 환상과는 다른 '명징한 개오(開悟)'의 인식을 표현한 것이라고 대비적으로 해설하고 있다. 이는 송욱의 '지해의 그림자'와 그다지 멀지 않다. 그리고 '작은 새에 대해서는 겸허한 생명 존재로 수렴하는 하나의 상징적 형식'[104]이라는 적극적으로 해석을 한다. 그리고 김용직의 저서『님의 침묵 · 총체적 분석 연구』(2010)은 시 해석에 있어서 뉴크리티시즘의 언어 분석적 방법에 특별히 경도해 왔던 그의 시해석의 태도나 시각과는 아주 달리 문예 시학

104 윤재근.『만해시『님의 침묵』연구』, 민족문화사, 1985, 254~5쪽.
김용직.『님의 침묵 : 총체적 분석 연구』(2010)

적 연구보다는 철저할 정도로 불교 경전에 강박된 해석에 역점을 두고 있다. 그래서 그는 아쉽게도 고양이 이미지에 대한 논급은 아예 없다. 이 밖에 몇몇 논자들이 고양이에 대한 반응으로서 '달빛에 눌리운 창'은 무심한 세계의 무게에 짓눌리는 자의식, 창에 비춰서 털을 가다듬는 고양이의 오르락 내리락 하는 고양이 그림자의 형상은 '한가한 모습'으로 혹은 관능성으로 보기도 하고, 이와는 달리 상징성보다는 시적 자아의 눈에 비춰지는 순수한 전경이 현상으로서 보는 시각들이 있다. 어느 것이 정당하다고는 판정하기 어렵지만 다소는 탈불교적 해석이다.

그렇다면, 이제 '달빛에 눌리운 창에 저의 털을 가다듬는 고양이의 그림자의 오르락 내리락'하는 상태는 어떤 비유적 또는 상징적인 의미를 지닌 것으로 해석할 수 있을까. 그러기 위해서는 먼저 한용운 시에 대한 기존의 해석 관습을 벗어나서 반성적으로 다시 읽기 작업을 할 필요가 있다. 여기에는 무엇보다도 선사(禪師)로서의 만해의 색다른 삶과 전기적 사실에 너무 지나치게 매몰되고 있는 종교(불교) 사상적 해설보다는 그 이전에 서정적인 것으로서의 시적 독자성과 내재성을 먼저 존중하거나 지향하는 일이다. 종교 철학적인 교의(敎義)로부터 해석의 시적 환속화 현상이라고 할까.

물론 한용운의 시는 불교적인 상상력이나 불교적 사상시로서의 면모가 뚜렷한 것은 사실이지만 그럼에도 불구하고 그 이전에 문예로서의 순정의 서정시 및 문학적 텍스트로서의 독자적 가치를 충분히 갖추고 있기 때문에 오직 불교적인 시인 것으로만 한정하는 것 같은 해석은 오히려 그의 시 세계를 특수한 영역으로만 협소화시킬 여지도 있는 것이다.

그런 점에서 아주 작게 시각을 초점화하여 고양이의 동물로서의 상태성(생태성)이 미묘하게 제시되고 있는 이 장면의 상징성과 이 시 「?」의 주제는 무엇인가를 나름으로 살펴본다.

이 시는 시 전반을 지배하고 있는 시간이 밤이다. 그의 시간의 이미지로만 보면 일종의 밤의 시요 야상시(夜想詩)다. 물론 불(佛)이나 마(魔)니 하는 불교적 사유 표징의 형이상의 관념까지도 함께 섞이여 이루어지고 있는 시이지만, 청각적 감각의 미학이 두드러지고 시각적 감각마저 곁들여진 정감적인 서정시이다. '나'라는 주체를 한 번도 표면화시키지 않으면서도 잠재된 서정적 자아는 처음부터 사랑의 대상적 존재인 '님'을 그리워하고 또 견딜 수 없이 초조하게 기다리고 있는 상태이다. 졸음 결에도 활발한 님의 발자취 소리의 환청에 놀라서 깨고 흔들어 빼는 님의 노랫가락 같은 소리에도 잔나비의 애처로운 꿈을 깬다. 그만큼 이 시의 근원어(Grundwort)인 '님'은 서정적 자아인 나에게 있어서는 전의식을 지배하는 근원과 같은 존재이다. 이 님의 존재는 굳이 불교적 차원에서의 대상인 부처님일 필요는 없다. 세속의 차원에서 지극히 그리워하고 사랑하는 여인이어도 아무런 상관이 없는 것이다. 모든 사랑의 시가 다 그렇지 아니한가. 그런데 실재적으로 잠결에서도 꿈결에서도 놀라 깨게하고 찾게 하는 님은 현재에서는 부재하는 상태이다. 그런 가운데에서도 나의 님에의 간절한 기다림과 찾음의 마음 상태를 죽는 밤을 지키는 외로운 등잔불의 구슬꽃으로 미친 불에 타오르는 불쌍한 영(靈)으로서 절망의 북극에서 신세계를 탐험하는 것으로 표출시키고 있다. 이 이미지들은 기다림의 간절한 마음의 내면 풍경을 함축하고 있는 것이다. 그러나 그런 마음임에도 불구하고 '나'는 부재하는 존재인 님을 만나지 못하는 현실과 둘이 함께 하나로서 접속하고자 하는 신체적 갈망 사이에서 영육이 갈등하고 서로 견인(牽引)하는 상태이다. 그러기 때문에 시의 구조 자체에는 이원적인 대립 현상이 나타나 있는 것이다. 즉 서정적 자아의 '나'의 내면 의식에는 감정과 이지가 서로 마주하고 인면(人面)의 악마와 수심(獸心)의 천사의 뒤섞여서 출몰하기도 한다. 이 지경은 그리고 절망(북극)/희망(신세계), 불(佛)/마(魔), 티끌(인생)/황금(꿈)의 정반대의 축이다. '나'는 지적 · 이성적 의식과 감정적 · 본능적 의시 사이에어 얽매이는 아픔과 안타까움의 복합적인 영육과 불과 얼음의 복합적인 대립적 갈등 속에서 방황해서 님을 갈구하는 상태인 것이다.

문제의 3연(7행)에서 서정적 자아는 그런 갈구의 대상인 님의 얼굴과 존재가 '사막의 꽃', '그믐밤의 만월(滿月)'이라고 은유한다. 시의 처음부터 제시된 부재의 존재를 ~하는 : 표현하는/드려내는/의미, 설명하는 등등이 역설적인 표현은 수사학의 영역에서는 옥시몰론(Oxymoron), 즉 대조적 또는 모순되는 낱말의 병치 또는 결합으로써 특별한 효과를 거두는 표현법이다. 그래서 님과 나와의 관계(I-Thou Relationship)는 현실적으로 끝내 만남과 합체의 미완상태이다. 이 합체의 미완 상태를 나의 입술과 미소에 멱 감는 님의 입술과의 닫지 못함의 감촉 부재로 표징하고 있다. 서로가 닿을 수 있는 입맞춤을 통해서 현실화되는 체감적 감촉 갈구의 갈구와 염원이 이루어지지 않는 상태이다. 만해의 시집 『님의 침묵』에서 너무도 빈번하게 출현하고 있는 '키스'나 '입맞춤'이 바로 이 상태와 직결되어 있음은 자명한 현상이다. '입맞춤'이나 '키스'는 님과의 합체적 또는 합일적 관계를 상징하는 신체적(육신적) 이미지인 것이다.

이제는 '움직이지 않는 달빛에 눌리운 창에는 저의 털을 가다듬는 고양이의 그림자가 오르락 나리락 합니다'는 구절과 그 속에 담긴 고양이 동작의 상징적 의미를 마지막으로 밝히는 단계이다. '달빛에 눌리는 창'은 환하게 밝고 가득한 달빛이 창을 압도한다는 독특한 시적 표현이다. 그리고 야행성 동물인 고양이와 달은 잘 알려져 있듯 원래부터 친밀한 것으로 연상화된 그 관계이다. '저의 털을 가다듬는 고양이의 그림자가 오르락 내리락 합니다'에서 저의 털을 가다듬는 고양이는 숫고양이라기보다는 숫고양이와의 짝짓기와 밀회를 기다리며 제 몸을 단장하듯이 털을 가다듬는 발정 상태의 암코양이일 것이다. 고양이의 여성성 즉 여자의 묘성(猫性)과 관계가 있다. 고양이는 생태적으로 신체 접촉과 몸을 비비는 애무의 동작을 좋아하고 추위를 잘 타는 동물이다. 창에 비친 고양이의 그림자가 오르락 내리락 한다는 움직이는 동작태는 고양이의 생리적이고 관능적인 몸이 열리는 동작인 것이다. 그래서 이 시에 나타나고 있는 이런 상태의 현실적인 고양이의 상태를 보면서 또는 연상하면서, 이성과 감정 및 영육, 마와 불의 갈등을 겪으면서도 님과의 합일과 합체를 더욱 갈망하는 자아의 내적 상태를 이로써 은유적으로 시각화한 것이다. 고양이가 가시적인 현상이든 비현실의 가상이든 관계없이 뜻은 같다. 그런 점에서 고양이는 '나'의 객체화인 것이고 시 말미의 '바람에 흔들리는 약한 가지에서 잠자는 작은 새' 역시 '불이냐 마이냐 인생이 티끌이냐 꿈이 황금이냐' 라고 이쪽이냐? 저쪽이냐?란 미정 상태에서 물음을 던지면서 알지 못함을 흔들리는 선택의 상황에서 미확정의 물음을 던지는 시적 자아나 약한 주체의 모습을 대리적으로 상징한다.

(2)는 「예술가」란 시의 2연(4, 5, 6행)에 등장하는 '조는 고양이'의 이미지이다. 모두 3연으로 이루어진 이 시의 화자는 각 연의 초행마다 자신을 '서투른' 화가, '파겁 못한' 성악가, '소질없는' 서정시인 등 전문적이지

도 못하고 재능과 기량이 미숙하고 부족한 상태의 예술가로 낮추어 비유하고 있다. 그러니까 모두가 재능이 모자라는 예술가(künstler)의 모티프이다. 여기에는 '나-당신'(Ich-Du) 관계에서 사랑하는 당신에 대해서 자기를 낮추는 겸손의 의미가 함의되어 있지만, 그러나 화자는 대상에 대한 적극적인 예술 태도에 있어서는 전문 예술가 이상의 절실하고 간절함을 갖고 색(그림), 소리(음악), 언어(말, 서정시) 등으로 이루어지는 각 예술의 장르로 님(당신)을 표현해내고자 한다. 사랑의 감정은 사람으로 하여금 사랑하는 님을 그리게 하고 노래하게 하고 또 쓰게(짓는)하는 예술가를 만들게 하는 능력을 갖고 있는 것이다. 따라서 이 시에서는 우선 예술 작품의 창조자로서의 '예술가'라는 표제가 무리없이 어울릴 뿐 아니라, '초상(화)', 독창 · 합창(중창), 인물화(세밀화) · 풍경시 · 정물화 등 예술 장르적 분류 체계도 암시되어지기도 한다. 어쨌건 고차적 예술관과는 달리 무엇이 낮은 예술가와 연계시키면서 모자람이나 미숙함을 내세운 이 같은 만해의 겸허한 예술관은 그의 시 「생의 예술」에서의 '님의 주시는 한숨과 눈물은 아름다운 생의 예술입니다'란 말에서 드러나고 있는 것이다. 그것은 소박성과 생지향으로 이루어지는 진솔한 생의 예술이고 간절함의 미적 철학으로 통한다. 그런 점에서 참된 의미에 있어서 전문적인 예술가에 못지않게 예술적 간절함과 진솔함을 지닌 이 시의 화자는 오히려 역설적으로 예술가의 이름에 더 합당한 예술가이다.

1연에서 시적 화자인 '나'는 화가가 되어서 잠자리에서 가슴으로 님의 초상화를 그린다. 서툴지만 사랑하는 님의 모습을 마음 속에 수없이 그리고 지우곤 한다. 문제의 2 연은 조는 고양이가 등장하는 성악가의 연이다. 여기서 시적 화자는 자신을 '파겁하지 못한 성악가'라고 규정한다. '파겁

(破怯)'은 부끄러움이나 두려움을 없앤다는 뜻이다. 따라서 파겁 못한 성악가는 아직도 자신의 노래에 자신이 없어서 무대나 남 앞에 서서 노래하기가 겁나고 부끄러운 상태의 미숙한 성악가다. 이런 상태의 '나'는 당신이 가르쳐 준 님의 노래를 불러보고자 한다. 때는 청중이라고 할 이웃 사람도 한 사람 남지 않고 돌아가고 밤 벌레소리도 다 그친 빈 시간이라 겨우 겁없이 노래를 부르려 한다. 그런데 뜰 앞에서 조는 고양이가 있어 '나'로 하여금 부끄럽게 해서 끝내 '나'의 독창을 부르지 못하게 된다. 이루지 못한 이 미완의 독창(solo)은 이후 가는 바람에 스치는 문풍지 소리와 함께 섞이는 조용한 합창(Chorus)이 된다.

그렇다면 '나'로 하여금 노래를 부르지 못하게 하는 조는 고양이는 무엇이며 부끄러움은 또 무엇이며 조는 고양이는 왜 '나'를 부끄럽게 해서 님의 노래를 아주 부르지 못하게 가는 것일까. 고양이는 조용한 발걸음과 응시 독립성을 지닌 날렵한 동물이지만, 다른 한편으로는 애무받기를 좋아하고 나른해하고 나태하고 게으른데다 훔쳐먹거나 졸기를 좋아하는 기면(嗜眠)의 동물이기도 하다.[105]

이유는 고양이란 생명체로서의 존재가 근접한 목전에 있기에 파겁하지 못한 상태의 '나'는 수줍고 부끄러워서 노래를 부르지 못한 것이다. 아무 반응도 없이 조는 고양이마저도 무시하는 존재로 여김으로서 그렇게 한 것이다. 이 지극한 부끄러움과 수줍음의 소심성과 사회적 세평에 있어서의 어색함이 자기 억제와 자기 드러냄의 배제적인 감정의 정서요 태도

105 Wolfram Eberhard, *A Chinese Symbols*, Routledge & Kegan Paul, 1986, p. 58. 18세기의 문인 유본학의 작품 「오원전」에는 고양이의 특징을 '기면'이라 했다. '기면'은 졸기를 좋아한다는 뜻이다.

이다. 그러기 때문에 아무 반응도 없이 조는 고양이의 앞에서까지 최고의 부끄러움으로서 부르지 못한 노래를 가는 바람에 스치는 문풍지 소리와 함께 가만히 합창으로서야 비로소 부르게 되는 것이다. 그러나 소심스러운 '나'에게 있어서는 '무반응의 반응'으로서 감응되는 존재이다.

(3)의 「쥐」(1936)는 시집 『님의 침묵』에서의 삶의 시편들과는 다른 이색적인 시다. 고려시대 이규보(李奎報)의 쥐를 저주하는 「주서문 병서(呪鼠文幷序)」 및 다산 정약용의 「이노행(狸奴行)」의 내용을 방불케 하는 시다. 여기서 고양이는 『사문유취(事文類聚)』등에서도 밝혀지고 있듯이. '밭 쥐를 잡아 먹는', 즉 사람들에게 해를 끼치는 쥐에 대한 쥐잡이 동물의 구실로서 제시된다. 고양이와 인간이 함께하는 가장 오래된 관계이다.

> 단단한 것을 구멍 뚫어 상자나 궤 속에 잘 들어가며 굴뚝을 뚫어 구석에서 연기가 나게 하면서 음식을 먹으니 이는 도둑이다. 너희도 배를 채우기 위한 것일진대, 어찌하여 옷감을 씹어서 옷을 이루지 못하게 하며, 어찌하여 실을 씹어서 명주를 짜지 못하게 하는가?
>
> 너희를 막아줄 것은 고양이이지만 내가 기르지 않는 것은, 성품이 본래 인자하여 차마 악독한 일을 할 수 없기 때문이다. 만약 나의 덕성을 알아주지 않고 날뛰어 내가 금하는 짓을 하게 된다면 너희를 응징하여 후회하게 할 것이니, 빨리 나의 집에서 나가라.
>
> 그렇지 않으면 사나운 고양이를 풀어서 하루에 너희 족속을 씨를 말리게 하여, 고양이의 입술에 너희 기름을 칠하게 하고, 고양이의 뱃속에 너희 살을 장사지내게 할 것이다.
>
> — 이규보, 「주서문 병서」

> 너는 사람의 결혼의상과 연회복을 낱낱이 조아 놓았다.
> 너는 쌀궤와 멱서리를 다 쪼고 물어내었다.
> 그 외에 모든 기구를 다 쪼아 놓았다.

나는 쥐덫을 만들고 고양이를 길러서 너를 잡겠다.

― 한용운, 「쥐」

쥐와 이 쥐를 사냥하는 동물로서의 고양이의 이러한 앙숙 관계 현상은 문학 작품에서도 이미 오래 전부터 우화나 풍자의 방법으로서 활용되어 온 것이 사실이다. 동 시대의 현대 소설인 김기진의 「붉은 쥐」(1924)나 이기영의 「쥐 이야기」(1931)도 다 연장선상에 있는 작품들이다. 서구문학의 경우 쥐의 등장이 현저한 작품은 알베르 까뮈 「페스트, La peste」(1947) 귄터 그라스의 「암쥐, Die Rättin」(1987)이다. 그러나 만해의 시 「쥐」가 「주서문 병서」와 「이노행」 등과 다른 점은 의인화된 쥐를 일방적으로 공격하는 단일 구조가 아니라 공격과 방어(비판)가 쌍방적 관계로 이중화되어 있는 대화 형식이라는 점이다. 그럼으로써 작고 방정맞고 얄미운 쥐가 크고 점잖고 귀염성 있는 인간에 대한 시니컬한 대비의 반격이 만만치 않게 전개되고 있다는 점이다. 특히 색계의 인간에 대해서 강화된 쥐의 담론에 더 주목할 필요가 있다.

또 너희 집과 너희 나라를 빼앗으면
너희는 허리를 굽혀서 절하고 나의 공덕을 찬미할 것이다.
그리고 너희들의 역사에 나의 이름을 크게 쓸 것이다.

풍자성이나 알레고리의 수사학이 작용하고 있는 이 속에 무엇인가 시인이 말하려는 어떤 이질 집단에 대한 정치적 무의식이 함축되어 있는 것이 분명하다.

4장
관능의 고양이와 약탈의 고양이

1.「봄과 신작로」: 고양이의 자웅질과 집을 나간 여자

금녀와 유감이는 시집온 후로 이제 첫 봄을 맞았다. 친정의 외양간 기둥에 그대로 걸려 있을 것 같은 나물 바구니와 호미를 눈 앞에 그리며 이 봄을 맞았다.

이 동리에서도 봄고양이가 울었다.

지난봄 어느 날이었다. 금녀와 유감이가 가득 찬 나물 바구니를 겨드랑이에 끼고 피곤한 어깨를 늘어뜨린 손에 호미를 들고 건드렁 건드렁 활개를 치며 가물가물 어두워오는 동구 안길을 찾아들고 있을 때 사뭇새 수수깡 바자 밑에서 고양이가 울고 있었다.

그 고양이는 털을 거슬린 목을 짜내듯이 허리를 까부러치고 우는 것이었다.

한참 서서 보는 동안에 그 고양이는 몇 번이나 울음을 멈추었다. 그때마다 금녀와 유감이의 머리카락을 스치는 바람결에 바자의 수수깡잎이 버들피리같이 울었다. 그러자 또 고양이가 우는 것이었다. 이번에는 저편에서 다른 고양이가 울기 시작했다. 이 놈이 울면 저놈이 귀를 재우고 저놈이 울면 이놈이 귀를 재우는 모양으로 서로 소리를 더듬어 가까이 갔다.

버들피리같이 우는 바자 안의 파줄기가 입에 물고 빨던 아기의 손가락같이 달빛에 젖어 부옇게 빛날 때 고양이 한 쌍은 마주쳤다. 마주친 두 놈은 얼크러져서 잔디밭 언덕에서 떨어지듯이 굴러내렸다.

유감이는 얼굴이 붉어졌다. 잘 보이지 않아도 금녀도 붉어졌으려니 생각하고

"가자 얘——"

"얫쇠—"

금녀는 재채기는 하고 깔깔 웃으며 달아났던 것이다.

이 봄에 이 동리에서 우는 고양이 소리를 금녀도 들었고 유감이도 들었다. 그러나 유감이만은 우물길에서나 집에서 우는 고양이를 만나면 발길로 차거나 부지깽이로 갈겨 쫓아내었다.

위의 글은 최명익(崔明翊, 1903~?)의 소설 「봄과 신작로」(1939)의 시작 부분이다. 여기에는 봄날의 저녁때 발정기를 맞은 봄고양이 두 마리가 울음소리를 신호로 암수가 서로 만나 거칠게 야성적으로 뒤엉키는 자웅질을 묘사한 장면이다. 이런 고양이의 성애 장면의 묘사는 우리 소설에서는 그리 흔한 현상이 아니다. 여기에 그 장면을 곁에서 관찰자로 엿보면서 반응하고 있는 혼기를 바로 앞둔 처녀인 두 사람의 여주인공 유감이와 금녀가 등장한다. 그런데 이 고양이 소리를 듣고 있는 이 두 여인들에게는 '이 봄'과 '지난 봄'이라는 두 봄이 시간적으로 교차되어 있다. 즉, '이 봄'은 둘 다 시집을 온 후로 맞는 첫 해 봄인 현재에 듣는 고양이 소리인 반면,

'지난 봄'은 시집 오기 바로 전 해 친정 마을에서 들었던 과거의 고양이 소리인 것이다. 둘은 한 마을에서 함께 시집온 이 동리에서 이 봄 고양이 울음을 들으면서 시집 오기 전해의 친정 마을 수수깡 밭에서 울었던 고양이의 울음 소리와 그때 얼굴이 붉어지게 했던 달빛 속에서의 두 고양이의 맹렬하게 뒤엉키는 교미 상태를 눈 앞에서 연상하듯 그리고 있다.

지난해 봄날 밤, 두 사람은 발정기를 맞은 암코양이가 수코양이를 부르는 소리를 듣는다. 거듭되는 울음소리에 수코양이가 드디어 나타나서 서로의 거리를 점점 가까이 좁히면서 한 쌍은 마침내 언덕을 굴러내리면서 거친 짝짓기 교미 행위를 감행하는 것이다. 이 야생적인 장면을 둘은 바로 일 년 전에 목격했던 것이다. 혼인하기 직전에 이들이 본 고양이들의 이 맹렬한 짝짓기 행위는 어떤 의미가 있는가. 이 경우 고양이는 성적 열도와 여성적 교태, 관능적인 욕망 구애(짝짓기)와 봄의 상징[106]으로서 유감이 금녀 두 여인들의 섹슈얼리티나 애욕의 성숙화를 자극하는 촉매적 매개 기능으로서 작용하는 것이다. 실재로 그 둘은 이 장면을 보게 됨으로써 얼굴이 붉어지는 자극 반응을 일으킨 것이다. 이것은 인생의 봄과 성과 결혼에 대한 성적 성숙화와 눈뜸의 입사(入社) 의식을 의미하는 전경화인 것이다. 이렇게 동물의 성을 인간의 애욕과 연계하여 소설의 세계 속에 은유나 상징으로 끌어들인 대표적인 경우는 이효석의 「메밀꽃 필 무렵」, 「돈(豚)」, 「독백」, 「분녀」 등에서도 현저하게 나타난다. 그러나 고양이가 쥐잡기가 아니라 관능과 성애의 표상으로 된 것은 짐승의 상징성을 소

106 Claude Aziza · Claude Olivieri · Robert Sctrick, *Dictionnaire des Symboles et des Themes Litteraires*, Fernard Nathan, 1978, pp. 53~4.
Ad de Vries, *Dictionary of Symbols and Imagenary*, North-Holland Publishing Co, 1976, pp. 86.

설에 끌어들이는데 가장 월등한 작가의 한 사람인 최명익의 경우가 처음이다. 「봄과 신작로」는 고양이의 성애의 장면에 이렇게 반응하면서 함께 한 마을에서 결혼 생활을 시작한 고향 두 여인의 서로 어긋나는 인생 행로와 역정을 제시하려는 작품이다. 그래서 유감이와 금녀 두 여인은 고양이로 치자면, 유감이는 가축성의 고양이, 즉 집고양이형인데 비해서 금녀는 야수성의 고양이 즉 들고양이나 길고양이형이다. 유감이는 임신을 하고 시집살이에 잘 적응해 가는 여인이다. 그러나 금녀는 성을 모르는 어린애 남편을 두어서 유감이처럼 될 수 없는 상태로 외방의 집밖으로 관심을 두다 결국은 집고양이처럼 집을 떨쳐나갈 뿐만 아니라 다른 외간의 남자와 밀통을 한다. 마을로 신작로가 생기자 마을의 우물로 찾아오는 자동차 운전수와 어느 사이 친하게 되어서 그를 기다리는 여인이 된다. 이것은 그녀가 들판이나 길바닥과 같은 외방에의 유인력에 이끌리어 나간 들고양이처럼 길에의 흡인력에 이끌리는 여인이 됨을 뜻한다. 봄과 신작로라는 표제화된 상황은 둘 다 애정 결핍의 금녀에게는 바깥으로 이끌게 하는 유도적인 원심 시공(時空)이다.

이 작품의 성격에 대해서 나는 오래전에 이미 '신작로', '자동차' 등의 새로운 근대적 문물들의 상징을 전제로 하여 '침범(Invasion)의 은유성'으로서 해석[107]한 바가 있다. 이는 타자적인 것, 외방적인 것이 새로 생긴 통로인 신작로라는 길을 통해서 침투해 안으로 들어오게 됨으로써 안의 것 및 재래의 것(전통적)인 마을 공동체가 불건강하게 병들거나 생명을 잃어가 버리게 되는 타화의 변이현상을 전염의 레토릭으로 비유한 것이다.

107 이재선. 『현대소설의 서사 주제학』, 문학과 지성사, 2007, 214~18쪽.

그렇다면 짝을 찾는 봄고양이 소리와 교미 장면을 본 두 여인의 삶은 일련의 시간적 간격을 두고 어떻게 서로 달라지고 있는가. 서른의 주정뱅이 춘삼이와 결혼한 유감이는 우물길에서나 집에서 오는 고양이를 만나면 얼굴이 붉어지는 대신 이제는 발길로 차거나 부지깽이로 갈겨 쫓아낸다. 갓올린 머릿봉이 무거운 듯 고개를 숙이고 외면을 한다. 그녀는 젖가슴이 높아지고 허리가 차차 굵어지며 물동이를 이려 할 때에는 헛구역질을 하며 눈물을 흘린다. 남성을 징그럽게 경험하고 임신을 한 상태이다. 이런 유감이의 고양이에 대한 반응의 변화에는 임신 뒤에 남자에 대한 여인의 미묘한 견인의 감정적 음영이 투영되어 있다.

이에 비해서 자기보다 두 살이나 어린 '울램이' 서방과 결혼한 금녀는 처녀적이나 다름이 없고 억세게 소 구루마차를 한 팔로 끌어잡고 달려와서 바가지에 철철 넘는 물을 벌컥벌컥 다 마시고 가는 유감이 새 서방의 땀 냄새, 술 냄새가 서리던 것을 생각하면 유감이의 우는 곡절을 도무지 이해할 수 없었다. 어린애 같은 신랑으로 인해서 성적 욕망을 채우기가 결핍되어 있거나 정체되어 있는 상태이기 때문이다. 이런 결핍 상태에 신작로가 새로 나면서 금녀와 유감이나 함께 물을 긷는 동네 우물가로 자동차를 몰고 오는 운전수가 등장한다. 이 이후 초점화되는 인물과 사건은 유감이 보다는 금녀 쪽으로 모아진다. 울남이 어린 미성숙 상태로 남자 구실을 못하는 신랑을 두어서 불만인 금녀는 어느 사이 마을의 우물가로 찾아오는 도시의 자동차 운전수(외래자)와 친해지고 가까워지면서 그 운전수가 오기 만을 매양 기다리는 들뜬 여인이 된다. 이것은 금녀의 성적 일탈 행위를 의미하며 외부자의 침범에 감염되어 감을 의미한다.

그러나 외방의 유인력에 끌려들어서 운전수를 따라 가출하여 외방으로 갔던 금녀에게는 그 일탈적인 사랑 만들기 또는 채우기의 부작용으로 성병에 전염되는 불행이 다가들게 된다. 금녀는 결국 이 병으로 해서 죽는다. 이 전염병의 레토릭은 정치적인 의미로 로라 오티스가 말하는 침범의 은유 현상[108]이다.

> 부중이라는 증으로 한방의가 처방한 약이 화로 위에서 쓴 풀뿌리 냄시를 피우며 끓는 소리를 들으면서 금녀는 죽는다. 비가 한 소나기 쏟아지고 멎어서 초저녁부터 앞벌 논의 머구리 소리는 한층 더 요란한 저녁이었다. 빗방울이 뚝뚝 듣는 집 뒤 아카시아 나무 아래서는 아직도 짝을 찾는 봄고양이 소리가 들렸다. 그 소리를 듣는지 못 듣는지 금녀의 흐려진 눈에서는 눈물이 그치지 않고 흘렀다.

이런 성병에 의한 금녀의 죽음과 등가적인 의미로 포개어지는 것이 작품 말미에 금녀네 시집 송아지의 죽음이다. 송아지의 죽음은 바로 아메리카에서 들여온 '아카시아'라는 외래종 식물을 송아지가 먹었기 때문이다. 이 역시 침범의 은유화 현상이지만, '아카시아'는 서양과 아메리카의 환유이다. 여기에는 태평양 전쟁을 도발한 일본 제국주의의 이른바 '성전' 선동의 반미적 병균 침투의 배타 의식이 투영된 것이다. 이는 일제 말기의 소설에 잠복된 통제현상의 얼룩이다.

어쨌거나 금녀는 젊어서 죽는 마지막 순간까지도 짝을 찾는 봄고양이 소리를 듣는다. 금녀의 삶은 짝을 찾는 봄고양이 소리를 듣는 것으로 시작해서 짝을 찾는 봄고양이 소리를 듣는 것으로 끝난다. 금녀는 내적으로는 조혼 풍속의 희생자이면서 외래적으로는 침범의 희생자이기도 하

108 Laura Otis, *Membranes : Metaphors of Invasion in Nineteenth Century Literature Science and Poetics*, The Johns Hopkins University Press, 1999, pp. 1~8.

다. 처음부터 끝까지 출현하고 있는 고양이는 여성적이며 발정과 관능적인 정욕의 표상이다. 한편 동식물의 상징적인 인용이 두드러진 작가 최명익의 경우, 그의 작품 「폐어인(肺魚人)」(1938)에도 고양이가 등장한다.

「폐어인」의 초반 발단 부분은 쥐를 잡아먹고 죽은 고양이 이야기로 다음과 같이 시작한다. 표제의 폐어는 '肺魚', 즉 'Lung Fish'다. 건기(乾期)에 진흙 속에 숨어 휴면하는 물고기이다.

> 쥐를 잡아먹고 고양이가 죽었다.
>
> 기른 지 3년이나 되도록 쥐를 잡아본 적이 없던 고양이가 하필 여름 생쥐를 잡아가지고 툇마루에서 피를 흘리며 먹을 때 모두 질색하여 쫓아내었던 것이다.
>
> 그날 저녁에도 상귀를 핥으려 드는 고양이의 수염은 여전히 은실같이 빛났으나 생쥐 냄새가 나는 듯하여 몰아내었고 밤에는 자리 속에 들어오지 못하도록 광 속에 가두어 재웠던 것이다.
>
> 그 밤을 고양이는 밤새워 울고 보채었다.
>
> 아침에 광문을 연 선희는 역한 냄새에 울컥 속이 뒤집히는 듯하였다. 내장이 모두 스러져 나오는 듯한 것을 무드기 게워놓은 앞에 웅크리고 있는 고양이는 기신을 못 차렸다.
>
> 아침 볕에 간신히 뜨는 고양이의 눈은 밀화 구슬같이 영롱하던 흰자는 없어지고 옹이 빠진 구멍같은 동자만이 한없이 깊어 보였다. 고양이를 몰아내고 재를 덮어서 부정한 것을 치르는 선희의 침도 뱉을 수 없이 가슴이 설레였다.

집 안에 기른지 삼년 동안이나 쥐를 전혀 잡지 않고 밀화 구슬 같이 영롱한 흰자를 가진 고운 고양이가 어느 여름날, 뜻 밖으로 생쥐를 피를 흘리며 잡아먹고 역한 냄새를 풍기며 질색할 존재가 되어서 쫓겨남으로써 끝내는 죽고 만다는 내용이다. 그런데 이 너무 단순하고 범속한 사실인 듯한 고양이의 쥐잡아 먹음과 죽음은 작품 전체를 끝까지 읽고 나면 심상찮게 작품의 주제를 위한 유의미한 암시나 전경(前景)으로서의 의의를 지니고 있음을 지각하게 된다. 즉 이 장면이 중심 서사와 주제와 메인 플롯을 위한 암시적 전경과 서브 플롯(복선)으로서의 매우 효과적인 기능을 하고 있다는 사실이다.

이 작품에는 일제 말기에 학교가 폐교 조치 당함으로써 지식인으로서의 인텔렉트를 버리고 직업을 바꾸라고 강요받게 되는 두 사람의 교사가 등장한다. 현일과 도영이 바로 그들이다. 이들은 거기에다 둘 다 폐결핵 환자이기도 하다. 그런데 현일과 도영은 다 같이 앓고 있는 죽음의 병인 결핵을 앓으면서도 지향코자 하는 삶의 방식이 서로 대조적이다. 현일은 비록 운명의 타격과도 같은 각혈로 인해서 병약한 몸이지만 절망과 패기 · 비관과 낙관이라는 두 가지 정반대의 생각을 번갈아 하면서도 그나마 절망 가운데서도 의리와 노력의 삶을 지키면서 천직인 교단으로 되돌아 가고자 한다. 그러나 지나칠 정도로 결벽성을 지니고 있었던 도영은 실직과 병마와 싸우는 과정에서 신경 쇠약의 실성한 상태가 된다. 그 특유의 결벽성마저 버리고 삶의 방법을 이전과는 백팔십도 바꾸어 버린 채 어떤 처지에서건 오직 먹고 살기만 하면 된다는 쥐덫 속에서도 쥐를 먹는 이른바 '쥐의 철학'을 역설한다. 그가 이제껏 지니고 살아왔던 가치들은 한갓 관념의 유희정도로 폄하해 버리고 살기 위해서는 뱀이건 지렁이건 무엇이나 다 먹어치우는 동물적인 본능만을 추구하고 따라가는 인간이 되어 버린 것이다. 이런 도영은 마지막에 땅구멍에 오줌을 누면서 구렁이와 지렁이를 잡는 엽기적인 사냥 과정에서 각혈의 피를 쏟아내며 쓰러진다. 그때 옆에 있던 제자인 병수가 그 피를 씻으려고 다가가자 이를 지켜보던 현일이 도영을 부축하면서 병수에게 '이런 더러운 피에 왜 손을 적시려나.'하고 일갈하며 물러서게 한다. 평소에 쥐를 잡지 않던 고양이가 쥐를 잡아 피를 흘리면서 먹다가 그로 인해서 죽듯이, 결벽성을 지키던 도영이 아무 짓을 해서라도 뱀이나 지렁이를 다 먹어치우며 살면 된다고 본능적인 삶을 선택함으로써 오히려 그는 피를 흘리며 죽게 되는 것이다. 그의 피는 현일의 말과 같이 한낱 '더러운 피'가 되고 마는 것이다. 이 점에서 고양이의 죽음과 도영의 죽음은 서로가 일치되는 죽음인 것이다. 오직 본능에만 치우쳐서 영적 타락에 빠진 도영의 타락한 삶과 죽음을 제시하는 그 전경 장치나 복선으로서 고양이의 죽음을 서두에서 먼저 수수께끼처럼 예시적으로 끌어들인 것이다.

2. 약탈과 강도 도둑고양이 이미지 : 박노갑의「고양이」

박노갑(朴魯甲, 1907~?)의 「고양이」(1938)는 조선 후기의 김득신(金得臣)의 풍속화 〈야묘도추도(野猫盜雛圖 : 들고양이 병아리를 훔치다)〉가 연상되는, 병아리 채가는 도둑 고양이 이야기의 소품 꽁트이다. 여기에 등장하고 있는 주범 도둑 고양이가 1인칭의 서술자인 집 안뜰에 키우고 있는 노랑 병아리 대여섯 마리를 차례차례로 모조리 절취해가거나 강탈해 간다. 이 과정을 생활 수기와 같은 경험적인 서사로 서술한다. 짧은 이야기지만, 이 이야기 속에는 생선을 감쪽같이 물어가는 고양이를 경솔하게 욕하는 젊은 여인들과 이를 나무라는 늙은 부인네가 그들에게 들려주는 독한 고양이의 앙갚음의 이야기가 있다. 귀찮게 하는 고양이를 목을 올가미로 묶어 죽이려다 좀체로 숨이 끊어지지 않아서 그 살묘행위 때문에 며칠을 죽도록 앓은 사람의 이야기 그리고 좀체로 죽지 않는 고양이와 흡사한 개고기란 별명의 한 모진 사나이 이야기 등이 삽입되어 있다. 고양이의 영물로서의 영악함에 대한 효과적인 이미지나 정보가 제시되면서 주된 스토리와 병행적으로 이어진다.

이웃집인 기름집에서 심하게 날아드는 철매를 막으려고 아주 봉해버린 남창 유리창 밖에서 요즘 들어서 괴상한 눈동자가 방 안을 자주 응시하고 들여다 본다. '나'는 창을 한 겹 더하여 가까이 있는 노랗고 동그란 그 눈 가까이에 가서 내 눈동자로 노려보기도 하지만, 그놈은 좀처럼 꺼릴 줄을 모르고 느물느물하는 존재, 그 눈동자의 주인이란 것이 바로 고양이이다. 그 놈은 한 번 쫓겨난 뒤로도 어느 결에 다시 와서 몸뚱이를 도사리고 앉아서 우리 방을 내려다본다. 나는 이놈이 대체 무슨 까닭으로 이토록 우리방 남창을 자주 찾아오는지 의문을 갖는다. 그 의문은 도적고양이인 그놈이 우리 집과 기름집 사이에 있는 물받이 함석판에 새끼를 친 것을 발견하고서야 풀리게 된다. 그러나 이제부터 고양이의 도적질의 행위가 연속적으로 이어지게 된다. 어느 날 저녁 때 서술자 '나'는 학교 마당 근처에서 고양이 한 놈이 암탉 한 마리를 낚아채가는 정경을 보게 된다. 닭을 채간 고양이놈이 바로 우리 집 남창 밖에 사는 그놈일 것이라고 확신한다. 여기까지가 서사 구성 형태에 있어서의 이전에 제시한 예비적인 사전 제시나 이미지 정보에 의해서 이 다음에 전개될 사건에의 예측이나 기대는 가능하게 된다. 즉 이제까지의 서사 부분은 다음에 일어나야 할 일들을 가능케 하기 위한 서사적인 기반이 되는 셈이다.

서술자요 1인칭의 인물이기도 한 '나'는 집 안뜰에서 대 여섯 마리의 병아리를 키운다. 어찌하다가 두 마리는 낭패하여 죽고 남은 세 마리는 가두어 키운다. 이따금 밤에 고양이가 지붕과 부엌을 덜그덕거리고 다녀도 '나'는 가장 가까운 이웃에 사는 고양이가 병아리를 채어간다고는 생각지 않는다. 그러나 유달리 마루가 쿵쿵하는 날 밤 병아리 한 마리를 잃게 된다. 고양이의 약탈행위가 작동하기 시작한 것이다. [약탈의 시퀀스 ①]이다. 이 시퀀스(Sequence)라는 용어는 기호학에서 말하는 서사의 연속소를 뜻한다. 이튿날부터 병아리에 대한 온 집안의 주의는 비상해졌다. 한 동안 그림자를 비추지 않던 놈이 다시 유리창 밖에 나타나서 창 안을 들여다보고 간 다음 대낮에 잠깐 사이 방심하였을 때 또 한 마리를 잃어버렸기 때문이다. [약탈의 시퀀스 ②]

> 이튿날 병아리 한 마리가 홀로 서서 모이를 쫓는 것을 보니 무한 쓸쓸하여 보였다. 저 놈도 결국은 저의 먼저 동무들과 같은 운명에 빠지고 말 것 같았다. 그러나 이번 만은 고 놈이 고양이놈한테 빼앗겨서는 안되도록 단단히 지키게 되었다……
>
> 고놈이 한 마리 남은 것을 마지막 잡아 갔다는 것이었다.
>
> 두고보니 이번이야말로 그 놈은 절도질이 아닌 강도질인 모양이었다. 길가는 여인네 금비녀 빼가듯 한 것인가 싶다.
>
> 조심조심하던 나머지에 병아리를 품다시피 가까이 두고 무엇을 할 때 백주에 사람 앞에 달려들어 그 놈 고양이 놈이 병아리를 물고 내뺐다는 것이었다. 고양이 놈은 이 집 병아리를 마지막으로 먹고 말았다.[109]

끝내 고양이는 마지막 남은 단 한 마리의 병아리까지도 잡아간다. [약탈의 시퀀스 ③] 또는 서사 분절이다. 특히 마지막은 절도 행위가 아니

109 〈조선일보〉 1938. 5. 31.

라 백주에 행하는 강도질로 비유되고 있다. 그래서 전체적으로 이 작품에 제시되거나 등장하는 고양이의 이미지는 전반적으로 부정적이다. 도둑질하고 공포감을 유발하고 영악스럽고 닭을 잡아채가는 등, 사람에게 해롭고 약탈적이고 사악한 존재로서 제시되어 있다. 그러고 보면 이 작품은 비록 소품이면서도 고양이의 절도와 강탈 행위를 표면화 한 가운데 빼앗아 가기만하는 권력이나 정치적의 악행과 착취를 비판하거나 풍자하고자 하는 특별한 의도가 내재적으로 깊이 한 목소리로 함의되 있는 것인지도 모른다. 어쨌거나 이 작품의 고양이는 도둑이나 약탈자의 이미지이다.

5장
비유(trope)로서 부호화된 고양이

1. 처-첩관계의 비유로서의 개와 고양이(정비석)

고양이가 소설의 현실 공간에서 실지로 전혀 한 마리도 그리고 한번도 등장하지 않지만 고양이가 비유나 상징을 위한 매개로서 부호화 되어 제시되는 경우들이 있다. 그렇다고 여기서는 알레고리로서의 기능이 아니고 동물 비유어다. 가령 정비석(鄭飛石)의 「개와 괭이와」(1938), 정한숙(鄭漢淑)의 「묘안묘심(猫眼猫心)」(1955), 전상국(全商國)의 「암고양이의 식성」(1979) 및 김용운의 「고양이의 눈」(2011)과 같은 작품들이 그렇다. 이들 작품들에서는 고양이가 개와 갈등 관계를 이루는 대상으로, 위협과 방어의 기능으로서 고양이 소리 내기, 변화무쌍의 상으로서 고양이의 눈 또는 눈동자는 대표적으로 변화와 투시(응시)의 상징적 대상으로 등장하고 있는 것이다. 정비석의 「개와 괭이와」는 표제가 암시하고 있듯이, 개와 고양이를 처첩 양자의 갈등과 숙적으로서의 앙숙 관계를 빗대고 있는 1930년대의 작품이다. 견묘지간(犬猫之間)이라는 사자성어가 있다. 이 말은 개와 고양이의 사이처럼 둘의 관계가 원만치 못하고 아주 나쁜 경우와 상황을 일컫는 말이다. 개와 원숭이의 관계인 '견원지간'(犬猿之間)도 이와 같은 뜻이다. 이는 옛날 설화나 이야기에서부터 전승되어 오는 것이지만, 실지로 그런지는 알 수 없으나, 개와 고양이는 한 집에 살면서도 서로를 미워하고 으르릉대며 싸우는 악연의 나쁜 관계로 알려져 있다. 옛 설화「견묘쟁주」의 이야기가 그것이다. 이 관계자와 가장 일치되고 있는 인간 관계가 부처님도 돌아 앉는다는 일부다처의 본처와 씨앗도 처첩(妻妾) 가족 구성 내에 있어서의 처첩의 적대적이고 상극적인 갈등관계이다. 한 남자에 여자가 둘인 애착과 질투의 정념이 교호하는 이 숙명적인 삼각관계 및 갈등의 삼각형으로서의 처첩 갈등의 책임이 된 가족 리얼리즘 현상은 중세에서 근대에 이르기까지 한국 사회와 문학에서 특히 가정소설(Domestic Novel)이나 가족 소설(Family Novel)에서 빠질 수 없이 등장하는 필수 항목이었고 중요한 서사 문법이었으며, 빈번하게 되풀이 되는 문학 모티프가 되어오기도 했다. 현대 이전의 한국의 전통 사회에 있어서의 이 특별한 처첩의 삼각관계는 엄격한 의미에 있어서 '사랑'의 삼각관계이기 보다는 사회적 관습이 제공하는 '가'(家)의 패러다임으로서의 축첩 및 복혼(Polygamy)에 의한 처–첩의 갈등관계가 만든 여인들의 '가정적 삼각형'이다. 이 축첩과 복혼은 이미 이루어져 있는 결혼관계에도 불구하고 그것은 그것대로 유지한 채, 손(孫)을 잇고 조상의 제사를 모신다는 가부장적 가치가 그 명분이 되었고 그 가치의 결손을 보완하기 위한 혼인은 두 번이어도 그대로 사회적으로 용인되었고 심지어는 남성의 성적인 일탈(난봉) 행위까지도 명분의 허울을 쓰고 받아들일 수가 있었던 것이다. 여인들에게 있어서는 이 문제는 권리의 정당성을 장악하기 위한 주도권과 쟁탈의 매트릭스이다. 「개와 괭이와」 역시 이런 명분을 내세운 일종의 축첩기이고 그로 인해서 야기된 처첩 갈등의 삼각관계를 중심 모티프로 하고 있는 현재로서는 퍽 전근대적인 옛스러운 작품이다.

처첩 간의 갈등 관계는 작품의 서두에서 용궁에 옥퉁소를 가지러 갔다 온 개와 고양이가 서로 원수가 되었다는 옛 궁국 고사를 사전에 제시함으로써 예시되고 있는 것이다. 오십 줄에 접어든 1인칭의 화자 겸 주인공은 슬하에 애비라 부르는 자식이 없다는 것과 조상에 대한 제사를 받드는 직책이란 명분을 내세워서 정식 혼인한 본부인이 엄연히 있음에도 불구하고 서른두살의 과부를 첩으로 맞아 들인다. 이때 화자는 '호강첩'이나 '작은 색시'가 아님을 극구 내세움으로써 그들의 혼사 관계가 에로티시즘의 은밀한 사랑의 관계가 아님을 주장한다. 그리고 주인공은 큰 댁은 벌써 나이가 들어서 이제는 남편 샘을 할 것 같지도 않고 또 여태 아이를 낳지 못했으니 설사 첩을 들여도 아무런 불평의 소리를 못할 것이라 지레 생각한다. 그리고 새로 들어오는 작은 집은 또 작은 집 나름으로 귀염성이 있고 정이 있고 착해서 본댁과 아무런 갈등과 마찰이 없으리라고 남자의 관점에서 예단하고 미루어 생각한 것이다.

그러나 이러한 애초의 기대와 예단과는 달리 아이를 못낳는 죄로 시앗을 보게 된 큰댁네의 행태는 작은 집이 들어온 날부터 확연히 바꾸어진다. 똥누는 괭이의 쌍통이 되어서 정실로서의 선점적이고 독점적인 권리와 정당성을 내세우며 작은 댁에 대한 박대와 구박과 욕설과 폭행을 거침없이 행한다. 작은 댁은 작은 댁대로 며칠씩은 조용하거나 시끄러워져있다가 하면서 큰 댁에 대한 만만치 않는 존재가 되어간다. 한 집에 살고 있는 두 여인의 갑을(甲乙) 관계는 어느 쪽이 과연 고양이이고 어느 쪽이 개인지는 알 수는 없으나 서로가 개와 고양이의 앙숙의 갈등 관계로 발전해 나가는 것이다.

그런 가운데 작은 댁이 임신을 하고 만삭이 가까워진 무렵에 괴이하게도 큰 댁네 마저 임신 기운을 보이며 도도해지자 주인의 대응은 기쁨과 걱정의 양면적 감정의 병존 상태가 된다. 둘 중의 하나는 바라는 아들일테니 그만하면 족하다고 생각을 하지만, 또 고쳐 궁리해보면 처첩의 견묘지간과 자신이 죽은 다음에 서로가 화목할 리가 없다는 생각이 교차하는 것이다. 그런 심리적 양면 상태에 있는 화자 겸 주인의 최종적인 판단과 선택은 내가 죽은 담에야 싸우든 말든 저희끼리의 일이고 '나'는 조상에 대한 책임을 다 했으니 가족 제사의 정통성과 연계만 이루어지면 여인들의 갈등쯤은 오불관언(吾不關焉), 나몰라라 하는 방관주의의 태도이다.

이렇듯 처첩의 갈등 관계를 개와 고양이의 관계로 비유한 이 「개와 괭이와」는 삶의 제시 및 여성 갈등을 유발시킨 관습과 남성들의 관습적인 의식에 잠재하는 폐단의 가족 리얼리즘을 진지성을 갖고 냉철하게 비판적으로 해부하기보다는 희극적인 톤으로 처첩 갈등과 남성주의에 내포된 방관주의를 우습게 희화화하고 있는 작품이다. 여기서 고양이는 개와 더불어 갈등의 비유적 한 짝으로서 부호화된 것이다.

2. 의처증과 고양이 공포증 : 「묘안묘심」(정한숙)

정한숙(鄭漢淑, 1922~1997)의 「묘안묘심」의 표제는 고양이의 눈 · 고양이의 마음을 일컫는 말이다. 한 순간도 제대로 있지 못하고 시시각각으로 변하고 또 수시로 바꾸어진다는 뜻을 함축하고 있다. 특히 고양이의 눈은 천변만화(千變萬化), 변화의 이미지이다.

주인공 황옥찬은 술고래에다 거듭 네 번씩이나 결혼을 한 사람이다. 그는 술과 친구를 만나면 노장 술을 마시고 마누라만 대하면 의처증(疑妻症)이 심하게 발동한다. 의처증이란 아내의 정절에 대한 병적인 의심을 드러내는 정신적인 변태의 징후이다. 아내에 대해서 의심하고 학대하고 분노하는 이상 현상으로서 문학 속에서 가장 빈번하게 제시된 정념인 일종의 질투의 모티프(jealousy motif)이다. 그레마스는 질투를 질투하는 사람(주체 S1), 대상 또는 사물(OS3), 경쟁자 등 최소한 3 행위소를 포함하는 간-주관적인 정념[110]이라고 규정한다. 황옥찬은 취해서 집에 들어가는 날이면 집밖을 돌면서 어떤 간부(姦夫)나 놈팽이가 들어와 있지나 않나 의심해서 밤새 야옹야옹하고 고양이 울음소리를 음상화(音像化)하는 이상한 버릇이 있다. 이 버릇이 그의 네 번씩이나 거듭된 결혼의 원인 그보다는 더 파혼의 원인이 될 정도이다. 첫 번째의 부인과는 부인이 바람재비라는 친구의 농담으로 인해서 이혼한 사이지만, 그 이후 두 번째와 세 번째는 실은 모두가 황옥찬의 이 고양이 소리가 지겨워서 도망을 쳐버린 결과이다.

그런데도 황옥찬의 의처증은 세상의 모든 죄악이 여자들의 음탕한

110 A. J Greimas. *The Semiotics of Passion*, Minnesota University Press, 1993, pp. 20~1.

행동의 결과라고 단정을 내릴 정도이고 그래서 둘째, 셋째 모두 자기를 속이고 정조를 판 음란한 여인들로 간주한다. 피행 망상증로서의 질투와 열등감의 심리 상태가 아닐 수 없다.

이날도 그는 첫 번째 이혼의 빌미를 준 오세득, 네 번째의 결혼을 중매해준 김중식 등 장판의 품팔이들과 어울려 술을 마신다. 김중식이 먼저 돌아가고 오세득과 권커니 받거니 하며 취한 상태에서 술김에 오세득이 “그래 이번에는 고양일 무서워하지 않나?”라고 하는 말에 황은 그만 기분이 상하게 된다. 이 말인즉, 이번 마누라는 행동이 단정하냐는 물음과 같은 의미이면서 고양이 소리를 내는 그의 의처증의 주벽도 은근히 건드리는 가시가 숨어 있기 때문이다. 오세득과 막판에 어디서 헤어졌는지도 모르고 돌아오는 밤 길목에서 그는 언덕길을 내려오다 언뜻 사라지는 그림자가 바로 김중식인 것으로 인지한다. 구석에 숨어서 김중식이 공연히 중신을 했다느니 인전 완전히 폐마(廢馬)가 된 모양이라는 말을 하던 것을 뚜렷이 떠올리며 골목길을 끼고 그림자처럼 줄달음질쳐버린 김중식과 아내와의 사이를 의심한다. 집에 이르러서 괭이 걸음으로 살짝 현관으로 들어서면서 황옥찬은 “슬픔이 아니라 시기와 질투와 원망과 저주와 배반 등이 두루 뭉쳐진 일종의 증오같은 해명할 수 없는 감정의 파생물” 같은 부르르 떨리는 상태가 된다. 이 것은 의처증의 사람이 가질 수 있는 특별한 정서의 구조적 내용이며 동시에 열등감, 피학 의식, 멸시에 대한 감정적 반응의 태도이다.

바로 이 때부터 의처증이 도진 황옥찬의 고양이 소리는 현관 · 복도 · 단칸방 · 부엌 · 변소 앞으로 이어져 간다. 그의 고양이 같은 눈알은 무슨 씨름판이 버그러진 양으로 아내가 누워 있어야 할 이불이 뒤집힌 채인 것을 보면서 아내가 부정을 저지르다 골목길을 빠져 나간 김중식과 앞서거니 뒤서거니 하며 함께 쫓아나간 것으로 의심한다. 뿐만 아니라 네 번째인 이번 아내는 괭이 울음 소리도 듣지 않고 도망쳐버린 것으로 오해한다. 아내가 없는 방으로 돌아온 그는 가슴을 짓누르는 답답함을 견딜 수 없어서 숨이 넘어가듯 한 괭이 울음 소리를 내고는 분김에 뒤치락거리다가 잠들어 버린다.

한편, 아이러니컬 하게도 풋잠을 깨치고 남편이 돌아온 그 시각 변소에 간 아내는 남편의 늦음을 걱정하는 중에 난데없는 고양이 울음 소리에 놀라 그냥 주저앉아 버리게 된다. 공교롭게도 아내는 고양이 공포증을 갖고 있다. 작품은 이에 대해서 이렇게 설명하고 있다.

> 아내는 어렸을 때 괭이한테 몹시 놀란 일이 있은 후로는 괭이를 극도로 미워했다. 미워한다느니 보다는 싫어했고 싫어한다느니 보다는 무서워 한다는 것이 옳은 판단일 것이다. 그놈의 눈알부터가 마음에 들지 않았다. 한 순간도 제대로 있지 못하고 변하는 그것부터가 보기 싫었다. 그것만이 아니라 건방진 수염이라던지 등골에 물을 끼얹어 주는 듯 싶은 그 울음소리라던지 하나에서 열까지가 모두 싫었다.

이렇게 남편은 고양이 울음소리를 시시때때로 내는 의처증의 환자이고 아내는 고양이를 극도로 미워하고 싫어하고 무서워하는 고양이 공포증(ailurophobia) 환자다. 서로는 맞지 않는 부부지간이다. 이들 부부는 의처증과 고양이 공포증의 숨바꼭질같은 '찾고', '숨는 행위'의 갈등관계이다. 소름이 끼치고 치가 떨리는 고양이 소리(실은 남편이 내는 모조의 고양이 소리–그러나 아내는 이를 알리 없다)에 놀라서 문고리를 잡고 변소 안에서 꼼짝 못하고 있던 아내는 시간이 한참 흘러서 고양이 울음소리가 들리지 않게 되자 마침내 변소문을 열고 나와 침실로 가서 방문을 연다. 그때 아내는 무서운 괭이의 그림자도 없고 네 활개를 펴고 잠든 남편을 보게 된다. 그녀는 희비(喜悲)가 어우러지는 감정을 느끼며 전등불을 끄고 남편 곁에 다가 눕는다. 허리를 졸라 매었던 속옷의 끈을 다소 늦추며 남편 옆으로 한층 더 가까이 다가가서 눕는다.

그러나 다음 순간 양자 간에는 기대되는 부부로서의 정상적인 사랑과 성교의 상황이 전개되는 것이 아니라 성관계의 파국적인 상오 단계의 국면이 전개된다. 의처증이라는 깊고 깊은 정신적인 증후와 상황이 일으키는 이상성(Insanity)의 무서운 행태의 징표가 노출된다.

아내의 부드러운 살결에 닿은 황옥찬이 눈을 떠서 옆에 누워있는 아내를 보는 순간, 그는 이전의 아내들이 모두 다 자기를 속이고 정조를 판 계집들인 것을 떠올리며 지금 아내도 그와 똑같은 음탕한 여인으로 인지한다. 그리고는 치마를 들추고 풀어져 있는 속옷 고름을 보면서 그것으로 하여 분별력을 잃고, 아내를 남편을 팔아서 향락하는 계집으로서의 부정한 여자로 단정한다. 분을 참지 못하는 황옥찬은 아내에 대해서 "심장을 쪼개어 질근질근 씹어 봐야만 시원할' 것 같은 정서적인 카니발리즘(식인육) 상태와 살상적의 폭력과 복수의 광기 상태에 함몰된다. 도끼를 찾고 식도를 찾는 등 광란의 행동이 전개된다.

아무런 영문도 모르고 지나치게 흉악해진 남편의 이런 폭력의 손길을 피하려는 일념에 아내는 '도둑이야' 소리를 지르며 위기의 국면을 탈출하여 밖으로 뛰쳐나간다. 양 주먹을 쥔 황옥찬은 "이년! 이 죽일 년!"하고 소리치면서 아내를 대번에 덮쳐 버리려는 듯, 그 뒤를 쫓아간다. 남편의 이 같은 광란적인 행동은 단순한 주광 상태가 일으킨 광란증이 아니다. 질투와 열등 의식 등으로 채워진 의처증이 야기시킨 희비극으로서의 활극이다.

어떤 경우이든 이 작품은 현대 소설의 정신 분석적이거나 진단적인 해부의 수법과는 달리 아내에 대한 경고음으로서의 고양이 울음소리의 모사적 의성어(Onomatopoeica) 및 고양이 공포증이란 이중적인 고양이 효과가 십분 발휘된 작품이다. 고양이 소리를 내는 남편, 고양이에 대한 공포증을 가진 아내, 알 수 없는 부부관계이다. 정한숙의 고양이 작품은 이 밖에 「숫고양이」(1988)가 있다.

3. 여성, 그 기만적 묘성(猫性) : 「암코양이의 식성(食性)」

「아베의 가족」(1979)의 작가 전상국(全商國, 1940 ~)의 「암코양이의 식성」(1979) 역시 여성의 묘성(猫性)을 비유로서 제시한 작품이다. 즉 여성과 암코양이가 메타포나 환유로서 동일시되어 있다. 그래서 현실적으로 작품에서 고양이는 한 마리도 등장하지 않는다. 고양이 그것도 암코양이는 주인공의 한 사람으로 등장하는 숙이라는 여인—술집 작부—의 삶의 양태를 위한 직유나 은유로서 거듭되고 있는 대명사인 것이다. 즉 숙이란 여인은 인명의 숙이로서가 아니라 거듭 '암코양이 같이 생겨 먹은 계집'이고 '암코양이'로서만 수없이 호명된다. 숙이와 암코양이와는 일체가 이루어져 있는 상태이고 그런 숙이는 암코양이의 습성처럼 관능적일 뿐 아니라 제목의 '식성'이란 단어에 내포되고 있듯이 수성(獸性)의 탐욕스러움, 숨기면서 쥐고기를 맛본 식성 좋은 작은 고양이처럼 교태로 오달지게 남성(수컷)에게 달라붙은 작고 가무잡잡한 마성의 묘녀(猫女)로서의 존재이다.

이야기는 오준수와 '나' 두 사람의 남자가 암코양이 같이 생겨먹은 관능과 탐욕의 여인 숙이에 물려서 그 미끼의 속임수에 거듭 빠져들고 기만당하는 이야기이다. 두 남자인 준수와 1인칭의 서술자이고 인물이기도 한 '나'는 연적의 경쟁 관계인 대학 동기생이다. 185센치의 장신이고 우람한 중량의 사내인 준수는 1960년 4. 19 전야인 4월 18일 국회 의사당 연좌 데모를 끝내고 학교(고려대인 듯)로 돌아가는 길에 종로 5가에서 깡패들의 습격을 받고 심한 구타와 송곳 난도질을 당한다. 그것이 정신적인 외상으로서의 트라우마가 된다. 그는 폭행을 가한 사람의 무서운 그림자의 미행의 두려운 환영에 시달리며 그로부터 자기를 지키기 위해서 도망치고 서울에서 잠적하여 지방도시의 시골 중학교 교사 생활을 하게 된다. 준수의 수려한 외모와 키에 견줄 수 없이 열등감을 느끼는 '나'는 준수와는 달리 종로에서의 그 난장판을 용케 면하고 준수가 사랑했던 아내와 결혼을 하고 영전을 거듭하며 남쪽 도시에서 제법 거드럭대는 벼슬살이와 안일한 생활을 한다.

이야기의 발단은 '나'가 친구 준수가 잠적하다시피 은둔해서 교사 생활을 하고 있는 조그만 소도시를 찾아서 진미옥이라는 술집에서 술을 마시는 것으로 시작한다. 그날 밤 혼음불성(昏飮不省)의 상태가 된 둘은 함께 술집 여인들과 같이 몸을 섞게 된다. 누가 어느 여인과 동침했는지도 확인 안되는 상태에서 다음날 아침 준수는 요바닥에 떨어진 암코양이 여인의 생리혈의 흔적인 선명한 자주빛 피의 흔적을 보면서 그것을 처녀혈로 알고 그녀에게 자기가 최초의 남자라는 걷잡을 수 없는 생각에 충격을 받고 연민 · 자책감을 느낀다. 도망치기에 익숙한 준수는 이를 미끼로 찰거머리처럼 곁을 따라 붙으며 '오 선생님 없으면 전 죽어요.'라는 덫의 암코양이로부터 그의 습성처럼 재빨리 도망치거나 떠나지를 못한다. 여기에는 창부가 아닌 준수의 여성에 대한 자벌(自罰)의 의식이 작용하고 있다. 그래서 그녀가 밴 아이가 자신의 아이라고 확인하고 암코양이 역시도 아이가 '선생의 아이'라고 분명히 확언한다. 이렇게 준수가 그녀가 밴 아이에 대해서 자기 아이로서 확신하는 근거는 무엇인가. 그것은 바로 그날 새벽 확인한 요바닥 위의 그 선명한 자줏빛 핏자국을 그녀의 몸때의 피인 월경혈이 아니라 자기로 인한 순결의 처녀혈로서 받아들이고 있기 때문이다. 그러나 이런 핏자국에 대한 믿음은 '난 자네와 함께 그날 아침 확인한 그 핏자국을 그 뒤 또 한 번 보았어'란 준수의 말로 곧 와르르 소용돌이를 일으키게 된다. 실은 그녀는 처녀가 아니었던 것이다. 어쨌거나 결과적으로 자기 아이를 밴 의기양양한 면사포의 암코양이 여자와 타의든 자의든 결혼하게 된 준수는 미행자에 대한 환상을 피해서 다시 바닷가 외딴 마을로 이사를 간다. 그 뒤 준수로부터 '나'에게 단 한 번 자기가 만든 그 애가 세상에 태어났으며 자기를 그대로 빼닮았다는 소식을 전해온다.

그 뒤 소식없는 시간이 흘러서 4년 만에 바닷가 그 외딴 마을에서 준수의 소식이 '나'에게로 전달되어 온다. 그러나 그것은 준수의 편지가 아니라 그의 아내가 된 그 암코양이 같은 계집이 보내온 준수의 사망 소식과 함께 '꼭 오셔야 해요. 우리들의 아이가 당신을 기다리고 있어요'란 요상스런 사연이다. 이 '우리'는 준수–암코양이가 아니라 '나'–암코양이의 관계의 지칭이다. 이로 인해서 아이가 준수의 아이에서 '나'의 아이로 다시 돌변하는 서사적 정황의 급반전이 이루어진다. 암코양이의 덫과 미끼에 의한 엄청난 이중의 반전이다.

그녀가 사는 바닷가 마을로 찾아간 '나'는 마을 사람들로부터 '오 선생 사모님'이 되어 있는 그녀를 만난다. 그녀는 햇볕에 그을린 탄탄하고 윤기 있고 싱싱한 터질 것 같은 여자가 되어 있어서 그 생명력은 '나'로 하여금 심한 식욕(애욕)을 느끼게까지 한다. 그녀를 통해서 '나'는 준수가 늘 그를 추적하는 어떤 남자의 그림자에 대한 공포로 인한 정신 이상상태가 원인이 되어 낚시터에서 죽게 되었다는 사망 내력을 알게 된다. 그리고 그녀는 '선생님 혈액형 O 형이시죠? 그이가 그랬어요. O 형일거라고.' 이것은 결국 준수가 자기가 만든 애기라고 확인했던 '아이'를 이제는 죽은 준수의 말을 인용하는 것으로 '나'의 아이로 만드는 반전을 의미한다. 이는 편지에서의 '우리들의 아이'로서 이미 예시되고 있다. 바로 그때 마을 쪽에서 벌거벗은 아이 하나가 바닷가로 달려와서 엄마 품에 답삭 안겨서 '나'의 얼굴을 적의 깊은 눈으로 노려본다.

> 이상하게도 나는 단 한 발짝도 움직일 수가 없었다. 그것은 미끼를 가슴에 안아 내보이고 있는 그 탐욕스런 암코양이와의 눈싸움에서 이미 패배한 때문이다.

문제는 준수이든 '나'든 둘 다 피에 근거하여 연루되어 있다. 어느 경우든 연계 작용을 일으키는 것은 바로 피의 이미지인 것이다. 준수의 경우에는 생리혈, 피의 자줏빛 흔적이, 그리고 '나'의 경우에는 O 형의 혈액형의 피이다. 암코양이의 창부적 에로티시즘은 이 두 개의 매개인 피라는 미끼로 두 남자를 모두 자기 것으로 유혹하고 사로잡고 있는 것이다. 실로 엄청난 암코양이의 탐욕의 식성이다. 숙이란 암코양이야 말로 욕망의 화신으로서 여묘(女猫)에 비유되고 있는 것이다. 이 암코양이 여인 숙이야말로 팜므 파탈(femme fatal)이다.

4. 양심을 응시하는 고양이의 파란 눈동자(김용운)

시기적으로 근거리에 있는 김용운의 「고양이의 눈」(2011)도 제목과는 달리 실재로 고양이가 전혀 등장하지 않는 작품이자, 다른 작품에 비해서 비교적 근작으로서 고양이의 파란 눈알이 이미지로서 선명하게 활용되고 있는 조금은 동화(Kindermärchen)의 세계를 닮아 있는 작품이다. 굳이 이의 장르적 성격과 계열을 따지자면 성인동화계에 근접하는 소설이다. 당나라의 단성식이란 학자의 『유양잡조(酉陽雜俎)』에는 고양이의 눈동자가 '묘정'(猫睛), 즉 때에 따라 항상 변한다고 했다. 이 변함의 이미지로서 고월 이장희는 「봄은 고양이로다」란 시에서 호동그란 고양이의 눈에 미친 봄의 불길이 흐른다고 하여 봄의 불길로 해석했다. 아일랜드의 전설에 따르면 '고양이의 눈은 또 다른 세상을 들여다볼 수 있게 해 주는 창문'이라고 한다. 고양이의 눈은 이렇게 항상 변하며 또 오묘한 고양이의 응시하는 파란 눈은 무엇인가를 꿰뚫어보는 투시의 표상이기도 하다. 이렇게 변하는 오묘한 고양이의 파란 눈과의 마주침을 통해서 거짓을 말한 양심의 괴로움과 무서움을 들여다 볼 수 있다니 투명한 고양이의 눈에 대한 얼마나 색다르면서 아름다운 동화적인 인식인가. 그런 고양이의 응시하는 눈알을 끌어와서 상징화하고 있는 것이 동화같은 이 작품이다.

나그네처럼 이제껏 길가는 나그네의 인생을 떠돌며 살아온 주인공인

'그'는 어느 지방 빵 가게의 종업원으로서 정착하여 처음으로 열심히 일한다. 그 가게에는 '그'보다 나이가 몇 살이나 연상이지만 아직도 예쁜 매력이 있는 주인집 딸이 있다. 그녀는 몇 년 전엔 이 마을에 나타난 잘 생긴 청년을 좋아해서 딸까지 낳았지만, 그 청년은 마을에서 갑자기 사라져 버린다. 그런 딸의 사연을 다 알면서도 그는 빵가게 딸을 혼자 사랑한다. 어느 날 아이도 친자식처럼 함께 사랑하고 키울 자신이 있다고 하면서 사랑을 고백한다. 이때 두 사람 사이의 페로나 그림의 동화의 신데렐라의 신발(구두)의 짝 찾기를 연상시키는 다음과 같은 대화를 나눈다.

"길을 가는 나그네는 신발을 신어야 해요. 맨발로는 먼 길을 갈 수가 없으니까요. 그렇다고 아무 신발이나 신어서는 안돼요. 자기 발에 맞지 않는 신발을 신었다가는 발이 아플 수가 있으니까요. 그런 신발은 신지 않으니만 못해요."
"우리는 서로가 맞는 신발이라고 봅니다."
"앞서 중요한 것이 있어요."
"그것이 뭐죠?"
"언젠가는 당신도 떠날 사람같아요. 그 나그네처럼요."
"그걸 어떻게 알죠?"
"불에 덴 아이는 다음부터는 불을 무서워 한답니다."

청혼의 프로포즈와 이에 대한 완곡한 거절이 맞고 안맞는 신발을 통해서 암시되어 있는 대화의 장면인다. 겨울이 지나고 봄이 된 어느 날, 다섯 살짜리 동심의 꼬마(리라)와 '그'와의 사이에 동화같은 대화가 전개된다. 아이는 '그'를 보고 어디로 가다가 우리 집에 들어와서 사느냐고 묻고 그는 빛의 나라를 찾아가던 길이라고 대답한다. 이어지는 그의 대답 속에 '진리'와 '양심'이란 추상어가 튀어나오고, 그 때마다 아이는 그것들에 대해서 질문을 한다. 그는 '양심'이 무엇이고 또 그것이 어디에 있는가란 아이의 질문에 대해서 아이가 이해할 수 있도록 쉽게 그것은 마음 속에 존재한다고 일러줌으로써 아이로 하여금 거짓말을 한 양심의 무서움과 괴로움을 투시하는 존재의 상징으로 '고양이 눈'을 연상케 한다. 아이에게는 거짓말을 하고서 마주친 고양이의 눈이 무서웠다는 경험에 있어서 그 경험을 통해서 고양이의 눈은 거짓에 대한 투시력이나 응시력을 갖고 있는 것으로서 지각해온 것이다. 그 이후로 동심의 어린이가 바라보는 고양이의 눈은 거짓을 꾸짖고 양심을 일깨우는 상징적인 대상으로서 받아들여진 것이다. 이는 관념과 추상이 구상으로 상징화된 현상이다. 대화의 장면은 이러하다.

"그 나라는 어떤 곳인데?"
"아름다운 음악이 시냇물처럼 흐르고…한 마디로 진리의 나라란다."
"진리는 뭔데?"
"그건 양심이란 것이지."
"양심…그건 뭔데?"
"그건 말이다. 거짓말을 한다거나 참되지 못한 것은 싫어하는 마음이지."
"그건 어디에 있는데?"
"우리들 마음 속에 있단다."
…(중략)…
"그거라니?"
"고양이 눈"
"고양이 눈?"
"언젠가 난 엄마한테 거짓말을 했거든. 그런 다음에 밤에 고양이 눈과 마주치자 무서웠거든. 밤에만 그런게 아니라 그 다음부터는 낮에 봐도 무서웠거든."

"맞았다. 그게 바로 양심이란 것이란다. 그건 말을 하자 양심이 괴로워하고 들키면 누구한테 야단 맞을까봐 무서웠던 거야."

순진한 동심의 어린아이가 말하는 양심과 고양이의 눈의 이야기. 장벽의 응접실을 넘어서 엄마의 침실로 더 다가가려하던 그의 욕망에 대한 제어적인 경고로 받아들여짐으로써 그는 이들 모녀에게 무겁고 괴로운 짐이었음을 스스로 탓하면서 이 집을 떠나게 되는 것이다. 엄마의 문이 닫힌 침실 밖을 서성거리는 그는 그를 응시해서 바라보고 있는 꼬마 소녀 리라의 고양이 눈 같은 시선과 마주치게 된 것이다.

그가 언뜻 고개를 들자 저만큼 다른 방문 앞에 누가 서 있었다. 꼬마였다. 주인집의 어린 손녀였다. 그 아이가 자기의 방문 앞에 오도카니 서서 이 쪽을 말없이 지켜보고 있었다.

번쩍이는 저 시선!

어둠 속에서 그 아이의 시선은 밤의 고양이의 눈처럼 하얗게 아니 파랗게 번쩍거렸다. 그 파랗게 번쩍거리는 시선과 눈길이 마주치자 그는 그만 눈이 시렸다. 차츰 가슴까지 찔렸다. 더는 버티지 못하고 어물거리며 쫓기듯 그 자리를 떠났다.

아아! 나는 무슨 짓을 했는가. 그는 뒤늦게 후회했다.

아아! 나는 그녀에게 얼마나 큰 괴로움을 주었는가. 그는 괴로웠다.

아아…그러나 이번에는 후회도 괴로움도 아니었다. 파랗게 번쩍이는 그 시선, 어둠 속에의 고양이의 눈처럼 번쩍거리던 그가 이 집에서 얼른 떠나주기를 바라고 있는 꼬마의 그 시선이었다.

이 장면에서 고양이의 눈이 아이의 시선으로 전이되어 있다. 즉 아이는 고양이의 눈을 보았고 그(어른)는 고양이의 눈 같은 아이의 눈(시선)을 보는 이중적 교차의 형국이다. 투시력을 가진 듯한 고양이의 눈을 보면서 거짓말을 한 소행에 대해서 양심의 괴로운 마음을 지녔다는 그 아이의 마음이 그에게도 전이 · 전염된 것이다. 자기를 응시해보고 있는 고양이의 눈 같은 아이의 하얗고 파랗게 번쩍이는 눈(마치 고양이의 눈 같은)을 보면서 그는 가슴이 찔리면서 모녀들에게 큰 괴로움을 준 자신의 행위에 대해서 후회와 양심적인 가책을 느끼는 것이다. 그것이 내적인 동인이 되어서 그는 빵집을 마침내 떠나게 되는 것이다. 이 떠남은 동시에 떠나기를 바라고 바라온 소녀에 대한 일말의 사랑의 행위이기도 하기 때문에 그에게는 후회도 괴로움도 없는 것이다.

여기에서 고양이는 무서운 존재이고 또 고양이의 하얗고 파란 눈동자 역시 무섭고 두려운 대상이고 존재이긴 하지만 그 눈은 양심과 마음을 꿰뚫어보는 감시자같은 투시력이나 응시로서의 상징성을 가지고 있는 것으로서 인지되고 있는 것이다.

6장
황순원 소설의 고양이 모티프

1. 「솔개와 고양이와 매와」의 물고 물리는 권력의 도상학과 경합의 고리

황순원(黃順元, 1915~2000)의 소설에서 고양이가 최초로 등장한 것은 「솔개와 고양이와 매와」(1949)이다. 그 다음이 장편소설 『일월』(日月, 1964)이다. 「솔개와 고양이와 매와」는 잡지 〈신천지〉(1949. 5월)[111]에 실려있는 짧은 단형 서사체의 꽁트인데, 1949년 4월 〈문예〉지에 「무서운 웃음」이란 표제로 발표되기도 하였다.

이 작품은 아이의 시각(관점), 유년 시절에의 회고적 경험을 토대로 한 아주 짧은 이야기에 불과하다. 그러나 표제 그대로 짐승간 경합의 연

111 게재지인 〈신천지〉는 황순원의 「담배 한 대 태울 동안」(1947), 「술」(1947), 「황노인」(1949), 「학」(1953) 등이 실린 잡지임.

결 고리에 대한 관점을 통해서 힘(권력)의 경합적 약육강식과 병렬적 힘의 점층화의 연쇄원리를 비유적으로 알레고리화한 이야기이다. 그러니까 권력(힘)의 도상학(Iconography)으로 솔개-고양이-매로 이어지는 이 고리의 중간(b)에 위치하고 있는 것이 바로 고양이이다. 이 이야기의 구조는 (a) 솔개보다는 (b) 고양이가 더 세고, 고양이보다는 (c) 매가, (c) 보다는 (d)가 더 세다는 힘의 강약의 서열적 시퀀스(연속소)와 전복적인 상호관계를 등식으로서 해부하고 있다. 「솔개와 고양이와 매와」의 표제가 암시하고 있듯이 서로가 물고 물리는 힘과 꾀의 경합적인 사냥법의 순환 관계가 이루어지고 이에 반응하는 소년 서술자인 '나'의 무서움과 당혹 그리고 더 무서운 민턱 영감에 대한 반응이 병행 · 수반하고 있다.

우선 '나'의 첫 번째의 당혹과 무서움의 경험이자 '나'가 소학교 때의 여름 방학에 본촌 할아버지 댁에 가 있을 때의 경험이다. 같은 또래의 아이들과 함께 앞개에 미역감으러 나갔다 돌아오는 길에서 솔개와 고양이의 싸움을 보게 된다. 솔개가 밭두덩에서 졸고 있는 고양이를 향해서 내리 꽂힌다. 그런데 이 싸움에서 기대와는 달리 정작 이긴 것은 미리 공격을 취한 솔개가 아니라 수세적인 고양이인 것을 보게 된다. 고양이의 묘한 사냥법이다.

> 이건 뒤에 어른들한테 들은 얘기지만, 고양이가 그때 졸고 있는 듯이 보인 것은 실상은 조을고 있는게 아니고 솔개를 보자 부러 그렇게 잠들어 있는 것처럼 하고 앉아서 솔개가 채러 내려오기만 기다렸다가 솔개의 발톱이 와 닫기 한 찰나 전에 몸을 피해 가지고 되레 허탕을 짚은 솔개의 대강이를 물고 달아난 것이라는 것이다.[112]

112 〈신천지〉, 1949. 5월, 46쪽.

고양이의 졸음을 이용한 가장과 간계 및 반전의 민첩성으로 솔개를 이기고 마는 사냥법에 '나'는 놀라고 영문을 몰라 한다. 이런 '나'의 생각과는 달리 하늘을 날고 매서운 발톱을 가진 솔개가 지고 고양이가 이기게 되는 사실에 대한 바른 해답을 주는 것은 어른들이다. 어른들의 존재는 황순원의 「별」, 「닭제」 등의 단편소설의 한 정식과도 같은 이니시에이션 스토리에 있어서의 교화자의 역할이고 기능이다.

'나'의 두 번째의 무서움의 경험은 민턱 영감네 집에서의 고양이와 매의 경합이다. 이번에는 조는 척 하는 것이 고양이가 아니고 매다. 매를 노리고 고양이가 먼저 덤벼들었으나, 조는 척 하면서 고양이가 달려들기를 호시탐탐 기다리고 있던 매가 벼락같이 고양이의 주둥이를 틀어쥐고 대번에 눈알을 파먹고 홰를 치며 아래로 떨어뜨려 버린다. 고양이를 이기는 민첩한 매의 사냥법이다. 그때 사냥을 좋아하는 민턱 영감은 매의 편이 되어서 매의 정신이 헛갈리지 않게 숨어서 조용히 엿보는 자세를 취한다. 마침내 매에 의해서 고양이가 눈이 없어지고 피를 흘리며 낭패하는 소름끼치는 꼴을 보면서 민턱 영감은 되었다는 듯이 수염도 아무 것도 없는 얼굴에 무서운 웃음을 띄운다. '나'는 민턱 영감의 이 웃음 띄는 얼굴에서 끔찍한 무서움을 감지한다. 고양이와 매의 싸움은 고양이의 완전 패배로 끝나는 것이다.

> 나는 곁에서 민턱 영감의 말을 들으며 고양이란 놈도 간악한 놈이지만, 매란 놈은 더한 놈이로구나 했다. 그러나 다음 순간 나에게 이 매보다도 더 무서운 것이 민턱 영감의 웃음인 것처럼 느껴짐은

이 인용문에서 "어른들 한테 들은 얘기" 운운에서 아이가 암시되고 교화되는 일종의 이니시에이션 스토리로서의 요소가 잠재되어 있음.

무슨 일일까. 그러면서 나는 문득 어린 마음에도 이런 생각을 하는 것이었다.[113]

이에서 보듯 결말에서 '나'는 솔개를 잡은 간악한 고양이보다도 그런 고양이를 잡는 더 간악한 매보다도 더 음험하고 더 무서운 것이 바로 민턱 영감의 무서운 웃음소리라고 반응한다. 이 웃음은 결코 화해적인 것이 아니라 싸움을 부추기고 방관하거나 이를 오히려 즐기는 냉혈적인 배후 조종세력의 음험하고 부정적인 행태와 악을 표상하기 때문이다. 그래서 작품이 이루는 연결 고리는 솔개 〈 고양이 〈 매 〈 민턱 영감으로 이어지고 더 〈 더 〈 더의 비교급으로 이루어진 연쇄 원리가 된다. 어느 짐승보다도 더 무서운 존재가 인간인 민턱 영감이다. 여기에 등장하는 경합 관계의 짐승들은 짐승 그 자체일 수도 있겠지만, 보다 더 중요한 것은 이들이 인간 짐승으로서의 마스크의 의미를 갖고 있는 점이다. 즉 자연세계는 물론 인간 세계에 존재하는 힘(권력)의 논리인 우승열패, 생존 경쟁의 절대적 경쟁 관계를 이렇게 짐승들의 이미지를 통해서 알레고리화하느 것이다. 여기에 제시되고 있는 고양이는 기만적인 술책을 쓰고 있는 무섭고 간악한 잔혹성의 존재이다. 그러면서도 그 역시 더 강하고 간악한 대상에 의해서 사냥되고 제압된다. 힘의 경합적 연쇄논리가 잠재된 이 작품에서 특히 주목되는 것은 세상은 물고 물리는 경합 관계이며 이 싸움과 갈등의 배후에는 바로 민턱 영감과 같은 무섭고 냉혹한 사람(Grausamkeit)으로서의 음험한 세력과 전략이 존재하고 있다는 약육강식의 비판의 정치학과 권력의 도상학이 함의되어 있는 것이다. 그런 점에서 매우 단순해 보이는

113 같은 책, 48쪽.

짧은 꽁트임에도 불구하고 그것이 시사하고 있는 의미는 결코 가볍지가 않다.

2. 장편 『일월』의 고양이와 외로움의 의미론

(1) 「일월」은 어떤 작품 인가

황순원의 장편소설 『일월』(日月, 1964)은 이제까지 여러 관점에 의해서 이루어진 다양한 해석이 있는 것도 사실이고, 또 반복적인 해석의 답습 현상이 이어지고 있는 것도 사실이다. 그러나 그것이 어떠하든 작품 『일월』의 근원적인 성격은 그 무엇보다도 백정 모티프(Butcher Motif)를 중심으로 삼은 백정 가족사의 서술이란 점이다. 다시 말해서 조선의 전통적인 신분제 사회에 있어서 신분 구조적으로 최하층의 열성(劣性)이며 천민으로 알려진 백정 가계의 연속과 단절, 지속과 분화의 운명적인 굴곡의 과정, 사회적 평등 관계에서 배제된 천한 핏줄에 이어지고 드리워진 어두운 그림자와 그로 인해서 그 후예들이 겪는 잠재적 열등의식의 역사적 · 실존적 삶 및 인간의 조건에서 소외된 아픔의 의식을 투시하고 있는 매우 특이한 일종의 가족사 연대기 소설이다. 물론 고전적이고 전통적인 가족사로서의 세대 계보적인 구조, 연대기적 시간의 퍼스펙티브가 다소 전복되거나 왜곡 이완되고 있는 것이 사실이지만, 그럼에도 불구하고 서사 구조가 세대의 연계를 통한 가계의 융성과 쇠퇴 및 가족의 분해 과정(특히 김

상진 가계)을 추적하고 있는 점에 있어서는 가족사 소설의 성격을 지니고 있음을 부인할 수는 없다. 여기에 인간 조건의 중심 구성소로써 존재론적인 외로움을 백정의 상황과 조건에서 상징화하여 조망하려는 큰 서사 전략이 내재되어 있다.

그래서 『일월』은 가족적 및 사고의 축선으로 보면 그 서사 구조가 크게 '알림'과 '숨김'이라는 상반하는 두 삶의 방식의 쌍둥이 원리 내지 이중적인 동향으로 구성되어 있다. 천민 백정이라는 자기 핏줄과 그 어두운 그림자를 사실과 숙명으로 받아들이며 이를 숨기지 않고 드러내고 알리는 가계측과 그 사실과 숙명을 비밀 속에 깊이 숨기고 은폐할 뿐 아니라 그로부터 도피하고자 하는 숨김의 가계축으로 크게 양분화되어 있다. 달리 말하자면 서사 구조가 백정을 조상으로 하는 형제 가계를 주축으로 하여 자의 합분(合分)의 원리 및 대비 현상으로 이루어져 있는 것이다. 전자가 형인 김본돌—기룡으로 이어지는 가계이고, 후자가 그 아우인 김상진(차돌)—인호 · 인철의 가계이다. 이들 형제 양 가계의 삶의 방식은 백정에 대한 의식이나 서사 동향에 있어서나 철저히 대립적인 양상으로서 진척된다. 인철은 소극적이지만 가계 이탈적인 존재이다.

분디 나뭇골 본돌 영감은 칼잽이 백정 세계의 튼튼한 연속 고리로서의 사람이다. 그는 선대의 백정이라는 숙명적인 인간 조건을 이어가면서 그 운명에 순응하는 인물이다. 이런 태도는 원천적으로 그의 아버지로부터 연유된 것이다. 그는 어린날 단오날의 씨름대회에서 그 아버지가 결승까지 올라간 마지막 판에서 '백정은 소하구나 싸워라'하는 주변의 멸시와 수모의 소리에 무기력하게 허물어지면서 패배하는 것을 보게 된다. 그날 씨름에 이긴 상대가 백정인 본돌 영감의 아비에게 상으로 탄 소를 끌고와서 잡아달라고 한다. 그 소를 잡아 준 대가로 '소뿔'과 '소꼬리털'을 받은 아비는 피 묻은 손으로 이를 벽에 매달아놓고 이따금씩 바라보곤 한다. 이를 본 어린 본돌 영감은 이런 아버지의 행위가 무엇을 의미하는지 알 길이 없었으나 그것이 자기네를 지켜주고 있다고 생각하는 버릇을 저도 모르게 의식 속에 박혀놓게 된다. 그에게는 '소뿔'과 '소꼬리털'은 백정의 부적으로서 신성시하는 대상인 것이다.

어느 때 동네 애들과 함께 나무를 해 가지고 비탈길을 내려오다 동네 애들의 해꼬지에 무거운 나뭇짐에 깔린 동생 상진(차돌)이 그러한 동네 애들을 돌로 치려고 반격하려는 순간, 본돌은 그 앞을 막아서 동생(차돌)에게 "돌을 놔라. 때려선 안돼. 우린 우리의 길이 있는거야. 그까짓 건 아무것도 아냐. 우린 우리대루 갈 길이 있으니까."라고 말린다. 뿐만이 아니다. 형인 본돌 영감은 9 · 28 때 그의 아들 기룡이 의용군에서 도망해 나와 집으로 돌아와서 민청 선전 책임자의 밀고로 형과 조카가 살해당한 것을 알자 그 길로 밀고자의 아비를 살해해 버린다. 이 때 본돌 영감은 사람을 죽인 아들 기룡의 칼을 빼앗아들고 아들의 죄의식을 덜기 위해서 대신하여 스스로 자신이 "내가 사람을 죽였다"라고 고함을 친다.

이후 본돌 영감은 주위의 온갖 천대와 멸시에도 불구하고 칼잽이의 세계를 지켜가는 것을 한 도로서 달게 여겼고 자기를 보호해주는 '소뿔'이며 '쇠꼬리털'을 이 세상의 잡것을 물리치는 한 부적으로서 신성시한다. 그리고 자기가 직접 소 잡는 일을 하게 되면서부터는 쇠뿔과 쇠꼬리털에 향했던 그의 신뢰가 자연스럽게 칼로 옮겨진다. 본시 소는 신성한 동물이고 이를 죽여서 혼백을 상계로 올려 보내게 하는 칼도 절대 신성한 것으로 여겨진다. 그의 이 신앙과도 같은 과도한 칼에 대한 신비화의 집념은 점점 더 굳어져서 자기 맏아들과 큰 손자를 죽게 한 청년의 아비를 이 신성한 칼로 죽였으니 죽은 그가 극락에 갔음이 틀림없다고 까지 믿을 정도이다. 이렇게 본돌 영감은 마침내 칼의 광신자가 되어버린 것이다.

이런 백정 세계의 관습을 고집스럽게 고수하면서 온갖 천대와 멸시도 외면한 채 칼잽이의 세계를 지켜가는 고집스런 김본돌 영감의 혈연의 직계 아들이 바로 기룡이란 인물이다. 그는 그 아비인 김본돌 영감과는 달리 칼을 신성시하지는 않으며 칼을 소 잡는 하나의 도구로서 인지한다. 사람을 죽인 아들의 죄의식을 덜기 위해서 아버지가 애를 쓰면 쓸수록 기룡은 가중되는 무엇인가를 감당하지 못해서 공부를 해서 자신이 가려던 길을 중도에 포기하고 다른 피를 더 많이 보기로 하고 자신에게 운명적으로 주어진 백정이라는 조건을 현실에서 수용하고 백정의 일을 선택함으로써 도수장에서 일한다. 이와 같이 실존적 외로움을 지닌 기룡은 자기 자신의 죄의식을 회피하지 않고 직시하는 인물이고 동시에 자신에게 주어진 백정이란 조건을 수용하고 또 선택함으로써 오히려 그로써 자신의 한계를 극복해가고 있는 특이한 인물이다. 뿐만 아니라 백정의 피라는 가계의 어두운 그림자 때문에 고뇌하고 방황하고 갈등하는 사촌 인철이로 하여금 자신의 아버지(상진)가 50여년간 그렇게도 숨기려했던 백정이란 신분을 현실적으로 인식하고 밝히게 한다. 이 기룡과 실물로서 그리고 비유로서 밀접한 관련성을 가지고 있는 것이 뒤에 바로 언급할 고양이이다.

한편, 본돌 영감의 아우인 상진 영감(차돌)은 형관과 달리 백정이라는 신분과 숙명의 인간 조건을 철저히 거부함으로써 출신과 신분의 비밀을 숨기고 또 그로부터 벗어나고자 하는 숨김의 삶의 방식을 택한 인물이다. 그가 얼마나 백정의 후예로서의 신분을 숨기고자 했는가 하는 점은 신분이 탄로나고 나서 그와 그의 맞아들인 인호와 나누는 다음과 같은 대화에서 잘 나타나고 있다.

> "그러니까 숨기구 사는 길 밖에 없다. 숨기구 산다는 게 얼마나 못할 노릇인지는 말할 것도 없지만……. 그 고통은 나 까지만 지니고 말려고 했는데……."
>
> "숫제 그대로 백정의 자식으로 태어나지 지금 그것을 하구 있었든들 지금의 이 고통보담은 나을 거에요."
>
> 상진 영감의 얼굴에 착잡한 그늘이 어려졌다.
>
> "모르는 소리마라. 나중에 어떤 가슴 아픈 경울 당하드래두 숨기구 살 수 있는데까진 숨기구 살아야 하는거야. 난 지금도 숨기구 살아온 걸 후회하지 않는다. 칼잽이에 대한 수모가 어떻다는 걸 너희들은 꿈에도 생각지 못할 것이다. 이제 그걸 일일이 다 얘기해서 뭘 하겠냐마는……."

이렇게 상진 영감은 그 형인 본돌 영감과는 달리 어릴 때부터 철저하게 모멸받는 백정의 신분을 벗어나기 위해서 형의 반대에도 불구하고 혈연과의 내왕 등 일체의 관계를 끊고 서울로 이주해 버린다. 이후 50여년간 그는 신분을 철저히 숨기고 속인채 수단과 방법을 가리지 않고 사업에 심혈을 기울인 나머지 마침내 대륙 상사의 사장이란 신흥 부자로서의 위치로 상승한다. 그러나 상진 영감이 감추어 왔던 백정이라는 피와 신분이 그 아들 인호로 인해서 밝혀지게 됨으로써 시집으로부터 백정의 후예로서 박대받고 멸시당하다 자살한 고모의 비극적인 죽음에서 비롯해서 이 집은 융성에서 몰락의 과정으로 이어지면서 상진 영감도 자실로 생을 마감하게 된다. 가족 모티프로서의 일련의 흥윤과 몰락 및 죽음의 불행이 잇달아 일어나는 가족사의 과정으로 보면, 형인 본돌 영감에 비겨서 상진 영감의 가계사의 소설적 구조는 가족사의 특성으로 이른바 '계보적 원칙'(Genealogical Imperative)에 있어서 나름대로 의미있는 현상이다. 그런데도 상진 집안의 몰락의 운명이 상진 영감의 '은폐'나 '허위' 및 가면 등의 부정적 삶의 방식에 있는 것처럼 보는 해석은 전체 구성의 서사적 과정을 전혀 감안하지 않고 있어서 지나치다는 생각이다. 백정의 후예에 드리워진 어두운 그늘로 인해서 실존적인 소외를 아프게 겪으며 그로부터 수모를 벗어나고자 하는 사람도 상진 영감이고 그로 인해서 사회적 삶이 파탄나고 드디어 죽음으로 몰아가게 한 것도 백정에 대한 신분적 사회적 소외가 초래한 비극으로서의 측면이 적지 않기 때문이다. 상진 집안의 숨김의 방식은 연속 현상으로서 맞아들인 인호에 의해서 이어진다. 인호는 본돌 영감과 기룡이를 찾는 인철과는 달리 숨김으로써 선조와는 다른 삶을 열망한다. 그가 보낸 옛스런 구투의 장문의 편지글의 내용에서 그것이 입증된다.

> 그 백정의 이름을 달고 사느니보다는 부친주의 말씀대로 어떤 괴로움이 있더라도 숨길 수 있는데까지는 숨기고 살아야 한다는 것을 느꼈나이다.

이에서 보듯 인호는 자신이 백정의 후예임을 인지함으로써 백정들이 사회로부터 받아온 수모의 운명을 즉시 벗어나고자 한다. 그래서 그 아비 상진 영감이 그랬듯이 부모와 형제와의 인연을 끊고 신분을 숨기면서 정당한 사회적 삶을 영위하려는 방법을 취하게 된다. 여기서 상진 집안에 있어서의 삶의 축선 내지 방식은 이같은 인호의 길과 기룡과 통하는 인철의 길로 다시 길의 분화가 이루어지게 된다.

여기에 덧붙이고 싶은 것은 신분 상승 후의 상진 영감이 취한 행태들로 인해서 부정적인 비평에 치우친 시각이 많지만, 그에 앞서 그 숨김의 방식에 내재하는 인과성과 백정의 후예이기 때문에 겪은 가족사적 비극의 양상에도 일단 주목해 볼 필요도 있다는 것이다. 그것은 고모의 죽음 · 인호 어머니의 죽음 · 상진 영감의 죽음과 같은 일련의 죽음 등의 비극성이다. 이 세 개의 죽음들이 모두 백정이라는 가계와 신분, 인간 조건 때문에 야기된 죽임이거나 자살이다. 특히 숨겨온 백정의 후예라는 비밀이 탄로남으로써 벌어지게 된 시가와 남편으로부터 받는 수모와 이혼 통고의 냉대 때문에 목을 매어 자살하는 고모의 죽음. 그 충격으로 연계된 사산한 인호 엄마의 죽음은 상진 영감으로 하여금 설사 숨겨서라도 백정이라는 운명의 굴레와 한계를 벗어나서 신분 상승을 하게 하는 결정적인 동인이 된 것을 그대로 간과해 버릴 수는 없다는 점이다. 누이인 고모가 자신에게 주어진 인간 조건 때문에 비극적으로 죽을 수 밖에 없었듯이 상진 영감 또한 신분적 소외의 한계와 그 탄로 때문에 스스로 비극적 죽음을 택하는 '숨김'의 축선도 폄하해버릴 것이 아니라 충분한 서사적 당위성을 지닌 의미있는 것으로 받아들일 필요가 있는 것이다. 백정가의 비극성의 의미에 있어서는 이 길이 오히려 더 의미가 있을지도 모른다. 승패의 구조로서만 볼것이 아니다

(2) 「고양이의 무게」 장의 비유적 고양이

이제 가족사적 해명을 거쳐, 『일월』에서의 고양이 모티프를 살펴볼 차례다. 『일월』의 제 Ⅲ부 제 3장은 그 표제부터가 「고양이의 무게」이다. 다른 장들과는 달리, 여기에는 고양이가 실제로 등장한다. 그리고 고양이

를 두고 '조 놈처럼 솔직한 것두 없어', '누구에게 정을 주는 법이 없어. 언제나 자기 혼자야', '고양이의 대단치도 않는 무게를 주체치 못함'과 '사람이란 고양이만큼 되기도 힘들어'라는 기룡이의 말들 및 고양이의 대단치 않은 무게 상태를 지적한 서술자의 말이 함께 제시되어 있다. 이들 말 속에 함의 되어 있는 고양이의 의미와 은유나 이미지[114]는 과연 무엇일까. 그리고 '고양이의 무게'란 무엇을 뜻하며 왜 인철은 그런 고양이의 대단치도 않은 무게를 주체치 못하듯 힘겹게 행동했는가. 여기에는 언제나 정을 주지 않고 언제나 혼자인 고양이와 기룡이는 분리가 불가능할 만큼 서로 분신 관계 내지 긴밀한 상관 관계를 이루고 있는 상태인 것이 분명하게 암시되어 있다. 고양이는 기룡이의 삶과 동화되어 있다. 즉 기룡이가 즉 고양이인 것이다. 또 그 역이기도하다.

고양이에 대한 발화자가 거의 모두가 기룡이이고, 기룡이도 특별히 고양이에 끌어 당겨지고 있기 때문이다.[115] 고양이가 나오는 대목들을 모두 옮겨 본다.

---

114 Marie-Louise Von Franz. *The Cat : A Tale of Feminine Redemption*(1999), 『융 심리학과 고양이』, 심상영 옮김, 한국 심층심리 연구소, 2007, 108~110쪽.
마리-루이제 폰 프란츠에 의하면 고양이는 길들여져 사육되는 개와는 달리 복종적이지 않고 독립성이 강하고 먹을 때만 오고 떠나고 싶으면 떠나고 자신이 원하는 것을 알고 또 자신의 길을 간다. 사람에게 깊은 정을 주지 않고 무엇에 예속되는 것을 싫어하는 자존적 존재이다.

115 부분적으로 고양이와 관련되어 있는 대표적 논의의 글은 다음과 같다.
김치수. 「외로움과 그 극복의 문제」(1966)
천이두. 「부정과 긍정, 『일월』의 문제점」(1973)
성민엽. 「존재론적 고독의 성찰」(1990)
윤지관. 「『일월』의 정치적 차원」(1990)
박혜경. 「황순원 문학의 설화성과 근대성」(2001)
장현숙. 『황순원 문학 연구』(2005)

(1) 이때 한쪽 벽에 기대어 아무렇게나 쌓아놓은 책들 쪽에서 무엇이 움직여 인철 쪽으로 기어왔다. 고양이였다. 살금살금 기어 오더니 인철의 무릎으로 올라오려 한다. 목덜미와 배 밑에 흰, 팥죽색 고양이였다. 기룡의 먼젓 하숙방에서는 보지 못했던 고양이였다. 인철은 본시 고양이를 좋아하지 않는 터이므로 한 손으로 밀어내렸다. 그러나 고양이는 탄력성 있게 몸을 움츠렸다가 인철의 손을 피하여 기어이 두 무릎 사이에 올라타 앉으며 질펀히 자리를 잡는 것이다.

이를 지켜보고 있는 기룡이.

"조놈처럼 솔직한 것두 없어. 거기가 젤 따뜻해 뵈니까 가 묻히는군."

이렇게 말하고는

"전에 이 방에 있었던 사람이 기르던 건데 그냥 눌러 있는 놈이지. 여기 할머니가 그러는데 저걸 기르던 임자가 죽기 전날 어디론가 나갔다가 장례를 치르고 나니까 다시 들어오더라구. 괭이 임잔 채석장 일꾼이었지. 젊은 사람이 폐병이 걸려서 가끔 나 있는대루 소피를 얻으러 오군 했었는데. 아마 조놈을 꽤나 사랑했던 모양이야. 죽기 전에 자꾸 찾았다나. 그런데두 조놈은 내가 이리로 이사온 첫날 우무 거리낌없이 상귀에 붙어 앉아서 먹을 것을 바래구, 밤엔 이불 속으로 기어들거든. 그러면서두 누구에게 정을 주는 법이 없어. 언제나 자기 혼자야. 그게 좋던데……금방 좋아져 버렸나."

그리고는 그냥 잠시 고양이를 주시했다. 의미담긴 눈길이었다.

"그럼 나가볼까."

기룡이 일어서 벽에 걸린 외출복을 갈아 입기 시작했다. 인철은 무릎 사이에 엎드려 가르르 가르르 목을 끓이고 있는 고양이의 대단치도 않은 무게를 주체치 못하듯이 잠시 더 그 자리에 앉아 있었다.[116]

116 『일월』 황순원 전집 8, 문학과 지성사, 1983/2013, 301~2쪽.

(2) "바닷가에 오막살이가 여남은 바다를 향해 붙어 있었지. 저녁때였어. 이 포구가 바로 눈 앞에 내려다 뵈는 구릉에 한 병사가 밤이 되기를 기다리고 있었어. 날이 어두우면 인가루 내려가 먹을 것을 노략질할 참이었지. 총을 한 자루 갖고 있었으니까."

기룡은 입축임이라도 하듯이 술잔을 입으로 가져갔다가 떼었다.

"오막살이 쪽에서 장정 세 넷이 나와 바닷기슭으로 내려가더니 모래판에 구덩이를 파는거야. 그렇게 대 여섯 구덩이를 파더니 도루 오막살이 쪽으로 돌아왔어. 좀만에 그들이 다시 나오는데 보니까 팔을 꽁꽁 묶은 사람들을 끌구 나오는 거였어. 대여섯명됐어. 애업은 여자두 하나 끼어 있었구. 이들은 좀 전에 판 구덩이루 끌구 가더니 그 속에 꿇어 앉히구 묻는거야. 그런데 아주 묻어버리는게 아니었어. 머리만을 내놓구였어."

"6. 25 때 일이군요. 동네 사람들끼리 서로 살해하던 광경 아녜요?"

박해연이 좀 전에 못마땅해하던 것과는 달리 기룡의 이야기에 이끌린 듯이 이렇게 말참견했다.

"밀물이 밀려 들어오는 시각이었어. 저녁 그늘 속에 바닷물은 점점 묻힌 사람에게루 밀려들어오구. 둑에서는 묻은 사람들이 바닷물을 지켜보구 서 있었어. 바닷물이 밀려 왔다 밀려 갔다 하다가 마침내 묻힌 사람들의 머리 위를 덮구 말았을 때, 둑에 섰던 사람들이 집을 향해 돌아섰어. 그 사람들을 향해 병사는 총을 난사했지."

"그 병사가 누구요? 댁이지요?"

박해연이 술기운 속에서도 무엇에 흥분한 듯이 기룡을 손가락으로 가리켜 보였다.

기룡은 박해연 쪽은 거들떠 보지도 않고 술잔을 다시 입으로 가져갔다.

"그건 알 수 없는 행위군요. 모래판에 묻힌 사람들이 채 바닷물에 잠기기 전에 둑에선 사람들을 쏴버리구. 그들을 살리든가 그렇잖음 묻힌 사람들 만을 죽게 하든지 하지 않구 왜 모두 죽여 버렸나요? 말하자면 댁은 어느 편두 아닌……."

"그 병사는 외로웠던 것 뿐이요."

"외로워서요?"

기룡이 말 없이 자리에서 몸을 일으켰다. 당신에게 그걸 설명할 필요가 없다는 듯이. 그리고 인철에게,

"가볼까. 여기 술맛이 그리 좋은 것 같지두 않군."

"아니, 잠깐만……."

박해연이 따라 일어났다.

기룡이 카운터로 가 셈을 하는 동안 박해연이 인철에게,

"김형, 어디루든 가든지 같이 좀 가서 얘길 나눌 수 없겠소? 저 분 재미있는 분이군요."

인철이 아무 대꾸도 않자 박해연이 이번에는 셈을 치르고 문께로 가는 기룡을 따라가며,

"형씨, 초면에 미안하지만, 지금 그 얘기 날 빌려줄 수 없겠소? 내 손으로 한 번 극화해보구 싶으니……."

기룡이 홱 돌아섰다. 그와 함께 냅다 박해연의 가슴을 밀쳤다.

박해연이 두 팔을 벌리고 뒤로 나뒹굴었다. 잠시 그는 나자빠진 채 두 팔을 허우적거렸다. 누가 좀 붙들어 일으켜 주기를 바라기라도 하듯이……. 인철이 모른 체 피해 문을 나섰다.

박해연이 아닌 자신이 떠밀치움을 당한 것 같은 기분이었다. 아니 박해연이 말하는 인간주의 등장인물 전체가 떠밀리운 것 같은 기분이었다.

기룡이 저만치에 서서 담배에 불을 붙이고 있었다.

명동거리로 나와 인철이,

"어디가서 새로 한 잔 할까요?"

"오늘은 그만하지."

그리고 묵묵히 전차거리를 향해 나오다가 그는 중얼거렸다.

"사람이란 고양이만큼 되기도 힘들어."[117]

---

117 위의 책, 399~400쪽.

첫 번째 (1)의 글은 이 소설의 주인공인 김상진 영감의 아들이고 건축학도인 인철이 오랜 기간 생소했던 사촌형 기룡이의 하숙방을 두 번째로 찾았을 때, 그 방에 출현한 고양이에 관련된 이야기이고 묘사이다. 기룡이가 아무렇게나 쌓아둔 책들을 헤치고 나온 고양이 한 마리가 인철 쪽으로 살금살금 기어와서 인철의 무릎 위에 올라 오려고 한다. 본시 혐오감이 있어서 고양이를 좋아하지 않는 인철은 고양이의 이런 태도를 거부한다. 그럼에도 불구하고 고양이는 탄력성 있게 몸을 움츠렸다가 기어이 인철의 두 무릎 사이에 기어올라 앉는다. 고양이의 이 같은 행위를 지켜보던 기룡이가 '조놈처럼 솔직한 것도 없다'라는 첫 반응을 한다. 이어 그는 이 고양이에 관련되어서 그가 알고 있는 내력과 사연 및 생리 습성에 대해서 말한다. 여기에 제시된 기룡이의 고양이에 대한 일련의 해명은 솔직 · 죽음 · 장례의 기피(기르고 사랑해준 이의 장례 기피)와 돌아옴(장례 후) · 먹을 것, 자는 것에 있어서 임의 자제한 삶 · 개와는 달리 애착하지도 않고 누구에게든 정을 주지 않는 정 부재(비정) · 언제나 혼자인 외로움 등으로 그 성격과 행동이 항목화된다. 거기에다가 서술자에 의해서 행동의 탄력성, 넘고 모자람이 없는 가볍고 끼 움직이는 '대단치 않은 무게' 등의 특성이 있는 존재로 묘사된다. 이 가운데서 기룡으로 하여금 고양이에 대해서 특별하게 '의미있는 눈길'을 보내며 애착하는 애묘(愛猫)의 반응을 갖게 하는 것은 무엇보다도 고양이가 어느 누구에게도 정을 주는 법이 없이 언제나 독자적이며 혼자인 외로움의 대리자로서의 이미지이다. 이렇게 정을 주지 않는 냉정함과 외로움(고독/고립)이란 테마를 위한 이미지가 고양이 모티프의 중심이 되는 표상이다. 그리고 고양이의 '대단치도 않는 무게'란 균형 감각이 있는 고양이의 경쾌한 행동에 있어서의 무겁지도 가볍지도 않는 과부족 없는 무게의 상태이다. 그렇다면 인철은 자신이 기룡을 따라서 함께 빨리 일어서지도 못하고 그 자리에 앉아 있는 그 상태를 고양이의 대단치도 않은 무게를 주체하지 못하는 듯하다는 중량감으로 비유했을까. 그것은 고양이가 그와 일치된 그 자재로운 기룡이의 무게만큼한 비중있는 중력으로서 인철에세 받아들여졌기 때문일 것이다.

두 번째 ⑵로 인용된 글은 기룡이 신극계의 선배인 박해연이 구상한 희곡을 관념 유희로 비판해 버리면서 토로하는 짧은 삽입의 희곡을 위요한 이야기다. 그것은 6.25를 시대적 배경으로 한 어느 바닷가 모래벌에서의 마을 사람들 간에 벌이는 보복적 살육과 처형 살해자들에 대해 한 병사가 총기를 난사해버리는 희곡으로서 이 처형과 살해는 병사였던 기룡과 자신의 실존적 외로움을 인간의 실존적인 고독과 외로움으로 연계하여 극화시킨 것이라고 할 수 있다.

이 끔찍한 장면과 관련하여 결과적으로 어느 편에도 들지 않고 모두를 죽게 하는 병사의 태도에 대한 질문에 기룡은 '그 병사는 외로웠던 것뿐이요'라고 간단하지만 의미있게 해명한다. 『일월』에서의 외로움의 테마를 특히 주목한 것은 김치수이다. 그는 이 소설에서 관건이 되는 '외로움'을 말과 행동으로 보여주는 인물이 바로 기룡이라 지적한다. 그래서 그는 이를 두고, 카뮈의 『이방인』(1942)에서 주인공 뫼르소가 태양 때문에 아랍인을 쏘아 죽이는 살인의 경우와 연관지우기까지 하고 있다. 비유가 좀 과하다는 느낌이나 살인이 태양때문이란 뫼르소와 외로움 때문이라는 기룡은 닮아 있기는 하다. 다음의 고양이 거론은 그 희곡의 이야기를 빌려 달라고 하는 박해연에 대해서 거부의 몸짓으로서 기룡이 박해연의 가슴팍을 밀쳐버리고 나서 '사람이란 고양이만큼 되기도 힘들어'라고 넋두리처럼 중얼거리는 지점이다. 이 말이 의미하는 것은 무엇인가. 여기에는 중의적인 의미가 내포되어 있다. 고양이는 독립적으로 실존적 외로움을 혼자 외롭게 지켜간다는 긍정과 함께, 그와는 달리 박해연 같은 사람은 오히려 남에게 빌림을 받으려하고 의존하려고 하는 한계성의 삶의 태도에 대한 도덕적인 인간 야유의 부정과 의미를 함축시킨 것이다. 이렇게 고양이의 생리는 기룡이의 삶이나 철학과 밀접하게 연관되어 있다. 그렇다면 Ⅲ부 3장의 표제가 되고 있는 「고양이의 무게」란 말에 함축되고 있는 의미는 또 무엇인가. 이 무게와 관련되어 있는 것은 '대단치도 않은 무게'라는 지적 밖에 더 없는 상태이다. 따라서 '이 대단치 않은'은 의미론적인 차원에서 보면 외로움과 등렬 관계인 가벼움의 상태를 암시한다. 어느 작가가 『한 없는 존재의 가벼움』이라는 책을 쓴 것처럼 고양이는 몸이 가벼운 존재이다. 이 때문에 그 무게만큼으로 조절하며 이동과 착지함은 움직임에 있어서 실패하지 않고 민첩하고 절묘한 균형 감각을 발휘한다. 따라서 '고양이의 무게'란 비유가 함축하고 있는 의미는 천이두가 지적하고 있듯이 기룡이가 자기 몸의 무게만큼의 실재를 과부족없이 증명해 가는 고양이에서 느낄 수 있는 것 같은 균형있고 치우침 없이 에고의 존재 양식을 알맞게 견지해 가고 있다는 의미가 내포되어있다.

이에서 보듯이 『일월』에 제시되고 있는 고양이는 거개가 다 기룡이의 발화나 행위와 관련되어 있다. 이것은 기룡=고양이라는 등가 관계 내지 동일화의 상징성을 갖고 있음을 암시하고 있는 것이다. 기룡이의 존재 방식은 이런 고양이로써 상징되어 있다. 그리고 이런 기룡이의 외로움 또는 소외(Entfremdung)는 정서적 외로움이나 자발적 퇴출(Voluntary Withdrawal)상태이기보다는 사회적 그리고 개인의 무의식적 배제(Involuntary expulsion)로서의 외로움과 고립이 강조된 실존적인 외로움이다. 따라서 이는 인간 조건과 경험이 피할 수 없는 구성소의 양상으로 간주되지만, 비록 아프지만 자아 인식과 갱신을 증대시킴에 있어 기여하는 잠재력을 갖고 있는 것이다. 그래서 기룡은 자주 방화하는 인철에게 이렇게 말하는 것이다. "인간이 소외당한 자기 자신을 도루 찾으려면 우선 각자에게 주어진 외로움을 참구 견디어 나가는데서부터 시작해야 할거야"라고. 외로움이란 것은 기룡에게 있어서는 아프지만 자아인식과 성장을 증대시키는 잠재력인 것이다. 그리고 잘 길들여지고 사회화 하는 개와는 달리 고양이는 잘 길들여지지 않고 외롭고 자율적인 존재의 동물적 표상이다.

7장

파란 요기로 응시하는 고양이의 눈 :
장용학의 「요한시집」

장용학(張龍鶴, 1921~1999)의 소설 「요한시집」(1955)[118]은 전통적인 사실주의 소설의 서사 문법을 상당부분 허물고 있는 반(反) 사실적인 작품이다. 우화(알레고리)로서의 동물 비유담 소설 언어로서 배제되어온 사변적이고 추상적인 한문투의 관념어와 은유적인 수사로서의 문장을 소설 언어로 끌어들이기, 현재와 과거의 시간이 기억과 상기(想起)에 의해서 자주 교차하는 연상적 회상 기법, 자아의 정체성의 분열적 이중화현상, 환상과 환영(幻影)의 시학 등등으로 해서 전에 없는 독특한 소설 기법과 서사

118 이 작품에 대한 많은 해석과 비평이 있지만, 근래의 논저로서 대표적인 것은 다음과 같음.
염무웅. 실존과 자유 : 「요한시집」(1965)
박창원. 장용학소설에 나타난 모더니티 연구(1979)
박정수. 『현대 소설과 환상』, 새미, 2002.
장용학. 『현실과 바깥으로서의 초월과 非人의 탄생』
조남현. 『한국 현대 소설사 3』, 문학과 지성사, 2011, 473~76쪽.

전략을 구사한 작품이다. 특히 발표 당시로는 매우 전위적이라고 할 만큼 독특한 서사적 시공화(時空化)의 연상적 기법과 관념적 담화 및 한문(漢文) 쓰기 등을 거침없이 끌어들임으로써 얼마쯤은 어지럽거나 난삽하기까지 한 작품이다. 여기에는 전후를 풍미한 실존주의 사상의 영향도 적잖이 작용하고 있다.

그러나 무엇보다도 '쉘 쇼크(Shell Shock)' 포탄(전쟁 충격)이라고나 할까. 폭력적이고 잔혹한 6.25 전쟁에 대한 노이로제의 징후가 깊고 폭넓게 투사되어 있는 것이 특징이다. 시대적 배경은 1950년대 초 6.25 남침전쟁 때이다. 테마틱스의 측면에서 보면 억압과 자유의 테마, '눈'(실명과 눈알빼기), '손'(손목 자르기, 손목 훼손) 등의 신체 훼손 모티프와 '고양이'·'철조망' 등의 모티프와 세례 요한을 끌어들인 인유의 모티프 등이 서사의 주요 구성 요소로서의 상징 작용을 함으로써 주목되기도 한다.

알레고리와 환상이 수사학적 스텐스가 되어 있는 작품 「요한시집」의 구성은 서장—상(上)—중(中)—하(下)장 등 모두 4장, 즉 서장에 이어서 본체 서사인 3장이 접속되어 이루어진 형식이다. 우선 주목되는 서사적 전경(前景)으로서의 서장은 산 속 토굴(동굴) 속에서 안으로 흘러 들어오는 고운 빛에 이끌리어서 바깥 세상으로 기어나오려다가 그만 눈알을 찌르는 강렬한 태양 관선의 빛에 찔러서 소경이 되고 마는 한 마리 토끼의 비유담으로써 열린다. 그 토끼는 죽을 때까지 그 자리를 떠나지 않다가 죽은 그 자리에서 '자유(自由)의 버섯'으로 다시 나게 된다. 이 토끼의 실명은 하나의 전상(前像, Prefiguration)이 되어서 본체 서사에 있어서의 누혜의 눈알 빠짐의 현상과 서로 긴밀하게 연결되어 있다. 토끼나 누혜나 자유를 표상한다는 점에서도 양자의 연결은 가능한 것이다. 그리고 표제인 「요한시집」의 '요한', 헤로데디아시의 딸 살로메(Salome)에게 목이 짤리는 세례 요한(John the Baptist, – 성서의 마가 · 누가 등의 복음서에 기록됨–의 인유적 등장도 누혜의 죽음을 위한 문학적인 인유화로서의 기능을 하고 있는 것이다.

그렇다면 서장부터 짐승의 상상력으로 시작하는 이 작품에서 관심의 초점이 되는 고양이는 어디에서 등장하며, 어떤 의미를 지니고 있는 것일까. 고양이는 바로 본체 서사 '상' 장과 '하' 장에서 상당 부분을 차지하며 출현한다. 여기에 등장하는 고양이는 단순 소재로서의 차원을 넘어서 의미의 차원에서 상징과 은유적인 이미지로서의 효과를 발휘하는 중요한 비유론적(Tropological)인 동물 상(像)이다. '상' 장에서 남한 출신 의용군인 주인공 동호가 포로로서 거제도 포로 수용소에서 서로 알게 된 북한 출신의 포로 누혜의 부탁으로(이미 그때 누혜는 수용소 철조망에 목을 매고 자살함) 며칠을 걸려서 누혜 어머니의 거소인 하꼬방—누혜 어머니는 누혜가 포로가 되었다는 소문을 듣고 후퇴하는 국군을 따라 이북에서 이남으로 내려와 있었음—을 찾아서 문짝을 미는 순간 처음 마주친 것이 바로 검은 덩어리 같은 고양이이다. 이 고양이와 마주하기 바로 직전 즉 누혜 어머니의 하꼬방을 찾으러 가면서 동호의 의식 속으로는 망각의 안개를 헤치고 고향 K성(城)의 풍경이 상기되기도 하고 '행방 불명'된 상태의 그의 과거가 의식의 표면으로 떠오르기도 한다. 그런가 하면 전쟁을 일으킨 북한군의 의용군으로 나갔다가 폭격을 맞고 포로가 되어버린 그의 지난 시간들을 상기하기도 한다. 이렇게 서사가의 질서가 바로 시간적 순접의 직행을 하는 것이 아니라 다른데로 이탈하는 잠깐 사이에도 망각과 기억의 시간 · 공간이 현재 여기와 교차하는 역접의 형식이다. 이런 의식의 여로를 거치면서 동호가 현실적으로 찾은 누혜 어머니의 하꼬방 문을 미는 순간에 그가 처음 마주한 것이 고양이이다. 그런데 이 고양이는 순식간에 문 밖으로 튀어 나오면서 아래 집 지붕 꼭대기에 올라 이쪽으로 응시하듯 돌아다 본다. 이 장면은 '하' 장의 마지막 장면에서 문틈을 튀어나간 그 고양이가 나뭇가지에 올라서 이쪽의 '나'(동호)를 응시하는 현상과 반복으로서 포개어지는 의미를 지니고 있다. 어쨌거나 이 고양이와 동호의 두 번째 조우는 60여일 동안이나 아무 것도 먹은 것이 없이 아사(餓死) 직전에 이른 누혜 어머니의 텅 빈 방안 정경을 보고 동호가 우선 먼저 급하게 누혜 어머니가 먹을 것을 구해야겠다는 생각으로 문을 내미는 순간 쥐를 물고 방안으로 튀어 들어오는 고양이와 다시 마주하게 됨으로써 이루어진다. 고양이가 물고오는 부스러기 쥐를 먹으면서 여태 연명해온 누혜 어머니는 쥐를 보는 순간 손이 그리로 간다. 이로 보면 고양이는 최소한 누혜 어머니에게 쥐고기를 공급해온 셈이다. 그런데 그 고양이는 그때 옆에 동호나 누혜 어머니같은 사람이 있는 것도 전혀 아랑곳 하지 않고 무시하듯이 사로 잡아온 산 쥐를 흰 이빨을 드러내고 주둥이와 앞발로 떠밀고 낚아채며 요리조리 놀리다가 신나는 듯이 공중 구경을 보내듯 희롱한다. 쥐와 인간에 대해서 고양이가 보여주는 이같은 희롱의 잔인성에 당혹해하고 지쳐있던 동호가 급기야 노파의 손이 재빠르게 쥐를 움켜 쥐려는 순간 외마디 소리를 지르면서 먹이를 잡으려는 노파의 손으로 달려든다. 그런데,

> 노파는 어디에 그런 힘이 있었던지 그 손을 놓으려고 하지 않는다. 쥐를 움켜쥔 노파의 손과 싸우면서도 나는 그의 공모자가 그 등어리에 노기를 세워 가지고 내 뒤에서 나를 노리고 있는 것을 느껴야 했다.

아까 그 노파의 눈, 손, 입, 그것은 그 쥐를 먹으려고 하는 눈이고, 손이고, 입술의 꼬물거림이었다!

여기서 노파가 공포스럽게 여기는 존재는 바로 다름 아닌 고양이다. 고양이가 쥐를 먹으려는 본능적인 노파와 공모의 한 패가 되어 뒤에서 능멸자로서 동호를 홀리고 노리는 형국이다. 하기는 고양이는 사람이 아니므로 인간의 존재를 능멸하려 했는지는 알 수 없지만, 동호의 반응으로 보면 도무지 인간을 무시하는 것처럼 보이고, 고양이와 노파 양자가 마치 서로 공모의 관계인 것처럼 보일 수 밖에 없는 지경인 것이다. 그리고 산기슭 성곽의 살찌고 배부른 주인의 삶과는 너무나 대조적으로 짐승인 고양이에게 먹이를 구걸하듯 하며 목숨을 간신히 이으면서 짐승처럼 인간의 존엄성과 체면을 바닥까지 더럽히고 있는 노파의 처지나 짐승에까지 이른 최저의 상황을 보면서 동호는 서글픔 이전에 분노한다. 치미는 이 분노는 동호로 하여금 노파의 목을 눌러서 그 숨을 끊어버리고 싶은 살의의 충동을 느끼게 한다. 그래서 그는 노파의 손가락 사이에서 쥐를 빼앗아 고양이의 면상에다 패대기치면서 분노와 구역질로 노파의 가슴을 엎어 누르게 된다. 그때 그의 손가락이 노파의 손가락에 꽉 얽혀진 것을 느끼는 순간에 동호는 포로 수용소의 배설물 속에 꽂혀있던 전날 죽은 누혜의 손, 즉 '변소의 손'을 떠올리게 된다. 그럼으로써 그의 의식이 그 손에 잡히게 된다. 그리고 동시에 반역자에 대한 인민군 포로들의 잔인한 복수극으로 끝내 뽑혀져 동호로 하여금 해뜰 때 까지 손바닥에 들고 있게 했던 그 누혜의 눈알을 떠올리게 된다. 다시 현실에서 노파의 격해져 가는 숨소리와 함께 환영들이 얼마간 이어지면서 '누혜!'라는 노파의 아들을 부르는 소리에 동호가 환영 또는 환상에서 깨는 순간, 노파는 마침내 목젖에서 딸각소리를 내면서 죽는다. 결국 동호의 반응이 노파를 죽게한 것이다.

> 도승이 서 있던 자리에는 고양이의 두 눈이 파란 요기(妖氣)를 뿜고 있었다. 몸이 확 달아 올랐다. 누혜의 눈이 이제 거기에 그렇게 켜 있는 것만 같았다.

'도승'은 환영이고 고양이의 두 눈은 현실이다. 여기의 기억과 현실이 교차되는 가운데 동호의 기억 속에 있는 '변소의 손'인 누혜의 손은 현재 죽어가고 있는 누혜 어머니인 '노파'의 손으로 연결되고 전이되고 있다. 그리고 동호를 응시하는 고양이의 파란 요기를 뿜는 두 눈은 빠져버린 누혜의 두 눈알을 연상하는 매개가 되고 있는 것이다. 이렇게 서장의 토끼의 실명의 눈이든, 고양이의 응시하는 요기의 눈이든 그리고 뽑혀지는 누혜(인간)의 눈이든 시각적인 인식 작용을 하는 기관인 눈 또는 눈알의 의미가 이처럼 각별하게 섬찟하게 제시되고 중시되는 것이 이 작품이 지닌 한 특징이다.

'중' 장은 고양이가 등장하지 않는 장이다.

갇힌 공간으로서의 포로 수용소 철조망의 안쪽의 상황과 그리고 바깥 쪽이 반란적 폭력/자유의 공간으로 이질적인 대비가 강조되고, 누혜가 그 빛(바깥)과 어둠(안)의 언저리인 그 철조망에서 목을 매고서 죽는 장이다. 누혜는 이남 출신의 동호와는 달리 북에서 쳐내려온 인민군으로서 포로가 되어 철조망에 쳐진 수용소 내에 갇혀 있는 존재이다. 그런데 그는 전쟁에서 발휘한 용감성으로 인해서 최고 훈장까지 받는 '인민의 영웅'으로서의 전력이 있다. 그런 그가 수용소 내에서는 적기가(赤旗歌)를 부르지 않고 전쟁에 회의를 느낀 나머지 틈만 있으면 누워서 푸른 하늘을 보기를 좋아한다. 이와는 대조적으로 다른 한편에서는 사상(思想)의 이름으로, 계급(階級)의 이름으로, 인민(人民)의 이름으로 인민군 포로들에 의해서 인간 살육의 잔혹한 훼손의 범죄가 자행된다.

> 그런데 거기서는 시체에서 팔다리를 뜯어 내고 눈을 뽑고, 귀, 코를 도려 냈다. 아니면 바위를 쳐서 으깨어 버렸다. 그리고 그것을 들어서 변소에 갖다 처넣었다. 사상의 이름으로. 계급의 이름으로. 인민이라는 이름으로!
>
> 그들은 생이 장난감인 줄 안다. 인간을 배추벌레인 줄 안다! 이것을 어떻게 하면 좋단 말인가?

자유와 바깥으로서의 '푸른 하늘'을 원망공간(願望 空間)으로 삼은 누혜는 결국 인민군 포로들에 의해서 '인민의 적' · '반역자'로서 쏟아지는 몽둥이를 맞다가 '안 세계'와 '바깥 세계'의 두 세계를 가르고 이어놓은 철조망에 스스로 목을 매고 죽는다. 이 누혜의 자살은 그가 유서에서 밝히고 있듯이, 자유를 위한 하나의 시도이고 마지막 기대이고, 자신을 찾으려는 역설적인 탈출인 것이다. 이렇게 자살을 감행한 누혜의 시체에는 즉시 좌익 포로들에 의한 복수가 가해진다. 그래서 배신자가 되고 반역자가 된 누혜의 손과 몸뚱이는 변소에 처 넣어지고 눈알이 뽑혀진다. 그리고는 친한 동호로 하여금 그 눈알을 해가 솟을 때까지 들고 있으라고 강요한다. 차마 인간으로서는 할 수 없는 잔혹 행위이고 인체 훼손이다. 그런데 이런 누혜의 죽음과 신체 훼손에의 의미는 죽기 전날 누혜가 동호를 껴 안으면서 한, 요한의 목을 탐낸 팜므-파탈의 살로메를 꿈꾼 이야기 속에 함축되어 있다. 이와 관련하여 바로 '하' 장에는 다음과 같은 유관된 대목이 있다.

> '자유' 그것은 진실로 그 뒤에 올 그 무슨 '진자(眞者)'를 위하여 길을 외치는 예언자, 그 신발 끈을 매어 주고, 칼에 맞아 길가에 쓰러질 요한에 지나지 않았다!

이렇게 성서에서 인유된 선지자 세례 요한과 살로메의 이야기(마테·누가 복음 등에 등장한다)는 헤롯 왕이 그의 동생 빌립(Philip)의 아내 헤로디아를 취한 것을 나무란 일로 해서 요한이 가두어지자, 헤로디아의 딸 살로메가 제 어미의 사루와 시킴을 듣고 요한의 머리를 벤다. 이 요한은 낙타 옷을 입고 허리에 가죽 띠를 두르고, 메뚜기와 석청을 먹으며 광야에서 외치기를, '내 뒤에 오시는 이는 나보다 능력이 많으시니 나는 그의 신을 들기도 감당하지 못하겠노라. 그는 성령과 불로 너희에게 세례를 베푸실 것이라'고 예언하면서 뒤에 올 주 예수 그리스도의 길을 예비하고 준비하라고 전파한다. 그런 선지자가 진자(眞者) 요한이다.

여기서 작품 「요한 시집」은 진리를 위한 길을 외롭게 걷는 예언자(요한)와 자유를 지향하며 죽은 누혜가 지향하는 그 진정한 자유에의 길을 요한처럼 준비하는 존재로 연계시키고 있다. 요한과 누혜의 등식 관계 내지 연계적 비유화의 적정성 여부를 떠나서 성서의 선재적(先在的) 텍스트인 요한의 이야기가 문학적으로 인유된 점은 분명한 것이다.

이로써 작가는 누혜를 자유의 예언자로서 뒤에 올 진정한 자유를 위한 길을 먼저 예비하는 존재로서 요한과 같은 존재로 입상화(立像化)한 것이다. 또한 실명하면서 '자유의 버섯'이 된 토끼와 죽어서 눈알을 빼인 누혜는 역시 서로가 자유에의 길을 지향한다는 점에 있어서는 서로의 연계가 가능해지는 것이다.

마지막의 '하' 장은 유서(遺書)의 장 또는 수기(手記)의 장이고 또 고양이의 장이다. 누혜가 한 살에서부터 1951년 2월 자살하기 까지의 짧은 전 생애가 순차적이고 압축된 급행 단축으로 서술되고 또 누혜의 정감과 사유가 시적 수사법에 의해서 표백되어 있다. 「요한 시집」이란 표제에 가장 어울리는 지 · 정 · 의가 혼성된 표현들이 구사되고 있을 정도로 시가 섞인 장이다.

그런데 누혜의 유서들을 보는 '나'(동호)는 '나'를 노려보고 있는 두 눈을 의식한다. 그 눈은 누혜의 눈이면서 고양이의 눈이다. 동호의 내면 속에 있는 죽은 누혜의 눈이 현재 응시하고 있는 고양이의 눈으로 전이 · 동화된 것이다. 그 눈 또는 그 눈알을 노려보는 응시를 통해서 동호로 하여금 '내가 지은 죄와 움직이는 것은 하여간 다 죄'라는 죄의식을 일깨우게 한다.

> 따라서 존재는 죄지은 존재이다. 생 속에서는 죄지었다는 것은 죄지을 것을 의미한다. 존재는 범죄이다. 그 총목록이 세계이다. 세계는 범죄의 소산이고, 인생은 그 범죄자였다.

고양이의 눈과 누혜의 눈알이 하나가 되어서 동호로 하여금 환기하고 느끼게 하는 죄의식은 바로 존재는 범죄요, 산다는 것은 죄짓는 것이라는 인식이다. 모든 존재는 다음 순간에 일어날 가능성 앞에 떨고 있는 전율(戰慄)이라는 명제이다. 그래서 화자는 인생은 범죄자이고 세계는 범죄의 총목록이라고 규정하고 있다. 이는 인물인 '나'를 벌려서 작가의 사변이 최대한으로 대리적으로 토로되는 현상이다.

이런 가운데에서도 고양이는 어둠 속에서 계속 '나'를 노려보는 응시를 계속하고, '나'로 하여금 '나'가 그의 주인을 죽인 살인자이고 그 고양이를 내 죄의 목격자이게 한다. 결과적으로는 동호(내)가 누혜 어머니를 죽게 했으니까. 그의 주인인 누혜 어머니를 죽인 살인자인 것이 분명하다. 그때 고양이는 현장인 방안에 있었으니까. '내 죄의 목격자'인 것은 사실이며, 그런 점에서 산다는 것과 존재는 범죄라는 명제와도 일치하고 부합되는 현상인 것은 분명하다.

이런 내 눈섭까지 뵐 고양이를 향해서 동호의 손이 날아가는 순간 고양이는 휙 문틈으로 튀어 날아나서 저녁 까마귀가 황혼을 울던 나뭇가지에 올라 응시하며 두 눈빛이 꺼지지 않는다. 동호를 이렇게 응시하고 있는 이 고양이의 눈은 좌익 포로들의 복수를 자아낸 누혜의 눈이다. 동호가 빠진 눈알을 들고 인광이 없어지는 해가 뜰 때까지 기다리면서 손에 들고 있었던, 바로 무거웠던 눈알이다.

> 아웅!
>
> 멀고 먼 해안선을 얼어붙이는 것 같은 싸늘한 울음 소리 속에 한때 보이지 않아졌던 파란 요귀는 여전히 숨쉬고 있는 것이었었다.
>
> 내일 아침 해가 떠올라야 저 눈이 꺼지는 것이다. 나는 졸려서 그대로 그 눈을 지켜보고 있는 것이 무섭기도 했다.
>
> 밤은 고요히 깊어 가는데 누혜의 비단옷을 빌려 입은 나의 그림자는 언제까지 그렇게 그 고목 가지 아래서 설레고만 있는 것이었다. 과연 내일 아침에 해는 동산에 떠오를 것인가…….

고양이의 파란 요기를 흘리는 눈의 응시를 통해서 누혜의 비단옷을 빌려입은 그림자와 같은 동호는 누혜의 뽑아진 눈을 손에 들고 해뜰 때까지를 기다리던 그 시간과 그 눈을 떠올린다.

응시의 시선으로서의 고양이의 파란 요기의 눈과는 응시의 시선이라는 점에서는 일치한다. 하나는 '나'의 죄를 본 눈이요, 다른 하나는 이념과 사상의 광기적 범죄를 본 눈이라는 점에서 그렇다. 누혜는 서장에서 우의화되어 나온 눈을 실명한 토끼다. 누혜와 토끼는 분명히 동일한 상징성을 갖고 있다. 그리고 바른 말을 하고 진인(主)의 길을 예비하다가 목이 베어진 요한이다. 진정한 자유를 지향하며 자유를 예비하려고 한 사람이 누혜이기 때문이다. 작가 장용학은 이를 두고 '동호가 자유의 시체 속에서, 부화되어 탄생하는 과정'을 그리려고 했다고 피력한다. 이는 누혜의 죽음이 끝나는 곳에서 동호가 시작한다는 의미를 함축하고 것이다.

8장
고양이의 시적 트로폴로지 :
서정주 · 김기림 · 유치환 · 김억 · 김수영의 경우

1. 「화사(花蛇)」에서의 순네의 묘성(猫性)

서정주(徐廷柱, 1915~2000)의 초기시 「화사」(1936)에는 고양이가 딱 한 번 등장한다. 우리에게 너무나도 잘 알려진 이 시는 "사향 박하의 뒤안길이다. / 아름다운 배암 ..... / 얼마나 커다란 슬픔으로 태어났기에 저리도 징그러운 몸뚱아리냐. // 꽃대님 같다."로 시작해서 "우리 순네는 스물 난 색시, 고양이같이 고운 입술 .... 스며라 ! 배암"이란 시행으로 끝이 난다. 시적 재재는 처음부터 끝까지 화사, 즉 꽃뱀인 것이 분명하지만, 순네와 고양이를 관심의 초점으로 살피려니 순네와 고양이가 제시된 끝 행에 특별히 주목하게 된다. 그것도 고양이는 실지로 등장하지도 않고 다만 시적 자아의 애욕의 대상으로 전제된 순네의 고운 입술을 위한 비유(직유)의 트로폴로지(Tropology)로서만 존재한다. 여기 '스며라'라는 명령어적 말걸기에서 '스미다'라는 것은 물이 스며들 듯이 불이 당기듯 서로를 어우러지게 하거나 당기게 하는 상태와 같은 에로스의 관능에의 뜨거운 환기이자 부추김이다.

원래 이 시는 '몸둥아리', '혓바닥', '아가리', '대가리', '입설(술)' 등 다소 비속어적이고 환유적 부분으로 분편화된 몸뚱이의 시학 · 아름다움과 징그러움의 이율 배반적으로 상반되는 미학적 이중 감정의 대상인 화사(꽃뱀)와 고양이의 동물 상징에 의해서 인간의 원죄 의식과 본능적이고 관능적인 에로티시즘과 고도화된 욕망의 열기, '바늘에 꼬여 두를까보다'란 처절한 탐미적 메조키스트적 감각을 과감하게 끌어들이거나 표출하는 시이다. 문제는 끝 행에서 시적 화자가 스물난 색시 우리 순네의 고운 입술을 고양이와 은유적으로 일체화시키고 있다. 몸으로서의 순네의 입술은 욕망의 대상이고 이와 고양이의 그것과의 일체화에 의해서 순네에게로의 관능적인 욕망의 스며듦의 관계—뜨겁고 숨막히는 깊은 입맞춤의 촉지와 성적 고집을 교사하고 어드레스 하면서 충동질을 하고 있는 것이다. 이때 '뱀'(배암)은 남성의 이미지이고 '입술'은 여성이다. 고양이는 이때 바로 관능 세계에의 안내역이며 묘성으로서의 여성의 관능적인 미를 표상하는 동물 상징이다.

고양이가 이렇게 여인에 대한 은유로서 그리고 고양이의 이미지와 여인의 이미지가 서로 밀접하게 결합되는 것은 여성의 묘성이랄까 묘성의 여성화 현상이라할까. 이런 현상이 특별하게 강조된 문학적 현상은 동서 문학에서 꾀 드문 현상이 아니다. 그러나 이 시의 화자는 아무래도 보들레르의 시집 『악의 꽃』(1857)에서의 3편의 고양이 시편 그리고 베를레느의 『사투르누스』(1862)의 「여인과 암코양이」 등으로부터 상당한 영향을 받은 것이 분명하다. 보들레르의 고양이 시 중 하나인 애인 잔느 듀발의 시편인 「고양이」(Le chat)의 일부는 다음과 같다.

> 네 머리와 유연한 등을 내 손가락으로
> 한가로이 어루만질 적에
> 전율하는 네 몸 만지는 쾌락에
> 내 손이 도취할 적에
>
> 나는 내 마음속의 아내를 그려 본다.
> 그녀의 눈매는 사랑스런 짐승
> 네 눈처럼 그윽하고 차가와
>
> 투창처럼 자르고 뚫어
> 발끝에서 머리끝까지
> 미묘한 기원, 변덕스러운 향기
> 그 갈색 육체를 감도는구나.

이렇게 마음 속에서 보는 환시자인 보들레르에게는 고양이와 여인(잔느 듀발)이 긴밀하게 관련된 것으로 보이게 되는 것이다. 그리고 베를레느는 「여인과 암코양이」에서 여성은 흰손, 고양이는 하얀 발을 하고 날카로운 발톱을 감추고 있어서 아름답고 잔혹한 생물로서 여성과 고양이는 동질적인 것으로 그려내고 있다. 그래서 아지자 · 올리비에라 · 스크트릭은 그들의 공저인 『문학의 상징 · 주제 사전』(1978)에서 보들레르의 「고양이」와 여성을 관련하여 다음과 같이 지적한다.

> 보들레르에 있어서 고양이는 여성에 대한 은유로 쓰인다……여

인을 고양이와 동일시함으로써 보들레르는 그의 고귀한 시 작품들을 무의식 속의 지극히 깊이 있는 근본적인 환상으로 처리했던 것이다.[119]

이 같은 여성과 고양이의 동격화가 「화사」에서의 순네=고양이의 동격화내지 동일시하는 비유의 트로폴로지를 가져온 자극적인 요인이 된 것이다.

2. 김기림의 「해도(海圖)에 대하여」와 고양이

1930년대의 대표적인 모더니스트 시인 김기림(金起林, 1908~?)의 시에는 독립적인 고양이 시가 없다. 그러나 그의 시들 가운데는 고양이의 이미지가 여러 곳에 웅크리고 있다. 마치 T. S. 엘리엇의 시 「알프레드 푸르프로의 연가」에서 그리고 칼 샌드버그의 시에서 안개와 관련한 미학적 애묘현상으로서 고양이가 출현하고 있듯이……. 김기림의 시에서 고양이 이미지가 제시되고 있는 작품으로서는 그의 두 번째 시집인 『태양의 풍속』(1934)에 실려 있는 「해도에 대하여」를 위시해서 「훌륭한 아침이 아니냐」, 「상공 운동회」, 「비」 등이다. 이 가운데서 「해도에 대하여」는 다음과 같은 난삽한 시이다.

산(山)봉오리들의 나즉한 틈과 틈을 새여 남(藍)빛 잔으로 흘러

119 Claude Aziza · Claude Oliviéri · Robert Sctrick, *Dictionnarie des Symbols et des Theme & Litteraires*, Fernand Nathan, 1978, p. 54.

들어오는 어둠의 조수(潮水). 사람들은 마치 지난밤 끝나지 아니한 약속(約束)의 계속인 것처럼 그 칠흑(漆黑)의 술잔을 들이켠다. 그러면 해는 할 일 없이 그의 희망(希望)을 던져 버리고 그만 산(山)모록으로 돌아선다.

고양이는 산(山)기슭에서 어둠을 입고 쪼그리고 앉아서 밀회(密會)를 기다리나 보다. 우리들이 버리고 온 행복(幸福)처럼……. 석간신문(夕刊新聞)의 대영제국(大英帝國)의 지도(地圖) 우를 도마배암이처럼 기어가는 별들의 그림자의 발자국들. 미스터 · 뽈드윈'의 연설(演說)은 암만해도 빛나지 않는 전혀 가엾은 황혼(黃昏)이다.

집 이층집 강(江) 웃는 얼굴 교통순사(交通巡査)의 모자 그대와의 약속(約束)…… 무엇이고 차별(差別)할 줄 모르는 무지(無知)한 검은 액체(液體)의 범람(氾濫) 속에 녹여 버리려는 이 목적(目的)이 없는 실험실(實驗室) 속에서 나의 작은 탐험선(探險船)인 지구(地球)가 갑자기 그 항해(航海)를 잊어버린다면 나는 대체 어느 구석에서 나의 해도(海圖)를 편단 말이냐?

김기림의 시에 관한 많은 논의들 가운데서 이상하게도 피해가고 있는 이 이상(李箱, 1910~1937)의 시처럼 난삽한 「해도에 대하여」[120]는 어떤 시인가. 우선 표제가 된 '해도'란 말부터가 범상스럽지 않다. 해도(Hydrographic Chart)는 바다의 깊이, 해양의 형상, 해저의 토질, 조류(潮流)의 방향, 속도, 등대의 위치, 암초 따위의 해양 관계, 항로 표지 등에 중점을 두고 정밀하게 기입하여 그려넣는 바다의 수로를 알려주는 지도와 같은 것이다. 그래서 해도는 뱃길에 방향을 제시해 주는 것으로 항해에 있어서

120 김예리, 『이미지의 정치학과 모더니즘 : 김기림의 예술론』, 소명출판, 2013, 184~9쪽은 지그문트 바우만의 '액체성'을 인용하여 이 시를 풀어보려고 노력한 드문 글이다.

는 나침반과 함께 필수 불가결의 장비인 것이다. J. 힐리스 밀러는 '소설은 비유적 지도제작'이라고 지적한 바 있지만, 1930년대의 한국 현대 문학에서 처음으로 문학적 캐토그라피와 맵 메이킹의 특수한 시적 공간을 작성한 두 사람의 대표적 지도 제작가 시인이 이상(李箱)과 김기림이다. 이상은 공포의 '오감도'를 그리고 김기림은 태풍의 '기상도'(氣象圖)와 '항해의 해도'를 작성한 것이다.

김기림의 이런 기상도의 캐토그래피는 '바다'와 '항해' 그리고 '태풍'의 이미지[121]가 특히 강조된 세계이다. 그의 「태양의 풍속」과 「기상도」 등의 시 세계는 나비가 '청무우밭'으로 착각한 바다의 수심 모를 깊이의 「바다와 나비」를 포함해서 상당 부분이 우리 현대시의 어느 것보다도 바다의 임팩트가 크게 시적 상상력에 작용한 양상을 지니고 있다. 그래서 나는 30년대의 이런 현상을 두고서 세사레 카사리노(Cesare Casarino)의 용어를 그대로 빌려와 쓴다면 '바다의 모더니티'(Modernity at Sea), '모더니티의 바다'(Sea of Modernity)라고 지적하고 싶은 것이다. 항해, 통상 여행을 휩쓰는 위기와 긴급 사태의 모형인 태풍 등의 바다는 한국의 종전의 현대시의 정경에 있어서는 이질적 장소성으로 모더니티의 상징적인 장(場)이다. 이 점에서 식민지와 피식민지의 마주침의 경계적 접점 구역(Contact Zone)이며 따라서 트랜스 컬츄럴한 경계성의 현해탄(玄海灘)이며, 첨단의 공간적 지도 제작이다. 이점에서 임화(林和)의 시 「현해탄」(1938)은 비유적인 경계로서의 의의를 지니고 있는 것이다. 그래서 김기림과 임화의 바다는 분명 19세기의 바다가 아닌 것이다. 현해탄은 한국(조선)과 일본 사이에 있는 해협이

121 김학동. 『김기림 연구』, 새문사, 1988, 28~39쪽 참조.

며 단순한 바다가 아니라, 서구와 일본의 근대적 문화가 밀려드는 통로이고 일본과 조선의 식민-피식민의 접점이다. 식민지 시대 조선의 꿈을 가진 청년들은 일본과 조선을 가르는 이 해협인 콘택트 존을 이중 감정 구조의 애증을 갖고서 넘나들어온 것이다. 시 「해도에 대하여」는 표제가 암시하듯이 모티프에 있어서는 바다 항해와 관련되어 있다. 그런데 탐험선의 선장이나 다름없는 시적 화자는 왜 '나'의 해도를 어느 구석에서도 펼칠 수가 없는 항해불능 상태인 지경에 이른 것을 저토록 안타까워하고 있는 것일까. 그것은 해도가 없는 것이 아니라 행해를 해 나가야 할 탐험선배가 정처와 수로를 무엇인가에 의해서 잃어서 해도를 펼 수 없어져 버렸기 때문이다. 그 탐험섬이 곧 지구로 비유되고 있다. 탐험선은 지구로 표상된 근대 문명의 '마이크로코즘'이다. 그래서 이는 전반적으로 상황의 항해를 전제로 하여 지향의 미로와 방향 상실의 상태가 되어 있음을 시사함으로써 길과 지향점의 부재와 상실에 빠져버린 상태를 현대 문명 상황의 위기와 혼돈과 황막함을 암시하고 있는 것이다. 이 혼돈의 상황이 바로 바다의 상태로 비유되어 있다.

모더니티의 바다로서의 김기림의 여기 이 바다는 청무우밭이 아니라 수심을 알 수 없는 깊고 냉혹한 현실로서의 바다이거나 암울한 어두운 검은 바다이다. '검다'는 색채어가 거듭 강조된다. 시 '비'에서도 기림은 화자를 통해서 구원할 수 없는 희망을 파묻기 위해서 '검은 추억의 바다'를 건넌다고 하여 검음을 강조한다. 그렇듯 「해도에 대하여」에서의 바다는 무엇이든 차별할 줄 모르는 무지한 검은 액체의 범람으로서의 유출된 기름의 검은 유체와 같은 무질서한 혼돈의 상황 그 자체이다. 이런 분별력을 잃은 것은 액체의 범람 속에 덮혀지고 놓여짐으로써 항로를 열어갈 탐험과 실험의 목적(지향)을 잃어버리게 됨으로써 항해자로서의 '나'(인류)가 위치와 좌표를 잃고 방황을 잡아가는 지표 부재 상태가 됨으로써 길을 열고 헤쳐가게 하는 해도는 더 이상 펼 곳도 펼 필요도 없는 한낱 무용지물에 불과할 뿐이라고 절망감을 표출하고 있다. '차별할 줄 모르는 무지한 검은 액체의 범람'으로 비유되고 있는 바다는 현대 문명의 위협적 요소나 음험함을 상징하는 것이다. 이런 목적지도 없고 항로도 없고 해로를 가리키는 해도마저도 무용지물이 되어버린 좌초된 항해의 상황을 상징함으로써 김기림은 그 나름으로 지향점을 잃어버리고 황폐해져가는 지표없는 현대인의 초상과 현대 문명의 황폐함, 전체주의적 · 획일적 · 퇴화적 징후나 상황을 비관적으로 해부하고 있는 것이다.

두 번째는 이 시의 ⑵연에 등장하고 있는 고양이는 무엇을 상징하고 있는가하는 점이다. 문맥상으로 보면 이 고양이의 상태는 '산 기슭에서 어둠을 입고 쪼그리고 앉아서 밀회를 기다리나보다'라고 하여 밤 밀회를 기다리는 고양이 상(像)으로 되어 있다. 이를 좀 더 압축해보면 어둠 속에서 쪼그리고 앉아 밀회를 기다리는 암코양이이다. 그렇다면 이 고양이는 그냥 고양이일 뿐인가. 그렇지는 않을 것 같다. 즉 반(半) 의인화되거나, 고양이=여자라는 모티프의 수사적 등식 관계임이 분명할 것 같다. 또는 시간의 이미지 일수도 있지만 밤의 세계에서 쪼그리고 앉아 밀회를 기다리는 것은 남성의 도취와 환락과 애용의 대상이 되고 있는 항구의 고양이 같은 관능의 밤의 여인의 자세이다. 이와 비슷한 현상은 그의 시 「훌륭한 아침이 아니냐?」에서도 나타난다. 1931년 1월 8일 〈조선일보〉에 신년 송시로 발표한 이 시에서도 다음과 같은 고양이의 구절이 있다.

보기 싫은 실망(失望)과 비관(悲觀), 아름다운 고양이들.
너희들은 내 품에서 떠나거라. 미지근한 잠자리에나 박혀 있어라.

송구영신하는 신년을 맞아서 보기 싫은 실망, 비관들은 물론 아름다운 고양이들 등 지난 날의 모든 부정적인 것들에 대한 결별을 선언하는 구절이다. 여기에서 '아름다운 고양이들'은 문장의 의미 상으로만 보면 단순한 애완 동물로서의 고양이들이다. 그러나 '내 품', '잠자리' 등의 상황으로 유추해보면 지독한 고양이 애호벽이 아니라면 이는 요염한 고양이 같은 여성 여급들의 비유인 것이다. 그렇듯이 산기슭에 앉아 밀회를 기다리는 고양이의 자세는 여성을 연상하거나 여성의 이미지와 동일화 또는 일체화된 것으로서 받아들여진다. 즉 어둠을 입고 밀회를 기다리는 고양이는 밤거리의 여인인 것이다. 다시 말해서 고양이와 여성의 일체화 현상이다. 이 고양이는 검은 액체의 범람같은 항로를 잃게하는 검은 바다를 응시하고 있는 응시자로서의 상징은 아닌 것이다. 여기 등장하는 '미스터 볼드윈'은 총리를 지낸 영국의 보수당 정치가 볼드윈(Stanley Baldwin, 1867~1947)이다. 그는 1933년 아돌프 히틀러가 권좌에 올라 국제적 위협으로 대두되었지만, 파급 효과를 두려워하여 재무장과 강경 외교 노선의 채택을 주저한 바 있다. 국제적 위기에 직면하여 대응을 유보한 그는 비난을 받게 돼 고양이는 여인의 표상어의 됨으로써 이후 그는 '내 입은 봉해졌다.'(My lips was sealed.)라고 말하기도 하였다. 그외 고양이 시로 김조규(金朝圭)의 자의식을 드러내는 「묘(猫)」가 있다.

3. 야성을 잃은 고양이에 대한 미움의 정서: 청마의 고양이 시

나는 고양이를 미워한다
그의 아첨한 목소리를
그 너무나 민첩한 적은 동작을
그 너무나 산맥(山脈)의 냄새를 잊었음을
그리고 그의 사람을 분노ㅎ지 않음을
범에 닮었어도 범 아님을

이 시는 흔히 '생명의 시인'이라고 일컬어지는 청마(靑馬) 유치환(柳致環, 1908~1967)의 『청마시초』(1939)에 실린 「고양이」라는 짧은 시이다. 표제 그대로 고양이시인데, 여기에서 화자는 처음부터 고양이를 미워하고 싫어한다고 전제한다. 애묘(愛猫)작의 선언이 아니라 혐묘(嫌猫)가로서의 분명한 감정의 선언이다. 그는 다섯 가지의 항을 목적어화함으로써 고양이를 미워하는 이유를 열거한다. 그 아첨의 목소리, 민첩함 적은 동작, 산맥의 냄새를 잃어버리(잊어버리)고 사람을 분노치 않음, 범에 닮았지만 범이 아닌 것. 이 다섯 가지가 바로 그가 고양이를 싫어하고 미워하는 이유이고 근거이다. 그래서 겉으로만 보면 이 시의 고양이 상은 20년대의 고월 이장희의 「봄은 고양이로다」와는 아주 대조적인 네거티브로 일관되고 있는 것처럼 보인다. 그러나 내면적으로는 강한 반어(反語)와 역설(逆說)의 트로폴로지가 바탕을 이루고 있음을 감지하게 된다. 역설은 부정의 표피에다 긍정의 의도적 의미를 표출하고자 하는 방법이다. 원래는 좋아했지만 그가 고양이를 미워하고 있는 것은 고양이 본래의 야수성(야생성)과 비순응성, 자연성을 다 잃어버리고 인간의 가축으로서 길들여지고 순치·거세되거나 애완동물로 변질되어 버린 현상을 두고 하는 감정이다. 다시 말하자면, 생동하는 본래의 야생성과 강력하고 힘찬 '범'과 같은 동물적 공격성과 용맹성의 존재감이 없어짐으로써 싱싱한 산맥의 냄새같은 상태인 동물적 활력의 위세를 잃어버리고 길들여져 있음을 안타까워 하고 있기 때문이다. 짐승으로서의 비순응적 야생의 울음소리를 잃어버리고 아첨의 소리를 내기 때문이고 야성의 동물적 생명력을 잃어버린 가축화된 무기력함이 안타깝기 때문이다.

그런 점에서 이 시는 자연성에 대한 인위성의 생명 해독성을 비판하고 있음은 물론 자연 속에서 그야말로 자연스럽게 살았던 짐승들의 본래의 야성의 회복력을 기원함과 함께 자연 속의 야성의 짐승을 인간이 쳐놓은 울타리에 가두어서 가축화시킴으로써 그들 생명의 야성을 빼앗아버리는 인간의 비정함과 잔혹성에 대한 비판의식도 잠재되어 있는 것이다.

4. 아서라 가거라 원망스러운 고양이 : 김억의「노랑 고양이」

노랑 고양이야, 원수의 이 계걸아 어쩌자고 또 다시 내 집을 네가 찾아온가 쇠사슬로 얽고얽어 다시는 못 나오도록 광 속에 두었거늘 어느 길 어느 틈으로 네가 튀어나서 다시금 이 문턱을 기어코 들어선고 아서라 가거라 저리 물러가거라 아니라도 내 마음이 이리도 괴로운 것을 지난 그 옛날 내 너를 고이고이 기를 제, 내가 원하는 거면 무어나 아끼지 아니하고 하나하나 있는대로 모다 주지 않았던가 그리하야 나는 지금 알몸의 가난뱅이로 이 거리 저 거리를 이 꼴로 헤메는 것은 모엄한 이 고양이야 나의 노랑이야 아서라 가거라 어서 바삐 돌아서거라

너에게 줄 것이랑 아무도 없는 것을 이 고양이야 넌들 어이 모를 것이랴 그런 것을 너는 아직도 문턱에 쪼그리고 앉아서 그래도 무엇을 그래도 다시금 더 무엇을 바래며 이 낫도 양웃소리치며 나를 조르느냐. 굶주려 핏기없는 네 얼굴 햇속한 너의 두 눈.

그리고 월영없이 갈강거리는 너의 숨결 옛 정이 아니라고 내 어이 참아 보고 들을 것이랴 야외고 볼 서러운 이 노랑아 딱 이것아. 가거라 가거라 무어라고 아니가고 섰느냐

내가 좋아하는 고기나 생선은 모다 뜬구름의 저 넓고 넓은 하늘에도 자최조차 없는 것을 내 참아 졸으는 네 소리를 들을 길 없노라 내 무엇을 가졌다고 이 닷 조흐느냐

가거라 조르지 말고 선 듯 돌아 서거라 고양이야 그래도 아니라고 기어코 무엇을 주어야 한다면 나의 마음을 녹슬다 남은 하나인 나의 이 마음까지라. 다 너에게 주랴. 이 몹쓸을 원수의 것아 그러면 만족하야 너는 돌아서리 너는 돌아서리.

이 「노랑 고양이」(散文詩)란 시는 1946년 〈백민(白民)〉 6호에 발표한 안서(岸曙) 김억(金億, 1896~?)의 시다. 산문시라기보다는 화자가 전통 시가로서의 가사나 민요적 가락 형식의 융합으로 고양이에게 애증(愛憎)을 풀어가며 독백하는 일종의 고양이 원가(怨歌)이다. 지난 날, 화자가 애써 양육했던 노랑 고양이가 옛 주인의 문턱에 다시 찾아와서 먹이를 조른다.

화자인 '나'는 고양이 '너'가 원하는 모든 것을 이미 다 주어버렸기에 이제 줄 것이라고는 더 이상 하나도 없는 알몸의 가난뱅이 딱한 처지임을 밝힌다. 그런데도 이제 또 찾아와서 먹이를 강렬하게 찾는 게걸이 노랑 고양이의 출현은 원수같고 미운 존재이어서 화자는 그런 고양이를 보고 '앗어라', '아서라', '돌아서거라'라며 계속 명령어로서 다그치고 독촉하고 또 간청까지 한다. 그러면서도 고양이에 대한 감정은 일방적이지는 않다. 사랑과 미움의 감정이 교차한다. 한 쪽으로는 거듭거듭 밀어내면서도 다른 한 쪽으로는 옛정이 남아 있어서 맥없이 가랑거리는 숨결, 조르는 소리에 차마 보고 들을 수 없는 연민이 작용한다. 그러기 때문에 '녹슬고 남은 하나인 나의 마음'까지도 다 준다면 '이 원수의 것아 그러면 그때사 너는 만족해서 돌아서겠느냐'고 한다. 이렇게 애물단지 같은 존재에 대한 지겹고 절실한 애증의 감정을 표출하고 있으면서 미움을 넘어서 자기희생도 드러내는 애가 타는 정경이다. 고양이를 거부하는 이 시의 이 고양이의 상징적인 의도에는 어떤 인물 및 집단이나 외세의 이질 대상에 대한 애증의 정치적인 함의가 잠재되어 있는 것으로 읽혀지기도 한다.

4. 김수영의 시「술과 어린 고양이」

술과 어린 고양이

「낮에는 일손을 쉰다고 한잔 마시는 게라
저녁에는 어둠을 맞으려고 또 한잔 마시는 게라
먼 밭을 바라보며 마늘장아찌에

취하지 않은 듯이 취하는 게라
지장이 없느니라
아무리 바빠도 지장이 없느니라 술취했다고 일이 늦으랴
취하면 취한대로
다 하느니라
쓸데없는 이야기도 주고받고 쓸데없는 일도
찾아보면 있느니라」
내가 내가 취하면
너도 너도 취하지
구름 구름 부풀듯이
기어오르는 파도가
제일 높은 사안(砂岸)에
닿으려고 싸우듯이
너도 나도 취하는
중용(中庸)의 술잔

바보의 가족(家族)과 운명(運命)과
어린 고양이의 울음
니야옹 니야옹 니야옹

술취한 바보의 가족(家族)과 운명(運命)과
술취한 어린 고양이의 울음
역시
니야옹 니야옹 니야옹 니야옹

1960년대 초에 쓰여진 김수영(金洙暎, 1921~1968)의 「신귀거래(新歸去來) 4」라는 시이다. 서발 막대기 걸릴데 없이 '지장'이 없는 상태인 고독한 취선(醉仙) 같은 인간인 시적 화자는 낮이고 저녁이고 술을 마시고 그 술에 취해서 어린 고양이에게 말을 한다. 이 술자리를 함께하는 어린 고양이는 일방적으로 말을 들으며 받아 마시고 취해서 나중에는"니야옹"이라는 고양이 울음으로 응답한다. 이 어린 고양이 울음의 의성어가 암시하는 처연함도 그렇지만, 바보로 자임하는 고독한 시적 화자와 그의 가족의 운명관이 함께 이 어린 고양이의 울음 속에 애절하게 반향하고 있다.

'중용(中庸)의 술잔'이라니? 술잔에도 취함에도 중용이 있다니. 공자(孔子)와 자사(子思)등 유가의 중용에 대한 참 놀라운 유교 윤리적 발상의 적용이다. 하기야 주거니 받거니 서로 마시고 너도 나도 같이 취하면 그것이 중용(mean)인 것은 분명한 것이다. 문제는 그 '나'와 '너'가 '나'(시적 화자 : 인간)와 너(어린 고양이)의 독작이 아니라 인수대작(人獸對酌)의 관계요 정황이라는 점이다. 대작의 상대로서 사람이 부재하다. 뿐만 아니라 말을 거는 것에 있어서 시의 전반에서 보는 것처럼 인간인 시적 화자는 사람이 아닌 새끼 고양이를 앞에 두고 친구나 인간에게 하듯 '~게라', '~하느니라', '~있느니라'의 훈몽적 어투로 말을 걸고 있다. 어려운 상황에서 오로지 이렇게 술만이 시인을 위한 자위나 위안일까? 참으로 비감스럽고 무료하고 삭막한 귀거래적 삶의 정황이다.

9장
3인의 여성 작가가 그린 고양이 상(像) :
장덕조 · 박경리 · 한말숙의 고양이

1. 재앙의 상징인 고양이 '나비' : 장덕조의 「고양이」

한국의 근 · 현대문학에서 장덕조 · 박경리 · 한말숙 등 여성 작가에 의해서 고양이는 어떻게 그려지고 있는가. 여류작가 장덕조(張德祚, 1914 ~ 2003)의 「고양이」는 1941년 6월 〈신시대〉지에 발표된 1인칭의 단편 소설이다. 여성 작가의 작품으로는 아마도 이것이 최초의 전편 고양이 소설일 것이다. 남편과 두 아이를 둔 엄마인 '나'는 고양이를 처음부터 참으로 싫어하고 무서워한다. 본시 마물이나 영물로 알려져 온 고양이에 대한 공포감 또는 혐오감이 이 작품만큼 명시화되고 있는 경우도 드물 것 같다는 생각이다. 이야기의 핵심은 재앙의 어두운 그림자를 가져오는 '무서운 마신(魔神)'의 화신같은 존재인 고양이가 삶어서 집 안에 들어온 것을 내다버리기로 작정하고 깊은 산 속 나무에 매달아서 죽게하는 잔혹한 고양이 죽이기(殺猫) 모티프의 이야기이다. 그러니까 작가가 보는 고양이에 대한 인식은 불행이나 재앙의 상징으로서 혐오적인 것이다. 지루한 여름 장마에 쫓기어서 어느 날 말라버린 고양이—노란 바탕에 검은 줄이 있고 꼬리 끝과 네 발이 새하얀, 호랑이 형상의—한 마리가 '우리 집'(나)의 부엌으로 기어 들어온다. 느닷없는 의외의 출현으로 해서 반가워하며 전통적인 호칭의 '나비'란 이름을 붙인 아이들과는 달리 화자인 '나'는 눈살을 찌푸리며 당혹해 한다. 고양이의 출현에 질색하고 불쾌해하는 '나'는 원래 고양이를 싫어한다. 고양이 뿐 아니라 개나 소나 말 등의 가축도 싫어한다. 그녀에게 있어서 고양이는 어릴 적부터 그 울음소리만 들어도 소름이 끼치는 혐오와 공포의 대상이다. 그와 관련된 어떤 특별한 나쁜 기억이나 트라우마도 별로 없이 고양이에 대해서 본능적인 증오감인 고양이 공포증[122]을 가지고 있는 사람이다. 그러니 언감생심 이 고양이를 사랑스런 완상물로 맞아들일 마음은 애초부터 없는 상태인다. '나'의 이 같은 고양이 공포증 및 고양이 혐오증과 대비하기 위해서 작품은 어린애를 갖지 못해서 아이 대신 고양이와 개를 완상 동물(반려 동물)로 사랑하는 S라는 고양이 '다마'의 여주인과 '나'를 대비시키고 있다. 그러니까 S는 '나'와는 달리 고양이를 좋아하는 강한 애묘증(Ailurophilia)과 개를 좋아하는 애견증(Cynophilia)을 함께 가진 사람이다. S는 물론 아이를 갖지 못한 결핍으로 인해서 그렇지만, 고양이 '다마'를 자식으로 사랑한다.

주인공 '나'가 얼마나 원천적으로 고양이를 혐오하고 두려워하고 있

122 고양이 공포증(Ailurophobia)은 고양이를 가리키는 아일엘로우로즈(Ailerourous, 흔드는 꼬리라는 의미)에서 비롯한 말이다.

는가에 대해서는 다음과 같은 고양이에 대한 몇 개의 대응의 묘사들로써 분명해진다.

> 앙상한 귀, 날카로운 눈, 쌍큼한 수염, 뼈가 있으면서도 없는 듯, 유연(柔軟)한 몸매, 발톱을 감춘 보드라운 발바닥 모든 것이 그저 보기 싫었다.[123]

> 나는 가슴이 성큼하며 지위와 용모와 신분에 대하여 고하와 수치의 감각을 가지는 듯 그 영악한 동물에 대하여 두려운 생각이 났다.[124]

> 더구나 그 울음소리, 목에 나무 판대기를 달고 날카로운 발톱으로 그 우틀두틀한 나무면을 긁으며 길게 뽑아울 때는 참말 전생의 업원으로 무슨 저주를 받은 듯 드디어는 귀를 막고 이불 속으로 기어들지 않을 수 없었다.[125]

이와 같이 주인공인 '나'는 고양이의 모든 것이 보기 싫고 또 그 영악함이 두려워서 신경 쇠약에라도 걸릴 정도이다. 이런 고양이 혐오증이니 완상물이나 애완물로서 사랑하려는 아이들의 마음까지도 받아들이려 하지 않는다. 그런데 그런 여유가 조금도 없는 그녀가 모든 감정과 본능적 증오감을 희생하고 일단 기르려고 비장한 작심을 한다. 그것도 고양이 나비를 너무나 좋아하는 아이들을 생각한 것도 아니며 갑자기 마음이 변하여 애완동물로서 사랑해보려는 생각은 한 것은 더욱 아니다. 오직 쥐를 잡는 사냥 능력이 있는 고양이니까 우선 당장 집안에서 쥐로부터 받는 고

123 〈새시대〉, 1941, 210쪽.

124 같은 책, 214쪽.

125 같은 책, 217쪽.

충과 시련이 너무도 컸기 때문이다. 이렇게 쥐를 잡기 위해서 고양이를 기르는 것에 대하여 화자 겸 주인공인 '나'는 그것이 인간들의 무참한 이기주의일지 몰라도 '인간들의 공리심을 개탄하고 동물들의 사회학(社會學)을 비판하기에는 그때 우리가 쥐로부터 받고 있는 고충이 너무도 컸다'라고 하면서 고양이 양육을 위한 긍정적이고 논리적인 변증까지 한다.

그러나 정작 이의 결과는 어떠한가. 고양이는 쥐를 전혀 잡지도 않고 오히려 완강하게 방과 마루를 침범하여 흙 자국을 내고 부엌의 접시와 그릇과 경대를 깨고 '나'로 하여금 도도한 잠을 못자고 신경질만 더 키우게 한다. 이렇게 고양이가 들어온 한 이틀 동안 잠잠하게 기식(氣息)을 죽이고 있던 집 안의 쥐들마저도 고양이가 도무지 쥐를 잡으려 하지 않으니까 이전보다도 더 요란스럽게 발동을 해댄다. 일시나마 동정을 하고 가엾은 정을 느꼈던 '나'는 쥐를 잡을 줄 모르는 고양이에게 벌칙으로 먹을 것을 주지 않는다. 장난질을 못하게 목에다 끈을 매고 초췌해지도록 묶어놓기까지 한다. 무자비한 주인에 의해서 판때기에 묶인 고양이는 밤마다 구슬픈 소리로 울어댄다. 급기야 내 집에 들어온 짐승이니 풀어주자는 남편의 권유에도 손해만 보인다며 화를 낸다.

이후 이 집에는 고양이로 인해서 이로움보다는 손해와 불운과 재앙이 연달아서 일어나게 된다. 이런 불행의 조짐은 고양이가 처음 이 집으로 들어왔을 때, 아이들의 친구인 영순이와 동네 아이들과 주고 받던 다음과 같은 말에서 그 예조가 전제되어 있다.

> "그 전엔 우리 집에서 길르드랬지만, 내다 버렸어요?"
> "어디?"
> "몰라요. 그 고양이 땜에 사람들이 자꾸 앓는다구 우리 할머니

가 내다버렸어요."

"사람이 앓어?"

"네, 우리 어머니가 앓구, 우리 아버지도 앓구, 우리 동생두 모두 앓았어요."

"어떻게 고양이 땜에 앓는줄 알았니?"

"왜 몰라요. 고양이 땜에 앓은 걸이요, 뭐. 그리구 저 고양이 땜에 도적두 맞았어요."

"그럴 리가 있나?"

"정말이에요. 저 앞 골목 정향이 집에서두 저 고양일 주워다 길르다가 사람이 죽었다구 내다 버렸는걸요."

아이들과의 이 대화는 서사학적인 기능으로서는 미래에 어떤 일이 일어날 것이라는 것을 미리 알려주거나 암시하는 '예시'의 방법이다. 이에 대한 주네트의 용어는 'Prolepse'이다. 이는 민속적 속신 사고에 있어서는 전조(前兆, Omen)이라 일컫는다. 이런 예시 또는 전조 그대로 이 집안에는 손실과 병 · 죽음 등의 액운의 재변과 변고들이 연달아 줄줄이 일어나게 되면서 불길한 운명의 그림자가 연속적으로 닥친다. 남편이 소중한 것으로 여기는 명필이 쓴 사기 문패가 도난 당하는 것을 시작으로 해서 큰 아이가 앓고 우환 가운데 건넌 방 벽이 무너진다. 그 다음은 둘째 아이가 연달아 중병을 앓고 이어서 주인공인 '나'가 앓고 평소 무병하던 남편까지도 앓게 된다. 더욱 참담한 변은 시누이가 미모와 빛나는 재주와 젊음을 그대로 안은 채 세상을 떠나게 된다. 재변과 죽음이 이렇게 연달아 일어나게 되자, 고양이 때문에 사람들이 변이 나고 죽고 했다는 앞서의 영순이라는 아이의 말이 예사롭지 않게 떠오르면서 화자인 '나'는 '고양이를 불러들인 것이 액신을 불러왔군.'하고는 한탄을 하게 된다. 고양이로 인한 액운은 여기에서 끝나지 않고 다시 반복된다. 일년이나 넘게 참다랗게 있던 계집애(식모)가 갑자기 고향인 시골로 가버리고 돈을 도적맞게 될 뿐 아니라 급기야는 죽은 시누이가 가장 사랑하던 꼬마가 또 앓게 되는 변괴들이 연달아 일어난다. 이렇게 꼬리를 물고 줄줄이 일어나는 불행들이란 것이 냉정히 생각해보면 다 인간들의 불섭생(不攝生)이나 부주의에서 그 원인이 있고 또 고양이로서는 아랑곳없는 인간 삶의 일상성인 것을 모르는 바는 아니다. 그렇지만 평상심이 아닌 주인공은 이 한낱 짐승인 '나비'에 대해서 악감정이 생기고 그것이 모든 재앙을 불러들인 무서운 마신으로까지 생각하게 된 것이다. 결과는 주인공이 재앙의 이 고양이를 버리거나 죽이는 제거의 결행 밖에 없는 지경에 이르게 된 것이다. 일차적인 행위가 고양이를 싫어하는 아이들을 시켜서 능 안 깊숙한 숲 속에 가져다 버리고 오게 한다. 그러나 고양이가 먼저 저를 버리고 간 아이들보다도 더 빨리 집에 돌아와 있곤 하는 것이다. 그래서 그 다음의 결행은 이 무서운 짐승에게 눈가림을 시키고 자전거 뒤에 매달아서 십 리나 이십 리 더 멀리 가져다가 버리고 올까하는 생각까지 해본다. 그러나 이럴 경우 역시 버림받은 고양이는 또 어떤 다른 집을 찾아갈 것이고, 그 집에서도 아이들이 있어서 고양이를 기르게 해달라고 부모에게 조를 것이며 그때에 우리가 겪은 불행을 또 다른 한 집에서 똑같이 당하도록 불행을 전가한다는 생각에 미치자 최종적인 판단은 멀리 눈에 띄지 않은 곳에까지 가서 차라리 죽어주었으면 하는 생각을 하게 되는 것이다.

> 내 사랑하는 가족들. 다른 유위한 인간들이 하나하나 앓고 죽고 하느니보다는 모든 불행을 저 미운 고양이가 도맡아 대신 죽어주었으면—그러면서도 나는 그 같은 생각을 별로 박정한 일이라고는 느

끼지 않는 것이다.

이렇게 죽이자 생각하고 최초의 결단을 미루지 못하고 있는 상태에서 죽은 시누이가 가장 사랑하던 꼬마가 앓기 시작하자 살묘를 결행한다. 돈을 주고 사람을 시켜서 밧줄로 단단히 고양이 발을 묶고 아사를 하도록 능 안 숲속 제일 큰 나무 둥치에 매어 달아 놓게 한다. 고양이를 죽게 안고 갔던 사람이 돌아오자, '나'는 집을 나와 아득한 능 안 숲 속 골짜기를 헤메며 '나비'를 부른다. 여기 이 장면에서 고양이가 밉고 저주스러워서 버리고 죽게 한 비정한 잔혹행위와는 달리 자기로 인해서 죽어가는 가엾은 한 마리 생명에 대한 안타까움과 연민의 내재적 감정을 드러냄으로써 주인공의 미묘한 애증(愛憎)의 이중적인 감정을 표출하는 효과를 발휘한다.

고양이를 죽도록 버린 숲 속 골짜기에서 고양이의 반응의 소리가 없음을 확인하고 돌아서는 길목에서 그녀는 작은 나무에 고양이를 매어놓았던 밧줄만이 텅 빈 채 매어져 있는 것을 발견한다. 그 때 주인공은 '누가 주워갔나?'라고 생각하는 그 순간 그녀의 뇌리에는 '고양이를 고아 먹어야 한다'는 어떤 병의 이름이 떠올라 왔지만, 애써 그런 생각을 지우듯 부인하고 떨쳐 버리면서 '나비는 행복할 것이며 어느 뉘 집에서 목욕도 하고 예쁜 턱받이도 얻으며 잘 살게 될 것이라'고 마음을 진정시키면서 달아나듯 그곳 숲 속을 빠져 나온다. 죽음에 다한 죄책과 연민과 기원이 교호하는 미묘한 마음의 정화 작용이다.

그 이후로 고양이는 다시 돌아오지 않았고, 넉 달을 두고 미움을 받던 무자비한 주인의 집으로는 해가 지나어도 다시 돌아오지 않게 된다.

이렇게 고양이의 소멸을 후일담처럼 제시하면서 이 소설은 끝을 맺는다. 가장 간결히 축약하자면 이는 고양이를 버리거나 죽이는 이야기이다. 이런 이야기의 내용에서 보듯이 강한 혐오와 미세한 연민이 교차하는 존재로서 그려지고 있지만, 장덕조의 「고양이」의 있어서의 고양이는 결코 사랑스러운 애완물이나, 인간의 반려로서가 아니라 무서운 마신처럼 질병과 죽음 등의 불행과 재앙을 불러 들이는 부정적인 재액과 죽음의 상징이고 화신이다. 이런 고양이 버리기 또는 죽이기는 고양이를 불길한 것으로 여겨서 액막이 행위의 희생으로서 받아 들여온 한국 사람들의 오랜 의식의 바탕이나 습속과 무관한 것이 아니다.

2. 전쟁의 트라우마와 고양이 '에데': 박경리의 「영주와 고양이」

대하소설 『토지』의 작가인 박경리(朴景利, 1927~2008)의 초기 작품 「영주와 고양이」(1957)에는 '에데'란 이름을 가진 고양이가 등장한다. '에데'란 이름은 본문에서도 밝히고 있듯이 알렉산드르 뒤마의 『몬테크리스토 백작』에 나오는 아름다운 여자 노예의 이름에서 딴 것이다. 작가의 경험적 자아가 그대로 투영되어 있는 이 작품은 전쟁(6.25) 미망인인 민혜란 한 여인과 그녀의 열 살 남짓한 외동딸 영주가 전후의 힙겹고 버거운 삶을 살아가는 한 단면을 보여주는 이야기이다. 여기에 민혜가 얼마 전 남동생마저 잃은 슬픈 눈의 딸 영주를 위해서 사준 '에데'가 민혜와 영주에게 위안을 주면서 가족의 일원으로서 재롱을 부리며 모녀의 삶에 참여하고 있다.

전후 1950년대의 황막한 삶에 귀여운 고양이를 가족으로 동반시키고 있는 박경리의 이 같은 특별한 문학적 애묘의 현상은 그가 오랜 뒤인 1990년에 간행된 시집 『도시의 고양이』(동광출판)로까지 이어지고 있다 두 편의 시를 옮겨 본다.

> 어떤 시인이 와서 말했다
>
> 그가 사는 아파트 단지에
> 밤이면 푸른 가등 아래
> 수없이 많은 고양이들
> 모여들어 노니는데
> 보기에 좋더라고
>
> 쥐약을 놔서
> 그 수많은 고양이들이
> 절반 가량
> 학살을 당했다고도 했다
>
> 푸른 가등 아래
> 노니는 고양이들이 보인다
> 섬광같이
> 생명의 아름다움이 보인다
>
> 버림받은 고양이
> 집 잃은 고양이
> 그들 사이에서 태어난 고양이
> 저이들끼리 모여
> 살얼음같이 살았을 터인데

목숨의 슬픔이여
정처 없음의 슬픔이여

—「도시의 고양이들」 전문

모로 누워서
눈감고
아이들 집 고양이 생각을 한다

어미를 졸라
오천 원을 얻은 원보가
새끼 고양이를 안고 오던 날
내가 목욕을 시켜 주었다

이번에 가니까
많이 컸었다
오줌 쌌다고 성화하는 어미
원보는 냉큼 고양이를 안고 갔다

목욕탕에서
어리광 섞인 고양이 울음
사위가 말했다
'아이고 아이고, 합니다'
식구들 모두 소리 내어 웃었다

모로 누워서
눈을 감고
어느새 나는 웃고 있었다
살구라는 이름의 고양이

—「살구라는 이름의 고양이」

이것만으로도 들(길) 고양이든 집 고양이든 가리지 않고 생명체인 고양이의 운명에 대한 박경리의 연민과 애정이 얼마나 도저한가를 여실히 보여준다. 애완동물을 사랑으로 키우는 한 화목한 가족과 동물 간의 동반적 또는 반려적 교감과 애환의 분위기를 정겹게 묘사하기도 한다.

작품 「영주(玲珠)와 고양이」는 전쟁으로 남편을 잃은 미망인 민혜와 그 딸 영주의 이야기이다. 민혜는 남편을 잃고 또 지난 여름에는 어린 아들마저 죽는 등 되풀이 되는 연쇄적 비운의 아픔을 겪으면서 거기에다 생활고에 시달린다. 검은 그림자처럼 자신에게 드리운 비극을 아파하면서 힘들게 살아간다. 작품은 이렇게 시작한다.

> 사변 때 아버지를 잃은 영주는 작년 여름에 또 사내 동생을 잃어버렸다. 그리하여 민혜(玫惠) 자신이 어머니에게 외동딸이었던 것처럼 영주 역시 민혜에게 있어서 외동딸이 되고 말았다. 무슨 숙명같은 이야기다.[126]

여기에 제시되고 있는 것처럼 박경리의 1950년대 초기 작품인 「불신시대(不信時代)」, 「하루」, 그리고 「영주와 고양이」등에는 모두 미망인 여성들이 등장한다. 이들은 전쟁의 잔혹한 폭력이 만들어낸 불행한 여인들이다. 이 미망인 모티프는 전후 50년대의 한국 소설에서 부상당한 상이군인 모티프와 더불어 전에 없이 두드러진 현상이다. 로렌스 랜저는 그의 『대학살과 문학 상상력(*The Holocaust and the Literary Imagination*, 1975)』에서 이렇게 말한다.

126 〈현대문학〉, 1957. 10, 227쪽.

> 전쟁에서 남자의 운명은 죽는 것이고 여자의 운명은 탄식하는 것이다. 그리고 아이들의 운명은……정상적인 경향을 뒤집는 상황에 적응하는데 있어서 특별한 어려움을 겪고 느낀다.

여기서 특히 주목되는 것은 전쟁에서 남자의 운명은 죽는 것이고 여자의 운명은 탄식하게 된다는 대목이다. 이 것은 전쟁이 만들어내는 재앙이다. 남자는 전사하고 여자는 그로 인해서 탄식하는 미망인의 삶을 살게 된다는 것이다. 민혜 역시 남편을 전쟁통에 사별한 여인이다. 즉 미망인이다. 그녀는 심한 빈혈증을 앓고 있는데다 남편없이 생활을 영위해 갈 수밖에 없는 고달프고 가난한 여인이다. 생활을 유지할 수 있는 일정한 직업이 없고 그로 인한 궁핍에서 오는 공포 때문에 이따금은 죽음까지도 생각한다. 그런 가운데서도 그녀는 전쟁의 기억을 감추고 망각해 버리려고 노력하면서 딸의 성장을 기대한다. 딸 영주에게 고양이를 사준 것도 영주가 고양이를 동무 삼아서 동생을 잃은 외로움을 잊게 하기 위한 배려에서다.

그러던 어느 날, 에데를 속 깊게 아끼고 있는 영주가 고양이가 들어간 상자를 머리 위에 올려놓으면서 느닷없이 '찹쌀떡 사려!'라고 엄마를 흉내내는 듯한 처량한 목소리를 뽑는다. 그 순간 그 소리에 아연실색한 민혜는 자신도 모르는 사이에 영주의 뺨을 때리는 일이 발생한다. 이에 대해서 민혜는 곧 가시처럼 아픈 마음으로 뉘우친다. 남편의 죽음의 상흔과 그로 이어진 떡장수 행상의 삶의 고된 기억이 사라져버린 것이 아니라 내면 깊숙이 자리잡고 있다가 찹쌀떡 사려 소리로 인해서 부지불식간에 밖으로 터져나왔던 것이다. 이것이 전쟁의 트라우마(trauma) 현상인 것이다. 트라우마는 손상적 효과를 가져오는 신체적 상해 또는 강력한 심리적 타격을 일컫는 말이다. 그리스어 트라우마트(traumat)에서 비롯된 이 트라우마는 원래 '상처'라는 뜻이다. 상처라면 흔히 신체적 현상을 말하는데, 어떻게 정신 의학과 심리학에서 사용하는 개념이 되었을까. 그 이유는 신체적 현상에서 심리적 상처가 생겨난다는 사실이 현대 정신의학에 의해서 밝혀졌기 때문이다. 트라우마의 정식 병명은 외상 후 스트레스 장애(P.T.S.D, Post Traumatic Stress Disorder)이다. 여느 정신질환과는 달리 외상 후 스트레스 장애는 환자의 심리나 신체에 발병 원인이 있는 것이 아니라, 환자의 삶에서 일어나는 충격적인 사건 때문에 발생한다. 남편의 죽음에서 오는 공포와 무력감은 아내를 위협하는 심리적 징후로서의 트라우마인 것이다. 민혜가 영주를 때린 사건도 전쟁의 상처와 아픈 현실적 생존의 공포가 트라우마로서 민주의 내면 깊숙이 자리잡고 있다가 어느 순간에 폭발적으로 튀어나오게 된 심리적 현상이다. 딸 영주의 경우로서야 단순히 엄마의 삶을 흉내내는 한갓 장난이나 유희에 불과한 행동이지만 어른인 민혜에게는 너무나 깊은 상처로서의 전쟁 트라우마의 징후와 고통과 분노가 부지불식간에 조절능력을 잃고 되살아나 폭발한 충격이었던 것이다. 이렇게 전쟁 미망인은 트라우마를 앓고 있는 불행한 여인들인 것이다. 그런 점에서 여성학적 관점으로 보면 한국의 1950년대는 미망인 여성들의 트라우마의 시기로 기억되어 질 것이리라.

작품의 말미에서 미망인 민혜는 다음과 같이 독백한다.

> 세월아 빨리빨리 가거라 내 얼굴에 주름살이 지고 내 머리카락이 희게 변하면 나는 그 애처럽게 목청을 돋우며 외치고 가는 밤거리의 찹쌀떡 장사의 슬픈 모습을 생각하지 않겠다.

미망인 민혜의 이런 망각을 위한 독백은 시간이 빨리빨리 가서 전쟁 미망인으로서의 자신의 슬픈 생의 내력에 잠복되어 있는 트라우마의 징후현상과 기억을 가시처럼 뽑아서 치유하거나 기피하고 지워버리고 싶은 절실하고 간절한 의식을 표출한 것이다. 아니 그보다도 레테(Lethe, 망각의 강), 즉 망각의 상태로 벗어나고자 하는 생의 비극적 갈망과 희구인지도 모른다. 그렇다면 「영주와 고양이」에서의 고양이 '에데'의 의미와 역할은 자명하다. 정상적인 일체의 상태가 뒤집어진 전후의 상황에서 아이인 영주는 아이대로 어려움을 겪으며 가족의 비극을 ~했고, 그런(경험했고, 알았고·체험했고) 아이인 영주에게 에데는 사람과 다름 없는 더 없이 친한 위안적 반려의 동무이고 죽은 동생의 대리로서의 동화적인 애완의 존재인 것이다. 물론 에데를 빌려간 민혜의 동무인 정희(貞姬)네에게 있어서는 고양이는 이와는 아무 상관도 없는 한갓 쥐잡이 짐승에 불과한 것이긴 하지만…….

고양이 이름에 있어서 데리다 같은 철학자는 그의 고양이를 '로고스'라 부르고 버너드 쇼우는 '피그말리온'이라 호명했다지만, 여기 '에데'의 명명은 새롭고 가장 특이한 부름이다.

3. 노파와 고양이가 동반하는 노년풍경 : 한말숙의 「노파와 고양이」

한말숙(韓末淑, 1932~)의 「노파와 고양이」(1958)는 서사 구조나 문체의 간결함이 한결 돋보이는 단편소설의 모범형 작품이다. 표제가 그러하듯이 이 작품에는 두 번씩이나 늙은 고양이가 등장하고 있다. 그 첫 번째의 등장 장면은 다음과 같다.

> 고양이는 그녀의 단 하나의 벗이다. 늙은 육체의 소유자인 그들은 한 방에서 기거했다. 아들도 며느리도 손녀도 손자도 부엌 사람도 그녀와 이렇다 할 말을 나누지 않는 것이었다. 혹 몇 마디 오가면 거의가 귀찮은 듯이 눈살을 찌푸렸다. 그래서인지 그녀는 마치 사람에게 하는 것처럼 고양이에게 말하는 것이 일쑤다. 고양이도 새끼를 많이 낳았으나 며느리의 학교때 친구니 계 친구니 하는 젊은이들이 서로 다투어 뺏어가고는 때로 남겨둔 것이 있어도, 제 힘으로 먹을 것을 찾을 만하면 어디론지 달아나 버려서 남은 것은 한 마리도 없다.

여기서 보듯이, 고양이와 주인공인 노파 '그녀'는 '고양이가 그녀(노파)의 단 하나의 벗'이라고 한 것처럼 외로운 서로가 짝을 이루고 더불어 사는 분신같이 닮은 존재이다. 즉 늙은 고양이가 노파이고 노파가 늙은 고양이와 다름이 없는, 서로는 둘 다 늙은 육체의 소유자로서 동숙의 공존 · 공서(共棲)의 결합관계이다. 가족 관계에 있어서 아무와도 소통할 수 없는 소외되고 고적한 상태의 노파와 평생 동안 새끼를 많이도 낳았지만, 남은 새끼라곤 단 한 마리도 남아 있지 않은 늙은 외톨이 고양이의 처지가 서로 일치하거나 등가적으로 너무나 닮아 있는 상태이기 때문이다. 이로 미루어 보면 이 소설은 7 · 80 년대 이후의 노령화 사회의 가족 풍경을 미리 예고하고 있는 듯한 작품이다. 이런 소설은 주제학적 장르 체계로 보면 '노년 소설(Gerontic Novel)[127]이다. 노년 소설 혹은 노년학 소설이란

127 이재선. 『현대한국소설사 1945~1990』, 민음사, 276쪽, 288~93쪽.
이 책에서 필자는 처음으로 소설장르로 '노년 소설'이란 용어를 제시한 바 있음.

포괄적으로는 늙은 노년의 삶, 즉 삶의 적극적인 활동으로부터 물러나 있거나 전통 사회로부터 현대 사회로의 여행 과정에서 세대적 단층 및 가족 관계의 결합이 느슨해지고 이합적 상태에 있는 노인들의 삶을 제시하고 있는 소설이다. 오늘날의 사회적 관점으로 보면 산업화 및 도시화로 인한 급격한 사회 변동으로 인해서 가족의 핵화(核化), 노인들의 소외와 추방과 질병 · 고독과 같은 노령화 사회에 있어서의 노인들의 생존 문제나 양식을 그린 소설이다. 이 점에서 작가 한말숙은 이미 50년대 말에 이미 노령화 사회의 예조 현상을 선구적으로 문학적 현상화에 의해서 보여주고 있는 것이다.

주인공인 노파는 앞서의 인용문에서 보고 있듯이, 아들 며느리 등 가족에서부터 부엌 사람에 이르기까지 철저히 그들과 소외되어 있다. 그래서 그는 철저하게 과거에의 기억 속에 갇혀서 산다. 노파는 그녀의 방 머리맡에 있는 고색창연한 골동품 머릿장 문을 연다. 이 머릿장은 그녀의 어머니의 유물이어서 어머니와 과거를 추억게 하기 때문이다. 이것은 소설론적으로 과거로의 회상적인 역전(逆轉)의 서사 방법인 것이다. 어쨌거나 노파가 이렇게 현재가 아닌 옛 유물 속에 쌓인 엽전이나 비단 치마에 각별하게 집착을 하면서 과거의 기억에 빠져드는 현상은 그녀가 가족이나 현실로부터 철저하게 소외되어 있기 때문이다. 그러니까 노파의 시공위상은 옛 시대와 새 시대 즉 과거와 현재의 대립의 시공적인 경계 지역 장(場)에 위치해 있는 셈이다. 그녀의 동태는 시공적으로 자신의 방의 머릿장에서 시작하여 식모의 방, 화장실, 목욕실, 며느리의 방, 이층의 손녀 방으로의 장소 이동으로 이어지고 남편의 죽음의 회상 등으로 이어진다. 이런 집안 순례적 이동의 동선과 의식은 노파가 현실이나 가족으로부터 소외되어 있거나 소통 관계가 막혀 있음을 확인시키는 의미가 있다. 다시 말해서 노파의 호기심은 그녀로 하여금 가족 구성원들의 공간으로서 이동을 하게 하는데 이런 호기심을 갖는다는 것 자체가 그들로부터의 소외의 산물인 것이다. 그녀는 우선 식모의 방에서조차도 환영받지 못하고 무시되고 소외되기까지 한다.

> "저녁은 안하니?"
>
> 까칠한 언성이 높다. 말할 때에 쭈글쭈글한 살가죽이 늘어진 목이 위로 조금 추켜지며 가운데 심줄이 선다.
>
> "저녁은 벌써 해서 무엇해요!"
>
> 하고 식모는 눈을 내려 깐 채 소리를 지른다. 식모는 보통 말소리로 대답해서는 그녀가 못 알아듣는 줄 알고 있다. 그뿐 아니다. 식모는 그녀가 진종일 집안을 쏘다니는 것이 정말이지 밉살스럽고 귀찮다. 쿵쾅거리고 시끄러울뿐더러 쭈글쭈글한 얼굴에 윤기 없는 눈동자를 뽀얗게 뜨고 흡사 고양이같이 까칠까칠한 언성으로 엉뚱한 말을 불쑥하는 것이 딱 질색이었다. 게다가 하루에 한 번은 반드시 꽃병이나 유리창 같은 것을 깨트리거나 그렇지 않으면 그녀 자신의 정수리에 딱지를 붙이는 것이 이를 데 없이 보기 싫은 것이었다.

식모에게까지도 천덕꾸러기로 비추어지고, 언성조차 까칠한 고양이로서 인지되는 정도이다. 화장실을 거쳐서 며느리가 없는 며느리 방에 들어갔을 때도 옛 시대에 사는 노파는 켜놓은 텔레비전에서 나오는 양녀(洋女)의 춤, 권투 장면 등의 프로그램의 영상들이 사람인지 도깨비인지 알지 못한다. 불긋불긋한 리노륨 장판에도 질색한다. 그녀는 혼숫감으로 준 대를 물릴 청국 양단치마가 며느리에 의해서 천대 받을 것을 안타까워한다. 이런 노파가 느끼는 현상들은 그녀 자신이 변모한 현실로부터 지체되어 있는 상태를, 그리고 노파가 현실로부터 소외되어 있는 존재임을 알려주는 징표로서의 의미를 지닌다.

다음으로 노파는 이층에 있는 손녀의 방을 찾는다. 노파가 이렇게 손녀 방을 찾는 이유는 손녀 방을 찾아서 한 방에 있는 약혼자 청년과의 할 수 있는 불운한 장면에 대한 우려와 염려 및 호기심의 복합적인 발동 때문이다. 그러나 이마저도 아들과 손녀로부터 핀잔을 받게 되고 또 실제로 더 이상 그런 호기심을 자극하거나 충족시킬 수 있는 어떤 단서도 손녀에게서 발견하지 못한다.

그러나 노파는 어느 사이에 손녀가 성장해서 혼기에 이르게 된 것을 대견하게 생각한다. 그리고 손자를 바라면서 오래 전에 죽은 남편의 죽음을 회상한다. 여기서 서사 공간은 현실의 공간에서 과거(시간)의 공간으로의 이행이 이루어지게 된다. 여기가 두 번째 고양이의 등장 장면이다.

> 그는 죽었다. 겨울에 비가 내리고 있었다. 그녀는 이를 악물고 창가에 엎드려서 소리 없이 울었다. 장독대에 쏟아지던 빗줄기……몇 번이나 자식을 낳았는지 쭈글쭈글한 뱃가죽이 축 늘어진 늙은 고양이가 어슬렁어슬렁 그 빗속을 걸어갔다. 다음날 그 고양이가 옆 집 마당에 뻗어 있었다. 젖은 털이 엉긴 채 울어 붙어 있었다. 비, 비. 겨울에 무슨 빌까! 그때도 비가 내렸다. 그녀의 젊었을 때다. 남편의 시체가 바로 옆방에서 차디찼다. 그녀는 울었다.

> 비는 끝없이 죽죽 내리고 있다. 오금이랑 겨드랑이 밑까지 축축이 젖어드는 것 같다. 그녀는 온 몸이 찌뿌드드하고 을씨년스럽다.
>
> 축 늘어진 윤기 없는 뱃가죽을 아랫목에 납작 붙인 채 자고 있던 늙은 고양이가
>
> 이야—옹
>
> 하고 길게 울음을 뺀다. 그 까칠한 소리가 비 속으로 질척하게 사라진다.

비를 매개로 하여 망각과 기억의 시간들이 조화롭게 어울리고 있는 '장소-시간성(spatio-temporality)'의 서사 시학이 참으로 효과적이다. 시간이 공간화 되고 또 공간이 시간화 되고 있는 전자는 겨울 소낙비가 쏟아지던 날 남편이 젊어서 죽고, 그 다음날 뱃가죽이 축 늘어진 늙은 고양이가 빗속에서 죽었던 일을 기억한다. 똑같이 그날처럼 비가 오는 오늘, 축 늘어진 윤기 없는 뱃가죽을 아랫목에 납작 붙인 늙은 고양이가 '이야—옹'하고 까칠한 울음소리를 뺀다. 둘은 모두 회상적인 연상의 기법, 즉 연상적 결합에 의해서 과거와 현대가 동시성으로 또는 동일적 지속으로 제시된다. 그렇게 됨으로서 기억 속의 고양이와 그의 고양이는 상호가 포개어져 있다. 둘 다 쭈글쭈글한 뱃가죽이 축 늘어진 늙은 고양이이면서도 전자에게는 남편이 죽은 당시 죽은 상태의 고양이고, 후자는 죽지는 않았지만 곧 죽게 될 운명에 있어서 남편이 죽을 당시에 죽은 늙은 고양이를 회상적으로 연결시키는 기억의 작인이다.

그렇다면 한말숙의 이 작품에 있어서 고양이는 무엇인가. 노파와 고양이 다 같이 늙은 육체의 소유자로서 둘 다 버림받은 껍데기 같은 존재로서 죽음을 바로 목전에 두고 있는 등가적이고 분신적인 존재로서 아랫목을 같이 하며 일체화된 유일한 반려(伴侶) 관계이다. 그러기 때문에 이들 둘의 미래는 고양이의 죽음과 남편의 죽음이란 '죽음'이 전제됨으로서 죽음의 운명이 예조 되어 있는 상태이다. 아마도 둘은 함께 죽을 것이다. 이 작품에서의 늙은 고양이의 표상은 외로운 삶에 있어서의 반려인 동시에 죽음의 상징이기도 하다. 노파와 고양이는 '더불'관계이다. 그런 점에서 묘관(猫觀)이 김동인의 「송동이」와 계보적으로 이어진다.

10장

증묘(蒸猫)라는 기속의 문학 풍경 둘 : 김문수와 박양호의 소설

1. 주술로서의 고양이 찌기 증묘와 환영의 해부학 : 김문수(金文洙)의 「증묘」

김문수(金文洙, 1939~?)의 중편소설 「증묘(蒸猫. 1971)」는 한국 민간 신앙의 한 가지에 침전되어 있는, 고양이에 관련된 주법(呪法) 또는 주술의 저주 모티프를 작품의 기본적인 구성소로 끌어올린 특이한 구조와 성격의 작품이다. 표제가 된 증묘란 이름 그대로 산 고양이를 가마솥에 넣고 쪄서(蒸) 죽이는 매우 끔찍하고 잔혹한 저주의 희생 기속(奇俗)이다. 그러니까 고양이 죽이기 모티프의 특별한 한 변종이다. 이 증묘 행위는 범인을 잡는 점복(占卜)의 형태나 애정에 관한 저주로서 행하는 미신적 주술행위로 민간에 전승되고 있으며 흔히 속신(俗信)이라 일컫기도 한다. 『수서(隋

書)』에서 '묘귀(猫鬼: 고양이에게 제사를 지내서 자기가 미워하는 사람에게 죽도록 비는 것)'와 유사하다. 여기에 관련해서 일제강점기 일인 학자 무라야마 지준이 쓴 『조선의 점복과 예언』에는 조선시대 각지에서 고양이를 이용하여 행하는 범죄를 해결하는 점복의 사례와 방법으로서 '고양이를 이용해서 점치다'라는 항에 제시되어 있다. 이 책에서는 살아있는 고양이를 태워서 점치고 고양이를 가마솥에 쪄서 점치고, 고양이를 범인의 집으로 찾아가게 하고, 고양이를 불로서 들이쳐서 도둑질의 범인을 자수시키고 고양이를 가마솥에 쪄서 점치고 원한으로 범인을 점치는 행위 등의 사례[128]들을 보고하고 있다.

김문수의 이 작품 「증묘」는 작품서두에서 증묘의 기속이 범인점과 애정 저주의 기속인 것을 다음과 같이 소개한다.

> 증묘란 우리나라 기속의 하나로 각 지방 마다 그 형태가 약간씩 다르기는 하지만, 대체로 도둑을 잡기 위한 범인점(犯人占)이나 애정에 관한 저주(詛呪)를 할 때 곧잘 행하여졌던 일종의 저주 기속이다.

이 같은 증묘 행위는 저주하고자 하는 상대에게 저주를 주기 위해서 가마솥에 고양이를 찌면 그 영악한 동물의 원혼이 상대를 찾아서 화를 준다는 믿음에 근거한 것이다. 이 속신 사고가 복수는 물론 애정에 관련된 저주의 모티프로 문학 작품의 서사 구조에 처음 섭용되고 있는 것이 바로 김문수의 이「증묘」이다. 이를 주제학적으로 보면 속신 사고의 '소설적 변

128 村山 智順 저, 김희경 역. 『조선의 점복과 예언(朝鮮の占卜と預言)』, 동문선, 1990, 371~3쪽.
『한국 문화 상징사전』, 동아출판사, 1992.

용'(지올코우스키)이다. 그래서 진작에 이 「증묘」의 서사 구조를 바로 속신의 현실화로 본 김열규는 문학과 민속을 관련하여 다음과 같이 간명하게 「증묘」에 대한 선도적 해석의 방향을 제시한 바 있다.

> 낙오한 장교인 삼촌을 알지도 못하는 사이에 고자질하여 죽이고 만 꼴이 된 주인공 — 말하자면 무의식적인 간접 살인을 한 주인공이 살인범에게 저주하기 위해 숙모가 집행한 증묘 속신과의 사이에서 빚게 되는 엎치락뒤치락이 이 작품의 줄거리를 이루게 된다. 숙모는 물론 그녀가 근친상간의 상대로 고른 조카가 그 범인일 줄은 모르고 있다.
>
> 숙모에 의한 첫 증묘의 결과가 무화(無化)되는 듯이 보이는 것으로 작품이 시작된다. 그러나 조카와의 상피(相避)를 범한 숙모가 조카가 사랑하게 된 다른 두 여인에게 베푼 두 번의 증묘를 거쳐서 마침내 첫 증묘가 기도한 바대로 조카를 죽음으로 몰아 넣게 되는 것으로 작품은 결말을 보게 된다.[129]

> 김문수의 「증묘」는 무엇보다도 이 서사문의 진행을 잘 보여주고 있다. 주인공에게 있어서 속신은 그가 지닌 죄의식과 더불어 강박 관념의 차원에 까지 증폭되어 있다. 작품 전체는 그 강박 관념화한 속신이 어떻게 우여곡절을 겪으면서 절충되어가는가를 보여주고 있다.[130]

주로 신화시학과 구조시학의 접점의 관점에서 한국 문학을 독특하게 해석하는 비전을 연 김열규의 이러한 속신의 해석학은 이후 작품 「증묘」

---

129 김열규, 『한국문학사 : 그 형상과 해석』, 탐구당, 1983, 548~9쪽.
이 책은 3장의 14 · 15 · 16 · 17등 4절이 모두 속신 문학론이다.

130 위의 책, 542쪽.
김열규의 이 같은 관점과 해석은 이후 이한길의 「속신 · 증묘의 주술성과 강박체험」(『교육과학논문』 10집) 등 기타연구에 영향을 미친다.

에 대한 다음 세대의 학자나 비평가들의 평석 방향에 지대한 영향을 주게 된다. 그의 글 속에서도 이미 다시 읽기의 암시가 숨어 있지만, 이제 해석의 퍼스펙티브를 오로지 제한적으로 속신에만 국한시키지 않고 폭을 넓혀서 이상성(異常性)에의 심리 분석이나 문학 주제학적 관점 등으로 「증묘」를 다시 읽어낼 수 있는 여지는 없는 것일까. 그런 점에서 이 작품이 지니고 있는 두드러진 특징으로서 먼저 주인공이 고착화된 환멸의 페소그라피(Pathography) 현상에 일단 주목해 보고자 한다. 이는 강박 관념이나 깊은 불안 심리에 대한 해부의 심리시학으로서의 국면이다. 그렇다면, 「증묘」는 문학적으로 과연 어떤 내용의 작품인가.

주인공은 어느 날 버스에서 내려서 숙모가 귀가를 기다리는 그의 집 근처 골목길을 서성거리다가 느닷없이 도둑 혐의로 형사에 의해서 파출소로 연행된다. 취조 과정에서 매부리코 형사의 질문에 답하는 중에 본적지 후평리(後坪里, 뒤뜰마을)를 말하는 순간, 그는 갑자기 가슴이 덜컹 내려앉는 동계(動悸)의 장애 증상—비유로 묘사해서 '마치 공중 전화통에 넣은 동전이 상대방 전화와 연결되었을 때 덜크렁하고 바닥으로 떨어지는 것 같은'—이 일어난다. 이 가슴이 내려 앉고 숨통이 막히는 징후적 불안 증상은 이후 작품 전체에서 아주 여러 번 반복하여 제시된다. 이 증상은 더 정확히 말하면 일곱 번 정도 일어난다. 이 같은 잦은 신체적 징후와 더불어 환영 현상은 주인공의 신체는 물론 심리적 상태가 정상적이지 못하다는 것, 즉 무엇인가에 대한 불안과 공포 및 죄책감으로 강박화되어 있음을 암시하는 것으로 그것이 상징으로서의 중요한 뜻이 있음을 드러내는 것에 다름이 아니다. 그런 증상이 일어날 때에는 의례 앞서서 한 환영이 주인공의 눈앞에 가득하게 펼쳐지는 현상이 일어난다. 다시 말해서 주인공은 가슴이 내려 앉는 증상과 함께 자극이 이에 관련되어 있는 어떤 '환영(Phantom)' 현상을 보게 된다. 이 환영의 정체는 어린 시절 6.25 때 고향 후평의 원뱀이 들판으로 메뚜기를 훑으러 갔다가 군인 장교인 삼촌의 험한 시체를 충격적으로 목격하게 되는, 아주 끔찍한 광경과 관련되어 있다. 즉 이 환영의 외상적 원기억은 어린 시절에 겪은 6.25의 전쟁 기억과 관련되어 있는 것이다.

> 원뱀이 들판을 끼고 도는 봇도랑에 가로질러 쑤셔 박힌 시체였다. 그 봇도랑의 너비가 꼭 어른들의 앉은 키 정도이기 때문인지 그 시체는 L자로 꺾여 져 있었고 양쪽 발에서 아직 벗겨지지 않은 껌정 운동화의 밑바닥이 하늘을 향하고 있었다.…(중략)…그 방아깨비를 덮치는 순간 그는 외마디 비명을 지르고 논바닥으로 곤두박질하고 말았다. 방아깨비가 올라 앉아 있던 곳이 바로 사체의 발에 걸린 채 하늘을 마주하고 있는 운동화의 바닥 위였다. 그것은 한 여름 내내 거침없이 자란 논두렁의 잡초로 아주 멋지게 위장되어 있었던 것이었다.…(중략)…신기료장수들이 들고 다니는 신 걸이에 징을 치기 위해 걸어둔 짝처럼 살점이 떨어져 허옇게 드러나기 시작한 발목뼈에 걸친 껌정 운동화 짝…(중략)…그때 그는 그 운동화 짝이 삼촌의 것이라는 것을 식별할 만큼 성숙하지도 못했었고 또 그럴만한 심적 여유도 가질 수 없었다. 다만 그가 지니고 있었던 것은 전신을 응고시키려는 극심한 공포뿐이었다. 그때 그에게 밀려 닥쳤던 공포가 얼마나 극심한 것이었는가는 그가 그 무시무시한 시체를 목격한 직후부터 만 이틀 동안이나 헛소리를 치며 앓았던 것만으로도 능히 짐작할 수 있는 일이었다. 그가 제 정신을 되찾았을 때 반짝 빛내주던 어머니의 눈빛을 그는 지금도 현실처럼 느낄 수 있었다. 그때 왜 숙모가 머리를 풀어헤치고 자기의 옆에 누워 있었는지를 안 것은 그가 철이 들면서부터였다.

아이 시절에 경험했던 전신을 응고시킬 듯한 이 극심한 공포와 충격의 기억은 잊을 수 없는 하나의 트라우마적인 근원체험(Traumatische Urprungserlebnis)[131]으로서 그리고 근원 장면(Ursprungsszene) 내지 원기억적인 기억상(Erinnerungsbild)이 되어서 그때 이후 자주 숨통이 막히는 장애 증상과 함께 그 현상이 거듭되어 떠오르는 환영으로서 기억에 인화되어 눈앞에 펼쳐지는 것이다. 이는 심지어 꿈속에서도 나타난다. 뿐만 아니라 이 환영 또는 환상 및 숨 막힘은 여기에서 그치지 않고 그 범역이 더욱더 확산되어 가는 현상을 보이게 된다. 이 숨 막힘의 증상은 어릴 적의 전쟁 체험과 관련하여 처음 이렇게 시작된 것이다.

> L자로 꺾여 봇도랑에 쑤셔 박힌 시체의 다리였다. 살점이 떨어져 허옇게 뼈가 드러나기 시작한 삼촌의 다리였다. 외마디 비명과 함께 꿈에서 깨어나긴 했으나 그는 숨을 쉴 수가 없었다. 공중전화통에 넣은 동전이 상대방 전화와 연결이 되었을 때 덜그렁하고 바닥으로 떨어지는 것처럼 그렇게 가슴이 요란스럽게 내려앉으며 숨통이 막히는 증상이 맨 처음 시작된 것은 그때부터 비롯된 것이었다.

주인공이 이렇게 맨 처음으로 외상적인 징후 현상에 빠져 있는 것은 어린 나이에 충격적으로 목격한 죽음에의 극심한 무서움과 두려움에서 일차적으로 연유된 것이 사실이다. 그러나 실은 그보다도 더욱 근원적이고 원천적인 것은 국방 경비대 소위인 삼촌의 사격술을 무심코 자랑한 자신의 어리디 어린 혓바닥으로 인해서 결과적으로 외양간 여물 더미 속에

131 Wolfgang Düssing. *Erinnerung und Identität*, Wilhelm Fink Verlag, 1982, s. 143f, s. 159f
Memoria : Vergessen und Erinnern, Haverckamp und Renate Lachmann Fink, 1993, S. 203.

땅굴을 파고 숨어 있던 삼촌이 따발총 인민군 군인에게 발각됨으로써 그 길로 끌려가서 흉한 시체가 되어 원뱀이 봇도랑에 쑤셔 박혀 죽게 했다는 사건경위에 대한 죄책감과 후회 · 회한 · 불안 · 공포 등의 복합적 정서에 의해서 심신이 극도로 강박되었기 때문이다. 뻐기고 싶은 어린 마음에 삼촌을 자랑삼아 한 말이 결국은 삼촌을 죽게 만든 결정적인 요인이 되었던 것이다. 이를 자신만 안채로 밝히지 못한 채 가슴 깊숙한 곳에 비밀로 간직한 주인공의 죄책감은 그로 하여금 불안 장애의 증상을 가중시킬 수밖에 없었던 것이다. 정신 분석학에서는 강박 신경증은 죄책감 신경증이라고 불러지기도 한다.

더구나 가장 피해자가 된 숙모는 남편(삼촌)을 죽게 한 원인과 대상이 바로 조카임을 꿈에도 생각하지 못한 채, 남편을 죽게 한 범인을 찾아서 그를 저주하기 위한 고양이찌기, 즉 증묘의 의식을 행한다. 숙모가 행하는 1차 증묘 행위의 장면이다.

> 그때 숙모는 개다리소반에 정한수 한 대접을 떠놓고 고개를 조아리며 '네가 솥에서 삶기는 건 우리 낭군의 원수를 갚기 위함이니 원망을 말아라. 네가 우리 낭군의 원수 때문에 이 지경이 되는 것이니 죽어 귀신이 되면 그 원수 놈에게 달라붙어 원수를 갚아다오.'

숙모가 행하는 이 같은 원수 갚기–복수 모티프로서의 증묘 의식(儀式)은 그 공동체의 일원인 주인공에게는 죄책감과 더불어 두려움과 불안을 더욱 가중화시키고 강박 관념으로 나타난다. 심리학에 있어서 불안이란 개인이 위험과 파국 · 불운이 곧 닥칠 것으로 예상하는 가능성의 우려와 신체적 긴장 징후에 의해서 일어난 불쾌한 정서적 상태이다. 그리고 불안은 또 생리적 · 심리적인 상관성을 갖고 있어서 신체 중앙으로 심장 동계(호흡 촉진·근육 긴장 등을 일으키고, 심리적으로 위기감 무력감을 생기게 한다고 한다)를 일으킨다. 그래서 주인공은 숙모의 원수 갚기의 저주의 기원이 자신에게 바로 이루어질까봐 불안해하고, 또 자기의 가슴을 뛰게 하는 이상의 여상(女像)인 장(張)씨 성을 가진 아가씨를 미행하면서도 무엇인가에 미행당하고 있는 것으로, 그리고 그 미행하고 있는 것이 증묘된 고양이의 넋일 것이라는 환상으로 불안해 하고 있는 것이다.

주인공의 이런 죄책감과 불안을 알 바 없는 성교 기갈 상태의 천상 과부인 숙모는 죽은 남편과 꼭 같은 열아홉의 조카(주인공)와 근친상간의 성적 접촉을 갖는다. 이후 계속하여 '숙모'와 '조카' 간의 금기의 선(線)을 없애버린 숙모–조카 간 근친상간(aunt–nephew incent)을 은밀히 지속해가는 상태이다. 숙모에게 있어서는 주인공인 조카는 이미 그녀가 돌보아야 할 시집 조카가 아니라 육체를 나누는 부재하는 남편의 대리자이고, '절대자'로서의 남자가 된 것이다. 그러니 질투를 일으키게 하는 애착의 결속 관계와 다를 바 없다. 반면 고아와 다름없는 조카는 숙모의 성적 욕정의 능동성과 유도성에 대해서 미숙한 채로 죄책감과 함께 어쩔 수 없이 방어하지 못하고 수동적으로 이끌려가는 성애의 대상으로 전화된 존재인 것이다. 이런 관계는 주인공이 모성을 대리하는 숙모에게 남편을 잃게 한 무의도적 살인으로 인한 깊은 죄의식과 연결된 책임이 자기에게 있다는 부채 의식이 작용하고 있다.

삼촌을 죽음으로 이끈 것이 인(因)이라면, 그에 대한 과(果)가 숙모에게 빼앗긴 동정이라는 생각이었던 것이다. 당연한 업보(業報)라는 생각이었다.

그래서 주인공에게는 삼촌을 죽게 함으로써 숙모에 대한 죄책과 심리적 부채에 대해서 자신이 숙모에게 빼앗긴 동정(童貞)으로써 상쇄하거나 보상을 한다는 인과의 자기 징벌적이고 일종의 도덕적 매저키즘으로서의 업보로써 받아들이려는 의식이 작용한다. 그러나 조카를 다른 여성에게 빼앗기지 않으려는 숙모의 성적욕망과 질투는 '조카도 마땅히 색시를 얻어 장가를 들어야지'라고 하는 겉으로 말과는 달리 젊은 장씨 여인과의 교제를 용납하지 않고 막으려고 사랑하는 조카를 빼앗아 갈 대상을 향해 두 번째의 저주의 증묘를 행한다. 그것이 집에서 기르던 고양이 '키티'에 대한 증묘 행위이다. 증묘는 그녀에게 있어서는 완강한 질투이고 신앙이고 믿음이다. 질투는 적수가 자신들의 관계를 위협한다고 감지했을 때 일어나는 감정이며 사고이며 행위이다. 이 질투에 포함된 정서는 분노이며 두려움이고 아픔이다.

> 부엌 쪽에서 한 애정의 제물이 되었을 때 키티의 넋이 음산한 소리를 내고 있는 것 같았기 때문이었다. 그는 숙모가 키티의 넋은 그녀에게 보냈다는 것을 알 수 있었다. '키티야, 날 원망하지 말아라. 네가 이 지경이 되는 것은 우리 조카의 마음을 빼앗는 여자 때문이다.'
>
> 그는 달포 전 집에서 기르던 고양이 '키티'가 약을 먹고 죽은 쥐를 삼켰는지 별안간 펄펄 뛰다가 죽었다는 얘기를 떨리는 목소리로 들려주던 숙모의 얘기를 생각해냈다. 그러나 그 얘기를 들으면서 그는 직감적으로 그것은 숙모가 꾸민 거짓이란 것을 느꼈던 것이다. 그때와 마찬가지로 지금도 그의 눈 앞에 가득 펼쳐지는 환상은 '키티야, 날 원망하지 말아라. 네가 이 지경이 되는 것은 우리 조카의 마음을 빼앗는 여자 때문이다.' 이렇게 중얼거리며 고양이를 삶

는 숙모의 모습이었다.

조카를 자신의 성애의 대상으로 사로잡고 조카가 따르는 장씨 아가씨를 거부하는 숙모의 질투와 저주는 이렇게 장씨 아가씨에게 증묘한 키티의 넋을 붙어 있게 보냄으로써 저주를 행하는 것이다. 담배 가게 진열장 너머로 본 장씨 아가씨는 숙모에게 어쩔 수 없이 사로잡힌 주인공에게 있어서는 찬란한 불꽃을 가슴 한복판에 피어나게 하는 '황홀한 피습(被襲)'의 존재이다. 그가 도둑의 누명을 쓰면서까지 골목길에서 서성대며 찾고 미행해 온 여인이다. 그러나 숙모에게 있어서는 경쟁자요 적수의 존재인 것이고 저주의 대상이다. 결과적으로 장씨 아가씨는 숙모가 행한 애정 증묘의 대상이 되어서 신호등이 파랗게 빛나는 가로등이 있는 건널목 차도에서 질주하다 급브레이크를 밟는 차량에 의해서 죽게 된다. 미행하면서까지 장씨 아가씨가 이렇게 죽은 날 주인공은 그 현장에서 수백, 수천마리의 키티가 벌겋게 단 솥에서 튕겨져 나오며 수염을 곤두세우고 그에게로 몰려드는 환상과 함께 또 다시 예의 그 가슴에 덜커덩 내려앉으며 숨통이 막히는 증상을 겪게 되는 것이다. 이제 환상이나 환영은 원뱀이 봇도랑에 쑤셔 박힌 삼촌의 그것에서 뻘겋게 단 솥에서 증묘된 키티와 고양이 떼로, 고양이를 솥에 찌는 숙모의 환영으로 바꾸어지고 그와 동시에 가슴이 덜컹 내려 앉고 숨통이 막히는 증세로 빠져들게 되는 것이다. 이것은 그가 욕정과 질투로 저주의 주술사가 되어가는 숙모가 행하는 저주의 속신적주박력이 그에게 불안감과 반복적 강박(Wiederholungszwang)으로 증폭되고 숙모의 모습은 무서운 환영화로 확대 되어 감을 뜻하는 것이다.

3부에서 주인공은 그가 다니는 다방의 레지인 덧니박이 아가씨를 알게 된다. 그녀는 가족사적 내력이 기구한 아주 평범한 여인이다. 그래서 그녀와 만나는 횟수가 잦아지면서 주인공은 덧니박이 아가씨와 더 이상 만나기를 두려워하게 된다. 그녀와의 관계 때문에 반드시 덧니박이에게 무슨 안 좋은 일이 일어날 것 같은 예감을 가지고 있다. 이미 덧니박이 아가씨가 거주 처를 알아서 그에게 보낸 편지들은 그에게 전달하지 않고 중간에서 폐기해버리고서는 '요즘 교제하는 여자가 있지, 그렇지?'하고 다그치는 숙모의 환영이 떠오르면서 온몸을 휘감는 불안감과 함께 예의 숨통이 막히는 증상을 느껴왔기 때문이다. 사흘씩이나 다방에 발길을 끊고 있는 가운데 덧니 아가씨가 찾아온다. 둘이 다방을 나와 숙모가 이를 알까봐 두려워 골목길을 둘이 빠져나오는데, 공교롭게도 그때 그의 시선에 시장바구니를 흔들며 이쪽으로 다가오는 숙모의 모습을 발견하게 된다. 당황해하는 그의 눈앞에 증묘하는 숙모의 환영이 펼쳐짐과 함께 눈앞에 무수한 고양이 떼에게 쫓기는 덧니박이 아가씨의 모습이 떠오른다. 그는 그녀에게 제 3의 증묘 의식이 벌어지는 일이 있어서는 안 된다고 생각한다. 세 사람의 마주침이 있음으로써 다시 증묘가 있어서는 안 된다고 생각한다.

> 만약 숙모가 이 아가씨를 본다면?
> 그는 더욱 초조했다. 숙모가 만일 이 아가씨를 본다면 숙모는 자신의 '절대자'인 조카를 빼앗기지 않기 위해서 그녀가 갖고 있는 두터운 신앙의 힘을 불러일으키기 위해 또다시 그 제전(祭典)을 마련할 것이다. 증묘의 제전을—.

다음 순간 그는 자기 옆에 나타난 샛골목을 발견하고 덧니박이 아가씨를 그 자리에 잠깐 기다리게 하고서는 골목길로 피해서 숨어버린다. 그러나 스무 발짝도 가지 못해서 길이 막다른 골목에 막혀버린다. 다급해진 그는 골목길의 맨홀 속으로 숨어들어가게 된다.

> 그는 맨홀 속의 시커먼 어둠 속에서 또다시 고양이를 찌는 아궁이 앞에 앉은 주술사 숙모의 합장한 환영을 보았고 괴상하게 발악하는 고양이의 몸부림을 보았다. 그리고 그 고양이의 몸부림이 덧니박이 아가씨의 몸부림으로 바뀌는 환영 속에 사로잡혀 있다가 다시 그에게 예의 그 가슴이 덜컹 내려앉고 숨이 탁 막히는 증상이 일어났다.

이런 환영 및 신체적 증상과 함께 그는 사다리를 잡고 있던 팔에 힘이 빠지면서 균형을 잃은 채 맨홀의 깊은 바닥으로 떨어져 버리고 만다. 그걸 알길 없는 덧니박이 아가씨는 그를 마냥 기다린다. 결과적으로 숙모의 저주로부터 덧니 아가씨를 지키고 구하였지만, 아이러니컬하게도 숙모의 1차 증묘에서 무화(無化)되었던 증묘의 효력이 마지막에 이르러서 조카를 죽음으로 몰아넣게 되고마는 형국이 된 것이다. 속신으로서의 증묘 행위의 신빙성이 이로써 그대로 이루어진 것이라고도 할 수 있겠지만, 주인공은 숙모 때문에 그리고 숙모는 증묘에의 믿음 때문에 조카 애인마저 잃고 마는 비극을 자초하고 만 것이다.

이 작품 「증묘」에 있어서의 고양이는 살아있는 고양이가 아니다. 인간에 의해서 끔찍하게 죽어져서 저주를 위한 넋이 되고 희생과 불행한 원형으로서의 고양이이다. 이런 증묘 의식의 바탕에는 그보다도 더 복수적이고 잔인한 인간들에 의해서 고양이는 원래 잔혹하고 무서운 마물이며 악마의 화신이라는 영물의 묘관(猫觀)이 잠재되어 있다.

2. 한풀이 형식의 증묘 현상과 기만 : 박양호의「이 시대의 연금술」

김문수의「증묘」(1971)가 발표된 지 20여 년이 지난 시간 뒤에 증묘 모티프는 박양호의「이 시대의 연금술」(1993)에서 중요한 서사적 요소로서 다시 순환 · 반복적으로 재현된다. 연금술 모티프(Alchemy motif)와 함께 특별한 모티프의 지속과 변이현상을 추적할 수 있는 주제학적으로 중요성을 지닌 케이스의 하나이다. 우선 작가인 박양호에게 있어서 증묘 모티프는 어떻게 받아들여지고 있으며, 또 김문수의 경우와는 어떠한 차이점을 보이는지 살펴보자. 작가는 작품 속에서 면사무소 김 주사와 대화하는 화자인 향토 신문 기자의 입을 통해서 증묘에 대해서 다음과 같이 설명한다. 그리고 '우리 시대의 연금술'이라는 표제가 암시하고 있는 것처럼, '연금술'이라는 용어를 끌어와서 증묘를 이 시대의 사람들의 사회 심리학적 삶 속에 은폐되어 있는 한풀이의 한국적 속신 형식으로서 받아들이고 있다.

> 증묘(蒸苗)라는 말을 꺼냈을 때 김 주사는 그 말을 알아듣지 못했다. 그도 그럴 수밖에……나 자신도 우연히 이번 취재에 접하면서 처음으로 알게 된 단어였으니까……. 국어 대사전에서조차 그런 낱말은 존재하지가 않았다. 해서 인근 지방 대학에 민속학을 전공하고 있는 교수들에게 이리저리 전화를 해 봤으나 그 증묘라는 기속에 대해서 알고 있는 사람이 없었다. 도대체 그런 말이 존재 하냐고 오히려 의아해했다. 결국 서울에까지 몇 군데 전화를 해서 알아낸 내용은 증묘는 자신의 힘으로는 도저히 어쩔 수 없는 상황에서 벌이는 일종의 한풀이라는 것 정도였다. 구체적으로 말하면 나이든 여자가 젊은 남자를 사귀고 있었는데 그 남자에게 여자가 생겼다.

그런데 그 여자 또한 나이가 젊어서 자신의 힘으로써는 도저히 어떻게 할 도리가 없고 혼자서 이를 갈면서 가슴에 쌓이는 슬픔이 돌덩이처럼 가슴 한복판에서 꽉 자리 잡게 되었을 때 증묘를 했다고 한다. 예쁘게 생긴 여자들의 얼굴 모습이 어딘지 모르게 고양이 상을 하고 있어서 그런 걸 하게 됐을 거라는 말도 있었고, 호랑이의 축소판인 고양이를 영물처럼 생각하고 그걸 악랄하게 죽임으로써 그 날쌘 고양이의 원한이 상대방에게 덮쳐들 것을 기대하면서 증묘를 했을 것이라는 그럴듯한 얘기도 있었다. 그러나 결국은 한풀이의 한 형식이었을 것이라는 생각에는 대체로 의견이 일치하는 것 같았다. 이를테면 어쩔 수 없는 운명, 가령 자신의 의지와는 상관없이 어느 동네에서 태어났느냐, 아버지가 무얼 했던 사람이냐, 등속의 풀 수 없는 문제로 깊은 좌절감을 맛보았을 때……또 인생의 갈림길에서 아차하는 순간에 택한 길이 평생 동안 자신의 멍에가 되어 풀리지 않을 때, 증묘를 했다고 하더라는 풍설 밖에 더 이상 알아낼 수가 없었다.[132]

"그 증묘라는 말의 증자를 어떻게 쓰는 거쥬?"

나는 김 주사의 말에 그 단어를 접한 이후 여러 번의 연습을 거쳐서 익혀 두었던 증묘라는 글자를 써 보였다.

"그럼 이게 결국은 고양이를 찐다고 하는 것인데……."

그렇다. 증묘라는 글자 자체만을 보면 그것은 단순히 고양이를 찐다거나 삶는다는 것이다. 그러나 문제는 그 고양이가 죽은 고양이냐, 살아있는 고양이냐 하는데 있다.

이에서 보는 것처럼 작가가 이해하고 파악하고 있는 증묘의 기속은

132 박양호. 「이 시대의 연금술」, 〈현대문학〉, 현대문학사, 1993. 3, 288~9쪽. '증묘'의 한자(苗)는 '고양이 묘(猫)'의 오자나 약자이고, 이 작품에 대한 부분적 논평은 김윤식의 『90년대 한국 소설의 표정』(서울대 출판부, 1994)의 485~7쪽에서 이루어져 있음.

자신의 힘으로는 도저히 어쩔 수 없는 운명과 상황에서 벌이는 한풀이 형식이며, 이에는 산 고양이를 '악랄하게' 솥에 넣어서 쪄 죽이는 행위가 필수적으로 수반된다. 여기에는 심리적인 힐링을 위한 일종의 고양이 희생으로서 인간이 동물에 대해서 가하는 파괴적인 잔인성이 투사되어 있다. 그런데 작가는 오늘의 우리 사회에서 행해지고 있는 이 증묘를 이 시대의 연금술이라고 지적한다. 그렇다면 연금술이란 또 무엇인가. '연금술(Alchemy)'은 고대 그리스에서 시작되었는데, 구리·납 등의 금속으로부터 금·은 등의 귀금속을 제조하는 것에서 시작하여, 나아가서는 불로장수약 등의 영약 창제에까지 이르는 원시적인 화학 기술이며 유사 과학이다. 원래 연금술의 본질은 사변적·신비적·종교적 요소에 실제적·기술적 요소가 혼합되어 유럽에서 보급되었다. 여기서 금을 많이 소유하면 장수한다는 속신이 생겼다. 중국의 연금술은 도교로부터 유래한 것으로 불로장수약(丹)을 발견하기 위한 연단술로 행해지기도 했다. 무의식적이라 하여도 사기와 결탁한 욕심의 양면성을 띄고 있다. 그래서 연금술에는 ① 과학적 ② 사기적 ③ 마법적인 것 등 세 종류가 있다.[133]

증묘 현상은 이 시대의 연금술로 연결함에 있어서는 사람들의 무지·불안과 한을 이용하려는 기만성의 연금술적 협박과 기속적 비의와 함께 연계하였기 때문일 것이다.

작품「이 시대의 연금술」은 (가), (나), (다), (라)의 4장으로 구성되어 있다. 그런데 이야기를 말하는 화자가 모두 다르다. 약초 연구를 가장한 증묘 사기꾼의 계략은 장절에 따라서 단계적으로 그리고 매우 교묘하게 진

133 Jean-Charles Seigneuret ed. *Dictionary and Literary Themes and Motifs*, Greenwood Press, 1988, pp. 18.

행되어 간다.

(가) 장은 마곡리의 이장이 취재하는 향토신문 기자에게 1인칭 관찰의 시점으로 일방적으로 혼자 말한다. 그의 말에 의하면 원래 이십여 호가 살던 마곡리 마을에 겨우 다섯 집만 살고 있을 뿐 마을 사람들은 모두 이농하여 떠나버리고 동네는 사람이 산다고 할 수가 없는 쑥대밭이 되어 가는 상태이다. 이런 판국에 어느 날 이장인 '나'를 찾아와서 약초를 연구하려하니 빈 집이 필요하다는 사람이 있었다는 것이다. 별로 수상한 것 같지도 않아 시내로 이사한 최 씨네 빈 집에 그를 살게 해준다. 그 뒤 며칠 만엔가 그 사람이 어떻게 사는가 싶어 찾아가보니 새장 안에서 고양이가 야옹거린다. 고양이라는 게 쥐를 잡기 위한 것인데 새장 안에 가두면 무슨 소용이 있는가하니 이 고양이는 자기 집에서 기르던 도시 고양이라 적응을 위해 며칠 묶고 가두어 놓아야 한다고 한다. 그런가보다 하고 있는데 며칠 후에 가까이 사는 방앗간 집 할머니로부터 고양이 소리가 시끄럽다는 민원이 들어온다. 다시 가보니 할머니 말대로 헛간에 불어난 여러 마리의 고양이가 새장과 개 줄로 묶여 있음을 발견한다. 이장은 수상쩍고 이상한 일이 벌어질 것의 조짐과 사단의 예조임을 감지하게 되었다는 이야기이다.

(나) 장은 장소가 바꾸어져 도시의 아파트이다. 경비실에서 아파트 경비원과 향토신문 기자가 고양이에 대한 대화를 나눈다. 아파트에 고양이가 몰려들어 고양이로 인해서 곤란한 사정이 늘어나는 판에, 한약 연구를 하는 사람이 나타나서 고양이 잡는 문제는 자기에게 잡는 비결이 있으니 맡겨 달라고 한다. 그 뒤 그는 이상한 판때기와 정부미 포대 자루를 가진 사람과 나타나서 밤에 드나들면서 고양이를 잡아간다. 고양이 때문에 골

치를 썩은 아파트 사람들은 얼씨구나 한다.

(다) 장은 도시의 전신주에 붙어있는 이런 광고문으로 시작한다.

> 한을 내려드립니다. 이 세상 누구도 해결할 수 없는 심각한 한을 가지신 분, 아무에게도 말할 수 없는 한을 품고 계신 분, 머리 풀고 한 하늘 우러러 풀 수 없는 이 한을 어찌 하오리까. 오십시오.

3인칭 객관적 서술 형태로 제시되는 이 장은 시각이 흐려지고 있는 '그'라는 인물이 등장한다. 그는 딸이 가출하여 행방불명이 된지 3년, 딸을 찾아 유흥업소부터 병원 응급실까지 뒤지면서 웃음이 사라지고 절망적인 집안 상태에서 '한을 내려드립니다'는 광고 말에 이끌리어 마곡리에 이른다. 증묘하는 그 사람은 '고양이가 필요해요. 고양이 한 마리를 잡아 올 수 있겠소?'라고 묻는다. 정작 날아온 대답은 고양이를 어떻게 잡으며 고양이 한 마리 값이 얼마냐고 물어보는 사람하고는 더 이상 얘기할 것이 없노라는 대답이다. 왜냐하면 자기는 인간이 할 수 있는 일이 아직 남아 있다고 생각하는 사람을 상대하지 않는 것이라고 말한다.

(라) 장은 1인칭의 향토신문 기자인 '나'와 면사무소 김 주사가 면담을 나누며 마곡리의 고양이 이야기를 하며 증묘라는 기속에 대해서 알아듣지 못하자, '나'는 고양이고를 낼 때처럼 고양이를 죽여서 솥에 찌거나 삶는 것이 아니라 살아있는 상태로 찌는 것이라고 자세히 일러준다. 그러자 김 주사의 반응이 즉각적으로 나온다.

> 저런……참 끔찍 하네유……살아있는 고양이를 불로 뜨겁게 달군 맨 솥에다가 집어넣는다는 얘기네유? 그런 일이 우리 마곡리에서 벌어지고 있다면 확증을 잡아서 조치를 취해야지유…….

그래서 두 사람은 컴컴한 초겨울 작은 플래시를 따라서 마곡리 산 속 증묘의 현장으로 잠입 · 기습해 들어간다. 그 집에 가까이 다가갔을 때, '야아옹!' 하는 날카로운 고양이 울음소리가 빈 마을 속으로 송곳처럼 빠져 나온다. 이렇게 작품「이 시대의 연금술」은 고정되고 일방적인 서술 방법이 아니라 화자를 거듭 바꾸는 입체적인 서술 방법에 의해서 증묘가 '그 사람'에 의해서 이 시대 우리의 삶과 사회에서 깊숙이 은폐되어 있어서 해결할 수 없는 아픔과 한을 가진 사람들의 한풀이를 한다는 명분으로 기만적이고 동물학대적인 잔혹행위가 어떻게 은밀히 기획되고 전개되어 가는지를 기자의 시각을 통해서 추적하게 한다. 이로써 정서적인 손상이 많고 그로 인한 해소를 미신적인 한풀이에라도 의존하려는 한국적 한풀이 형식에 깊이 연계되어 있는 우리 사회에서의 어둡고 불안한 단면과, 이를 이용하려는 혹세무민하는 사기꾼들의 기만적 술책을 함께 고발하고 있다. 사회 병리의 폐해에 대한 해부로서의 의미를 지닌다.

같은 증묘의 모티프를 이용하면서도 김문수와 박양호는 동일성 속에 이질성을 갖고 있다. 증묘의 의도가 저주와 해한(解恨)으로 대비되어 있는 것이 그 차이이다. 그러나 어느 것이든 고양이는 영물로서 저주와 빙의를 일으키는 마성의 힘을 가진 것으로서 받아들여지고 있다. 그리고 해원과 해한을 위한 증묘 자체가 범죄적 행위라는 점에 있어서도 동일성을 갖는다.「우리시대의 연금술」에서의 한풀이 형식으로서의 증묘 현상을 이 시대의 심리적 연금술로서 해석하고 있는 작가의 속신에 대한 유니크한 해부적 관점 그 자체가 중요한 것이 아니라, 그 해소 방법을 찾지 못하고 극단적인 잔혹성에라도 의존하고 있는 아픔많은 이 시대의 아픔의 무게와 질량을 환기하고 있음에 그 중요성의 방점이 찍히는 것이다. 고양이는 결국 허황되고 근거도 없는 인간의 속신을 이용하는 사악하고 탐욕스러운 인간 사기꾼들의 저주를 위한 불쌍한 희생물인 것이다. 고양이의 영물관은 여기에서도 깊이 근거한다.

11장

오정희의 소설 공간 속의 고양이

1. 여성 성장 소설로서의 「중국인 거리」

이 시대의 대표적인 여성 작가의 한 사람인 오정희(吳貞姬, 1947~)의 소설 미학은 그가 다양하게 구사하고 있는 상징 의장들로 인해서 매우 현란한 소설 시학적 효과를 발휘하고 있는 것이 특징이다. 동물 상징으로서 그가 처음 고양이를 등장시키고 있는 작품은 「중국인 거리」(1979)이다. 이 작품은 일종의 '이니시에이션 스토리'(Initiation Story)라고 할 수 있다. 주인공이면서 1인칭의 서술 화자이기도 한 아홉 살 배기 버짐 투성이 소녀인 '나'의 유년에서 첫 월경, 즉 초조(初潮, menarche)의 성숙한 성년으로 옮겨가기까지의 시간적인 통과 의례(Rite de Passage)의 성장 과정을 그린 것이기 때문이다. 작가의 자전적인 여성 성장 서사(Female Initiation Narrative)이고 할머니에서 화자에 이르기까지 여인 3대 가족의 이야기이기도 하다. 그리고 공간적으로 보면 시골에서 중국인 거리인 도시 해안촌으로서의 도시 입성과 도시 발견의 사회화 과정을 그린 점에서 도시 경험형 이니시에이션[134]의 이야기이기도 한 것이다. 그러니까 「중국인 거리」는 '삶(生)의 길가기'(Schritt in Leben)로서의 생의 생물학적이고 정신적인 성장과 도시 입성의 사회학으로서의 이중적인 성격이 함께 혼성되어 있는 '성장'(Bildung)으로서의 '세상에의 길'(프랑코 모레티) 가기나 방도로서의 사회화의 과정을 형상화한 작품이다. 일반적으로 이니시에이션 서사는 어리거나 순진한 주인공이 세계나 자아에 대한 인지의 성숙 단계로 넘어가는 통과 의례 형태의 소설이다. 이것의 발전 형태(장편)가 바흐친의 소설 유형론이자 '근대적 상징 형태'로서의 이른바 성장 소설(Bildungsroman)인 것이다.

온 가족—할머니에서 다섯 명의 아이들에 이르기까지—과 함께 밤새도록 트럭에 실려서 인천(仁川)으로 짐작되는 항만의 끝, 낯선 중국인 거리로 짐처럼 옮겨진다. 그들이 입성한 이곳은 중국인 거리라는 이름 그대로 전족에 아편을 피는 중국인들(화교), 미군 병사들과 양갈보들 및 제분 공장의 한인 노무자와 하층민들이 서로 잡다하게 혼재되어서 특이한 생태로 살아가고 있는 중국인 거리란 이색 지대이다. 그러니까 이 도시는 '나'가 피난지였던 시골에서 꿈꾸고 생각해왔던 오색의 비눗방울 같고 먼 나라의 크리스마스트리와 같은 현란한 그런 도시가 아니라 거무죽죽한 탄가루와 제분 공장의 굴뚝에서 울컥울컥 연기를 토해내는 초라하고 지저분하고 척박한 지대이다.

134 이재선, 『현대 한국 소설사 : 1945~1990』, 민음사, 1991/1996, 272~3, 275쪽. Blenche H. Gelfant, *The American City Novel*(1970)에서는 경험형 도시소설을 '초상 소설'(Portrait Novel'이라 명명함.

이런 공간으로 이주해 온 '나'는 학교를 다녀오면 화차에서 석탄을 훔치고 엄마의 심부름으로 돼지고기를 사러 중국인 푸줏간에 가서 어머니의 주의대로 비계는 말고 살도 달라고 총알처럼 내뱉고 이발소에서 잡담을 하며, 뒷박머리를 깎아 주는 것에 항의하자 엄마 뱃속에서 나올 때 주둥이부터 나왔냐는 이발소 주인의 반응에 손모가지에 가위부터 들고 나와서 이발쟁이가 됐느냐 평생 이발쟁이나 하라고 다부지게 되받아서 대거리를 한다. 그리고 밤이면 거리를 쥐떼처럼 몰려다니고 연애 소설을 읽으며 이곳에서 벌어지는 삶의 모습들을 발견하거나 거기에 적응해하면서 '나'는 세상살이에 영악해지며 약아져 가는 서장에의 문턱 너머로 이끄는 온 길 사건들을 경험해 나간다. 이런 '나'를 성숙으로 이끌어가는 중요한 성장의 지표로서의 중요 항목 내지 경험하는 사건들은 친구 관계(우정), 탄생과 죽음, 그리고 이성(異性)에의 인력 및 초경으로 이어지는 과정이다.

'나'는 양갈보집이라 불리는 집에 사는 또래로 커서는 양갈보가 되겠다는 치옥이와의 친구 관계를 통해서 미국인 검둥이와 양갈보 매기와 함께 사는 미묘한 공생의 삶과 혼혈의 제니란 존재를 인지한다. 그리고 온갖 부러운 외제 물품과 화장품 장신구에 대한 예쁘고 신기한 경험을 하게 되고 매기 언니의 삶을 부러워한다. 그리고 '나'는 고양이를 죽이는 외국인이자 미군인 그들과 치옥이네 집에서 매기와 동거하는 검둥이를 보게 된다. 이는 '나'의 타자와의 만남의 현상이다. 그리고 어머니의 여덟 번씩이나 거듭되는 출산에의 경험적 관찰을 통해서 '나'는 아기는 한밤 중 천사가 안고 오는 것이라든지 방긋 웃으며 배꼽으로 나오는 것이 아니라, 여자의 벌거벗은 두 다리 짬에서 비명을 지르며 나온다는 것을 알게 되는 것이다. 그래서 '나'는 어머니가 일곱 번째와 여덟 번째의 아이를 배고 헛구역을 하고 산고(産苦)의 비명을 지를 때, 여자의 동물적인 삶에 대해서 동정하며 아이를 낳게 되면 어머니는 죽게 될 것이라고 산고를 두려워하게 된다.

그 다음이 죽음(thanatos)에의 인지이다. 「중국인 거리」에는 모두 3개의 죽음이 제시되어 있다. 미군 부대 테니스 코트에서의 칼 맞아 죽는 검정 고양이의 죽음, 치옥이네 이층 베란다에서 술 취한 검둥이에게 길바닥으로 던져져서 죽은 매기 언니의 죽음, 그리고 중풍으로 인해서 영감님에게 평생을 조면(阻面)했던 한이 뭉쳐진 할머니의 죽음이 그것이다. 고양이의 죽음이나 매기의 죽음은 다 타자들, 즉 이방인들의 폭력에 의한 죽음으로 '나'가 현장에서 목격한 죽음들이다. 이 죽음으로 매기 언니의 미국행과 국제결혼에의 열망은 산산조각이 나고 그의 딸 제니는 고아원으로 가게 된다. 여기에는 타자에 대한 작가의 서로 다른 반응인 '이방 선호(Xenophilia)'와 '이방 공포(Xenophobia)'가 투영되어 있다고 할 것이다.

매운 손맛과 나지막하고 독한 욕설로 나날이 정정하던 할머니는 마지막에는 영감님 곁으로 보내진지 두 계절 만에 죽는다. '나'는 두 계절 전 동산 언덕 예순 다섯 걸음 거리에 묻어둔 할머니의 유품을 예순 걸음의 거리로 도착하여 확인하고 다시 묻는다. 이 보폭의 단축은 곧 '나'의 성장을 암시한다.

한편 '나'는 언덕 위의 이층집 창문이 열리고 젊은 남자의 창백한 얼굴이 나타나는 것을 처음 유심히 보게 된다. 치옥이네 베란다에서 다시 중인 거리의 덧문을 열고 이켠을 보고 있는 젊은 남자의 얼굴을 본다. 그때 '나'는 알지 못할 슬픔이, 비애라고나 말해야 할 아픔이 가슴에서부터 파상(波狀)을 이루며 전신으로 퍼져나감을 지각하게 된다. 왜 슬픔과 아픔이 파상을 이루었을까. 내가 보기에는 그 남자의 너무나 창백하고 흰 얼굴이 내포한 병적인 이상성에 대한 '나'의 특별한 관심과 연민의 발로가 아니었을까 생각된다. 세 번째는 엇비낀 거리에서 이발소의 거울 속에서 물끄러미 '나'를 가까이에서 보고 있는 그 남자의 알 수 없는 시선을 느끼게 되기도 한다.

할머니가 죽고 난 겨울 깊은 밤, '나'는 이층집 덧문이 열리며 쏟아져 나와 장방형으로 내려 앉은 불빛과 창에 드러나는 창백한 그 얼굴을 보게 된다. 차가운 공기 속에 연한 봄의 숨결이 숨어 있음을 지각해서 '나'는 따스한 핏 속에서 돋아 오르는 순(筍)을 참을 수 없는 근지러움을 비로소 감지한다.

이것은 무엇인가. 거듭되는 응시와 집요한 시선의 교환을 통해서 '나'가 마침내 자신 밖의 타자를 애착의 대상으로 깊숙이 수용하는 '참을 수 없는 근지러움'을 가지게 된다. 이것은 완벽한 사랑의 서술이라고까지 할 수는 없지만, 이성에의 발견이고 눈뜸이며, 내 안에서 타자를 사랑으로서 받아들이는 성숙에의 입사식적 의식 행위인 것이 분명하다. 애정 대상에 대한 이끌림의 발견이고 특별한 감정과 마음 상태의 긍정적인 표출인 것이다.

그 뒤로도 여러 차례 창을 열고 이켠을 보고 있는 그 남자의 시선을 느끼게 된 '나'는 친구 치옥이 가정적으로 불행해져 삼거리 미장원에 맡겨지고, 초라한 모습으로 미장원 바닥에 떨어진 머리카락을 쓸고 있는 모습을 보며 '언제였지 언제였지' 좀 체로 기억나지 않는 먼 꿈을 되살리려는 안타까움으로 고개를 흔들며 돌아서서 언덕 위 이층집 열린 덧창을 바라보는 순간, 그 창백한 중국인 남자는 창밖으로 상체를 내밀어 나를 손짓해 부른다. 그리고는 이성의 타자가 마지막 부분에서 '나'에게 선물을 준다. 바로 그나, 어머니는 여덟 번째의 아이를 난산 끝에 출산하고 '나'는 소녀에서 여인으로 거듭나는 초경을 맞게 된다.

작품의 마지막 부분은 이렇다.

> 내가 낮잠에서 깨어났을 때 어머니는 지독한 난산이었지만 여덟 번째 아이를 밀어 내었다. 어두운 벽장 속에서 나는 이해할 수 없는 절망감과 막막함으로 어머니를 불렀다. 그리고 옷 속에 손을 넣어 거미줄처럼 온몸을 끈끈하게 죄고 있는 후덥덥한 열기를, 그 열기의 정체를 찾아내었다.
>
> 초조(初潮)였다.

이를 두고서 시인이고 평론가인 김혜순은 「여성적 정체성을 가꾼다는 것」이란 글에서 다음과 같이 적절히 지적한다.

> '그'는 사춘기를 벗어난 화자를 지배할 욕망의 대상이 된다…… '내'가 '나'의 '거울' 안에서 타인의 얼굴을 감지하게 된 순간 화자는 자신을 타자와 구분하게 되고 '나'는 어머니처럼 타인의 존재를 분만할 수 있는 여인들의 세계로 진입하는 또 하나의 의례적 사건을 경험하게 되는 것이다.[135]

초조(menarche)는 첫 월경, 즉 여성이 가임 여성으로서 성장함을 의미한다. 즉 여성적 삶의 생물학적 사이클이 시작하는 출발이다. 초조는 곧 피다. M. 엘리아데의 말로는 '피의 신성성'과 결합된 '여성의 신성성이 발

135 김혜순, 「여성적 정체성을 가꾼다는 것」, 우찬제 편, 『오정희 깊이 읽기』, 문학과지성사, 2007, 227쪽.

현'인 생물학적이고 생리적인 여성의 신비화 현상이다. 바로 이 생리적인 피로써 여성의 신성성을 드러낸다. 그래서 초조는 선물을 받듯이 그의 사랑을 이제부터는 받아들일 수 있는 여성적 존재로서의 단계로 진입하고 있다는 증표를 상징적으로 의미하는 것이다.

2. 제 새끼를 잡아먹는 고양이와 고양이를 참살하는 외인 병사

「중국인 거리」에는 고양이가 등장하고 또 고양이의 죽음이 두 번씩이나 제시된다. 첫 번째는 괴이하게도 할머니의 저주의 말로 고양이가 낳은 일곱 마리의 제 새끼를 스스로 다 잡아먹는 이야기이고, 두 번째는 부대 영내의 테니스 코트에서 미국 병사(G.I)가 쓰레기통을 뒤지는 도둑 고양이에게 단도를 던져서 장난하듯 참살하는 장면이다. 이는 어느 것이나 예사스럽지 않은 살묘 사건이다. 그렇다면 작품 「중국인 거리」에서 이와 같은 고양이 죽이기 행위가 왜 이루어져야 하며 그것이 작품에서 함의하는 상징적인 의미는 무엇일까. 우선 첫 번째의 경우이다.

> 짐승의 새끼야.
>
> 할머니는 어쩌다 문 밖이나 베란다에 있는 제니를 보고 신기하다는 듯 혹은 할머니가 제일 싫어하는, 털 가진 짐승을 볼 때의 혐오의 눈으로 보며 말했다. 나는 제니를 보는 할머니의 눈초리가 무서웠다. 언젠가 집에 쥐가 끓어 고양이를 한 마리 기른 적이 있었다. 고양이가 골방에서 새끼를 일곱 마리나 낳자 할머니는 고양이

> 에게 미역국을 갖다 주었다. 그리고는 똑바로 고양이의 눈을 쳐다보며 나비가 쥐새끼를 낳았구나, 쥐새끼를 일곱 마리나 낳았구나 하고 노래의 후렴처럼 몇 번이고 되풀이했다. 그날 밤 고양이는 새끼를 모조리 잡아먹고 대가리만 남겨 피 칠한 입으로 야옹야옹 밤새 울었다. 할머니는 기다렸다는 듯 일곱 개의 조그만 대가리들을 신문지에 싸서 하수구에 버렸다. 할머니가 유난히 정갈하고 성품이 차가운 것은 한 번도 자식을 실어 보지도 못했기 때문이라고 어머니는 말하곤 했다. 할머니는 어머니의 서모였다. 시집온 지 석 달 만에 영감님이 처제를 봤다지 뭐예요. 글쎄, 그래서 평생 조면(阻面)하시고 의붓딸에게 의탁하신 거지요. 어머니는 먼 친척 할머니에게 소리를 낮춰 수군거렸다.

이 장면은 서술자이자 인물인 어린 '나'가 친구인 치옥이네 위층에 세 들어 살고 있는 미군 검둥이 병사와 양공주 매기의 혼혈의 어린 딸 제니를 보면서 털(가진 짐승) 혐오감(Trichophobia)를 가진 할머니가 무서운 눈초리를 하며 내뱉는 '짐승의 새끼야'라는 독백적인 말을 듣는다. 그 순간 지난날에 기른 적이 있는 고양이의 기억을 떠올리게 된다. 즉, '나'는 제니를 보면서 할머니가 '짐승의 새끼' 운운하는 현재의 말에 대한 자극 반응으로서 지난날 쥐를 잡기 위해서 집에서 기른 적이 있는 과거의 고양이와 할머니가 서로 얽힌 기억의 무서운 삽화를 떠올리게 된 것이다. 그때 고양이가 골방에서 일곱 마리의 새끼를 낳자 할머니의 첫 반응은 고양이에게 미역국을 갖다 주는 호의의 반응이다. 이것은 고양이가 하찮은 미물이지만 해산의 산고를 거친 고양이에 대한 호의의 발로임이 분명한 것이다. 그런데 다음 순간 할머니는 고양이의 눈을 똑바로 쳐다보면서 앞서의 반응이나 태도와는 전혀 달리 '나비(고양이)가 쥐새끼를 낳았구나'라는 이종교배(異種交配)의 반응을 노래 후렴처럼 되풀이 한다. 후자의 변화된 반응은 전자와는 달리 어딘가 악의와 수상쩍은 의혹과 혐오감의 발로이고 복수의 감정마저 잠재해 있는 듯한 부정(不淨)과 저주의 주문이다. 즉 이것이 할머니가 무언가에 대해서 거는 저주요 부정 타는 주술임에 틀림이 없는 것이다.

할머니의 이 저주 때문인지 그날 밤 고양이는 일곱 마리의 새끼를 모조리 잡아먹는 엽기적인 일이 벌어지고, 대가리만 남겨놓고 피칠 한 입으로 야옹야옹 밤새 운다. 할머니는 마치 이를 기다렸다는 듯이 일곱 개의 조그만 대가리들을 신문지에 싸서 하수구에 내다 버렸다는 것이다. 할머니의 이 같은 험구의 저주는 고양이–새끼들에 이어서 매기–제니에게까지도 미치게 된다.

그렇다면 할머니는 왜 다산한 고양이 새끼를 쥐의 새끼로, 즉 나비(고양이)가 쥐새끼를 낳았다고 보고 양갈보가 낳은 혼혈의 아이가 할머니에게 짐승의 새끼처럼 보여 진 것으로서 부정적으로 저주를 한 것일까. 또 이와 유사하게 제니를 혐오의 눈으로 보면서 짐승의 새끼라고 했을까. 거기에는 운명적으로 저주받은 여인인 할머니의 지난 삶과 내면 깊숙이 잠복해 있는 '평생 서리서리 뭉쳤던 한(恨)'의 은원적 원한의 기능이 작용하고 있기 때문이다.

다시 부연하자면, 할머니가 유난히 정갈한데다가 또한 독한 욕설로 성품이 차가운 것은 그가 한 번도 포태(胞胎)를 하지 못한 여인이란 사실, 할머니가 시집 온지 석 달 만에 남편(영감님–할아버지)이 '처제를 봤다'는 것. 형부와 처제 간의 부정한 간통 때문에 영감과는 평생을 조면이란 절교 상태인 채로 의붓딸(서술자 '나'의 어머니)에게만 의탁해 살아온 한스러운 생의 내력과 정신적인 트라우마에 대한 압축적인 제시 속에 그 인과가 어느 정도 암시되어 있는 것이다. 시앗싸움은 부처도 돌아앉게 한다는 말이 있듯이, 형부와 처제 간의 배반적이고 능멸적인 삼각관계의 간통 사건은 할머니로 하여금 평생 동안 그들과의 연을 철저히 끊게 하였고, 여인으로서의 삶이 박탈된 원한 속에 스스로를 가둘 수밖에 없었던 아픈 세월을 살아오게 하였던 것이다.

그러니 여성으로서 그리고 모성으로서 타율적으로 생명을 한 번도 밸 수가 없었던 한 맺힌 할머니에게 있어서는 일곱 마리의 다산의 고양이 새끼는 그저 예사스러운 생명의 탄생 현상으로서만 받아들여 질 수는 없었던 것이다. 원수지간이나 다름 없는 고양이와 쥐가 관계한 이상교합의 저주받고 부정적인 소산으로 받아들여질 수 있었기 때문이다. 같은 이상교합인 남편과 처제의 부정에 의해서 야기된 간통 사태에 대한 혐오와 원한이 여성으로서 그리고 모성으로서의 정상적인 애정과 포태에서 배제될 수밖에 없었던 삶의 철천의 한이 그녀로 하여금 반(反) 생명적이고 부정적인 저주와 주술을 뱉어내게 한 것이라 할 수 있다. 이것은 분명 한의 부정적 국면의 발로이고 할머니의 삶의 뿌리 깊은 한과 반생명적 주술의 투사 현상이다. 이를 두고 황도경은 그의 글 「성(性)· 육체의 시학」에서 다음과 같이 지적한다.

> 자기가 낳은 새끼를 쥐로 알고 잡아먹은 어미 고양이의 피칠 한 입, 그것은 아이를 낳아보지 못한 할머니의 내부에서 그리고 날마다 자신을 때리며 나가 죽으라고 한다는 치옥의 계모에 대한 내부에서 꿈틀거리는 반(反) 생명의 한 모습이라고 할 수 있다.[136]

136 김현자 · 김현숙 · 황도경 외. 『한국 여성 시학』, 깊은 샘, 1997, 149쪽.

정확한 해석이다. 이런 할머니의 한의 내면적인 정한성이 고양이 같기도 하고 쥐 같기도 한 털이 보숨한 혼혈의 제니를 보았을 때, '짐승의 새끼'라고 반응하게 만든 것이다. '나비'가 낳은 '쥐새끼'와 다르지 않게 짐승으로 인지되었기 때문이다. 이것은 혼혈의 이색 생명에 대한 낯선은 착시와 호기심의 결과이기도 하겠지만, 이 보다는 오히려 할머니의 깊은 한으로 인한 생명 부정적인 저주의 주술과 반사적 복수와 관련이 있는 것이다. 그리고 필연적인 관계가 꼭 있다고까지 할 수는 없을지라도 제니가 어미 매기의 죽음으로 버려지게 되는 운명도 역시 할머니의 '짐승의 새끼'라든가 나비가 쥐새끼를 낳았구나란 저주의 주언과 결코 무관한 것 같지는 않다. 그러나 남편과의 평생 조면의 길디긴 할머니의 '평생 서리서리 뭉쳐둔' 한도 늘그막에 죽음을 임박해서 시골에 사는 미운영감님을 다시 찾아 갔을 때, 마침내 해원이 이루어진다. 의식이 하나도 없는 할머니는 펄떡펄떡 열불이 나는 가슴을 풀어헤치고 애증이 쌓이고 쌓인 영감님의 손을 끌어 당겨서 거기에 얹게 된다. 애절하디 애절한 애증의 정황이다.

두 번째는 미군부대 테니스 코트에서 미국 G. I에 의한 고양이 죽이기와 아이들에 의한 그 고양이 시신 처리과정에 관련된 이야기이다.

> 러닝셔츠 바람의 지아이들이 부대 안의 테니스 코트에 모여 칼 던지기를 하고 있었다. 동심원이 그려진 과녁을 향해 칼은 은빛 침처럼, 빛의 한순간처럼, 청년의 머리에 돋아난 새치처럼 날카롭게 빛나며 공기를 갈랐다.
>
> 휙휙 바람을 일으키며 휘파람처럼 날아드는 칼이 동심원 안의 검은 점에 정확히 꽂힐 때마다 그들은 우우 짐승 같은 함성을 질렀고 우리는 뜨거운 침을 삼키며 아아 목젖을 떨었다.
>
> 목표를 정확히 맞추고 한 걸음씩 물러나 목표물과의 거리를 넓

히며 칼을 던지던 백인 지아이가, 칼이 손 안에서 튕겨져 나오려는 순간 갑자기 발의 방향을 바꾸었다. 칼은 바람을 찢는 날카로운 소리로 우리를 향해 날았다. 우리는 아악 비명을 지르며 철조망 아래로 납작 엎드렸다. 다리 사이가 뜨뜻하게 젖어 왔다. 그리고 잠시 후 고개를 들어 킬킬대는 미군의 손짓이 가리키는 곳을 하얗게 질린 얼굴로 바라보았다. 우리의 뒤 두어 걸음쯤 떨어진 곳에서 가슴에 칼을 맞은 고양이가 네 발을 허공에 쳐들고 반듯이 누워 있었다. 거의 작은 개만큼이나 큰 검정 고양이였다. 부대의 쓰레기통을 뒤지는 도둑고양이였을 것이다. 우리가 다가가 둘러섰을 때까지도 날카로운 수염발이 바르르 떨리고 있었다.

갑자기 오빠가 고양이를 집어 올렸다. 그리고 뛰었다. 우리도 뒤를 따라 덩달아 뛰기 시작했다. 젖은 속옷이 살에 감겨 쓰라렸다.

미군 부대의 막사가 보이지 않는 곳에 이르자 오빠가 헉헉대며 걸음을 멈추었다. 그리고 비로소 손에 들린 것이 무엇인지 깨달은 듯 진저리를 치며 내동댕이쳤다. 검은 고양이는 털썩 둔탁한 소리를 내며 땅바닥에 떨어졌다.

그걸 왜 갖고 왔니?

한 아이가 비난하는 어조로 말했다. 도전을 받은 꼬마 나폴레옹은 분연히 고양이의 가슴팍에 꽂힌, 끝이 송곳처럼 가늘고 날카로운 칼을 빼어 풀 섶에 쓱쓱 피를 닦았다. 그리고 찰칵 날을 숨겨 주머니에 넣었다.

막대기를 가져와.

한 아이가 지난봄 식목일의 기념 식수가지를 잘라 왔다.

오빠는 혁대를 끌러 고양이의 목에 감고 그 끝을 나뭇가지에 매었다. 그리고 우리는 묵묵히 거리를 지났다.

고양이는 한없이 늘어져 발이 땅에 끌리고 그 무게로 오빠의 어깨에 얹힌 나뭇가지는 활처럼 휘었다.

부두에 이르러 우리는 나뭇가지를 내려놓고 고양이의 목에서 혁대를 풀었다. 오빠는 퉤퉤 침을 뱉으며 자꾸 흘러내리려는 바지 허리를 혁대로 단단히 죄었다.

그리고 쓰레기와 빈 병과 배를 허옇게 뒤집고 떠 있는 썩은 생선들이 떠밀려 범람하는 방죽 아래로 고양이를 떨어뜨렸다.

밤새도록 간단없이 들려오는 야경꾼의 딱딱이 소리, 화차의 바퀴 소리를 낱낱이 헤아리다가 날이 밝자 부두로 나갔다. 여전히 물결에 떠밀려 방죽에 부딪히는 더러운 쓰레기와 썩은 생선들 사이에도, 더 멀리 닻 없이 떠 있는 폐선의 밑창에도 고양이는 없었다.

어느 먼 항구에서 아이들의 장대질에 의해 뼈가 무너진 허리 중동이를 허물며 끌어올려질지도 몰랐다.

쓰레기를 뒤지다 미군 병사의 칼질에 의해서 죽은 한 마리의 검은 고양이와 화자의 오빠를 비롯한 아이들이 이를 옮겨다 부두의 더러움과 썩음이 범람하는 방죽 아래로 떨어트리는 시신 투하 처리의 과정들이 제시되어 있다. 즉 미군 부대 주변에서의 고양이의 섬찟한 죽음을 목격한 아이들의 반응과 시체 처리 등 무서운 삽화 같은 정경이다. 이 가운데서 '나'의 오빠는 고양이에 가슴팍에 꽂힌 송곳같이 날카로운 칼을 재빠르게 챙기고 고양이 목에서 혁대를 풀면서 퉤퉤하고 침을 뱉는다. 오빠가 고양이의 가슴팍에 꽂힌 칼을 재빨리 챙기는 행위는 그것이 비록 살묘의 흉기이기는 하지만 물질적으로 극도로 빈곤하던 시대에 외제이면 특별한 선호와 애호 대상이 될 수밖에 없었던 궁핍한 시대적 '제노필리아'를 암시한다. 그리고 흉기에 퉤퉤 침을 뱉는 행위는 영물인 고양이의 악령이 화를 미치거나 해코지를 못하게 하려는 예방적인 미신적 습속의 잔영 현상이다. 그런데 이 작품에서 왜 이런 외국 병사의 고양이 죽이기의 살생 행위가 제시되는 것일까. 그것은 범세계적 현상으로서의 젊은이들의 좀 험한 유희적인 장난일 수도 있지만, 이 같은 살생 행위는 살상 현상에 킬킬거리고 이질적인 타자인 이방인들에 대한 완곡한 험오나 두려움의 제노포비아(Xenophobia)적 반응을 보이려는 의미를 함축하고 있는 것이 아닐까. 이 고양이의 죽음과 검둥이 흑인 병사에 의해서 베란다의 창밖으로 내던져져서 죽은 매기 언니의 죽음이 역시 타자에 의한 죽음이란 점에서 일치하는 것이 그저 우연한 사건일 수만은 없을 것 같다.

3. 여로 소설 「파로호」의 고양이 달아매기와 '텅빈 충만'

오정희의 「파로호(破虜湖)」[137](1989)에서도 주인공인 혜순이 미국에서 아파트를 찾아오는 잿빛의 더럽고 비루한 숫고양이를 피크닉 주머니에 담아서 죽이는 살묘 모티프가 상당 부분 길게 제시되어 있다. 이 장면은 직접 죽인다기보다는 더 정확히 말해서 고양이를 유인해서 피크닉 주머니에 담아 숲 속 깊숙이 나뭇가지에 매달아 놓은 채 악취를 풍기며 썩어가는 육탈과정을 지켜본다고 하는 것이 더 적절하다. 이것만으로도 오정희의 문학에서 고양이 죽이기의 상징적 환기가 예사롭지 않음을 짐작케 한다. 여기에서 고양이는 '잿빛의 더러움', '더러운 걸레 뭉치', '비루한 몸짓' 등 부정적이고 추루함의 이미지로 묘사되고 있는 것처럼 미적 인식으로

137 표제의 파로호는 강원도 화천에 있는 호수의 실제 이름이다. 6.25 전쟁 때 국군과 UN군이 퇴각하는 중공군을 궤멸시킨 곳이다. 1955년 11월 이승만 대통령이 이 곳 육군 6사단을 방문하여, 저수지 이름을 파로호라 명명하였다. 파로호는 오랑캐(虜)를 격파하다(破)란 의미이다.

서의 아름다운 고양이가 아니라 부정과 추루의 화신으로서 제시된다. 참묘 또는 살묘의 모티프는 외국 문학에서 고양이 죽이기로 잘 알려져 있는 작품은 에드거 앨런 포우(1809~1849)의 「검은 고양이」와 미시마 유키오의 『금각사』[138]이다.

한국의 근대 소설에 있어서도 고양이 죽이기는 드물지 않게 나타나는 모티프이다. 「파로호」에서의 고양이 및 고양이 죽이기 모티프와 관련된 각 부분들을 우선 모두 인용해보면 다음과 같다.

> 아파트를 에워싼, 금렵기에 접어든 어두운 숲에서는 짝을 찾는 짐승들의 욕정을 호소하는 길고 구슬픈 울음소리가 간헐적으로 들려 왔다. 인적 끊긴 길 위로 이따금 지나가는 자동차의 부챗살처럼 퍼지며 멀어 가는 불빛에 어두운 숲을 빠져 나오는 잿빛의 더러운 고양이가 비쳐 들었다. 불빛의 기억, 불빛이 야기 시킨 순치된 본능, 흐린 기억의 한 가닥을 더듬어 옛 주인을 찾아오는 도둑고양이였다.

> 숲에서 사는 도둑고양이는 한밤이나 새벽녘이면, 층계를 사이에 두고 마주 보게 되어 있는 아래위층 네 가구의 공동 출입문 앞에 앉아 구슬프게 울었다. 혜순의 아래층에 사는 톰슨 부인은 고양이를 위해 출입문 앞에 먹이를 놓아 주곤 했다. "당신네 집에 먼저 살았던 크리스 씨의 고양이예요. 은퇴해서 혼자 살고 있다가 양로원에 들어갔지요. 크리스 씨가 있을 때부터 고양이는 집을 나가 잘 들어오지 않았어요. 짝이 생긴 거지요. 수코양이는 짝이 생기면 주인을 떠난답니다. 그래서 흔히 거세를 시키는데 크리스 씨는 그걸 해주지 않았나 봐요. 몹시 춥거나 배가 고프면 옛집을 찾아오지요."

---

138 호리에 다마키(堀江 珠喜), 『猫の比較文学 猫と女とマゾヒスト』, ミネルヴァ書房, 1996, pp. 8–10.
Donald Keene, *Dawn in the West, Japanese Literature of Modern Era : Fiction*, Hort Rinehart and Winston, 1984, p. 1198~99.

먹이를 놓아 줄 때마다 되풀이 들려주는 톰슨 부인의 이야기였다. 때로 초저녁에도 그것은 아파트 단지로 들어와 어슬렁거리곤 했다. 저녁을 마친 후 산책을 구실로 동네 주위를 돌며 서성이는 혜순과 맞닥뜨리면 그것은 잠시 멈칫거리다가 더러운 걸레뭉치처럼 달아나곤 했다. 혜순은 그 고양이의 더러움이, 문 밖에서 들려오는 처량한 울음소리와 비루한 몸짓 따위가 점차 참을 수 없었다. 발화점을 향해 모이는 불꽃처럼 그녀 속의 모든 적의와 잔인함과 분노가 잿빛 고양이를 향해 모아지는 것을 스스로도 이해할 수 없었다.

혜순은 햄 한 조각과 생선 토막으로 고양이를 유인했다. 고양이는 늙고, 병든 것 같았다. 살이 찌고 둔해졌다. 날씬하고 길었을 허리는 둥근 공처럼 변형되었다. 고양이는 생선 토막을 남김 없이 먹어 치우고 뼈를 핥으며 제법 친근감을 표시하는 몸짓을 보였다. 사나흘 동안 혜순이 계속 생선 토막을 주며 먹는 것을 지켜보자 고양이는 마음놓고 가까이 와서 몸을 기대고 깔깔한 혀로 손등을 핥으며 기분 좋게 가르릉 소리를 내는 옛 버릇이 되살아났다. 혜순은 그것의 목덜미를 잡아 아이들의 피크닉 주머니 안에 집어넣고 아가리를 단단히 조여 묶었다. 그리고는 그때까지 가본 적이 없는 숲속 깊숙이 들어갔다. 숲에 면한 고속도로의 차 소리가 아득히 멀어질 때까지 들어갔다. 자루 속에서 고양이는 가끔씩 몸부림을 치느라 꿈틀대고 믿어지지 않을 만큼 날카롭게 울어 대곤 했다. 늙은 고양이는 그제 서야 심상찮은 위기를 감지한 모양이었다. 혜순은 들꽃을 꺾고 산열매를 주우러 가는, 즐거운 피크닉을 떠나는 소녀들처럼 천연덕스럽게 주머니를 둘러메고 길이 끊어진, 인적이 안 닿는 숲까지 걸어갔다. 혜순은 어린 시절, 고양이는 아무리 멀리 갖다 버려도 반드시 돌아와 해코지를 하기 때문에 눈가리개를 하거나 자루에 넣어 매달아 버린다는 말을 들은 적이 있었다. …(중략)…혜순은 길이 끝난 곳에서도 한참을 더 들어가 사람의 발길이 미친 흔적이 없음을 확인하고는 소나무 가지에 자루를 매달았다. 가지가 부러지거나 떨어질 염려가 없이 단단히 동여매었다…(중략)…혜순이 그것의 텅 빈 구멍에서 표정을 읽으려 애쓰는 부질없는 노력을 하는 동안 자루 속의 고양이는 간헐적으로 몸부림치고 날카로운 소리로 울어대다가 문득 잠잠해지고 다시 가지가 끊어질 듯 격렬하게 몸부림쳤다. 혜순은 넘어진 나무 둥치에 걸터앉아 오래 소리 내어 울었다.

다음날 혜순은 다시 그 숲으로 갔다. 질척이는 숲에 지난해의 낙엽이 깔려 전날 자신의 발자국을 찾아볼 수 없었으나 헤맴이 없이 곧바로 그 장소에 갈 수 있었다. 고양이를 메고 가는 동안 내심 몹시 긴장했었다는 표시리라.

주머니는 여전히 그 자리에 매달려 있었고 밑바닥에 더러운 얼룩이 비쳤다. 미미한 움직임은 그녀의 착시현상일지도 몰랐다. 가냘픈 울음소리가 들리는 듯해서 귀를 기울이면 아무런 소리도 들리지 않았다. 숲은 점점 고요해지고 그 고요한 중에 가득한 웅웅거림, 붕괴되는 소리가 바람 소리처럼 들려 왔다. 일을 하러 가지 않는 날이면 혜순은 숲으로 갔다. 주머니 속의 것은 점점 작아지고 청회색 피크닉 주머니는 빛이 바래 남루하게 늘어졌다. 더 이상 붉을 수도 푸를 수도 없이 통통하다거나 길다거나 형체를 말할 수 없이 해체되어 자루 속에서 악취가 풍기고 썩어 가는 것은 고양이가 아니었다. 바로 자신의 내면에서 붕괴되고 부패해 가는 그 무엇이었다.

이에는 고양이 죽이기의 전말과 전 과정이 제시되어 있다. ⑴은 어두운 숲을 빠져나온 잿빛의 더러운 숫 도둑 고양이가 존재론적인 야생의 습성을 잃어 버린 채 불빛의 옛 기억과 인간에게 길들여지면서 거의 반가축화되었던 흐린 기억의 한 가닥을 더듬어서 먹이를 얻으려고 다시 옛 주인의 울타리로 찾아드는 것을 묘사한 장면이다.

⑵ 그 고양이는 혜순이 머무는 아파트 단지(미국)로 들어와서 더러운 걸레 뭉치처럼 어슬렁거리며 처량한 울음과 비루한 몸짓을 한다. 이웃 톰

슨 부인으로부터 그 고양이의 내력도 알게 되고, 혜순은 그 비루함과 처량함에 대해서 적의와 잔인함과 분노를 투사하면서 자신의 내면의 붕괴와 부패를 그 고양이를 대상화하여 복수코자 한다.

⑶ 혜순이 늙고 병든 그 고양이를 유인해서 피크닉 주머니에다 넣고 아가리를 단단히 조여 묶어서 숲 속으로 깊숙이 들어간다. 이 행위는 고양이를 버리거나 죽이려면 나무에 매달아야 한다는 한국에서의 어린 시절에 들은 속신적 말의 기억이 잔존하고 있기 때문이다. 고양이가 죽으면 묻지 않고 나무에 매단다는 것은 한국이나 중국의 전통적인 속신 사고이다.

⑷ 고양이를 달아 맨 그 다음 날, 혜순은 그 자리로 다시 찾아가서 고양이가 자루 속에서 죽어서 악취를 풍기며 썩어가고 있는 육탈과정을 보게 된다. 그녀는 자루 속에서 악취를 풍기며 점점 썩어가고 있는 것이 고양이가 아니라 마치 자신의 내면에서 붕괴되고 부패해가는 그 무엇이라고 느낀다.

그렇다면 「파로호」는 어떤 작품이며 또 주인공인 혜순은 왜 굳이 고양이를 죽여야만 했는지 그 이유와 상징성은 또 무엇인가. 강원도 화천에 있는 실명의 호수를 표제로 한 「파로호」는 '떠남'과 '돌아옴'이란 두 개의 모티프가 서사의 주축을 이루고 있는 일종의 여로소설 내지 여로 서사(Travel Narrative)이다. 그래서 서사학적으로 보면 공간적인 이동과 함께 시간적으로는 현재와 과거, 그리고 망각과 기억이 거듭 교차하는 구조의 작품이기도 하다. 떠남과 돌아옴이란 동향의 이동적 배경이 상상의 여정으로서가 아니라 크게 한국과 미국이라는 카토그래피상의 이질적인 세계의 공간적 접속으로 이루어지고 있지만, 이야기의 시작에서 암시되고 있는 것처럼 4년에 걸친 미국 생활에서 6개월의 시한으로 귀국한 주인공 혜순이 이 전에 한 번 가본 적이 있는 파로호로 남편 병언의 친구와 함께 찾아가는 길가기의 여정으로 비롯된다. 그녀가 현재 특별하게 물이 빠져버린 목적지 파로호를 찾아 가게 되는 것은 특별한 효과를 위한 수사법과 모순어법(oxymoron)으로서 표현된 '텅빈 충반함'을 찾는 간절한 개인적인 갈증 때문이다. 그러니까 그녀는 지금 '충만(함)'[Fülle]과 '텅빔'[Leere]이 역설적으로 모순적으로 서로 관련되어 있는 심리적 공간 형태로서의 파로호라는 은유적 공간으로 찾아가고 있는 것이다. 그것은 현재의 빔이 과거의 참이라는 모순 관계로서의 치유의 원점 공간을 지향해가는 의미인 것이다.[139] 자기 영혼의 결정적인 구제를 지향하고 강화하려는 정신적인 여로이기도 한 것이다. 이런 혜순의 '텅빈 충반'에의 갈망은 파로호를 찾아가는 그녀의 사 년여 동안의 미국 생활과 밀접하게 관련되어 있다. 어떤 재미기간인가.

30대의 주인공 혜순은 고등학교 사회과 교사였던 남편 병언이 과격한 체제 비난 발언도 없이 이유와 영문도 분명치 않은 채로 해직된다. 실직의 고통을 겪다가 떠나는 남편의 미국 유학행에 중학교 국어교사인 그녀도 동행을 결행한다. 이곳이 아닌 그곳에 무엇인가 있으리라는, 세상을 보고자 하는 새로운 삶에 대한 욕구 및 기대를 가졌기 때문이다. 이 떠남은 분명 그녀에게 있어서는 새로운 신세계 같은 원망공간(願望空間)에 대

139 M. M. Bakhtin. *Speech Genres and Other Late Essays,* University of Texas Press, 1987, pp. 10~11 참조.
김치수. 「외출과 귀환의 변증법」, 우찬제 편, 『오정희 깊이 읽기』, 문학과 지성사, 2007 및 우찬제, 「'텅빈 충만', 그 여성적 넋의 노래」, 같은 책을 참조할 것.

한 탐색적인 동경과 지향의 의미를 지니고 있다. 그러나 4년여에 걸친 그녀의 미국 생활은 과연 어떠했던가. 그러나 미국에서 최초로 체험하게 된 것은 살게 된 동네 이름보다도 먼저 익힌 것이 '지옥에 떨어져라'는 욕설로 시작된다. 그리고 유학 생활에 지친 사람들이 한 자리에 모여서 서로를 비난하거나 반목하고 혼자만이 애국자임을 자처하고 햄버거 가게에서 일하면서도 흔해 빠진 박사는 무엇 하려하느냐는 비웃음들로 생활하는 그들 유학생의 꿈을 버리고 와해 되어가는 일상성을 보는 일이다. 남편은 어느 틈에 이들을 닮아간다. 그리고 한밤중에 엽기적인 살인 · 섹스 · 근친상간 등의 천박한 텔레비전의 영화를 보면서 걸려오는 음란한 전화에 혜순 자신이 한심해진 자아를 발견하게 된다.

거기에다 단순히 소심한 불평분자였을 뿐이었던 남편은 남편대로 해직 교사라는 전력을 내세워서 반체제 인사로 투사인 척 행세하고 생활비와 가계는 생각지도 않고 주말이면 온갖 사람들을 끌어 들이면서 한국 시국에 관련된 '진실에의 증언' 따위의 표제를 단 거짓투성이의 자서전 · 회고전들로 진실을 위장하는 그들을 위한 음식 만들기 등 일련의 상황 앞에 그녀는 자신의 건강한 언어를 잃어가는 것을 목도한다. 이러한 것은 혜순에게 고통스러운 일이 아닐 수 없었다. 그런 가운데에서 혜순은 마음이 점점 초라해지고 남루해지면서 긍지와 자존심을 잃고 황폐화해짐을 느끼며 부적응에서 오는 향수병과 함께 병들어가는 자신의 모습을 바라보게 되는 것이다. 그때마다 남편은 왜 그렇게 적응력이 없는가, 이 곳 생활과 변화에 적응하지 못하는 부적응과 무능력을 허위의식이라고 다그치고 비난한다. 마침내 혜순은 4년여에 걸친 미국 이민의 상태로부터 벗어나서, 자기 안에서 태어나지 못하는 말들을 위해서, 소설을 쓰기 위해여 혼자 귀국(돌아옴)을 결행한다. 이 돌아옴은 병들어가는 상태로부터의 '치유적 돌아옴'(curative return)과 지향으로서의 탈출을 의미한다.

혜순이 소설을 쓰고 싶다는 것은 바로 거기에게서 도망치는 모국어를 되찾고자 하는 것이고 병듦의 상태로부터 스스로를 치유코자하는 갈망에 다름 아니다. 분명 혜순의 병든 징후는 언어를 잃어가고 있는 일종의 '병리학적 실어증'(pathological aphasia) 또는 실어증의 병리학적 상태인 것이다. 잃어버린 말을 찾고 소설을 쓰고 싶은 욕구 상태를 다음과 같이 표현하고 있다.

> 마치 벙어리의 소리치려는 충동처럼, 혀가 굳어 가는 안타까움과 같은 뒤늦은 열망의 정체는 무엇일까. 무엇이 남편과 아이들을 향해 소설을 쓰고 싶어 혼자서라도 돌아가겠노라고 당당히 말하게 한 걸까. 잃어져 가는 말에 대한 복수일까, 사랑일까.

> 간 경변 환자가 간이 굳어 감을 느끼듯 혜순은 굳어 가는 말들을 느낄 수 있었다. 세쪽이처럼 시조새처럼 화석이 되어 버린, 그리고 태어나지 못하고 어둠 속으로 사라져 버린 말들.

이렇게 혀가 굳어가는 상태, 잃어버리는 말, 굳어져 가는 말, 태어나지 못하고 사라져버린 말들. 이런 상태야 말로 정신적인 실어증이나 기억 상실의 병리적 의미론이다. 분명 혜순은 '실어적 자아'의 상태의 환자이자 이런 실어의 병리적 상태로부터의 벗어나기를 위한 소설 쓰기를 위해서 그녀가 고국에 돌아와서 처음으로 시도한 것은 한 달 동안에 이천매가 넘는 남의 소설을 토씨 하나 빠지지 않고 원고지에 옮긴 작업이다. 이것은 그녀가 소설을 쓰기 위한 단순한 수련을 한다는 의미가 아니라 이를 초월함을 뜻한다. 즉, 달아나는 말, 잊어버린 말들을 찾고 '기억'하고 되살리려는 노력 즉, 실어증적 자아로부터 자신을 회복하고 치료하기 위한 존재 증명의 작업인 것이다. 이 자기 찾음의 행위가 공간지리적인 탐색 과정으로 연장되는 것이 그녀의 옥시모론 상태의 '텅빈 충만'을 찾아가는 그녀의 파로호행인 것이다.

그렇다면, 이제 혜순이 귀국하기 직전에 왜 고양이에 대한 살묘 행위를 했는가를 밝혀볼 차례이다. 앞에서 본문들에 인용되어진 것처럼 4여 년의 미국 생활에서 짐승 같은 본능과 불안에 시달리고 진실을 위장한 사람들의 거짓과 허위에 시달리며 마음과 삶이 점점 초라해지고 남루해지면서 긍지나 자긍심을 잃고 황폐해져가면서 병들어 가고 있는 혜순은 병듦보다는 병들어가는 자신을 바라보는 잔인한 쾌감, 자기 자신을 복수의 대상으로 삼고 있는 자기 안의 낯설음(타자)이 야생의 습관을, 옛집을 찾아드는 비루한 그녀의 모든 적의와 잔인함과 미움과 분노가 잿빛 고양이에게 모아짐으로써 죽이게 된 것이다. 자신을 복수의 대상으로 삼고 있는 자기 안의 낯설음, '부패해 가는 그 무엇'으로서의 자기를 닮아 있거나 그 고양이가 자신의 제 2 자아 또는 분신으로서 투사되었기 때문이다.

피크닉 주머니 부대 속에서 부패되어 가는 고양이가 자기의 내면에서 붕괴되어가는 그 무엇으로 받아들이는 것은 비루한 고양이는 바로 자신의 분신이고, 그를 넘어서서 점점 비루해져가는 남편의 분신으로서도 받아들여졌기 때문인 것이다. 그래서 혜순은 고양이를 달아매어서 부식해가는 자기 자신을 정화하려 하고, 병든 자아에 대한 멸각의 제의적 의식을 치룸으로써 마침내 병든 자아에서 본래의 제자리로 돌아오게 되는 것이다. 이 작품에 있어서 고양이는 야생성을 잃어버린 길들어지고 추루한 짐승으로써의 부정적인 존재의 의미를 지닌다.

12장

「흑묘일기」: 암코양이와 숫코양이 대 남녀의 연애관계

최현식(崔玄植)의 「흑묘일기」는 '일기'라는 표제가 시사하고 있듯이, 전체적인 서사 단위가 비록 엄격한 나날(day-to-day)의 시간구조는 아닐지라도 느슨한 일기 형식의 짧은 12개의 장절로 이루어진 1인칭의 작품이다. 서사의 공간적 배경은 제주이다. 온전한 가정 · 가족 · 직장을 가진 쉰 두 살의 언론사인 남자와 술집 호스티스인 스물다섯 살의 젊은 여인과의 이 년간의 은밀한 애정 관계의 전말(顚末)이 서로 어울리고 있는 암수 고양이의 관계와 짝이 되어서 효율적으로 병렬 · 상응하고 있는 구조의 이야기이다. 두 남녀와 암수코양이는 동차원적인 관계이다. 바닷가의 여관에서 여자와 밤을 함께한 주인공 '나'는 아내에게 마작을 위하장하고 새벽 귀가를 한다. 가슴이 좁아진 상태의 그가 집 마당에 들어서는 순간, 꽃밭 쪽 치자나무 그늘에서 '야아옹'하는 고양이 울음소리를 듣는다. 집을 찾아든 흰 바탕에 담황(淡黃)색 얼룩무늬의 암코양이이다. 일순 당혹한 그는 웅크린 얼룩이의 자태를 보면서 언제나처럼 떨어짐을 아파하며 조금 전 헤어질 때 지켜보다가 그대로 굳어버리고 말겠다는 듯 움직이지 않던 여자를 연상한다. 방 안에 들어와서도 그는 여자와 고양이의 모습이 뒤바뀌면서 좀 체로 산란해진 뇌리에서 떠나주지 않는 속에 젖가슴과 엉덩이에다 포인트를 둔 듯한 누워있는 유연한 나상의 여체를 그린 벽걸이의 판화를 보면서 여자와의 사랑의 시작을 생각한다. 이것은 여자와 고양이가 일체화되거나 동일시되는 여성의 묘성(猫性) 상태를 암시하며, 그림 속 여인의 에로틱한 포즈를 지켜보는 시선은 되풀이 되어서는 안 된다는 자제적인 단절의 예기와 갈등하고 있는 남자의 상황이다. 그리고 그가 그 점에서 눈을 떼고 '소리를 죽여' 꽃밭으로 향한 창문을 열고 치자나무 그늘에 여자와 같은 그대로의 자태를 하고 있는 얼룩이에로 시선을 돌리는 행위는 '나'의 의식이 여자—얼룩이로, 고양이는 여자의 은유적 존재로 받아들이고 있음을 뜻하는 것이다.

조반 때에 '나'는 초등학교 삼학년인 딸 난이로부터 고양이에 관한 결정적인 이야기를 듣게 된다. 집에 먼저 찾아왔던 암컷 도둑고양이 얼룩이가 그 뒤에 찾아온 수컷의 검정고양이하고 '연애'를 했다는 사건의 알림이다. 이 경우 아이의 말 속의 '연애'는 고양이들의 교접 내지 관능적 관계의 상징적 의미를 암시한다. 그로 인해서 이야기는 얼룩이나 검정이 대 여자와 남자(나)의 병렬적인 대칭의 구조를 이루게 될 뿐 아니라, 검정이의 존재가 남자인 '나'와 동일화가 되고 검정이에 대한 '나'의 자기투영적인 의식의 현상이 나타나게 되는 것이다. 다시 말하자면 표제의 '흑묘' 즉, 검은 고양이는 얼룩이=여자와 이른바 '연애'의 정사관계에 있는 상태인 서술주체, 서술하는 자아로서의 남자인 '나'와 동일한 은유적인 대리인이 되는 것이다.

'나'는 검은 숫고양이로서 점점 동화되어가면서 '나'는 여자와 고양이의 모습이 뒤바뀌는 현상을 느끼고 태풍에 외톨이가 되어서 비바람 소리에 밤을 설치고 있을지도 모르는 여자의 얼굴을 뇌리에 잡아보는 연민의 감정에 침식되기도 한다.

그런가하면 태풍 속에서 죽을지도 모르게 자못 털의 광택을 잃은 처량해진 여자 같은 얼룩이를 동정하면서 함께 하지 않는 털 발의 광택이 좋은 남자 검정이의 늦은 출현을 내심으로 비겁하다고 욕한다. 그 책망은 오히려 내면화되어 고양이의 반발이 되어서 '나'에게로 다시 날아오게 된다.

> 그 때였다. 비파나무 그늘에 검정이가 나타났다.
> 털 발의 광택이 좋은 진흑이다. 녀석은 이쪽을 눈치 챘음인지 파란 안광을 흘끔거리며 나무 그늘께를 잠시 서성거리다가 장독대 뒤로 모습을 감추었다.
> "자아식이, 비겁하긴……"
> 얼룩이와는 전혀 딴판이라고 생각되는 녀석의 작태에 언짢아져 있다가 나는 칫솔을 물었다.
> 야아옹.
> 장독 굽에 얼굴을 빠꼼히 내민 녀석, 눈을 아래로 게슴츠레 흘기며 울었다.
> "나보구 비겁하다구? 전혀 구제할 길 없는 너는?"
> 순간 나는 주먹을 부르쥐었다. "이 녀석이!"
> 오른 발로 땅바닥을 걷어차 윽박질렀다.

이 이후 고양이는 얼룩이도 검정이도 다시는 나타나지 않는다. 이 작품에는 얼룩이와 검정이 고양이 이외에 고양이와 관련되어 있는 두 개의 삽화가 또 끼워 넣어져 있다. 하나는 도둑고양이의 일반적 생태와 관련된 것이고, 다른 하나는 민간 의학에서의 병을 고치는 묘육(猫肉)을 위한 살묘 행위, 즉 고양이 죽이기에 대한 오래 전의 시간에 대한 지난 기억의 장면이다.

> 사람을 따르지 않고, 돌아다니면서 먹이를 얻으며 한 곳에 고착하는 습성이라고 했었지. 또 눈동자는 낮에는 좁게, 밤에는 둥글고 크게 되어서 어두운 데서도 잘 본다고, 그리고 쥐를 잡을 적에는 즉시 덮치지 않고 오래오래 고생시켜 즐기면서……

가축화된 집고양이가 아니라, 도둑고양이의 야수성을 내용으로 하는 대목이다. 이 같은 주인공의 내적 대화 또는 의식 내용으로서의 설명은 『유양잡조』나 『성호사설』 등에서 이미 오래 전부터 전해져 오는 고양이의 생태적 사실이다. 이것이 작품에서 구조적으로 그리고 특별히 어떤 은유적이거나 상징적인 역할을 하는 것은 아니고 단순 삽입에 불과하다.

> 우리들은 고모네 집은 나섰다. 한 마리의 고양이를 부대에 넣어 가지고 아카시아의 가로수 길을 벗어나 동구 밖의 다리 위에 닿았다. 부대에는 어른 주먹만큼 한 돌멩이 두 개가 매달려졌다. 마침내 고양이는 다리 아래의 물속으로 던져졌다. 부대는 쉽게 가라 앉아갔고 새끼줄은 고무가 쥐고 있었다. 얼마쯤 시간이 흘러갔고 물속의 부대가 끌어올려졌다. 후다닥 후다닥 속에서의 요동으로 부대는 물을 튕겨왔다. 그러자 부대는 다시 다리 아래로 던져졌다. "지독한 독종이여!" 사람들은 웅성거렸고 고모는 불안한 듯한 시선으로 수면을 지켜보고 있었다. "이젠 죽었을거야. 올려보자" 누군가가 말하고 부대는 올려졌다. 하닥하닥, 첫 번째 같은 요란스러운 것은 아니

었지만 숨은 붙어 있었다. 부대는 다시 물속으로 던져졌고, 사람들의 하나 둘 다리 위에서 물러갔다.

추수가 끝나고, 바람 끝이 매운 해질녘의 일이었지. 사십년 전 기억인데, 바람에 바래져 있을 고모의 옆얼굴만은 이상하게도 생생히 되살려 낼 수가 있으니……그리고 폐결핵의 고모부는 그 묘육(猫肉)마저도 효험을 못 보았는지. 이듬해 한 봄에 타계했었지.[140]

이 장면은 주인공인 '나'가 태풍 웬디의 폭풍우를 피해서 헛간 지붕 위에 두발을 모으고 위험하게 쪼그리고 앉아있는 얼룩이의 절박한 처지를 보면서 죽을지도 모른다는 생각을 하면서 시간을 거슬러 40년 전 경험했던 개천에서의 살묘의 과거를 기억에 떠올리고 있는 장면이다. 과거와 현재 간의 회상적 결합 현상이다. 우리가 이미 살펴 본대로 고양이 죽이기 모티프는 장덕조의 「고양이」, 김문수의 「증묘」, 오정희의 「파로호」 등에서도 나타난 현상이다. 그러나 살묘 행위가 가장 리얼하게 제시되거나 병의 치유를 위해서 증묘가 아닌 약용으로서 고양이를 죽이는 민간 습속을 이만큼 자세하게 묘사한 작품은 드문 현상이다.

한편 이 작품에는 고양이와 함께 김기림의 「바다와 나비」에서의 상황처럼 이들 연애관계의 두 사람이 숙소 북향의 창을 여는 순간 바다 쪽에서 아래위로 어울려 하늘거리며 멀어져가고 있는 한 쌍의 나비를 본다. 나비는 '프시케(Phyche)' 즉 영혼의 상징이다. 이 영혼을 함께 하는 두 마리 나비 모티프와 상징도 중요한 의미를 지니고 있는 것이 사실이지만, 사별한 남자와의 사이에서 태어난 딸을 돌보아야 한다는 이유로 어머니라는 의무도 서울로 올라갔던 여자는 다시 돌아오지 않는다. 토 · 일요일…일

140 〈현대문학〉 291호, 61쪽.

주일하고 하루가 지나도 그로부터는 아무런 기별마저 없어진다. 그런 가운데 '나'의 집에서는 한 란(蘭이) 피고 암수의 두 고양이도 이제는 더 이상 찾아오지 않는다. 남자는 독백하듯 "올 수 없게 되었다면 엽서라도……." 라며 아쉬운 듯 난 앞에서 외지의 여자에게 건배를 든다. 정사 사건의 깨끗한 끝맺음이다. 문제는 남자와 여자의 성적동요로서의 혼외적 밀회와 연애 사건이 인수(人獸)의 두 마리의 암수 고양이의 자웅행위와 병력적인 동화 상태로 제시되고 있다는 것이 이 작품의 구조적 특성이다. 그러니까 고양이는 전혀 에로스와 성애의 표상이다.

13장
전경린 소설의 고양이 애니멀리즘

1. 「낯선 운명」의 고양이 화형과 대칭의 상징 문양

이 시대의 작가들 가운데서 문학적 상상력으로 보아서 고양이에 가장 매료된 애묘(愛猫)의 여성작가는 바로 전경린이다. 그의 작품 「낯선 운명」과 「밤의 나선형 계단」, 「맨 처음 크리스마스」 등은 모두 고양이가 주요 캐릭터에 거의 준하는 존재로 혹은 보조적 존재로 비중 있게 등장하거나 비유나 상징으로서 그 생태적 마성을 발휘하고 있기 때문이다. 이 밖에도 등단작인 「사막의 달」과 「염소를 모는 여자」, 「평범한 물방울무늬 원피스에 관한 이야기」에서도 고양이 이미지의 편린들이 여성의 에로티시즘과 수성적(獸性的)인 마성을 투영하는 상징의미로서 자수처럼 박혀 있어서 고양이에 대한 작가의 특별한 애정과 집착이 결코 예사롭지 않음을 말해준다.

주로 여성적 운명의 형식으로서 요약되는 전경린의 소설 공간의 미학은 이렇게 고양이가 자주 출몰하고 또 때로는 여성의 묘성(猫性)과 살묘(고양이 죽이기)의 모티프까지도 표출되는 등 고양이 애묘증(Ailurophilia)과 고양이 공포증(Ailurophobia, 혐오증)의 대응적 사도-매저키즘 현상이 함께 교호한다. 전경린에게 있어서 고양이는 저주와 아픔의 상처와 부드러움을 함께 주는 상호모순의 존재이고 운명과 연결된 두려운 전율의 대상이다. 그의 소설 공간에는 고양이 외에도 염소와 구렁이(뱀), 늑대 등과 같은 동물들이 서식하면서 동물의 상징성을 효율성 있게 발휘한다.

작가는 그의 작품집 『염소를 모는 여자』(1996)의 후미에 수록한 「작가의 말」이라는 글에서 그가 고양이에 강박된 기억과 의식 현상, 그리고 문학적 상상력에 미치는 영향에 대하여 다음과 같이 밝힌 바가 있다.

> 밤길에 자주 뱀처럼 풀숲으로 사라지는 야생 고양이들의 꼬리를 본다. 진실을 비웃고 달아나는 달의 친구들, 나는 고양이를 사랑한 추억을 가지고 있다. 젤리처럼 말랑말랑한 발바닥과 장미가시처럼 날카로운 발톱과 봄바람 같은 잔등의 기억. 나는 몇 마리의 죽은 고양이를 묻은 아픔을 가지고 있다. 그래서 고양이들의 태도는 언제나 내게 전율을 준다.[141]

이것은 전경린 문학과 '닭의 친구'인 고양이와의 친근성의 일단을 유추해볼 수 있는 대목이다. 전경린 소설에 있어서의 이런 고양이 현상을 특별히 먼저 주목한 이가 황도경이다. 그는 「전경린 문학의 반란의 성, 반역의 삶: 전경린 론」[142]에서 전경린 문학의 주도적 모티프가 된 고양이의

141 전경린, 「작가의 말」, 『염소를 모는 여자』, 문학동네, 1996, 326쪽.

142 황도경 외, 『우리시대의 여성작가』, 문학과 지성사, 1999, 169~202쪽.

상징성에 주목하면서 각 작품의 고양이 이미지를 주목해서 살핀 이 글에서 '고양이 죽이기'라는 장절을 설정한다. 의미 있고 면밀한 해석적 시각이다.

그렇다면, 우선 먼저 전경린의 「낯선 운명」에서 출현하고 있는 고양이는 어떤 의미를 지니고 있는가. 작품은 조금은 속신적이고 주술성이 내재되어 있기도 하지만, 정월 보름날 아침에 돌연히 나타나서 재수 없게 발톱을 세워 관찰적 서술자인 '나'의 손목에 피가 엉키는 상처를 남기고 빠져나가는 요망스런 고양이에 대한 묘사와 반응으로 서사 단락이 시작한다. 1인칭의 서술 상황이다.

> 요망스런 짐승! 나는 손가락들을 부채처럼 펴며, 엄마 흉내를 내어, 제법 원한스럽게 중얼거렸다. 바늘로 긁어낸 듯 피가 엉긴 상처는 장지 뿌리부터 시작되어 손목까지 그였는데 점점 더 부어오르는 듯했다. 겨울을 지낸 손등은 그러잖아도 불그죽죽하고 꺼칠한데 이젠 영 못 쓰게 되어버렸다. 나는 손을 외투 호주머니 속에 도로 집어넣었다. 호주머니 속에 이 빠진 접시나 금간 거울조각을 숨기고 가는 기분이었다. 엄마 말대로 보름날에는 고양이들 심사가 틀리는지도 모를 일이다. 안아주면 등을 동그랗게 휘어, 차가운 코를 팔 안쪽에 들이밀며, 가르릉가르릉 파고들던 나비가 오늘은 돌연히 발톱을 세워 빠져 나갔던 것이다. 나비는 아침부터 커다란 쥐를 잡아 부엌방 뒤주 밑으로 기어들어 장판을 더럽히다가 빗자루를 든 엄마한테 대문 밖까지 쫓기기도 했다. 그 와중에 아버지께서 아끼시던 꽃 핀 동백나무 화분도 넘어져버리고……엄마 성화에 못 이겨 뒤주 밑을 치우러 가보니 쥐의 머리 부분만 댕강 남겨져 있었다.

장미가시처럼 날카로운 '발톱', 봄바람 같은 '잔등'은 고양이가 가지는 파괴력을 지닌 작혹과 포근함과 온화함의 상징적인 이미지다. 그런데 이

날, 보름날 아침의 고양이는 발톱을 세워서 상처를 주고 쥐를 잡아서 장판을 더럽히고 꽃이 된 동백나무 화분도 넘어뜨린다. 이 날의 고양이는 사랑스러운 존재가 아니라 요망스러운 대상이다. 이런 고양이의 해코지는 뒤에 전개될 보름밤에 일어나는 요귀 같은 고양이 죽임에 함축된 요사스러움과 운명적인 불운의 예조이다. 서사학적으로는 이는 도입적인 예시가 된다.

관찰하고 서술하는 초등학교 4학년생인 1인칭 '나'(국혜)의 열두 살의 나이로부터 대학생 때에 이르기까지의 성장사가 비교적 급행적이고 생략적인 시간 단축 기법(Raffung)으로 서술된 이 작품은 '나'의 눈으로 살핀, 큰집 꼽추 사촌 언니의 불운한 삶의 내력과 운명이 중심을 이루고 있는 이야기이다. 사촌 언니는 어릴 적에 키 만큼 높은 집 마루에 오르려다 떨어져서 허리가 꺾이고 그것 때문에 하반신이 자라지 못한 꼽추가 된다. 그런데도 사촌 언니는 성장하면서 허영스러울 만큼 낯빛이 희고 코가 장대하고 잘생긴 형부(진 서방)와 결혼한다. 가난하고 동생들이 줄줄이 달린 형부는 재산을 바라서 꼽추 언니와 정략적인 결혼을 한 것이다. 이들의 결혼식 날 '나'는 겨우 허리께에 겨우 닿는 큰 언니와 나란히 선 백설기 같이 흰 잘나고 훤칠한 형부를 보면서 '형부'라고 부르게 될 최초의 존재를 획득한 즐거움과 함께 마음 한 바닥에서는 알 수 없는 상실감을 느낀다. '나'는 잘 생긴 형부와 꼽추인 큰 언니가 왜 결혼하는지 의아해하면서 어쩌면 형부는 마법에 걸려서 꼽추의 모습을 한 큰 언니를 구해주기 위해서 나타난 동화 속의 진짜 왕자가 아닐까 생각한다.

그러나 이렇게 왕자처럼 큰 언니에게 다가왔던 형부는 오래지 않아 어느 날 돌연히 '나'에게 상처를 준 고양이처럼 큰 언니의 가슴을 발톱으로 할퀴고 비정하게 사라져 버리고 만다. 지 애비를 빼다 박은 듯한 인형처럼 예쁜 아기 효영이를 남긴다. '내'가 언니의 물건 가운데 부러워하고 탐나게 하는 것은 언니의 상자 속에 가득 들어있는 찬란한 색깔의 천 조각이다. 이것은 언니의 가슴 속에 복병처럼 숨겨져 있는 꿈의 표징들이다.

서두의 보름날 아침으로 다시 이어서 그날 보름날 밤 큰 언니와 '나'는 소원을 빌고자 달불놀이가 벌어지는 동네 산꼭대기로 올라간다. 달집에 불이 붙고 언니가 고개 숙여서 간절히 기원을 빌고 고개를 들며 소매 속에서 의식의 공물이라고 할 수 있는 붉고 긴 옷고름을 주르륵 뽑아서 불길 속에 힘껏 내던진다. 그 순간 그것이 불 속에 닿기도 전에 갑자기 그 불 속으로 뛰어든 꾸러미 같은 고양이로 인한 심상치 않고 흉측한 변고가 일어나게 된다.

> "아악!"
>
> 둘러선 사람들이 일제히 가느다란 비명을 내질렀다. 큰언니의 붉은 옷고름이 채 불 속에 닿기도 전에 누군가 던진 꾸러미처럼 고양이 한 마리가 불 속에 닿기도 전에 누군가 던진 꾸러미처럼 고양이 한 마리가 불 속에 휘익 뛰어든 것이었다. 불붙은 솔가지들이 쓰러지고 불 속에서 야오옹! 야오오! 하는 날카로운 비명 소리가 몇 번 들렸으나 이내 조용해졌다. 분명하진 않았지만 생솔 타는 냄새와 콩 그을리는 냄새 속에 매캐한 노린내가 나는 것 같았다. 나는 요의를 참으며 길게 진저리를 쳤다.
>
> "뭐꼬, 방금 뭣이 뛰들어갔노?"
>
> "아이고 숭측 맞아라!"
>
> "고양이 아이가! 고양이가 뛰들었다!"
>
> "시상에 이기 무슨 일이고!"
>
> 잠시 소요가 일어났으나 달집이 푸석 주저앉자 갑자기 조용해

졌다. 볏짚과 생솔로 엮어 세운 달집은 속이 허술했다. 달집은 잇달아 주저앉으며 빠르게 스러지고 있었다. 사람들은 입을 꾹 다문 채 일제히 우리 둘을 쳐다보았다. 애자 생각이 간절했다. 이럴 때 애자가 있다면 큰언니를 얼마나 잘 지켜주겠는가. 불붙은 달집을 사람들을 향해 던져서라도 큰언니를 쳐다보는 눈들을 내쫓았을 것이다. 손에 떡과 돼지고기 조각을 쥔 아이들은 여전히 까르까르 웃으며 불 주위를 빙빙 돌았다. 아이들이 곁을 지날 때마다 조용한 어른들의 몸이 기우뚱 흔들렸다. 한 리의 여자들이 큰 언니를 휙 돌아보며 올해는 유례없는 흉년이 들 거라고 쑤군댔다. 하필 요귀나 다름없는 고양이 새끼가 불 속으로 뛰어들었기 때문이었다.

고양이를 이렇게 불 속에 던져 넣는 행위는 다른 민속적 현상에서도 나타난다. 그 예증으로 로버트 단턴의 『고양이 대학살(*The Great Cat Massacure*)』(1984)에서 등장한다. 즉, 8월 24일 하지에 프랑스에서 거행되었던 세례 요한 성인의 축일에 군중들이 모닥불을 피워 그 위를 뛰어넘고 주위에서 춤을 추며 그해 남은 기간 동안 재앙을 피하고 복을 받으려고 희망에의 마법적인 힘을 지녔던 물체. 고양이를 불 속에 던져 넣는다는 의식[143]이 그것이다.

「낯선 운명」에서 불붙는 달집 속에 고양이를 던진 처형 의식의 행위자가 바로 사촌 언니이고 그녀의 고양이 태우기 행위는 그녀가 꾸었던 꿈들을 불태우는 처형의 의식과 동일한 것으로 보려는 해석 관점이 있다. 이런 해석도 옳지만 그러나 내가 보기로는 갑자기 뛰어든 불 속으로의 고양이 투척 행위의 주체는 큰 언니의 소행이 아니다. 붉은 옷고름을 던진 것

143 로버트 단턴, 조한욱 옮김. 『고양이 대학살(*The Great Cat Massacure*)』, 문학과 지성사, 1996/2005, 123~4쪽.

은 분명 큰 언니지만, 그 순간 고양이를 불에 뛰어들게 한 것은 분명치 않은 '누군가'라는 익명의 누구이다. 큰 언니는 사전에 고양이를 품고 온 것이 아니기 때문에 그 누구인가를 알 수 없는 누구는 무당이나 그의 사주를 받은 거 일수도 있고 아니면 갑자기 튀어나와 내 손등에 상처를 내는 바로 느닷없는 고양이로 유유되는 낯선 '운명'이다. 그래서 주위 사람들은 요귀나 다름없는 고양이가 불 속에 뛰어 들게 한 것은 정화의 공간에 나타난 부정(不淨)한 꼽추인 큰 언니이며, 그로 인한 부정으로 인해서 올해는 '유례없는 흉년' 즉 액년(厄年)의 해가 될 것이라고 미신적 예언을 하고 저주한다. 이것이 다룸을 흔드는 헛소문의 위력이다. 주술적인 힘을 지닌 영물인 고양이는 상처와 저주를 주는 악마의 화신이다. 이런 고양이를 불 속에 던져 죽인다는 것을 액을 막는 의미도 있지만, 저주의 의식으로 저주와 불행을 가져다준다는 속신도 함께 있는 것이다. 사실 이 작품에는 이런 민간 속신과 함께 도망간 형부를 입에 올리곤 하는 무당의 예언 등 미신적 요소가 개입해 있다. 큰 언니가 붉은 옷고름을 불길 속에 내던지는 그 순간에 누군가 던진 요괴 같은 고양이가 그와 함께 불 속에 뛰어듦으로서 불한 재앙의 변괴가 일어날 수 있다는 조짐이 예시되어진 것이다. 그런 점에서 무당이 지목 될 여지를 남기는 것이다.

결과적으로 이 고양이를 달집 불에 태워 죽이는 흉측한 운명적 저주의 주술로 인해서 큰 언니는 아들 효영이를 잃게 된다. 대나무집 무당 할미가 '이제 사내 가슴에 못이 박혀 있던 말뚝마저 뽑혔으니' 언니의 도망간 사내(형부–진 서방)은 영영 돌아오지 않으리라고 점친다. 이 '말뚝'은 혈연의 끈이요 핏줄인 효영을 두고 하는 환유이다. 이런 효영이가 죽자 큰 언니네 집안 모두가 병들거나 떠나버리고 구석구석은 거미줄이 쳐진 괴괴한 정적의 폐가가 되어버린다. 꽃들로 무성하던 뒤뜰도 묵정밭으로 황막해져버리고 '한스런 마음'의 큰 언니도 급격하게 살이 쪄가면서 무척 늙은 모습이 되어버린다.

그로부터 다시 몇 년이 지난다. 중학교 이학년이 된 '나'가 하교 길에서 걸 늙은이가 다 된 언니의 모습을 다시 보았을 때 그때도 여전히 언니는 칠 센티나 팔 센티쯤이 되어 보이는 높은 뾰족 구두를 신고 있다. 그때 서술자인 '나'는 짧고 무거운 몸통을 옮기는 뾰족 구두를 '큰 언니의 운명을 덥석 물고 가는 덫'으로 비유한다. 그 이듬해 여름 큰 언니는 근처 도로 공사에서 일하는 인부와 두 번째의 결혼을 한다. 이 새 형부는 잘난 첫 번째 형부와는 달리 인물이 없고 어리석고 가난하고 나이도 많지만 심성이 곱고 착실한 사람이다. 큰 언니는 결혼한 이듬해에 건강한 아들을 낳고, 새 인생을 다시 살게 된 것이다.

마지막의 종결의 서사 단락은 큰 언니를 두고 도망가 버린 비정한 첫 번째 형부의 전도되고 불행한 생애의 후일담으로서의 이야기이다. 대학생이 된 '나'가 친구들과 서클 MT를 가는 길에 시골 어느 역전 반찬 가게에서 바람 든 비닐봉지처럼 꾸깃꾸깃 살찐 늙은 가게 여자와 동거하는 초라해질 대로 초라해지고 누추해진 그 옛 형부를 보게 된다. 그는 낡아서 퍼져버린 검정 구두를 신고 맨 발에 늙은 여자가 주는 양념 묻은 천 원짜리 몇 장을 받고 눈 내리는 밖으로 나간다. '나'는 이를 보며 다음과 같이 중얼거린다.

> 흩날리는 흰 눈송이 속에 고양이 등에 나 있던 정대칭의 검은 무늬가 떠올랐다. 나비들의 날개에 그려진 그 섬세하고 다양하고 완벽하던 대칭 무늬들, 나란히 솟은 짐승들의 뿔…… 그 귀에 보아

> 왔던 온갖 크고 작은 벌레나 새나 짐승들의 비밀스럽게 간직된 필연성의 정대칭 무늬들…… 그 무늬들은 곳곳에 투명한 인과가 매복된 생의 우연성과, 결국에는 운명의 모습으로 드러나고 마는 우리 삶의 가차 없음을 암시하는 것 같았다. 정대칭, 스스로 반쪽을 불러들이는 그 운명의 모양. 사는 게 왜 늘 이 모양인지……

성년이 된 화자 '나'는 옛 형부의 지난날과 현재를 목도하면서 운명의 도식과도 같은 고양이등에 있는 정대칭(Symetry)의 문양상(紋樣狀)을 떠올린다. 대칭(對稱) 또는 정대칭이란 맞서는 부분의 균형 있게 어울리고 일치하는 기하학적 무늬 현상, 도형 상으로 보면 하나의 점이나 직선을 중심으로 하여 양편이 같은 모양이다. 이 대칭에 대한 기억은 효영이 죽고 나서 빗줄기 속에서 어슬렁거리던 고양이의 흰 바탕에 정확하게 정대칭인 검은 무늬와 연상적으로 연결되어 있다. 결국 이 대칭은 생의 전후가 똑같아진 형부와 큰 언니의 삶의 운명적인 인과의 무늬이며 도형이다. 우리가 한 걸음씩 다가갈 때 생의 저편에서 똑같은 걸음으로 곡진하게 복병처럼 다가오는 것이 바로 운명이다. 고양이는 주술적인 힘을 가지고 있을 뿐만 아니라 운명의 예조로서의 기능을 갖고 있음을 도상적(圖像的) 대칭의 무늬를 문학적인 비유를 통해서 보여주기도 한다.

2. 고양이 버리기와 기다리기 : 「밤의 나선형 계단」의 고양이 '메메' 이야기

「밤의 나선형 계단」과 「맨 처음 크리스마스」 두 작품 모두에 고양이가 출현하고 또 각각 고양이 버리기와 고양이 기다리기의 두 모티프가 서사적 전개에 주도적으로 작용하고 있다. 제목 그대로 「밤의 나선형 계단」은 어두운 밤의 시간성에다 빙빙 도는 나선(螺線, Spiral)의 계단이란 공간적인 깊이의 상상력이 발휘된 작품이다. 이 작품에는 메메라는 이름의 고양이가 등장한다. 그리고 전경린의 여타의 작품에서도 자주 등장하는 아이들과 같은 또래의 열두 살 어린 소녀인 여자애가 3인칭 시점의 관찰자로 등장한다. 이렇게 아이들의 시점이나 경험이 자주 다루어짐으로써 전경린의 소설의 서사 자체가 상당 부분 통과의례적인 '이니시에이션' 스토리로서의 자질을 갖추고 있다.

이 작품 「밤의 나선형 계단」의 자동차에 다를 다침으로써 소녀네 집에 입양된 새끼 메메는 두 번이나 버려진다. 첫 번째는 실제적으로 버려지고 두 번째는 여자애의 꿈의 몽상 속에서 버려진다. 어떤 경우든 이 버려진다는 것은 고양이가 애완적인 가축화의 상태에서 퇴출되고 추방된다는 의미이거나 살묘(殺猫)의 죽음을 당한다는 두 개의 의미작용을 한다. 메메는 원래 주워온 고양이이다. 주인공인 여자애가 지난여름 저녁에 생수를 뜨러갔다가 자동차에 다리를 다친 상태로 주워 와서 가족이 된 고양이다. 배와 등과 꼬리가 온통 흰색 털이고 두 눈 가에만 커다란 이태리제 선글라스를 낀 듯 까만 반점이 동그랗게 찍힌 외형적 형상이 특징이다. 만약에 다치지 않았다면 결코 여자애의 손에 몸을 맡겼을 리가 없을 정도로 앙증맞고 쌀쌀한 고양이이다.

그런데 이 메메는 더 이상 여자애 네와는 더불어 살지 못하고 아파트 508호의 이 집으로부터 현실적으로 버려지는 처지가 된다. 더 이상은 메메에게 기름이 가득 찬 참치 캔을 사줄 수 없을 정도만큼 아이의 집안 형편이 어려워졌기 때문이다. 그리고 참치가 떨어진 일주일 사이에 굶은 메메가 사악해지고 두려운 존재가 되어서 식탁을 난장판으로 내고 지린내를 집 안 가득 풍겼기 때문이다. 그래서 아이의 엄마는 아이에게 아파트 지하 창문 속에다 버리거나 주워왔던 그 자리에 도로 갖다 버리라고 요구한다. 엄마의 말대로 메메는 여자애에 의해서 안겨져서 계단을 내려서 아파트 지하실 창문 안으로 밀어 넣어져서 어두운 창고 깊숙이 버려지게 된다. 버림받은 메메는 발톱으로 여자애의 스웨터를 쥐고 저항을 하다가 밀려서 지하실의 안쪽으로 그만 추락해서 떨어져 버리고 만다.

> 여자애가 두 눈을 바짝 붙이고 지하실 안쪽을 들여다보니, 메메 역시 돌아서서 여자애를 마주 본다. 아무것도 분간할 수 없는 암흑 속에 두 개의 눈동자만 푸른 광채를 내었다. 여자애는 가슴 속 어딘가가 베이는 듯한 공포를 느낀다.
> “안녕…”
> 여자애는 두려움과 죄책감을 속으로 다스리며 두 개의 낯선 광채를 향해 손을 흔들었다.

이것이 첫 번째 고양이 메메 버리기로서의 위기의 현장 장면이다. 아이는 암흑 속에 내던져지는 고양이의 두 눈의 푸른 광채를 보는 순간 가슴에 베이는 듯한 공포와 함께 자신의 버림의 비정함에 대해서 죄책감을 느끼면서 메메에 대해서 ‘안녕’이라고 애정 어린 결별의 손을 흔든다. 엄마의 말에 의해서 발단 되어진 이 버리기와 공포의 사건 경험은 뒤에 전개되는 아이의 꿈속에서의 엄마의 검정색 트렁크 버리기와의 상징적인 인과성을 갖고 있다. 아이도 다른 남자를 사랑하고 있는 엄마에 의해서 메메처럼 버려질 자신의 운명을 예단하고 있다는 뜻이다.

메메를 버리라고 한 엄마는 정말로 508호의 집을 나가려고 한다. 이것은 탈출 및 가출 모티프(elopment motif)인 것이다. 엄마의 이 가출 또는 탈주의 표징이 되고 있는 것이 바로 엄마가 현관 앞에 내놓은 커다란 검정색 트렁크이다. 이것은 집밖에 존재하고 있는 다른 남자와의 다른 삶을 향해서 이 집을 가출하려는 엄마의 욕망과 꿈의 상징이다.

그렇다면 엄마는 왜 집요하게 이 집을 언제든 탈출하려고 하는가. 앞서 고양이 메메에게 더 이상 참치를 사줄 수 없게 되었다는 악화된 가정의 상황이 시사하고 있듯이 여자애의 집은 행복했던 과거에서 이젠 모든 것이 바뀌어졌기 때문이다. 여자애의 아빠는 회사에서 해고당하고 받은 퇴직금으로 조그만 찻집을 차리지만 형편없는 지경이고 여기에다 늦은 귀가의 아빠는 엄마 모르게 아파트를 담보로 은행에서 대출까지 해서 쓴 것이 탄로 난다.

우편함에는 청구서가 쌓이고 궁핍한 속에 엄마 아빠는 자주 다투게 됨으로써 균열된 이런 삶이 지겨워서 엄마는 집을 떠나려고 한다. 엄마가 가고자 하는 곳은 엄마가 아빠에게 말한 '네 그림자가 내게 드리워지지 않는 곳'으로서의 격절된 공간이다. 이런 가출하려는 엄마에게는 집 바깥에 사랑하는 사람이 있다. 여자애도 이 사실을 어렴풋이나마 알고 있는 것이다. 엄마는 언제나 다른 삶을 지향해서 떠날 꿈의 트렁크를 현관에 준비해 둔 것이다. 그러나 어딘가 아빠의 그림자가 드리워지지 않는 곳으로 가고자 하는 욕망과 꿈의 상징인 이 엄마의 트렁크는 여자애에게 있어서는 메메를 버리듯 엄마가 자신을 버린다는 불안으로 가슴을 죄게 하는 불길의 트렁크인 것이다. 그것이 탈주함으로써 여자애를 고양이 메메처럼 버리고 유기할지도 모르는 엄마의 것이기 때문이다. 여자애는 엄마를 자신들의 엄마로 남아 있게 하려고 한다. 그래서 그런 마음 졸임이 꿈의 몽상 속에서 635라는 비밀번호가 붙은 엄마의 트렁크와 빙빙 돌며 따르는 고양이를 그 안에 넣어서 밤의 호수 속으로 떨어트린다. 이것이 두 번째의 고양이 버리기이다. 이 장면을 두고서 황도경은 여성과 모성의 사이에 있는 엄마의 위상에 대하여 다음과 같이 해석을 한다.

> 이때 고양이는 끊임없이 탈주를 부추기는 엄마 안의 정열 혹은 꿈이다. 여자애는 사랑을 찾아 한 남자의 여인이 되어 떠나려는 엄마를 자신들의 엄마로 남아 있게 하기 위해서 그 고양이를 처형하는 것이다. 엄마의 가출에 대한 어린 아이의 공포를 가늠하게 하는 이 섬뜩한 장면은 그러나 잃어버린 영혼을 되찾기 위해 끊임없는 탈주와 모반을 꿈꾸는 여성들이 마주해야할 가장 심각한 문제를 제기하고 있다는 점에서 주목되어야 할 점이다.[144]

어쨌거나 엄마에 의해서 최초로 고양이 메메가 버려지듯이 이번에는 다시 사랑을 찾아서 다른 남자의 여인이 되어 메메처럼 버려지는 아이를 만들고 떠나버리는 붙잡을 수 없는 엄마에 대한 불안함을 떨쳐버리려고, 몽유 상태에서 엄마의 트렁크와 그 속에다 고양이마저 집어넣고는 호수 속으로 던져 넣는다. 이때 고양이가 계단을 내려서 호숫가로 가는 여자애의 다리 사이를 발작적으로 맴돌며 온 몸을 비벼댄다. 트렁크를 끌고 가는 여자애와 다리 사이를 맴도는 고양이의 이 동작이 이른바 '나선형 계단'이라는 공간형의 표제를 가지게 되는 상황 설정이다. 떠나는 엄마에 대한 저지와 만류의 동작이든 반발의 동작이든 엄마의 트렁크를 투척해버리는 행위는 의당 그렇다 하더라도 왜 엄마의 말에 의해서 버린 고양이가

144 같은 책, 177쪽.

안아 올려 달라, 쓰다듬고 사랑해 달라고 여자애에게 하소연하는 것을 순식간에 트렁크 속에 집어 놓고서 호수 속에 던져서 처형해 버리는 이유는 무엇인가. 이에 대하여 무서워지는 고양이는 탈주를 부추기는 엄마의 정렬적 혹은 꿈으로 보아 엄마와 고양이를 동일화한 존재로 해석하려는 측면이 있다. 그러나 이에 대해서는 다른 해석도 가능하다. 버려지는 고양이가 바로 버려지게 될 여자애 자신일 수 있다는 자기 동일화의 결과 일 수도 있다는 것이다. 그래서 떠나는 엄마와 남은 여자애와의 관계에서 서로 상처주고 상처받는 삶이나 내면세계와 연관된 일종의 사도-메저키즘 현상의 발현이라는 상징적 의미를 지니고 있는 것이 두 번째 버려지는 고양이 메메라고 할 수 있을 것 같다.

마지막에 아이는 떠나는 엄마를 이해하려고 한다. 그래서 먼 훗날 마술사가 되어서 늙은 엄마의 집을 찾아가 검은 트렁크에서 메메를 꺼내 다시 살려낼 것을 꿈꾼다. 고양이를 다시 살린다는 것, 즉 그것은 죄책과 어린아이다운 동화적 회복과 부활에의 표상이다.

3. 「맨 처음 크리스마스」와 '진진이' 기다리기

「맨 처음 크리스마스」는 도입 액자와 도약적 지속의 시간 단축 수법으로 이루어지고, 이전에 본 영화 장면이 가상적인 미래의 운명으로 겹쳐지며 기억과 회상의 기법 등으로 이루어진다. 이야기는 1인칭의 서술자가 20년의 오랜 시간 뒤에 유년의 기억을 시공간화 하면서 그때의 따뜻하고 아름다웠던 동화적 세계와 시리고 힘겨운 현실 세계가 서로 융합되어져 있는 슬프고도 따스한 성인 동화형 크리스마스의 이야기다. 서술자는 도입하는 액자의 틀에서 '따스하고 내 가슴에 간직한 유일한 크리스마스 이야기'라고 하고 있는데, 그렇다면 왜 '나'가 따스한 이야기라고 그 때를 회상하고 있는지 그 이유를 밝혀가는 것이 작품이 지닌 서사 구조의 방향이자 지향이 된다.

먼저 이 작품에는 무섭거나 악마적인 여느 고양이와는 달리 보석 같은 녹색 눈에 눈 같은 흰 털을 가진 아름답고 신비한 고양이 진진이가 등장—등장한다기보다는 기억 속에서만 있고 현재는 부재상태이지만 이 고양이는 열세 살의 '나'가 오기를 간절하게 기다리고 있는 고양이이다. 서술된 시간의 폭은 주인공의 초등학교 시절(12~3세)로부터 20년이 지난 서른세 살 때까지(현재의 시간)로 길게 펼쳐져 있지만, 언술하는 서술의 시간은 단편 형식으로서 아주 짧다. 서술자요 주인공은 마지막 장면(서른 세 살의 현재)에서 망각과 기억을 교차시키면서 유년기의 어느 한 시기 단 한 차례로 경험한 생의 맨 처음이자 마지막이었던 그 크리스마스의 여러 장면들을 '환하게 밝혀진 방'으로 기억 속에 공간화 시켜서 떠 올리고 있다. 그러니까 20년 전의 기억의 퍼스팩티브로 내면화시켜서 그 크리스마스의 변하지 않는 아름답고 황홀한 정경들을 떠올림으로써 서두의 '따스한 이야기'란 말을 확인케 해주고 있다. 오래도록 기억에 남음직한 한국 작가에 의한 유니크한 크리스마스 소설이다.

들판 섬 같은 외딴 집에는 모두 열한 사람의 식구가 산다. 경영난에 빠진 시골 극장을 운영하는 아버지와 그 극장의 어린 매표원인 1인칭 서술자이자 주인공인 '나', 어머니와 할머니 그리고 동생들이 그 식구들 속에 포함되어 있지만, 이 식구들 가운데 이질 가족으로서의 특이한 존재는 두 사람의 이모들이다. 평란이 이모는 엄마의 동생도 친척도 아니면서 아버지가 관광을 갔다가 데려온 섬 출신의 처녀이다. 아침저녁으로는 집안일을 거들고 밤에는 극장 일을 하지만, 자신이 자란 무서운 섬으로 돌아갈 날짜가 하루하루 다가오는 것을 몹시 두려워하는 처지에 있다. 다른 또 하나의 이모인 엘리자 이모(미례)는 단지 월북한 언니들에게서 온 편지를 소지하고 있다는 죄로 이십 년 동안이나 감옥살이를 하고 나와서도 갈 곳이 없이 피붙이인 사촌 언니네 집 어두운 방에서 은신하는, 비밀에 싸여있는 비운의 여인이다.

그런데 '나'와 함께 섬처럼 떠있는 이 집에서 함께 같이 살던 이 이모들이 크리스마스를 전후해서 이 집을 떠난다. 갇힌 섬으로 다시 돌아가지 않고 '대처'인 도시로만 가고자 하는 평란이 이모는 크리스마스 이브날 밤 텅 빈 트렁크를 흔들며 이 똥 냄새가 나고 백구두를 신는 극장 잡역부 종팔이(똥파리) 오빠를 동행자로 해서 밤기차를 타고 탈주의 도망질을 한다. 이 들의 탈주를 불빛 아래서 함께 가만히 지켜보던 '나'와 엄마와의 세대적 반응은 서로 몹시 다르다. 어린 '나'는 "마지막 빛 속에 슬프고 감동적인 가난한 여자의 얼굴이 허공에 어렸다"고 해서 평란이 이모가 별로 든 것이 없는 가방만 들고 떠나는 마지막 모습을 "슬프고도 감동적인 가난한 여자"로서 정감 있게 떠올리고 있음에 반해서, 세상을 살만큼 살고 생의 신산함을 겪은 엄마는 어둠 속에 선 채 다음과 같이 중얼거린다.

> "젊었을 땐 멀리 갈 수 있지. 멀리 가고 있을 동안은 남자들도 친절하지. 그러나 먼 곳에서 짐을 풀면 그곳도 마찬가지야. 어디나 차가운 바다속인걸. 산다는 건 차가운 바다를 향해 자맥질하는 거야. 평생. 싸가지 없는 것들, 하필 대목에 보따리들을 싸다니..."

엄마의 이 말속에는 불가능한 탈주 즉, 평란이 이모처럼 바다와 섬을 벗어나려고 해도 탈주란 끝내 가능하지도 않는 것. 그리고 설사 일시적으로 탈주를 한다고 해도 어디를 가든 여자의 운명은 야수 같은 험한 세월과 남자란 존재의 굴레에 의해서 꼼짝달싹 못하고 꼭 같은 자리에 귀착하고 묶여 버리게 된다는 여자로서의 엄마의 삶의 경험적인 철학이 녹여져 있는 것이다.

이렇게 평란이 이모가 떠나고 나서 다시 이어서 엘리자 이모도 떠난다. 할머니 방에 얹혀 지내며 늘 참기름을 소주잔에 따라 마시던 엘리자 이모도 동강난 헌 실을 열심히 모아 펴서 짠 녹색 스웨터를 '나'의 몸에 선물로 가만히 입혀주고 크리스마스 날 아침에 이 집의 어둡고 추운 방을 떠난다. 엘리자 이모는 큰 도시의 성당에서 청소를 해주며 몸을 의탁하고 살게 될 것이라고 한다.

그런데 이런 떠나는 이모들과는 달리 섬 같은 집에 남아 있는 '나'는 계속해서 고양이 진진이가 돌아오기만을 기다린다. 그럼에도 불구하고 진진이는 아직도 돌아오지 않는 상태이다.

> 진진이가 돌아왔으면... 나는 늙은 여인이 틈틈이 허리에 손을 갖다 대고 길고 긴 한숨을 내쉬듯 진진이를 기다린다. 진진이는 털색이 눈처럼 희고 보석 같은 녹색 눈을 가진 고양이다.
>
> "진진이가 돌아왔을까..."
>
> 나는 진진이를 생각했다. 쇳조각같이 시린 내 손이 따뜻한 겨드랑이 밑으로 들어가도 가만히 참는, 보석 같은 녹색의 눈을 가진 흰털 고양이. 진진이는 아직도 돌아오지 않았다.

나는 마루를 더듬어 지나 부엌방 차가운 이불 속에 혼자 기어들었다. 평란이 이모는 떠났고, 눈처럼 흰 털과 보석같이 빛나는 녹색 눈을 가진 고양이 진진이는 아직도 돌아오지 않았다.

왜 '나'는 이같이 고양이 진진이를 기다리고 있는 것일까. 이 기다림의 모티프는 이 작품에서 긴요한 요소이다. '나'가 이렇게 진진이를 기다리는 것은 쥐 사냥꾼으로서가 아니라 인간의 반려로서의 고양이가 인간에게 주는 그 따스함 때문이다. 고양이와 사람의 신체 접촉은 서로의 따스함을 공유케 하고 나누게 하는 중요한 역할을 한다. 그러니까 고양이 진진이는 '나'가 갈망하고 있는 따스함, 즉 온난(溫暖)의 감각적 동물 상징이며, 또 애정의 정감적인 대상이다. '나'에게 애정을 보이는 유일한 식구이고 춥고 시린 상황의 '나'에게 따뜻한 온기의 체온을 나누어 줄 존재가 바로 진진이인 것이다. 따뜻한 생을 바라는 마음의 발로가 진진이에 대한 기다림으로 동화된 현상이다. 진진이는 곧 따스함이다.

진진이는 새벽녘이면 어김없이 내 방문을 발톱으로 긁었다. 어느 땐 내가 열어주기 전에 제 발로 미닫이 방문을 열고 들어오기도 했다. 방에 들어온 진진이는 살금거리며 이불을 들치고 내 팔과 가슴 사이에 몸을 비비고 틀어 누웠다. 처음엔 진진이의 털이 너무 차가워 깜짝 놀라기도 하지만 몇 번 가릉가릉 숨을 쉬고 나면 진진이의 몸은 이내 햇볕에 마른 목화솜처럼 따스해졌다. 제 털이 아주 차가워도 내 품을 허락하듯이, 내가 파랗게 언 손을 제 겨드랑이 속에 넣어도 깜짝 않고 체온을 나누어주던, 내게 애정을 보이는 유일한 식구다.

진진이의 햇볕에 마른 목화솜 같은 따스한 몸과 '나'의 파랗게 언 손이 온–냉의 감각적 이미지로서 대비되고 있듯이, 진진이가 없는 '나'는 심신이 차갑고 시린 냉한의 상태인 것이다. 이런 '나'의 차가운 한랭(寒冷)의 상태는 '파랗게 언 손', '시린 손', '쇠 조각같이 시린 손', '엄마도 모르는 나의 손 시려움' 등의 시린 손의 이미지로써 표현된다. 진진이를 기다리는 '나'의 간절한 열망은 크리스마스 이브에 담도 대문도 없는 마당을 광활하게 넓혀놓은 눈 내린 하얀 마당을 보면서 녹색 눈의 흰털 고양이 진진이가 떼 지어 몰려와 마당에서 뒹구는 것 같다는 황홀한 환상에 마음이 따뜻했다는 흰 눈=진진이로 보는 '나'의 비유적 표백으로써 마침내 이루어진다. 그러나 '나'가 느끼는 이 따뜻함은 하얀 눈이나 눈 세상 때문만은 아니다. 기다리던 진진이의 귀환과 함께 '나'에게 진진이와 같은 따뜻함을 주는 발열체로서의 다른 대상을 살펴볼 필요가 꼭 있는 것이다. 그 대상은 바로 세상의 주요 존재인 '남자애'가 주는 크리스마스카드와 엘리자 이모가 내 몸에 말없이 씌워주고 떠나는 녹색 스웨터와 두 개의 최초로 받는 크리스마스 선물이다. 작품의 표제가 굳이 「맨 처음 크리스마스」이어야 하는 연유도 바로 여기에 있는 것이다.

그렇다면, 이제 카드를 주는 남자애의 이야기를 해 볼 차례이다. 이 남자애는 '나'와는 특별한 기억도 없이 유치원을 함께 다니고 현재는 같은 학교에 입학해 다니는 아이이다. 그런데 이 남자애는 언젠가부터 나만 보기만 하면 느닷없이 때리고 차고 코피까지 흘리게 해놓고는 달아난다. 그의 '나'에게 아픔을 주는 짓궂은 행동은 계속된다. 그래서 '나'는 이제 어디서나 두리번거리며 남자애가 있는지 살피게 되고, 어디선가 '나'를 보고 있을 것 같은 생각을 하게 된다. '나'의 친구인 정미는 남자애의 이런 행동을 두고 "그 앤 너를 좋아하는 거야. 네게 자신을 표현하고 싶고, 네가 선명하게 기억할 수 있는 어떤 행동을 하고 싶은 거야. 그래서 지금처럼 어디서나 네가 그 애를 생각해주기를 바라는 거지."라고 성숙한 듯이 일러준다. 정미의 말대로라면 '나'라는 소녀는 타자인 이성을 바로 알게 되는 성숙에로의 통과 의례 즉 이니시에이션의 문턱에 들어서는 생의 단계에 있는 것이다. 그리고 '나'에게 고통주기 놀이를 거듭하고 있는 사내애의 행동은 '나'의 관심을 자기 쪽으로 끌어들이려는 은밀한 호감과 구애에의 암시이고 또 조련의 유인 수단이 변이된 놀이인 것이다. 어떤 면에서는 사내에는 '나'에 대해서 이성과 삶의 길 가지를 가르쳐주는 교화자로서의 의미를 갖고 있다. 이런 아이는 어느 날 들판 길에서 뜻밖에도 손길도 순하게 '나'에게 크리스마스카드를 전해주고 달아나 버린다. 그때 눈물이 그 애의 손등에 툭 떨어진다. 생애 처음 받는 크리스마스카드에는 유치원 시절 함께 찍은 두 사람의 사진이 동그랗게 붙어 있고, '극장에 가지마라. 그곳은 나쁜 곳이다'라는 어른스러운, '나'의 반응으로는 '꼭 어린 군사정권' 같은, 사내애의 '나'에 대한 안타까운 주의와 간청의 충고가 적혀 있다. 그 애의 눈물이 손등에 떨어졌다는 사실은 그 아이가 얼마나 '나'를 혼자 좋아했으며 그로 인해서 극장에 가는 '나'의 너무 이른 조숙의 처지를 눈물로 마음 졸이며 안타까워하고 제어하고 싶었는 지우 속내를 알려주는 의미를 지니고 있다. 어쨌거나 이성으로부터 생애 처음으로 크리스마스카드를 받는다는 것은 시리기만 한 삶의 '나'에게 있어서는 얼마나 황홀하고 감동적인 경험인 것이며, 사건이겠는가. 이 세상에서 나를 좋아하는 사람이 있다는 이 사실이 '나'를 따뜻하게 한다. 그리고 엘리자 이모가 떠나기 전인 크리스마스이브에 그가 내 몸에 입혀준 가볍고 보송보송한 감촉의 녹색 스웨터가 나로 하여금 한없이 기분을 좋게 한다. 뿐만 아니라 눈 색 눈의 흰털 고양이 진진이가 떼 지어 몰려온 듯 눈 세상으로 변한 광활한 마당에 모인 동생들과 할머니 까지도 모두 녹색 스웨터를 입고 뒹구는 행복한 환상적인 황홀경을 만든다. 녹색 스웨터는 엘리자 이모가 이집을 떠나기 전 이 집에 주고 가는 따뜻하고 포근한 마지막의 크리스마스 선물이다. 그러나 이렇게 떠나버린 평란이 이모도 엘리자 이모도 다시는 돌아오지 않았고 극장은 문을 닫게 되어 버린다.

이로부터 20년의 시간이 흘러서 1인칭의 나레이터이자 주인공이었던 '나'도 이제 서른 세 살의 여인이 된다. 이 20년의 시간을 "많은 일들이 있었지만, 돌아보면 아무것도 새로운 건 없어요."라고 말하는 '나'의 지나친 생의 공백화 현상이 우리로 하여금 처연케 하지만, 오랜 시간 전에 있었던, 유년 시절의 그 크리스마스를 환하게 불 켜진 방으로서 받아들이는 기억의 테마틱스는 우리로 하여금 아련한 향수를 불러 일으킨다. 세상은 달라지고 변하는 것이 많지만 변하지 않는 것이 더 많다는 화자의 역설적인 언술로 포착한 기억의 품목들. 이 마지막에서 다음과 같이 열거된다.

> 열두 살 땐 그게 궁금했었죠. 이제 난 알아볼 수 있다고 생각해요. 왜냐하면 세상은 변하는 것보다 변하지 않는 게 더 많거든요. 종전 혹은 통일 같은 거, 크리스마스 같은 거, 영화 같은 거, 털실 스웨터나 흰 눈 같은 거, 꽃들과 고양이와 처녀들과 기차 같은 거, 그리고 겨울과 가난, 그리움과 삼키는 울음, 섬 같은 거, 그리고 아직도 성당의 방에서 뜨개질을 하고 있는 늙은 엘리자 이모……이런

이것들, 이것들은 이 탕진해버린 돈보다도 더 우리를 따뜻하게 하고 가치 있게 하는 마음의 자산들이 아니겠는가. 정말 그렇지 않은가?

정경린의 소설공간에 있어서의 고양이는 때로는 불 속에 던져지기도

하고 버려지기도 하지만, 온난(溫暖)의 정감적인 대상이기도 한 것이다. 한국소설의 공간에서 정경린만큼 강한 소설미학적 애묘현상은 보이고 있는 작가는 드물다. 고양이들의 이름조차도 예사스럽지 않다.

14장
음성 상징과 운명으로서의 고양이 :
「고양이의, 고양이에 의한, 고양이를 위한 소설」

미국 16대 대통령인 에이브라함 링컨(1809~65)의 유명한 게티스버그 연설의 한 대목인 '국민의, 국민에 의한, 국민을 위한 정부'를 패러디화 했거나 본 따서 변형한, 희한한 표제의 소설이다. 이는 여류작가인 김연경(1975~)의 작품이다. '국민'(People) 대신에 '고양이'라는 단어를 세 번씩이나 반복시키고 거기에다가 '의'(of), '의한(by)', '위한(for)'이란 조건사(전치사)가 붙어 있어서 제명 자체만으로도 사람보다 고양이가 훨씬 중심으로 존중되거나 주도하는 소설임을 어렵잖게 짐작할 수가 있다. 이런 제명만으로도 분명한 고양이 소설인 이 특유한 작품에 대해서 관심을 기울인 몇몇의 비평이나 해설들은 포스트모더니즘 시대의 자아탐구 카프카적 알레고리성, 메타 픽션적 경향 등의 용어로서 그 특수한 성격에 주목해 왔고, 또 '상처마저도 환상적인 자의 상처'라든가 '환부 없는 상처를 일종의 정신적 트라우마'로서의 모티프인 것에 대해서 특별히 주목해오기도 했다.[145] 그렇다면 제명 그대로 고양이가 도시 어떻다는 소설인가. 우선 작품은 특이하게도 표제와 더불어 서사(序詞)에서도 고양이를 지향하고 있다. 그 일부를 인용해본다.

> 범우 비평판 세계문학선 39번 40번을 찾으라. 그리고 그 책 즉, 『악령』의 표지를 보라. 상(上)은 초록색에 가깝고 하(下)는 갈색에 가깝다. 그러나 이 사진은 동일한 순간에 동일한 대상을 포착하고 있다. 상이든 하이든 그저 자세히 들여다보라. 건물의 으스스한 분위기에 빠져들어도 좋다. 혹은 저 뒤에서 비치는 하얀 빛에 황홀해 해도 좋다. 그저 자세히 들여다보라. 시간이 가고 있다…(중략)…그래 그것이 고양이.
>
> 고양이다.[146]

이상(李箱)의 소설 「날개」의 서사를 연상시키는 이 서사(序詞)가 지시코자 하는 초점의 대상은 고양이다. 작가 또는 화자는 표제가 시사하는 고양이 이야기를 하기 위해서 어느 출판사(범우사)의 도스또옙스키의 『악령』의 번역본 상 · 하의 표지 그림 속에 출현하는 악령이란 표제를 끌어와서 처음부터 묻고 이끌고 재촉하면서 독자의 시각과 관심을 고양이로 유도하고 모아가고 또 조율화 시키고 있다. 그리고 구조 자체는 서사 전개의 중간 중간에 몇 개의 내화(內話, inner-story)가 삽입되는 이야기 속의 이야기 형식인 이른바 화중화(話中話)로서의 액자화(Framing)의 현상, 개소리

145 성민엽. 「포스트 모던 시대의 자아 탐구」, 〈해설〉 『고양이의 고양이에 의한 고양이를 위한 소설』, 1997이 대표적인 경우임.

146 실제로 범우 비평판 세계문학선 39번 40번 『악령』(도스또옙스키/이철 옮김. 1988/1993)을 확인해 본 결과 이 서사 내용은 사실임.

'머엉 · 머엉 앙앙'과 두 종류의 상반하는 고양이 울음 '야아—옹'과 악령 같은 '아아으 아르르'의 의성어의 대비적인 음성 상징의 효과, 그리고 고양이의 원과 타원형 눈동자의 대비, 신이나 마스터의 수수께끼 같은 존재의 소리로서의 '위대한 목소리'의 충고의 소리 상징 등 전체적으로 서사 세계가 현실적이기 보다는 환상적이고 기괴하고 그로테스크할 뿐 아니라, 심지어는 동물 우화성(Fabel)이 현실과 혼성화 됨으로써 이루어진 특이한 이질적 분위기의 세계이다.

주인공인 한 남자가 있다. 그는 지하가 아닌 3층의 밤에 있음에도 불구하고 그 방은 창이 없고 단 하나 그에게 기억되는 소망인 안정과 휴식을 위해 창의 완벽한 부재와 밀폐된 공간으로의 성(城)이다. 그의 이름은 화자에 의해서 '스산'이라고 명명(命名)된다. 자신의 이름이 스산이라 불러짐을 알게 된 그는 소름끼치는 스산함을 느끼지만, 어쩌다가 그가 이런 창이 없는 어둠의 공간으로서의 방에 떨어졌는지 알지 못한다. 어느 날 눈을 떠보니 그는 이런 기괴한 방에 떨어졌을 뿐, 몇 년이 지났는지도 그 자신이 언제 어디서 태어났는지도, 사랑했던 여자가 있었는지도, 사과 파이를 좋아했는지도, 자신의 이름이 무엇인지도 '잊는다'는 많은 동사가 암시하듯이 다 잊어버린 망각 상태다. 그러니까 과거와 기억과 정체성 등 모든 것을 다 잊어버렸거나 망각한 기억 상실증(amnesia)이란 깊은 기억 장애의 징후 현상에 빠져있는 상태인 것이다. 과거에 대한 기억(erinnern)이나 회상의 부재 상태이고 따라서 창이 없는 방에서 주거하고 있는 것처럼 자기 동일성의 창이 없는 증후 상태이다. 비유적으로 말하면 그는 '오늘 속에서의 어제'(Gestern im Heute)에 대한 회상과 기억이 전혀 상실되어 있으며 과거라는 것이 없는 거나 다름없다. 기억 속에 남아있는 과거나 시작이라는 게 잊혀져서 없다. 그래서 그는 '의식의 흐름' 소설들처럼 잃어버린 시간을 찾아서(*A la recherche du temps perdu*)로 떠날 수가 없는 것이다. 회상과 기억의 의미와 내용과 기능이 없기 때문이다. 또 시간에 대한 감각이 없고 시계조차도 없다. 류보선의 지적대로라면 '과거의 나'가 없음으로 어떤 과정을 거쳐서 '현재의 나'가 되었는지에 대한 서술의 인과론이 부재한 상태인 것이다.[147] 이 같은 지적은 망각으로 인해서 현재와 과거 자기 정체성의 연계와 접점이 없음을 의미한다. 가끔씩 잊혀 진 사건들을 아쉬워하지만, 망각이 가능한 한 그는 행복하고 잊어버릴 수 있는 무심함이 삶을 지속시킨다.

이 같은 남자의 망각 상태, 즉 기억 상실증후와 원인에 대해서는 스산이 죽은 후 작품 말미의 스산이 존재하게 한 소설의 주인공 '해'의 글 부분에 이르러서야 다음과 같이 추론적으로 짧게 해명된다.

> 그의 병은 일종의 기억상실증인데, 그 원인은 정확치 않다. 다만 그의 과거를 토대로 귀납적으로 추리해보건대 모든 것에 대한 고의적 무관심과 광기에 대한 작위적 집착에서 비롯되었음을 추측할 수 있다.

라고 하고 있다. 고의적 무관심과 광기에의 집착과 관련되어 있는 정신적인 이상(Insanity) 상태인 이 기억 상실증에다 말미의 단락에서 다시 밝혀지고 있는 '혼미하고 불안한 신경쇠약'(neurasthenia)의 상태가 더 붙여진다. 이렇게 스산은 환부 없는 상처로서의 무관심 · 광기 · 부안의 병을 앓

---

147 류보선, 「자유의 왕국을 향한 서사적 모험」, 〈문학동네〉 통권 12호, 문학동네사, 1997. 가을, 476~7쪽.

아온 존재이다. 이 같은 결말에서의 스산의 정신적 · 심리적인 질병의 은유적 해명과 역으로 거슬러 올라가서 초반에서의 그의 망각 상태의 삶을 유기적으로 연계시킴으로써 스산을 이해할 수 있는 단서를 찾을 수 있게 된다.

3층의 성(城)같은 밀폐된 방에 사는 스산은 처음부터 토토란 칠흑같이 검은 개의 짖는 소리와 이름도 모습도 없는 두 마리 고양이 소리를 듣는 것에 정신 · 신경증적으로 강박되어 있다. 현실적으로 화장실 한 귀퉁이의 기식자(寄食者)인 토토는 자신의 안정을 방해하는 유일한 인자(因子)이다. 수시로 '멍! 멍! 머어어엉, 앙앙!…'하는 토토의 짖는 소리와 문 긁는 소리는 스산에게는 평생 원수가 될 운명의 소리이어서 증오의 대상이다. 한편 스산은 운명적인 소리, 자신의 삶이 되어서 그를 살리고 죽이는 두 개의 고양이 소리를 듣는다. 하나는 낮의 햇살 아래서 듣는 감미로운 "야아—옹"하는 소리이고, 다른 하나는 벽 넘어 어딘가에서 부스러져 떨어지는 시멘트 소리에 이어 들리는 '아아—아르'라는 처절한 울음소리이다.

한편의 소설을 쓴 바 없는 소설가 스산은 환청처럼 들리는 고양이 울음과 개 짖는 소리를 딛고서 햇빛 아래서 야아—옹 하는 행복하고 아름다운 고양이의 순수하고 해맑은 이야기를 써야 된다는 강박관념에 사로잡힌다. 창문 없는 방에 사는 지하인(地下人)이 썼으리라곤 생각도 못할 만큼, 미친 사람으로 노이로제에 걸려서 스스로 정신병원을 찾아간 사람처럼 맑고 아름답고 해맑은 얘기를 써야한다고 계획한다. 스산은 내화 즉, 이너-스토리가 된 몇 개의 얘기를 쓴다. 그 첫 번째의 얘기는 빈민촌이 많았던 팔십 년대 초반과 구십 년대란 시대에 가난하고 힘든 시절을 보낸, 그다지 예쁠 것도, 그다지 똑똑할 것도 없는 소녀들. 그러나 소녀라는 이름만으로 충분히 해맑고 순수할 수 있는 11세와 9세의 두 소녀 자매가 재래식의 차장실에서 동생은 똥을 누고, 언니는 망을 서주면서 도시의 한 구석 위 반짝이는 밤 하늘의 별을 보면서 나누는 이야기다.

두 번째의 내화는 서지 않고 계속 달리고 있는 버스에서 한 사람의 운전사와 단 하나의 승객 간에 나누는 궤변같이 황당한 싱갱이 이야기이다.

세 번째의 내화는 비오는 날의 삽화다. 첫 번째 내화의 주인공인 두 소녀 중 언니가 얘기하는 삽화다. 비 오는 날 하루 종일 밖에서 일하는 어미를 돕기 위해서 두 소녀 자매가 우산을 받쳐 들고 역할 분담을 하며 마당 한 구석의 수돗가에서 빨래를 하는 얘기이다. 하나는 쪼그리고 앉아 엉덩이를 들썩이면서 빨래를 하고 다른 하나는 그 하나 곁에 우산을 받치고 서서 비를 막아주는 가난하지만 정겹고 아름다운 가족의 풍경이다.

> 이처럼 아름다운 풍경은, 고상하고 어려운 이념과는 상관이 없는 것입니다. 자유나 평등, 이런 공허한 이념은 언제나 뒤에 오는 것이겠지요. 종족은 이데올로기 앞에 있습니다. 그것은 영원한 것이겠지요. 하지만 그 종족이나 민족 앞에 바로, 이런 가족이 있지요. 우애 · 사랑 · 우정 · 애정. 이런 추상어들이 무슨 소용이 있겠습니까.

이 이야기 속에는 80년대에 농촌을 떠나 도시 이주자가 된 어미의 억척같은 힘과 한 평생을 술과 일의 여독으로 보낸 처절한 아비의 한이 함축되어 있다. 그것은 팔십 년대의 전유물과 가난한 아이들의 전유물도 아닌 누구에게나 있었던 얘기이다. 이 비오는 날의 삽화 한 토막이 끝나면서 언니인 소녀는 '해' 동생은 '달이'로 각각 명명한다.

다음은 '해'로 명명된 언니가 나레이터가 되어서 자매간인 해와 달이의 첫 번째 이별 얘기를 할 차례이다. 그 이전에 해가 스산에게 동생(달이) 얘기를 하는 대화 가운데 고양이의 눈동자에 관한 다음과 같은 해의 말이 나온다.

> 달에는 사람이나 개하고도 비슷한 동그란 눈동자를 봤어. 하지만 나는 우연히 좁고 가느다란 타원형의 눈동자를 본 거야. 스산 너도 봤지. 파충류를 닮은 그 소름끼치는 눈동자를?
>
> "아니, 못 봤어. 나는 고양이 울음만 들었을 뿐. 고양이를 본 적이 없어."

이제까지 울음만 들었을 뿐 고양이를 본 적이 없었던 스산은 스산한 핏덩이 같은 울음을 우는 고양이가 아니라 맑고 환한 웃음을 우는 고양이의 눈동자를 보게 되기를 바란다. 꿈속에서 야아—옹하고 우는 고양이 소리에 이어 '아아르 아르르'하는 울음 소리에 가위 눌림에 몸을 비틀던 해가 들려줄 달이의 밝고 맑은 이야기를 듣고 싶어 한다. '야아—잉'하고 우는 고양이의 눈동자를 확인하고 싶어 한다. 고양이의 눈 모양이 스산의 운명을 결정하게 될지도 모른다는 생각에 고양이를 찾아 나선다. 그러나 하루 내내 다녀도 고양이는 한 마리도 보이지 않았고 풀이 죽은 채 방으로 돌아온 스산은 문고리를 제대로 풀 힘도 없이 문이 반쯤 열린 것도 모르고 잠들어 버린다. 실은 '야아—옹'하는 고양이의 행복하고 밝은 소리는 자신의 소리였던 것이다.

바로 이날 밤 다시 또 밝고 맑은 얘기를 쓰고 싶었던 남자 스산은 결국 시작만 하고 끝을 내지 못한 얘기를 남겨둔 채 어둠 속에 박힌 뾰족하고 소름끼치는 타원형의 눈동자를 가진 '밤손님' 도둑고양이의 예리한 발톱에 대응하지 못하고 먹히고 죽게 된다. 이때 들려오는 소리는 그렇게도 그를 괴롭히던 '아아으아르르-"라는 살인적인 소리이다. 이 울음만이 현실이었다. 그러니까 밝은 소리와 동그란 눈동자의 고양이, 어둡고 타원형이 눈동자를 가진 스산은 고양이에 의해서 살고 죽는다.

스산이 죽은뒤 무너지고 잿더미가 된 그 자리에 동그란 두 개의 눈동자를 밝게 빛내는 '야옹'이 나타나서 스산이 존재케 한 해에 의해서 두 개의 창문이 있는 해의 방으로 돌아오게 된다. 그리고 이제부터 스산의 얘기를 끝내는 것은 해의 몫이 된다. 성민엽은 '밝은 이야기를 쓰고 싶지만 어둠만이 현실이고 그래서 이 어둠에 먹혀버리게 되는 것이 작가의 운명'이라고 지적한다. 이 작품은 각기 다른 울음과 다른 눈동자를 가지고 있는 두 고양이의 눈동자의 청각적 시각적인 표상으로써 행 · 불행의 이중성을 표현하고 있다. 아울러 악령 같은 심신의 징후에 강박되고 사로잡힌 작가의 질병과 죽음으로부터 또는 이를 딛고서 밝은 존재로 태어난다는 창조의 우의적 은유를 함축하고 있다. 이 작품에 출현하고 있는 고양이는 특히 소리(울음소리)에 대한 의성어의 시학 및 눈동자 형상의 원 · 타원의 기하학적 비유를 통해서 상징화되는 고양이이다. 즉 '야아-옹'하는 소리는 밝음 · 황홀 · 따사로움 · 감미 · 아름다움의 음성 상징으로서 긍정적 표상이고, '아아으아르르-'는 어둠 · 죽음 · 한 · 불행 · 현실의 부정적인 상징 작용을 한다. 고양이의 눈동자 모양은 밝고 환한 긍정 상으로 뾰족한 타원형은 두려움 등의 부정 상으로서의 상징 작용을 한다.

특히 소리와 모양의 후자들은 주인공의 삶과 죽음의 운명을 표상하는 기능을 한다. 첫 번째 단락에서 현재의 방에서 싫은 토토를 죽이고 싶어 한다. 마지막에서 직선으로 이어졌다 점선으로 끝나는 해에 의한 스상의 얘기는 다음과 같이 5개 단락으로 전개된다.

이 남아있는 살생의 욕망 즉 안정에의 욕망은 고양이를 키워야 한다고 까지는 생각한다. 그러나 스산은 아주 오래 전 이 밤에 오기 전에 고양이 인형을 사랑했던 과거의 사건을 기억하지 못한다 – 기억 상실 상태

두 번째 단락 : 스산의 이전 상태의 서술이다. 혼자 자는 게 싫었던 그는 뭔가 끌어 안고 잘 대상이 필요했는데, 첫 대상이 책이었으나 안정과 고요를 위해서는 밝은 털을 가진 동물을 새로운 다른 대상으로 찾는다 – 변경적 대상 찾기

세 번째 단락 : 대상으로 고양이 인형을 가게에서 발견했고 고양이 인형은 오래도록 잠자리의 동반 관계여서 그에게 안정을 준다. 그러나 기억 상실증이란 병을 앓게 되자 고양이 따위나 누구에게도 애정을 쏟을 수 없게 된다. 이 창 없는 현재의 방으로 들어올 때 고양이 인형을 잃어버림으로써 고양이는 스산의 품에서 사라져 버린다. 스스로 원해서 망각의 축복을 받는 스산은 자신에게 고양이 인형이 있었다는 사실을 잊어버린다. 그리곤 시끄럽고 미운 토토를 죽일 청부업자로서 고양이를 원하고 있었지만 그것마저 잊어버린다.

네 번째 단락 : 잊어버렸음에도 불구하고 그가 지난날 껴안고 자던 고양이 인형의 감촉과 그가 늘 꿈속에서 듣던 그 고양이의 밝은 웃음소리는 사라지지 않는다. 그 고양이의 웃음소리의 기억은 투명하지는 않지만 희미하게 사라지지 않는다. 망각 속에서 잠복되어 있는 일정의 원–기억(Ur–Gedachtnis)의 현상이다.

다섯 번째 단락 : 남자는 '옛날 밝은 방'에 살 때는 고양이의 웃음은 들었지만 지금의 '어두운 방'으로 옮겨 오면서는 고양이를 잊어갔다. 스산이 고양이를 잊어 가면 갈수록 더 자주 망각과 기억이 교차하는 속에 그 살인적인 울음 속에서 어두운 스산은 사라지고 밝은 존재로 다시 태어난다. 아무튼 무너진 성의 잿더미 위에서 고양이 한 마리가 야아옹 거리고 있었다. 그리고 해라는 여자는 스상이 라는 을씨년스러운 껍질을 남겨두고 황한 웃음을 울고 그 하얀 고양이만을 데리고 있다. 이것이 운명이다.

야아—옹하는 행복한 울음소리를 들었고 그 밝은 야아—옹 소리와 자신의 소리인지를 구분하지도 못하고 그 소리가 자신의 소리임을 알지 못한 채 그에게 오직 아아으아르르—라고 기분 나쁜 소리가 현실이었다. 결국 그 울음에 먹힌 것이다. 그 살인적인 울음 속에서 어두운 스산은 사라지고 밝은 존재가 다시 태어났다. 아무튼 무너진 선의 잿더미 위에서 고양이 한 마리가 야아—옹 거리고 있었다. 그리고 해라는 여자는 스산이라는 을씨년스러운 껍질을 남겨두고 환한 웃음을 웃는 그 하얀 고양이만을 데리고 왔다. 이렇게 어두움—밝음 '아아—아르' "야아—옹"의 불안정한 상황을 거쳐서 죽은 스산이 아닌, 해라는 여자가 그 껍질을 깨며 환한 웃음의 고양이를 데리고 온다. 그래서 결말은 이것은 운명이었다로 규정하며 끝낸다.

15장
양모(養猫)의 고양이와 채팅 아이디(ID)로서의 고양이」

1. 고투의 기록으로서의 양묘기(養猫記): 양선규의 「고양이 키우기」

양선규의 「고양이 키우기」(1987)는 표제가 암시하고 있는 것처럼 우리 문학에서는 드문 양묘의 자세한 기록이고 견실한 관찰의 기록이다. 그리고 여기에다 지적이고 철학적인 사색력의 한 결과라고 할 수 있는 반문적(反問的) 사유의 수사들이 자주 함께 가미 표명된 글이다. 그래서 글 전체가 수많은 물음표(?)와 느낌표(!)로 점철된 문체적 현상의 특징을 이루고 있다. 이 양묘기는 물론 앙리 파브르의 『곤충기』(1910) 와 같은 곤충 연구 기록서로서의 정치한 기록과 산문의 시가로서의 경지와 견주거나 비길 수는 없겠지만, 현대 한국 문학에서 고양이에 대한 이야기로서 관심과 관찰의 양상이 이 작품만큼 박진성 있게 그리고 전편으로서 집중화된 작품의 경우는 드문 현상인 것만은 분명하다. 고양이 문학으로서는 단연코 압권이다. 단편으로서는 긴 양인 중편형에 장절 분화가 없이 다소 어지럽게 이어지는 작품이다. 1인칭의 서술자(작가를 대리하는) '나'는 '나는 연전(年前)에 고양이 한 마리를 키웠다'고 밝히는 소급과 회고적 서두에 이어서 다음과 같이 글의 성격에 대하여 서술하고 있다.

> 아무튼, 나는 고양이를 한 마리 키웠고 놈은 주인 된 나에게 생각지도 않은 여러 가지 고통을 선사하였다 (무엇인가 사육해 본 일은 놈이 처음이었다. 이 이야기를 하자면 길 것이므로 간단히 요약하자면 놈은 나에게 있어서 새로운 경험이었다. 말을 바꾸면, 놈과 나의 관계에 관해서 나는 일종의 탄생을 경험했다는 것이다.) 그러니까 내가 어제부터 이야기하고자 하는 것은 그 고통의 편력이라고 해도 좋을지도 모른다. 좀 더 정확하게 말하자면 고투(苦鬪)의 기록이라고 해야 되겠지만…….

이에서 보듯 이 고양이 키우기의 양묘기는 그냥 양묘기가 아니라, 고양이를 생전 처음으로 키우는 과정에서 경험하고 받은 온갖 '고통의 편력' 및 '고투의 기록' 으로서의 체험적 양묘기이다. 그러니까 고양이와 '나'의 관계에 한해서는 일종의 '탄생의 경험'이다. 서술자 〈나〉는 어떤 특별한 의미나 생활의 교훈을 얻으려고 특별한 의도를 두고서 작심한 것이 아니라 어느 날, 무거운 쇳덩어리 마냥 의식의 저층에 가라앉아 있는 그 무엇을 발견하고 허명(虛名)의 작가로서의 글쓰기(소설)를 포기 중단해 버린다. 실명으로 살고자 작심하고 나서 거기서오는 심한 정신의 공동 현상을 겪으며 허전한 상황을 잊고자 시작한 것이 고양이 키우기이다. 어느 날 그는 시장바닥 구석에서 팔려가길 기다리고 있는 5백 원짜리 새끼 고양이를 봄으로써 관심을 갖고 "놈에게 최대한 수성(獸性)을 보장한다"는 지식인의 감상적인 생각으로 손가락 굵기만도 안 되는 가는 모가지에 자신의 생명을 상징하는 끈을 감은 고양이를 사서 안고 집으로 돌아온다. 지식인임을 자임하는 그는 고양이를 보면 고양이를 생각하는 것이 아니라 고양이의 상징을 먼저 생각하는 사람이다. 그래서 안고 오는 앙증맞은 고양이의 울음소리와 자태에서도 어느 책 속에서 고양이 상징을 읽어낸다. 이것은 그(서술자)가 고양이란 존재 자체에 대한 경험적인 의식보다는 선험적인 의식이나 판단에 더 편향되고 이끌리고 있음을 뜻한다. 이 글에서 서술자가 열거 · 제시하고 있는 동서양의 고양이 상징은 다음과 같다.

> …동양적인 상상력이 왜 고양이처럼 흔한 동물을 12간지에서 포함시키지 않았는지 궁금하다. 고양이가 중국의 토착적인 동물이 아니었기 때문일까? 아니면 고대에는 그리 흔한 동물이 아니었기 때문이었을까? 묘(猫, 마오)라는 고양이의 중국식 이름은 고양이의 울음소리를 의성한 것이며, 문자의 형태적 구성(Composition)은 곡식을 먹는 쥐를 잡아먹는 동물을 표현한다. 흰색, 검은색, 얼룩이, 황색 고양이가 있고 여우의 몸체와 호랑이의 얼굴과 부드러운 털, 날카로운 이빨, 긴 꼬리, 짧은 허리를 갖고 있다. 고양이 눈의 동공은 시간을 나타낸다. 한 밤 중, 정오, 해 뜰 무렵, 해질 무렵은 실처럼 되고 네 시, 열 시, 아침, 저녁에는 보름달처럼 둥글다. 두시, 여덟시에는 타원형이 된다. 코끝은 언제나 찬 데, 6월 21일 하지쯤에는 하루 종일 뜨겁다. 고양이는 천성이 추위를 두려워한다. 고양이는 누에를 지키는 신이며 어둠을 극복하는 시력으로 인해 악령을 쫓는 힘을 가진 짐승으로 간주된다. 고양이가 얼굴을 씻으면 낯선 사람이 오는 것을 예고하는 것이다.
>
> … 고양이는 정결함과 자유 그리고 장난스러움과 다산성, 우아함 등으로 서양인들에게 좋게 인식되는 일면이 있다. 그러나 그들

도 고양이의 성적 열기, 욕정, 야만적 성행위, 권태로운 우울증, 교활함, 배신, 잔인함, 그리고 게으름에 대해서는 경멸의 뜻을 감추지 않는다. 유럽에서는 고양이가 잠자는 아기의 숨을 빨아서 생명을 빼앗는다고 믿는다. 영국에서는 검은 고양이를 행운, 흰 고양이는 불행. 그러나 미국에서는 그와 반대이다. 선원의 아내는 검은 고양이를 반드시 키우면서 남편의 무사함을 확인한다. 검은 고양이가 집이나 배에 들어오는 한은 길조로 여기는 풍습이 있다. 고양이가 병든 사람이 있는 집에서 나가 돌아오지 않으면 그 사람은 죽는다. 고양이가 저녁에 몸을 씻으면 곧 친구가 오게 된다. 결혼식 날 아침 신부 가까이서 냄새를 맡으면 결혼은 행복하다. 기독교도들에게는 고양이가 게으름, 욕망, 마녀와 관계되어 나타난다. 이집트에서는 고양이가 신성한 존재로 취급된다. 고양이를 죽이는 사람은 사형을 받고, 고양이가 죽었을 때에는 그 주인은 눈썹을 깎고 슬퍼하며 장례를 지낸다.[148]

이렇듯, 그는 동서양의 잡다한 고양이 상징에 대해서는 잘 알고 있었지만, 정작 20평도 채 안 되는 집 안에 데려다 놓은 어미 잃은 한 마리 어린 생명에 불과한 리얼한 실체의 존재로서의 고양이에 대해서는 전혀 알지 못한다. 때문에 키우기 위해서 데려온 지 하룻밤을 넘기지도 못해서 '나'는 낭패와 혼란스러움을 겪게 된다. 낯선 곳 안에서 홀로 밤을 지새야 하는 어린 고양이는 밤새운다는 것, 라면 박스와 점퍼의 털 깃이 깔린 좋은 집을 만들어 주어도 들어가지 않는다는 것, 유리 재떨이에 부어준 우

148 양선규. 『고양이 기르기』, 고려원, 1987, 18~9쪽.
이러한 동서양에 있어서의 고양이 상징은 『유양잡조』, 『본초강목』, 『시경 : 대아편』, 『고공기』, 『성호사설』 및 Jean Chevalier · Alain Gheerbrant. *A Dictionary of Symbols*, Blackwell, 1994 및 Ad de Vries. *Dictionary of Symbols and Image in North Holland*, Publishing Co. 1975 또한 Encyclopedia of Chinese Symbolism and Art Motives(C. A. S Williams, 1960) 등의 상징사전류 들에서 밝혀져 있음.

유도 입을 대지 않는다는 것을 비로소 경험하게 된다. 거기에다 고양이의 울음으로 잠을 이루지 못하고 아파트 위층으로 부터의 항의는 물론 고양이 냄새, 병균의 매개화, 고양이털이 어린아이들의 기관지에 주는 치명적인 영향, 주인을 몰라보는 고양이의 교활함과 배신 등의 사실과 이에 대한 아내의 설득력 있는 짜증을 발단으로 다음 날에 당장 데려온 행위에 대해서 후회하면서 부부는 버려야 할 것을 생각 하게 된다. 이런 상황에서 직면한 '나'는 언제나 알 수 없다는 (?)의 물음과 당혹의 (!)을 내심으로 연신 토설한다.

그런데 하룻밤을 넘긴 고양이는 날이 밝기가 무섭게 자신의 생명을 지킬 '은폐의 따스함' 인 온기를 찾아 헤맨다. 놈의 절제되지 않는 더러움으로 해서 방안의 이불이 더럽혀진다. 이에 대하여 '나'는 결벽을 내세워서 나와 아내와 아이의 집을 온통 고양이 집으로 만들어버리는 고양이를 교육하기 위한 대책을 실시한다. 첫 번째로 놈의 양식과 우유를 담은 재떨이를 놈의 집에 넣어 줌으로서 놈을 그 속에다 자발적으로 묶어두려는 시도를 한다. 그러나 이 시도는 당연히 실패한다. 두 번째의 시도는 고양이에게 약간의 긴장을 주는 방법으로서 놈을 자기 집에다 밀어 넣은 후, 놈의 머리가 나오기를 기다려 볼펜과 자로 머리를 가격하는 방법이다. 그러나 이 방법에도 놈은 끈질기게 머리를 내밀고 물러서지 않고 반항까지 함으로서 나로 하여금 그에 대한 적개심을 키워놓는다. 남은 마지막의 방법은 놈을 추위가 기다리는 베란다로 내모는 일이다. '나'는 집안을 점령하는 그를 내놓아서 그의 집에 의존함으로서 고양이도 집의 필요성을 인식하리라는 소박한 기대를 한다. 그러나 그 사이 고양이에게 관대해진 터무니없는 아내의 모성애로 인해서 놈은 유유자적 방안으로 들어와 석유

난로 가에 배회하고 열기를 즐긴다. 이로 인해서 고양이도 점점 한 가정의 가장이고 주인된 나에게서 적성(敵性)을 파악하는 한편 아내에게서는 모성애를 감지한다. 이렇게 고양이의 훈련되지 않은 비타협적 · 비순응적 · 비이성적 온갖 행동과 상황이 주는 피해를 용납할 수 없는 나는 마침내 그런 고양이에게 일격을 가할 무기인 죽도(竹刀)를 잡는다. 이제 양자 관계는 철저하게 적대관계로 이어진다.

> 이제 기본적으로 놈과 나의 관계는 적대의 그것이었다. 항존(恒存)하는 적대관계 속에서의 디펜스 메카니즘! 더 이상 친교(親交)는 포기하라! 놈은 나와의 친교가 불가능하다는 것을 경험한다. 자신의 생존은 어떤 거대한 적(나는 거대한 적인가? 나의 친교의 범위는 놈의 그것과 어떠한 차이가 있는가?)을 전제로 하는 것임을 놈은 인식하는가? 무엇이 나를 대적하게 하는가? 나의 적은 무엇인가? 정치인가? 종교인가? 문화인가? 경제인가? 과연 종합이 적을 형성할 수 있는가? 놈은 내가 자신의 실존적 조건이며 역사적 조건이라는 것을 인식하는가? (과연 '실존'이 '역사'에 종속되는가?) 역사는 육화(肉化) 되는가 '맹목적이고 비논리적인 것'과 '역사의 육화'는 어떠한 관계인가? 놈은 맹목적이고 비논리적이며 냉소적이다. 그리고 천부(天賦)의 비관을 지닌다. 내가 놈과의 적대를 끊임없이 추구한다는 것을 놈이 인식하는 한 놈은 비극이다. 그러나 놈은 '나'를 '우리'를 파악하지 않는다.
>
> 만일 놈이 나의 쌔디즘에 목숨을 잃는다면 놈은 순교한 것인가 개죽음을 당하는 것인가? 순교와 개죽음은 동음이어인가? 이음동어인가? 놈은 이제 반복하는 경험의 의미를 고려할 때가 되었다.

고양이로 인한 대결적 상황에 당면할 때 마다 '나'는 이런 관념적이고 사변적인 반문과 의문의 철학적인 반응을 표백한다. 그럴수록 고양이의 비타협적 비순응적 행태는 지속되면서 새로 구입하는 소파를 차지해서 요지부동 오수를 즐기고 자빠져 털을 긁어냄으로써 놈에게 인간과 고양이, 주인과 식객의 분명을 가르쳐 줄 필요성이 있는가 없는가를 생각하다가 물에 빠트리고 마침내는 건방지고 도전적인 고양이에게 죽지 않을 만큼 한 번 뜨거운 맛을 보여주겠다! 고 죽도로 가격을 한다. 자신의 머리를 향해서 날아오는 날이 선 징벌의 죽도를 감지하고 고양이는 조건 반사적으로 후닥닥 베란다를 향한다. 그러나 놈은 완전히 피신에 성공하지 못하고 꼬리가 찍혀서 자지러지는 비명을 내지른다. 꼬리를 상한 고통의 상당한 시간을 앓은 고양이는 천적과도 같은 죽도가 버젓이 놈의 공간을 횡단하고 있음에도 불구하고 다시 잠입한다. 고양이는 피고름으로 상처 난 꼬리에 고무줄을 매어주는 나의 선의를 거부하며 성난 이빨로 물어서 나의 손가락을 관통시킨다. 이로 인해 놈을 영영 베란다에 영구 입주시킬 작정으로 내몰았으나, 문이 열리는 기색만 있으면 재빨리 마루로 뛰어들어 소파로 뛰어 오른다. 이렇게 되자 '나'는 고양이를 베란다의 쇠창살에 묶어 두는 수밖에 없어서 나일론 끈을 놈의 목에다 두 겹 감고 묶어 두기로 한다. 그런데도 비타협적이고 비순응적이고 비이성적인 고양이는 아파트 단지가 쩌렁쩌렁 울리도록 절제 없이 울음을 키움으로써 이웃집의 항의를 접수하는 상태가 된다. '나'는 고양이가 울 때마다 사정없이 죽도를 휘두른다.

어느 날 갑자기—오, 나는 5백 원짜리 어린 생명으로 행인들의 무관심 속에서, 버려진 채, 목을 묶인 채, 시장 바닥에서 갑자기 세계를 조우했다. 기아와 추위와 누추함과 비굴함과 부끄러움과 증오심과 복수심과……그것들의 화해 작용으로 빚어지는 말 못할 배신

감은 과연 나에게 무엇이었던가? 내 앞에 나타난 주인은 나에게 무엇을 어떤 규율을 요구하였던가? 배고픔과 한기를 인내할 것, 추함에 관대할 것, 부끄러워 할 것, 비굴할 것, 증오할 것, 복수할 것(대상은 누구인가?) 그리고 배신할 것을 강요하지는 않았는가? 그 강요의 근원과 결과는 어떠하였던가? 근원은 과연 존재하는가? 결과는 완료형인가, 진행형인가? 오 빌어먹을 거지 근성! 나는 얼마만큼의 저항을 도모하였던가. 과연 저항은 존재하였는가? 차라리 떳떳하게 뻔뻔스럽기나 하였더라면! 차라리 상황을 인식하지 말 것을! 나는 고양이놈의 잔등을 후려치면서 놈을 저주했다. 이 놈! 떳떳한 놈! 떳떳하게 뻔뻔스러운 놈! 죽어랏! 이 상황에 무지하라! 놈에게서 나를, 상황을, 세계를, 제거하라! 나를…제거…하라…나를…제거…하라…나를…제거…하라…나를…놈은…나의 광기에 무사한가? 놈의 울음소리가 그쳤겠나(놈은 정녕 나를 제거하였는가?) 외마디 비명도 없었다. '나'를 통해서 대립적인 갈등관계로서의 두 입장이 함께 대비적으로 표출된다.

고양이와 '나' 사이의 죽음을 건 혈투는 이렇게 진행된다. 아내는 이런 죽음을 건 위험한 사투를 심각해하고 불안해한다. 그 뒤 날이 저물자 아내가 담아 준 구운 갈치 밥그릇도 외면한 채, 고양이는 나일론 끈을 이빨로 끊은 채 어디론가 신호도 없이 사라져 버린다. 이런 미련 없는 고양이의 출분(出奔)에 아내와 나는 상당 기간 놈이 돌아오기를 희망한다. 나는 이에 대해서 이렇게 반응한다. "놈이 선사한 고통과 놈에 대한 미련은 왜 정비례하는가? 놈에게도 이 비례식은 성립하는가?" 놈은 끝내 돌아오지 않았고 놈이 돌아오지 않을 것이라는 예단이 자리 잡고 아내와 나 사이에 놈에 대한 대화가 삭제되어 갈 무렵 더위도 한 물 가고 놈의 기억도 한풀 꺾여 구겨진 휴지처럼 의식의 뒤 편에 버려질 즈음에, 놈은 말라비

틀어진 자신의 꼬리를 우리 앞에, 장독대를 덜어내고 베란다를 씻어내던 아내와 나의 면전에 슬그머니 내민다.

이렇게 작품 「고양이 키우기」는 길들여지지 않고 비타협적 · 비순응적인 행태의 고양이와 이를 사육 · 순치하려는 인간 욕망과의 갈등의 평행 관계를 보여주면서 양묘 과정의 고통과 고투의 실상을 경험론적으로 기록한 작품이다. 수많은 물음표와 느낌표로서 제시되고 있는, 때로는 철학적이기까지 한 사변적인 반응이 다소 과장되고 있다는 느낌이 없지도 않지만, 이 작품은 행위와 지적 사색이 곁들여진 고통스런 양묘 과정에 대한 어려움과 이에 대한 반응의 내면적 표출을 이로서 병행적으로 제시하는 독특한 서사 효과가 있음도 또한 사실이다.

2. 길찾기와 고양이 찾기 : 김경욱의 「고양이의 사생활」

김경욱의 소설집 『누가 커트 코베인을 죽였는가』(2003)를 해설하는 글의 한 대목에서 원로 평론가인 김병익은 김경욱의 소설들을 '오늘의 우리 시대가 펼치고 있는 황량한 세계 속을 살고 있는 인터넷 세대의 쓸쓸한 내면 풍경들'이라고 지적한다. 맞는 지적이다.[149] 소설집 속의 한 작품인 「고양이의 사생활」만 하더라도 표제와는 달리 거기에는 정작 실제 고양이는 이 작품에 등장하지 않는다. 다만 여기의 고양이는 이 작품에 등장하고 있는 스무 살 여자 아이(이름 부재)의 채팅 아이디일 뿐이다. 이렇게 컴

149 김병익. 「해설 : 존재의 허구. 그 불길한 틈」, 김경욱, 『누가 커트코베인을 죽였는가』, 문학과 지성사, 2003/2010, 349쪽.

퓨터 모니터와 휴대폰의 메시지가 상호 소통의 매체와 통로가 되고 있는 이 시대의 이 작품의 허상적 카토그래피의 세계와 장소는 온통 인터넷 공간으로써 작성 · 제시된다. 마치 옛 소설인「구운몽」등이 꿈을 프레임으로 이용하듯, 이런 오늘의 소설은 컴퓨터 · 인터넷의 큰길을 서사적 프레임으로 이용한다.

이 작품의 주도적 모티프는 길찾기와 그와 연관된 '고양이' 찾기이다. 우선 길찾기의 경우, 주인공인 '나'가 애완견을 기르는 아내와는 달리, 개 알레르기 증상 때문에 다른 '무언가를 기른다'는 수수께끼 같은 의문의 담론을 펼치는 첫 단락에 이어서 두 번째의 단락이 도시의 길찾기의 이정을 알리는 지도제작의 메시지를 다음과 같이 제시하고 있다. 말하자면 길안내의 약도인 것이다.

> 놀이공원 입구에서 오른쪽으로 두 블록 지나 등기소 앞 네거리에서 좌회전한 다음 외환은행 건물을 끼고 우회전해서 2백 미터쯤 직진하다보면 세븐일레븐이 나오는데 세븐일레븐 왼쪽 골목길을 백 미터쯤 가면 정육점이 나온다. 정육점 앞에서 해가 저무는 쪽으로 몸을 돌려 시선을 30도 각도로 올려다보면 얼기설기 엮인 전깃줄 너머로 번개표 형광등 옥외 광고판이 보인다. 그 광고판을 똑바로 쳐다보며 걷다가 '번'자의 받침이 찌그러져 있다는 사실을 육안으로 확인할 수 있게 되는 순간 걸음을 멈춰 왼편을 바라보면 이 세상이 시작되기 전부터 그곳에 뿌리를 내리고 있을 법한 고욤나무 한 그루가 보일 것이다. 그 고욤나무 아래에 서 있으면 눈 깜짝할 새에 달려 나가겠다고 그 아이가 말했다. 정확히 말하자면 내게 그런 취지의 메시지를 보내온 것이다.

이는 채팅의 상대인 여자아이 '고양이'(채팅 아이디)가 해고된 학원 영어 강사인 주인공 '나'—채팅 아이디 '아저씨'—에게 서로의 만남의 지점을 알려주는, 녹록치 않은 길 찾아가기 미션의 이정표이다. 놀이공원에서 시작하여 최종 목적지인 고욤나무를 찾아가기까지의 일련의 도시 건물들과 도로의 방향과 거리, 간판 경계 등이 지도화되어 있다. '나'는 지금 지난 봄부터 나만을 위한 존재로서 '기르기' 시작한 여자아이가 보내온 메시지를 따라서 지정된 만남의 장소로 길을 찾아가는 도정에 있는 것이다. 이는 케빈 린치(Kevin Lynch)가 그의 『도시의 이미지』에서 밝히고 있는, 이른바 '길찾기'(Wayfinding)[150]과 같은 경우이다. 이 길찾기는 도시 거주자가 지시 안내를 위한 경계표를 이용하면서 도시공간을 네비게이트하기 위해서 이용하는 실행과 관련되어 있다. 실명의 고유명사로서의 이름을 아이디로 익명화한 둘은 미로같은 도시 공간을 거쳐서 이 지도의 길찾기를 통해서 서로가 만나게 된 것이다. 그래서 나가는 출발지인 놀이공원 입구에 차를 대고 수첩을 꺼내어 놀이 공원, 등기소, 외환은행, 세븐일레븐, 정육점, 번개표, 고욤나무로의 이정을 약도화하면서 더듬어 가고 있는 것이다. 이 사이 사이에 '나'는 면사무소에 앉아 평생 다른 사람들의 출생과 사망의 호적을 정리하다 과로사로 죽은 아버지의 삶과 '부끄러워 할 줄 알아야 한다'는 유언을 떠올리는가 하면, 꽃가루가 눈발처럼 날리던 지난 봄 채팅을 하다 신촌의 한 클럽에서 처음으로 그 아이(고양이)를 만났던 일들을 기억한다. 그 아이는 어디로 뻗어 있는지 짐작할 수도 없는 인터넷 전용 회선 저 너머에서 시도 때도 없이 도발적인 질문을 던져온 얼굴 없는 수다쟁이이다. 그 아이가 던져온 "아저씨 나랑 같이 죽을 수 있어?"란 당

150 Robert T. Tally Jr. Spatialily, Routledge, 2013, pp. 70~1.
이 용어는 Fredrick Jameson의 '인지적 지도(Cognitive Mapping)'로 이어진다.

돌한 문장 때문에 한번 꼭 만나보아야겠다고 마음먹음으로써 이루어진 첫 만남이다. 이 첫 만남에서 채팅 호칭을 고양이, 아저씨로 한다. 그날 고양이는 처음 '나'에게 입술을 허락하지만, 가슴께를 더듬는 것은 거부한다.

다시 현재로 돌아온 '나'는 서둘러서 놀이공원을 빠져나와 좌회전, 우회전을, 그 자동차들의 소음을 들으며 나아가 보지만, 분간할 수 없이 비슷한 잿빛의 건물들, 늙으면 닮아가는 부부처럼 엇비슷하고 영락한 건물, 웃자란 플라타너스에 가리워진 표지판 같은 미로의 혼동 속에 빠져든다. 그때 회식으로 늦어진다고 아내의 휴대 전화가 걸려오고 지금 무얼 하느냐는 아내의 물음에 수업 중이라고 응답을 했지만 '나'는 이미 학원을 쫓겨 난 것이 석 달 전이었음을 우리에게 상기시킨다.

서사는 다시 '나'와 '고양이'와의 지난 시간으로 역행한다. 해고된 '나'와는 달리 이곳저곳에서 시간을 쪼개서 아르바이트를 하는 '고양이'를 기다리고서야 함께 할 수 있었던 두 사람의 이야기와 대화가 전개된다. 제목의 「고양이의 사생활」은 '고양이'가 서로의 프라이버시를 건드리지 말자는 말에 반응한 '나'의 "나는 고양이의 사생활을 존중해야 마땅했다. 고양이도 내 사생활을 존중해 주었으므로."란 반응에서 연유된다. 그러나 뜻밖에도 고양이는 고2 때 사교육비 때문에 엄마와 미국에 갔고 아버지는 생활하는 데 필요한 최소한의 비용을 빼고 수입의 대부분을 미국의 송금했으나 '고양이' 엄마에게는 남자가 생김으로써 혼자 귀국하게 되었다고 이야기를 한다. '고양이'가 '나'에게 '부끄러워 할 줄 알아야한다'는 고양이의 말에 사과하면서 안정되게 진정시키자 '나'의 입술과 가슴을 더듬는 내 손을 잠자코 받아들인다. 그러나 '나'의 손이 청바지의 지퍼를 내리는 순간으로 진전되자 '고양이'는 "그만 오늘은 여기까지만"으로 단호하게 거절한다.

다시 서사는 현재로 돌아와 엉망인 표지판 때문에 묻고 물으면서 잘못 들어선 길을 좌회전 우회전하면서 링-반데룽(Ring-Wanderung)하는 것처럼 흉물스런 원점인 놀이 공원에 돌아와서 나는 이 차몰기 길찾기가 고양이의 방에 들어갈 수 있는 자격을 얻기 위한 시험을 치르고 있는 것으로 받아들인다. 그동안 '나'는 밤낮으로 고양이의 방에 들어갈 수 있는 것을 상상해 왔던 것이다. 이 방이야 말로 '나'에게 있어서는 '원망 공간'이고 장소애(Topophilia)로서의 이미지이다. 그런데 사위는 어두워진다.

다시 아내와의 순조롭지 못한 관계의 이야기가 끼어든다. 불모의 관계나 다름없는 둘의 생활이. "내가 상상하던 결혼은 이런 게 결코 아니었어."라고 입버릇처럼 말하는 직장 생활하는 아내, 이 말에는 기름진 삶이 없다는 것이다. 아내는 생활비와 융자금, 교육비의 부담으로 아이가 생기는 것을 거부하고, 태아 낙태를 하면서 당장 고생하더라도 뭔가 장래에 대한 꿈이 있어야 한다고 주장하면서 희망이 없는 삶을 죄악시한다. 그러면서도 지난 봄 이후로 아내의 퇴근시간은 점점 늦어지고, 일요일에도 회사의 급한 일 때문에 나가고, '나'에게는 저녁을 차려먹기 귀찮기 때문에 중국집에 배달시켜 먹고 애완견 해피의 밥을 챙기는 것도 잊지 말라고 부탁이나 닦달한다. 무료하면 TV나 시청하라고 한다.

마침내 '나'는 해 넘어가는 어둠 속에서 고욤나무에 도착한다. 그러나 거기에 고양이는 없다. '나'는 그 고욤나무 아래서 방범등 불빛을 향해 고개를 내민 채 언제 나올지도 모를, 나올지 안 나올지도 확실치 않은 고양이를 기다린다. 그 무렵, 골목 어디선가 밥 짓는 냄새가 풍겨오고 도마 소리도 들리고 갓난아이의 칭얼거리는 소리도 들린다. '나'는 일진이 좋다면 고양이가 지어주는 저녁을 얻어먹을 수도 있다고 생각한다. 그리고 고양이의 방을 머릿속에서 다시 한 번 그려본다. 이 세상에 온전히 나만을 위해 존재하는 고양이의 체취가 고스란히 배어 있을 그 방을 상상해 보는 것이다. 이런 사람이 사는 집의 밥 냄새, 도마 소리, 아기 소리 등의 풍경은 '나'가 이제껏 살고 지탱해온 상황과는 전혀 대립적인 세계의 풍요하고 행복한 가정 상(像)인 것이다.

바야흐로 이 결정적인 순간에 아내의 귀가와 애완견 해피의 안부를 묻는 아내의 분이 풀리지 않은 잔소리가 함께 휴대 전화의 착신음을 듣고 아내의 시선을 애써 외면하면서 문자 메시지를 휴대전화 창에 띄운다. 필시 그것은 나오지 않은 고양이가 보낸 문자 메시지일 것이다. 이는 고딕 활자체로 되어 있고 초두의 메시지가 거듭 반복된 것이다.

> 놀이공원 입구에서 오른쪽으로 두 블록 지나 등기소 앞 네거리에서 좌회전한 다음 외환은행 건물을 끼고 우회전해서 2백 미터쯤 직진하다보면 세븐일레븐이 나오는데 세븐일레븐 왼쪽 골목길을 백 미터쯤 가면 정육점이 나온다. 정육점 앞에서……

이렇게 애써 길은 찾았으나 짝찾음의 대상은 부재 상태, 이것이 삶의 역설을 암시하고 있다. 그런데 이 '길찾기' 행위가 궁극적으로 고양이 찾기와 연계되어 있음을 이미 앞에서도 지적한 바 있지만, '나'는 이 세상에서 나에게 위안을 주고 나만을 위해 존재하는 '고양이'를 찾기 위한 바램으로 길찾기를 떠난 것이다. 결혼은 했으나 가족이 없고 가진 것이라고는 '고양이'와 노닥거리기 위한 랩탑 컴퓨터가 전부인 고독한 존재인 '나'에게 있어서는 아이디 고양이로 포장되는 여자 아이는 '나'에게 있어서 위안을 넘어서 유일한 삶의 희망이다. 이 희망은 고양이의 체취가 고스란히 배어 있는 그 고양이 방에 들어가는 것, 그리고 고양이가 지어주는 저녁을 얻어먹는 것 등으로 구상화 되어 있다. 이는 부부로서의 심신의 교섭과 조화 관계 및 함께 하는 밥의 식사시간, 아이 키우기 등의 평범하고 범상스런 삶의 정경일 뿐인 것이다. 그런데 정작 '나'와 아내의 사이에는 이런 범속한 것들이 부재한 상태이기 때문에 공유가 없이 둘을 균열시키거나 격조화시키는 틈이 개재해 있는 것이다. 이 가장 일상적인 것의 부재와 결핍이 아이디가 '아저씨'인 나로 하여금 '고양이'와 채팅을 하고 만날 때마다 여성과의 관계를 음밀한 몸의 부위로 심화적으로 더 접근해 들어가려는 욕망을 추동시키는 것이다. 그런 점에서 '나'에게 있어서 아내와 '고양이'는 대척 관계나 다름이 없다.

그것은 살아가기 위해서는 돈에의 집착성을 강하게 드러내고 있는 아내와는 달리 여러 곳 아르바이트를 하며 "나를 지키기 위해서, 스스로를 지킬 만큼의 돈을 버는거야"라는 여유로움에서도 노출되지만 '나'는 십분 이해가 되기도 하지만 결국 메마르고 황량한 공간인 아내에게서 없는 것들, 지은 밥, 도마 소리, 칭얼거리는 갓난 아이 갖기, 체취가 고스란히 배어 있는 방……을 찾아가려고 하는 것이다. 그러나 그럼에도 불구하고 '아저씨'가 그런 의미를 함축하는 여인인 '고양이'와의 약속의 장소 고욤나무로 찾아서 가는 길찾기(웨이파인딩)가 아내의 돌발적인 출현과 함께 중도에서 종료되어 버리고 다시 휴대 전화에서는 최종 목적지로 가는 길을 일러주는 문자 메시지가 다시 뜨는 아이러니컬한 상황이 벌어진다. 그것이 암시하는 헛된 기다림과 기대의 무위함과 역설성이 이 시대를 살고 있는 가족관계의 각박한 실체성과 그로 인해 생기는 빈틈의 삭막함을 시사하거나 제시해 주고 있는 것이다. 결국 게임 속에서 이루어진 길찾기도 고양이 찾기도 엄격히 보면 다 같이 인간 찾기인 것이다. 사이버 캣으로서의 고양이 아이디를 통해서 인간이 인간을 그리워하는 서사적 세계를 제시하고 있는 것이 바로 작품 「고양이의 사생활」이다. 그것은 옛 소설의 '꿈'이 사이버 스페이스(cyberspace) 인터넷공간으로 치환된 것이다. 그래서 고양이는 실물이 아닌 체팅 아이디 일 뿐이다.

16장
「퍼즐」과 「묘씨생(猫氏生)」의 고양이」

1. 아픈 기억과 과거를 파헤치는 권지예의 고양이

권지예의 단편 「퍼즐」(2007)은 표제 그대로 서사 세계를 이루는 여러 요소들을 퍼즐처럼 유기적으로 조합하고 효과적으로 구성시킴은 물론 시점(視點)의 변환 등으로 잘 다듬고 잘 짜 맞춘 구조의 작품이다. 작품 전체가 고양이 이야기는 아니지만, 검은 고양이와 줄무늬 회색 고양이 그리고 새끼 네 마리가 등장하며, 이들 고양이가 전체 서사 과정에서 기여하거나 상징하는 기능이나 의미는 결코 간과해버릴 수 없을 만큼 중량의 무게를 지니고 있다.

여기에 등장하는 고양이 관련 중요 대목들을 우선 옮겨 보면 다음과 같다. 이 인용이 약간은 장황하지만 문맥에의 클로즈-리딩에 의해서 작품의 현장성에 더욱 밀착하게 다가가기 위해서이다.

(1) 검은 고양이 가족은 그 집(옆집 빈집)에 근거를 두고 살았다. 그 집 정원의 석등 밑에 자주 모였다. 주택가의 쓰레기통을 뒤지며 생존하는 도둑고양이들이지만, 이 동네는 고양이 폐해를 막기 위해서 음식물 쓰레기 전용 봉투를 사용하며 집 앞의 잠금 장치가 있는 커다란 플라스틱 박스에 넣는다. 인적도 드문 주택가의 널찍한 길을 쓰레기 한 톨 보이지 않는다. 그리고 집집마다 잘 가꾸어진 정원의 잔디밭에도 생선 가시, 고기뼈 한 조각 떨어져 있지 않다. 고양이는 배가 고픈지 시도 때도 없이 울었다. 검은 고양이와 줄무늬 회색 고양이, 그리고 새끼 네 마리, 그 놈들은 사람이 없는 옆집에서 주인처럼 터를 잡고 산다. 현관문을 열어 놓고 갈치라도 구울라치면 배가 고픈지 안으로 어슬렁거리며 들어왔다. 나는 기겁했다. 그러나 놈은 대담하다. 그 자리에 가만히 서서 나를 노려보았다. 나는 비명을 지르면서 발을 굴렀다. 그제야 그놈은 도망치듯 실내에서 나갔다. 그러나 딱 한 번 뒤를 돌아보았다. 그때의 그 눈빛이란…… 적대감과 원한을 품은 그 눈빛을 감당하기에는 나는 너무 연약한 심성을 가졌다. 나는 모든 애완동물을 싫어한다. 그 중에 특히 고양이는 고양이만 보면 온 몸의 털이 곤두선다. 아니 고양이 울음소리만 들어도 숨이 가빠온다. 쥐도 아닌데.[151]

(2) 줄무늬 회색 고양이와 검은 고양이가 정원에 나타났다. 두 놈은 꼬리를 치올리고 느릿느릿 마당가를 돌며 계속 울어 댔다. 그러더니 묘석 근처에 심었던 임피첸스를 화분에 옮기느라 파헤쳐진 흙을 뒤지고 있다. 두 놈이 고개를 쳐 박고 있더니 꺼낸 것은 뭔가 하얀 물체였다. 두 놈은 그것을 하나씩 물고 사라졌다. 길고 허여스름한 그것. 나는 갑자기 가슴이 뛰었다. 아냐. 아무 것도 아니야. 상상이 너무 지나친거야. 나는 세차게 고개를 흔들었다.

저녁을 지어먹고 티브이를 보다가 약기운에 잠이 들었다. 한동안 끊어왔던 항우울제를 다시 먹기 시작했다. 약이 잘 안 맞는지 어

151 권지예. 「퍼즐」, 『문학의 문학』, 2007. 겨울호, 116~7쪽.

쩌다 중간에 밤에 잠이 깨면 다시 잠을 이루기가 힘들었다. 게다가 가끔 현실에서 보고 듣는 것이 환시와 환청이 아닐까 의심하게 된다. 집중력과 기억력이 현저히 떨어져 가끔은 내가 치매에 걸린 걸까 생각해 본다.[152]

잠이 깬 것은 꿈 때문이었다. 아까 저녁에 정원에서 본 두 놈의 모습이 뇌리에 남았던 걸까. 두 놈은 아까처럼 묘석 근처 흙을 파헤치고 있었다. 그 자리는 이태리 봉선화라 불리는 임피첸스의 화려한 꽃이 끊임없이 피고 지던 자리였다. 그 구덩이에서 두 놈이 꺼낸 것은 뼈였다. 인간의 뼈. 나는 순간 꿈에서 생각했다. 아아 목매달고 죽었다는 정부의 뼈일까? 그러나 나는 가슴이 서늘해지도록 꿈에서 놀란다. 그것은 아기들의 뼈들이었다……밤이 길었건만 오늘 따라 고양이가 그악스레 운다. 옆집의 고양이들이 모두 몰려와서 집을 포위하고 울어대는 것만 같다. 나는 다시 이불을 뒤집어쓰고 귀를 틀어막는다. 그래도 고양이들의 울음소리는 집요하게 귓속을 파고든다. 아니 이건 고양이의 울음이 아니다. 가난 아기들의 울음소리다. 나는 베개에 머리를 짓찧으며 두려워 울기 시작했다.

(3) 그 때도 고양이가 울었다. 아니 아기의 울음소리를 들었다. 마귀 같은 조산원의 산파가 벌린 내 가랑이 사이로 기다란 카테터를 집어넣고 있었다. 산파는 껌을 짝짝 씹으며 초음파 모니터를 보았다. 내 아기는 달의 표면처럼 어둡고 고르지 않은 자궁벽에 투명한 빙어처럼 붙어 검은 강낭콩 같은 심장을 팔딱이고 있었다. 긴 대롱이 아기와 연결되어 있는 태반을 꾹꾹 찌르는 것이 보인다. 그것과 동시에 내 몸은 자궁 속, 어딘가가 예리하게 아프다. 그리고 머릿속에는 창에 찔리고 있는 아기의 환영이 지나간다. 그때 고양이가 울었다. 아니 아기가 울었다. ㄴ는 아직도 그게 아기의 울음소리인지 고양이의 울음소리인지 모른다. 여인숙 같은 방마다 산모들이 아기를 옆에 눕히고 미역국을 먹고 있었고, 도둑고양이들이 음침한

152 같은 책, 124~5쪽.

눈을 빛내며 수시로 들락거렸기 때문이었다. 고양이들의 털은 가난한 동네에 걸맞지 않게 윤이 자르르 흘렀다. 나는 그것들이 아기들의 태반이나 탯줄, 또는 유산인 핏덩어리를 먹고 자라는 것은 아닐까 상상하고 혼자 소스라쳐 놀란 적이 있다.

⑷ 잠은 달아나고 웬일인지 고양이들은 계속 울어댄다. 나는 겉옷을 걸치고 안방의 창을 내다본다. 고양이들은 보이지 않는다. 거실로 가서 정원을 향한 통 유리창에 두 눈을 바짝 들이댄다. 하늘에 보름이 지나 약간 이지러진 달이 떴다. 아주 어둡지 않았다. 고양이들은 보이지 않는다. 다만 희부윰한 묘석들의 실루엣이 달빛에 음험하게 빛난다. 꿈에서 놈들은 아기들의 뼈를 파헤치고 있었다. 소름이 돋는다. 약의 부작용인지 악몽에 시달리는 일이 잦다. 그러나 꿈이 아주 얼토당토하지는 않다. 내 가슴 속에는 아기들의 무덤이 있다. 작은 봉분 세 개. 그 산에는 태어나보지 못하고 내가 죽인 세 아기들이 아무도 몰래 흰 뼈를 묻고 있었다.

이렇게 그다지 길지도 않은 단편 속에 고양이 장면이 상당한 양의 길이로 제시되어 있다. 이것은 이 작품의 서사 전략과 상징화에 있어서 고양이의 출현효과가 큰 의미작용을 하고 있음을 뜻하는 것이다.

⑴은 주인공의 생래적인 고양이 공포증 또는 혐오감이 제시된 것이고, ⑵는 항우울제를 복용하고 있는 주인공이 정원 문석 근처에서 고양이들이 하얀 물체를 파헤쳐서 물고 사라지는 것을 본 낮 동안의 경험이 꿈, 밤결의 환시, 환청이 되어서 사람의 뼈, 아기들의 뼈 그리고 아기들의 울음으로 꿈의 상(Traumbilder)이 연상화되어서 받아들여짐으로써 두려움을 느끼는 대목이다. 이 점에서 주인공의 신경성 징후(Syndrome) 형상이 암시된다. ⑶은 '그 때'라는 시제가 암시하고 있듯이 주인공이 태아의 낙태 수술할 때의 기억에서 그때의 태반에서 떨어져나간 아기의 환영과 고양이

의 울음이 서로 오버랩됨을 상상하면서 소스라치게 놀란 경험을 떠올린다. ④는 다시 기억에서 현실로 돌아와서 희부윰한 달빛아래서 지난 꿈에 고양이가 파헤치는 가 세 번씩이나 낙태를 시킨 아이들의 그것이고 이를 의식하고 주인공은 자신의 가슴 속에 태어나지도 못하고 죽은 그 세 명의 아이들의 뼈를 무덤인 봉분 셋이 있음으로 떠올린다. 그리고 아기들의 죽음이 바로 자신의 소행에서 이루어졌음을 아파하면서 내심 깊이 자책한다. 그렇게 주인공에게 있어서 고양이는 그와 불가분의 밀접한 상관성을 가진 존재이다. 따라서 고양이는 두려움과 혐오의 대상이고 그리고 정원의 흙을 파헤쳐 뼈 같은 흰 물체를 끄집어내는 고양이의 행태와 그들의 울음소리가 연상 작용을 일으켜서 주인공의 의식 깊숙이 잠복되어 있는 '아픔의 기억'(Momoirs of Pain), 즉 아프고 고통스런 과거와 기억을 파헤쳐서 떠올리게 하는 동물 상징적인 존재임을 암시하고 있는 것이다. 이렇게 고양이를 작품 속에 심도 있게 끌어들이고 있는 것은 주인공의 아픔의 병리상태에 대한 유추의 방책이 되게 하려는 서사전략인 것이다.

갱년기에 있는 주인공은 퍼즐 맞추기를 한동안 좋아했지만 그마저도 흥미를 느끼지 못하고 약간의 우울증과 함께 숨죽여 살아가는 여인이다. 그는 미국으로 떠난 이종사촌형으로부터 화랑 사업을 인계한 남편과 앙칼지고 버릇없이 괴팍스런 전처의 딸과 함께 북한산이 동네를 감싼 넓은 집에서 산다. 오랫동안 비워두었던 것을 리모델링해서 이들이 이사해온 이 집은 정원에는 이끼 낀 석인(石人), 석수(石獸)가 있고 창고 뒤쪽에는 오래된 통나무 뚜껑이 덮인 옛 우물이 있다. 이 집은 이종 사촌형의 정부가 살다가 몇 해 전 목을 매어 죽은 흉가이다. 옆집의 팔리지 않는 집도 몇 달 전 살던 사람들이 교통사고로 일가족이 모조리 즉사해 버림으로써 비어있는 폐가 상태이다. 거기 집 풀이 우거진 집을 근거로 한 다섯 마리의 고양이가 이 집과 저 집을 넘나들면서 울고 흙을 파헤친다. 이렇게 분위기 자체가 공포스러운 일종의 '고딕 소설'(Gothic Novel)을 연상케 하는 적막하고 음산한 공간이다. 이런 집에 햇빛이 지고 어둠이 내리는 낮과 밤이 교대하는 요요한 경계의 시간이 되는 순간 주인공은 흔적 없이 사라지고 싶다는 욕망에 가슴 벅찬 전율이나 차가운 슬픔을 느끼며 몸을 떨곤 한다. 그녀가 느끼는 이런 흔적 없이 사라짐에 대한 욕망은 왜 어디에서 연유하고 있는 것일까. 그것은 한련화 꽃잎처럼 선명한 피꽃을 내 몸에서 더 이상 피울 수 없다는 존재의 슬픔, 즉 생리 혈이 나오지 않은 채 메말라 버린 불모 상태, 그리고 정원에 나타나 흙을 뒤지고 울어대는 고양이가 주는 죽은 아기들에 대한 환시 · 환청 현상 때문이다.

그래서 고양이 울음소리를 연상의 매개로 해서 이야기는 더러운 개천이 흐르고 있던 둑방 주변에 도둑고양이들이 어슬렁거리던 지저분한 동네의 산원에서 두 번의 인공 중절과 사산으로 아이를 죽게 한 17년간의 지난날이 역행적인 전기(傳記)에 의해서 전개되어진다. 17년 전 가을 임신한 주인공은 남아선호의 시어머니의 모자 손에 이끌리어서 10주 전후의 태아의 성별을 알 수 있는 융모막 검사를 강권 당한다. 전처 소생의 딸이 하나 있으니 아들만을 얻겠다는 속전속결의 잔혹한 시어머니의 지론에 두 아기들은 태어나보지도 못하고 인공중절로 처리되어 버리고 만다. 이때 남편과 시어머니는 이 생명을 죽이는 범죄적인 중절 행위에 태연해하며 묵인 · 승인하거나 동조하는 반응을 보인다. 세 번째는 좀처럼 들어서지 않다가 들어선 아들이다. 예의 그 조사원에서의 감별의 결과 임신한 아이가 아들임이 판명되자, 남편은 샴페인을 사오고 시어머니는 보약을 지어와서 처음으로 손을 꼭 잡아주기까지 하는 등, 환대를 한다. 그러나 안정기 5개월이 지나도 하혈이 계속되고 임신 6개월이 넘어서자 의사는 아무래도 아이가 정상적인 아이가 되지 않을 확률에 대해서 의견을 내놓는다.

그때부터 시어머니의 태도도 표변하고 남편의 태도도 달라지면서 아이를 지우자고 강권한다. 그러나 주인공은 생명의 경이로움을 태동으로 느끼고 혹시 정상아가 아니라도 '너를 지키고 사랑할 것'이라고 약속을 하면서 완강하게 반대한다. 그러나 걷잡을 수 없는 하혈이 이어지고, 아이는 수술실에서 꺼내어지고 '그 이후로는 그녀는 더 이상 아이가 생기지 않는 몸'이 되어 버린다. 이후 남편은 그녀를 철창이 쳐진 병원에 데려갔고, 내 아이가 세상의 빛을 보지 못한 것에 대한 죄책으로 살아도 산 목숨이 아닌 '나'는 들키지 않고 사라져서 완전히 소멸하고자 해온 것이다. 몇 번인가의 자살 실패는 결국 남편에 의해서 '나'로 하여금 금치산자로 만들어 버리게 된다.

이런 처지에 있는 '나'에게 일주일에 두 번 청소하러 오는 파출부 안씨의 박복한 신세 타령과 그의 두식이란 정신 지체아인 3세 아들의 존재는 '나'에게는 가사일을 도와주는 것 이상으로 동류적으로 위안과 협조를 주는 존재들이다. 바람난 남편의 전처의 딸들을 제 자식처럼 정성들여 키우고 정신 지체아인 아들을 두고서 "병신 자식이지만 박복한 내 평생에 간절히 원해서 얻은 딱 하나뿐인 내 아들이 온전친 못혀도 월매나 이쁘고 찬한지……."라고 토설하는 모성애는 전처소생의 딸만 키우고 정작 아이의 생명을 지켜주지 못한 '나'에게는 가슴 아픈 찔림이고 감동이고 위안이다. 그리고 비록 병신이지만 온순하고 순한 두식이의 퍼즐에 골똘하여 정신을 팔고하고 있는 아름다운 모습은 놓쳐 버린 셋 째 아이와 다를 바 없는 존재로서 받아들여지고 있는 것이다. 그렇기에 '나'는 그의 입에서 흐르는 침이 퍼즐 판에 떨어지기 전에 얼른 손으로 그의 턱을 문질러 주면서 '까칠한 수염의 감촉이 싫지 않다'는 감촉과 저런 자식이라도 하나있는 안씨는 행복하다는 내심을 드러낸 반응을 보이는 것이다. 이 두식이는 결말에 아내(여주인공)가 그렇게 바라기 조차해 사라짐(실종)을 위해서 여인이 빠진 옛 우물에 숨바꼭질하는 것처럼 죽게 한다는 것도 모르고 순진하게 뚜껑을 덮어주는 순진한 협조를 하게 되는 것이다.

여인의 사라짐의 결정적인 원인이 된 것은 원로 화가의 호당 1500만원의 30호짜리 유화가 없어진 사건을 두고 아내와 안씨 모녀를 의심해서 아내를 추궁하는 외박 지향적인 남편의 자제력을 잃은 아내에 대한 불신과 극단적 언어폭력이다. 11월에 하루 남은 날, 그녀는 그녀 자신이 그토록 증오하던 이가 누구인가를 확실히 인지함으로써 사라짐을 결행하는 것이다. 그날 그 직전에 그녀는 안씨와 두식이를 시켜서 고양이들에 대한 참살을 실행한다.

> 그 놈들이 더 이상 울지 않았으면 좋겠다. 이제 갓난아기 울음 같은 소리를 더 이상 듣고 싶지 않다. 그 울음소리에 끌려나오는 기억들과 이별하고 싶다. 세상에 나오지 못하고 사라진 핏덩어리로 기억되는 아기들. 그리고 배 속에서 온전히 반년을 살아냈던 아이. 흐물흐물한 병 속에 아이의 몸이 떠올랐다. 아이들을 죽이기로 결정한 것은 결국 어미인 나였다. 밖으로 향하던 화살촉이 내게로 꽂혀 나는 숨도 쉬지 못할 정도로 아팠다. 뜨거운 눈물이 끊임없이 흘러 내렸다. 그때 누군가 달래듯 내 등을 투덕투덕 건드렸다. 돌아보니 두식이 침을 흘리며 서 있었다.

이런 고양이 죽이기 계획은 감당하기 어려운 아픈 과거에 대한 연상적인 기억과 트라우마를 지워내고자 하는 주인공의 기억의 말소적 소진 행위에 다름이 아닌 것이다. 그리고 주인공은 아이들의 생명 죽이기 결정에 대한 범죄의 화살촉이 향한 대상이 남아 선호 의식의 바깥에만 있는 것이 아니라 자신에게도 있다는 자책적인 아픔을 깨달으며 뜨거운 눈물을 흘리게 되는 것이다.

결말의 장절인 ⑽ 장은 서술 시점이 변환된다. 이제껏 화자인 1인칭의 '나'가 아내였으나 이 아내가 사라져 소멸되어버린 이 장은 아내의 실종 선고를 하는 남편이 1인칭 '나'로 전환되고 있다. 서사학적으로 볼 때, 이러한 화자의 변환은 초점화에 있어서 합리적이고 효과적인 수법이다. 이 장에서 주목되는 사실은 함께 살아오는 동안 아내는 겉으로는 수동적이고 무력한 표정이었지만 고양이의 발톱 같은 걸 숨기고 살았던 사람으로 해명하고 그리고 자신과 어머니와 딸에 의한 억압이 큼에도 불구하고 이런 병세가 깊어지는 아내를 금치산자나 정신 이상자로 단정하여 병원 당국에 수용하기를 요청하여 가두어 버리려는 감금 계획을 짜는 남편의 철저한 냉담함과 비정함이다. 그런 점에서 '나'의 사라짐은 어느 점에서는 자살이 아니라 타살이 된다.

2. 동물 자전(自傳)의 포맷 : 황정은의 「묘씨생(猫氏生)」

황정은(黃貞殷, 1976~)의 단편소설 「묘씨생」(2010)은 그 제목부터가 특이하다. 인생이 아니라 고양이의 삶(猫生)이나 일생이란 뜻이다. 서사 장절의 짧고 잦은 분절화, 전통적인 서사 형태인 전기(傳記)나 가전(假傳) 등의 전류(傳類)에 닮은 축약적이고 간결한 구조로 이루어진 단형 서사 형식의 작품이다. 그렇다고 기존의 교훈적이고 도덕 지향의 의도가 장치된 우화가 아니다. 그런 양상들이 미학적으로 개편되어진 일종의 파라벨(Parabel)로서의 글의 양식이다.

화자로서 인간이 아니면서 인간처럼 자기의 삶에 대한 말을 하고 있는 동물 자전(자서전)의 포맷이다. 이 작품에는 삶에 대한 짐승의 열등감의 징표들을 드러내기 보다는 짐승으로서의 주관성의 지각을 드러내는 목소리나 말하기로 조그만 생물과의 공생조차도 생각지 않고 너무 많은 것을 장악하고 있는 인간들에 의해서 고양이들이 일생동안 겪고 받는 수난과 고통의 세상을 화기하고 있다. 그래서 인간 중심주의(anthropocentoism)에 대한 비판적 우화성이 함축되어 있는 것이다.

도입 액자의 성격을 지닌 서장에서 화자인 묘씨 또는 '몸'이란 이름의 고양이는 인간들이 둘러놓은 높다란 '장막' 안에 갇혀져 있는 존재의 상태이고, 염증과 사라지는 시력으로 빈사의 상태이다. 그는 평생 먹을 것과 거주를 두고 인간과 경쟁하거나 쫓겨다니며 원한을 진 인생, 아니 묘생 15년의 삶의 곡절이 다섯 번 죽고 다섯 번 살아난 즉, 오사오생(五死五生)이라고 압축 전제하고 있다.

이를 전제로 다음에 이어지는 서사는 자전 또는 생의 내력이 전개 된다. 그 처음이 그의 '평생의 시작'이 고백 서술된다. 그 내용인 즉 삼색 털이 아름다운 비율로 섞인 어미와 여덟 마리의 형제가 있었는데, 눈 내리는 오는 겨울날 인간이 버린 미심쩍은 고기를 나누어 먹고 어미와 다른 형제들이 모두 피를 토하다가 죽고, 홀로 살아남아서 '미묘미요' 울다가 인간인 노인(곡씨)에게 발견되어서 그의 체온을 받고서 살아나게 되는 것이다. 이것이 묘생의 평생의 시작이다. 이후 고양이는 애당초 사람의 주거에 적합하지도 않은 낡고 쇠락해가는 상가의 상자나 다름없는 냄새나는 좁은 방에서 벌레나 쥐 · 인간이 먹다 남긴 것을 먹으면서 곡씨 노인과 동서를 한다. 이것이 고양이와 인간의 공존의 동서 관계의 시작이다. 이 곡씨와의 동서를 하는 동안에 고양이는 곡씨를 빼놓고는 인간이 바로 이 고양이의 천적으로서 경쟁과 두려움의 대상이고 고양이의 목숨조차 장악하는 무서운 폭력적인 존재임을 겪게 되는 것이다. 그는 고양이 묘생의 일생이 다섯 번 죽고 다섯 번 살아나게 되는 오사오생의 직접적인 원인의 대부분이 바로 인간인 것을 체득하게 되는 것이다. 폭력을 행사하는 인간을 탄핵하고 있는 대목들을 옮겨보면 다음과 같다. 이들은 혹은 해설적 요약의 제시나 혹은 장면의 극적 제시에 의해서 이루어진다.

> 인간이야 말로 우리의 훌륭한 천적이었다. 무엇보다도 이 몸 다섯 차례의 죽음 가운데 던져지거나 머리에 무언가를 맞거나 되기 전에 걷어차이는 등 적어도 세 차례 죽음의 직접적인 원인이 인간이었던 점을 생각해보면 고양이에게 천적이 없다는 불편이란 자신들의 기질과 적의를 과소평가하는 우스운 이야기일 뿐이다.

> 십팔 놈의 고양이, 저놈의 고양이, 저런 고양이 새끼들하며 많은 인간들이 이 몸을 적으로 삼았다. 먹고 살기도 고단한데 고양이마저 성가시게 한다며 한창 공명하고 있는 내 조그만 두개골에 뜨거운 물을 뿌리거나 인간들이 먹고 버린 음식을 뒤지는 입을 막대기로 후려쳤다. 심심풀이나 놀이가 아니고 단지 먹을 것을 구하려는 진지한 노력 중에 입을 맞고 보면 원한을 품지 않을 수 없었다. 인간도 고양이 못지않게 우는 경우도 다반사인데다 이 계에서 가장

시끄러운 생물이 인간이라는 점까지 생각해보면 억울해 땅을 칠 노릇인 것이다……먹고 사는 일도 따지자면 어느 짐승의 먹고사는 일이 가장 중요한지는 누구도 간단히 말할 수 없는데도 자기들만 살아갈 가치가 있다는 듯 아무데나 눈을 흘기는 인간들이 승하는 세계란 단지 시끄럽고 거칠 뿐이니 완파되는 편이 좋을 것이다.

어느 날 개나리 덤불 속에서 짜고 앙상한 생선뼈를 씹고 있을 때 한 인간이 고래고래 울며 다가왔다. 한 손에 봉투를 쥐고 아무것도 쥐지 않은 손으로는 주먹을 쥐고 다른 인간들을 노려보며 뭐어어어내가아가 다아아 하며 걷고 있었다. 나는 이 인간에 배를 걷어차여 일생을 마쳤다.

되게 걷어차여 죽게 된 일생 이후로도 던져지거나 머리에 무언가를 맞거나 병에 걸리거나 먹지 못할 것을 먹고 병을 앓다 죽었다. 한 차례 일생을 마치고 되살아난다고 몸까지 멀쩡해지는 건 아니었다. 죽기 직전에 얻은 상처나 통징이 사라지지 않고 남아 엎드려 지냈다……

최근 재수 없고 불길하게 생긴 것들이 늘어나 부근의 이미지 가치가 떨어진다며 적극적으로 이 몸을 해코지하려는 인간들을 피해 다니는 일도 고단했다. 깨끗한 물이나 배불리 마시고 앞뒤 경계 없이 하루라도 푹 잤으면 싫었으나 그런 날은 좀처럼 오지 않았다.

다소 길고 장황하기조차 한 본문의 인용이지만, 이들은 모두 다른 생물과의 공생조차 생각하지 않고 자기들만이 살아가는 가치가 있다고 생각하며 모든 것을 장악하고, 인간의 다른 존재인 고양이에게 박해와 폭력을 행사하는 인간들의 비정한 상태를 기소하고 있는 것이다. 그래서 이 작품에 등장하고 있는 모든 인간이라는 존재는 곡씨가 유일한 '좋은 인간'일 뿐 나머지의 모든 인간은 고양이가 경계하면서 살아야하고 치명적인 위해를 주는 '해로운 인간'일 뿐이다. 마지막의 가해적 존재 역시 인간이다. 어느 밤 고양이는 평소보다 멀리 나가자 달걀 껍데기와 말라비틀어진 사과심을 먹고 목이 말라서 고인 물 냄새를 맡고 있을 때 순식간에 자루 속에 잡혀서 차에 실려서 각종의 분비물이 덮인 철창에 갇힌다. 철창에 갇힌 고양이는 고양이의 늘어나는 번식을 저지하기 위한 난소 정소의 불임 제거 수술의 대상이 되고 그것으로 돈을 타내는 안색 나쁜 인간들을 먹여 살리기 위한 상품이 되어버린다. 이들의 거친 솜씨에 귀가 잘리고 배가 갈라지고 적당히 꿰매진 채 다시 차에 실려서 인적도 기척도 없는 돌무더기의 광범위한 폐허의 쓰레기 구덩에 던져져 버린다. 거기에는 바깥에서 안으로도 안에서 바깥으로도 오갈 수 없는 높다란 장막이 둘러쳐서 놓여 있는 것이다. 말하자면 인간의 욕망에 의해서 만들어진 감금의 상황에 빠지게 된 것이다. 거기서 갈라진 배는 속수무책으로 악화되어가고 제대로 꿰매지 않고서 피가 새고 핥아도 핥아도 아물지 않고 고름이 고이고 염증이 번져서 시력을 잃어가고 있는 것이다. 여기서 언제고 일생을 끝낼 수밖에 없는 장막 속의 고양이 '나'는 너무 많은 것들이 그들 손에 달렸으니 목숨조차도 내 것 같지 않은 이런 세상은 두 번도 성가시다고 뇌이고 눈물을 흘리면서 일생이 곧 끝날 것을 지각한다.

이 작품은 인간과 고양이의 경쟁관계를 그린 이야기이기도 하지만, 타자의 존재나 생명까지도 제 것처럼 장악하고 공생을 부정하고 자기들만 살아갈 가치가 있다고 믿고 있고 인간들과 억압적인 권력을 빗대어 겨냥하고 있는 현대적 파라벨로서의 의미도 지니고 있다.

17장
이 시대 작가들의 고양이 소설

한편, 이외에도 고양이와 관련된 여타의 작품으로서 우선 주목할 세 편의 단편 소설이 있다. 구효서의 「물속 페르시아 고양이」와 백민석의 단편 「지가 고양이인줄도 몰랐대?」(1996)와 편혜영의 단편 「문득」등 에서도 고양이 이미지 및 고양이 '제니퍼'가 등장하고 있다. 둘 다 동시대의 작품으로 서사의 특이한 낯설음을 지니고 있어서 예리하고 정치한 읽기와 해석을 요하는 문제적 작품들이다. 이에 대한 해석과 평가는 다른 기회로 미루어 두고 이들의 중요 대목만을 일부 인용하는 것으로써 마감코자 한다.

> "…아무튼 신은 인간을, 고양이를 길들이고, 고양이에게 우유를 주고 밥을 차려주고, 똥을 치우는 일이나 하도록 만들었을게 분명해."
>
> 사내애는 일어서서 두 손과 두 발을 스탠드에 붙이고선 성난 고양이처럼 등을 둥글게 말아 세우면서 키야옹키야옹 으르렁댄다.
>
> "고양이 공포증이나 털 알레르기에 걸려있는 사람도 많아."

“물론 그렇지. 내가 금방 한 말은 내 엄마 말씀이야. 엄마는 뭔가를 잔뜩 혐오하고 있는데 난 그 뭔가가 바로 인간이 아닐까 하고 종종 생각해……”

“엄마는 말해. 고양이를 이해하면 이 세상을 다 이해한 거나 마찬가지란다.”

“니네 엄마는 그래서 세상을 다 이해한다니?”

“아니 엄마는 또 말씀하시지. 얘야, 세상에서 이해할 수 없는 유일한 점이 있다면 그건 바로 고양이란다.”

– 백민석, 「지가 고양이인줄도 몰랐대?」 중 일부

여자는 순간, 이제야 알겠다는 듯한 표정이 되었다. 그러자 조금 웃음이 나왔다. 제니퍼가 좀 지루하다는 듯이 야옹거렸다. 여자는 제니퍼의 두꺼운 목덜미를 쓰다듬었다. 만져보니 생각했던 것보다 야위어 있었다. 제니퍼는 그 동안 너무 말랐다. 밤의 숲으로 산책을 너무 많이 다닌 탓이었다.

제니퍼는 다시 밤의 숲으로 가고 싶어 하는 것 같았다. 아무도 없는 밤길을 걸어, 살금살금 쥐들이 도망하고 있는 숲으로 파란 색 눈을 번뜩이면서 말이다. 어쩌면 제니퍼는 이미 밤의 숲으로 가버렸는지도 모른다. 여자는 제니퍼가 숲으로 갈 수 있도록 문을 열어 주었다. 그리고 축축한 몸을 눕히기 위해 이불을 깔았다. 구더기들이 양털처럼 떼 지어 모여 있었다. 여자는 거기에 가만히 몸을 뉘었다.

– 편혜영, 「문득」의 끝 부분

그 밖에 박덕규의 「고양이 살리기」 김중미의 「그날 고양이가 내게로 왔다」가 있다.

박덕규의 「고양이 살리기」(2004)와 김중미의 장편 소설 「그날 고양이가 내게로 왔다」(2016)는 모두가 애묘 현상의 고양이 소설들이다. 이들 작품들은 우리 문학에서 빈번하게 출현하고 있는 살묘, 즉 고양이 죽이기나 거부와 혐오의 모티프가 아니라 그 역으로서의 살리기와 방생의 모티프이고 버려지고 상처 입은 길고양이들을 식구로서 입양하여 받아들임으로써 고양이의 고통과 수난에 대해서 연민하는 우호적인 이야기이다.

「고양이 살리기」의 경우, 서술 방식은 1인칭의 화자인 주인공 여대생 '나'가 대화적 독백 형식으로 잠시 결별의 관계가 된 애인 '너'를 대상으로 표출하는 이야기이다. 이들 양자의 관계는 현실적으로는 결별이 선언된 상태이지만, '나'가 결말에서 '너'에게 부과하는 '이해할 수 있지', '이해할 수 있겠니?', '짐작 할 수 있겠니'란 만나기 위한 세 물음에 대한 '예 / 아니오'의 답 여하에 따라서는 다시 회복될 수 있는 만남의 여망이 주어져 있는 관계이다.

시작은 '우선은 또 그날 아침에 대해 이야기하지 않을 수 없겠다'로 비롯된다. 이 '그날' 아침의 이야기는 검은 고양이 한 마리가 아파트 단지 근처에서 자동차에 치어 사지를 벌리고 내장을 다 드러낸 채 죽어가고 있는 끔찍한 모습을 목격한 정경이다. '나'는 그 현장에서 비껴가며 굳이 고양이의 눈과 마주치지 않으려 한다. 하지만 불행하게도 고개를 쳐들기 위해 용쓰는 고양이의 애절한 눈빛, 햇살에 눈부신 듯 바르르 떨리는 눈썹 아래 깊이를 알 수 없는 투명한 눈동자를 만나고 만다. 이 날 아침에 경험한 이 충격적인 경험이 계속 '나'의 무의식 속에 잠재된 채 떠올려지곤 하지만, 그것에 관해서 정작 '너'의 반응은 피식 웃고 마는 것. '그 고양이가 그래 꿈에 나타나서 널 깨물던?' 하는 빈정대는 듯한 반응이어서 그것이 '나'가 '너'와 헤어지겠다고 선언하게 되는 결정적인 이유이다.

신학기 학기가 시작되고 '나'는 '환경과 문화'라는 교양 선택 과목을 수강한다. 이 강의에서 '나'는 생명 사상, 환경오염 고발, 생태계 파괴, 환경 운동, 인간의 탐욕 등 자연 생태학에 관련된 여러 지식 정보를 얻고 사례 취재 작성 · 주제 발표 등에 참여까지 한다. 나중에는 조원들에 의해서 대학교 캠퍼스 뒤쪽 울창한 숲에 놀던 다람쥐들이 모두 없어지는 원인으로서 사람들이 아이엠에프(IMF) 구제 금융 시대에 집에서 기르던 고양이와 개를 마구 내다버려서 산으로 올라간 고양이가 다람쥐와 참새를 모두 잡아 먹어서 생태계를 황막하게 파괴하기 때문이라는 것과 생태계를 파괴하는 골치아픈 고양이를 퇴치해야 한다는 주장과 논의까지 나온다. 마침내는 지방 자치 단체의 후원을 받아 일당 오 만원을 받고 생태계를 파괴하는 고양이를 퇴치하는 들 고양이 사냥 발대식이 벌어지고 남자들은 고양이를 잡기 위한 덫을 매설하려고 숲으로 올라간다.

다음 날, 월요일 아침, '나'는 평소보다 일찍 그날 죽어가던 고양이를 의식을 떠올리며 그 고양이가 있던 자리를 눈짐작으로 살펴보면서 학교를 향한다.

때는 몸에 살짝 소름이 돋아나게 하는 가을 햇살이다. 그 햇살 속으로 사내들이 사냥물을 이고 걸어 내려오는 걸 보게 된다. 그리고 까욱 까욱 까욱 자신을 죽음으로 내모는 시간 앞에서 피울음으로 버텨내고 있는 상처 난 고양이 떼를 보게 된다.

> 덫에 걸려 다리가 잘린 고양이, 발길에 차인 듯 입이 으깨진 고양이, 양 발을 머리 위로 쳐든 채 빳빳하게 굳어가고 있는 고양이, 새까맣거나 누렇거나 얼룩덜룩한 고양이, 배가 터진 고양이, 아직은 생생하게 이빨을 드러내며 경계하는 고양이, 고양이들이 쓰레기통으로 쓰는 철망 세 개에 나누어 담겨 있었다.

이는 고양이에 의한 자연 상태의 파괴 이상으로 인간의 폭력에 의해

강타된 자연(고양이)의 참담한 정경이다. 이렇게 고양이를 잔인하게 포획하고 죽음으로 내몰면서 그것으로 생태계 파괴를 퇴치한다는 그럴듯한 명분을 삼으며 실질적으로는 그 포획의 수로서 일당의 돈을 계산하고 올리는 인간의 탐욕스런 경제 지상주의가 고발된다.

결과적으로 '나'는 자신이 한 일이 무엇인지를 기억하지 못하는 의식 상태로 철창문을 열어서 고양이들을 풀어 주어 숲으로 치닫게 한다. 그리고 그는 거친 사냥꾼이자 포획자인 거친 남자 사내들을 향해서 미친 듯이 삿대질하며 소리친다. 그리고는 병원으로 실려 간다.

'고양이 문제가 아니야. 고양이 살리기가 문제가 아니라구!'라고. 이런 '나'의 행위와 외침에는 그럴듯한 명분을 내세워서 실지로는 더 잔혹한 폭력과 생명 파괴를 행사하고 그로서 경제적 탐욕을 채우려드는 인간에 대한 고발이 함축되어 있는 것이다. 주인공 '나'가 연인인 '너'에게 '진정한 만남'을 위해서 던지는 '이해'의 질문들은 진정한 문제가 무엇인가를 모든 인간에게 묻는 질문인 것이다. 인간으로서의 가치와 둘의 관계는 이 질문에 대한 일치와 수긍의 응답에 달려 있는 것이다.

「그날 고양이가 내게로 왔다」의 작가 김중미는 이 시대의 대표적 고양이 시인 황인숙과 더불어 특별한 고양이 애호의 고양이 작가이다. 동화와 아동 소설적 성격의 양면성을 지닌 장편 소설인 이 작품에는 또봉이 · 모리 · 크레나 · 마루 · 레오 등 아픈 상처와 사연들을 지닌 고양이들이 등장하고 역시 깊은 마음의 상처를 지니고 있는 사람(연우)이 입양에 의한 한 식구로서 서로 번갈아 가면서 화자가 되어 인간과 고양이 서로가 교감을 나누는 특이한 말하기(speaking)의 서사 방법의 소설이다. 실질적인 '캣

맘'인 작가는 '작가의 말'에서 다음과 같이 적고 있다. 이로써 이 작품이 함축하고 있는 진정한 의미와 작가의 지극한 애묘의 마음을 감촉할 수 있게 된다. 짐승과의 소통의 말하기 모티프가 서사의 핵심적인 요소로서 상정된다.

> 매화와 벚꽃이 한창인 마당을 멍하니 바라보는데 막 내 고양이 레오가 다가왔다. 레오는 고개를 기웃거리더니 나를 올려다보며 야옹거리기 시작했다. 처음에는 밥을 달라는 줄 알았다. 그런데 물을 달라는 것도 화장실 모래를 치워 달라는 것도 아니었다. 문득 레오가 내게로 위로를 건네고 있다는 걸 깨달았다.
>
> 나는 다시 고양이 이야기를 쓰기 시작했다. 아니 고양이가 아니라 슬픔과 아픔을 나누는 법을, 기억하는 법을 잊은 사람들의 이야기를 시작했다. 이 작품을 쓰기 전과 쓴 뒤의 나는 또 다른 사람이 되었다. 귀가 열리고 마음이 더 열렸다. 그것은 순전히 말의 힘, 소통의 힘이다.

첫 1장에서 낡은 지붕과 간판들이 뜯어지는 도시 시장 안 슈퍼와 반찬 가게 건물 사이 잡동사니 창고에서 살던 암코양이 '모리'는 오토바이를 모는 청년으로 인해서 짝을 잃는다. 중학생인 연우도 초등학교 5학년 때 엄마를 잃게 된다. 사회 복지사인 엄마는 일을 하느라 바빠서 연우와 함께 하는 시간은 별로 갖지 못한 채로 과로에 의한 심장마비로 세상을 떠난다. 이로 인해서 연우는 마음의 빗장을 닫아버린 채 그 속에 자신을 가두어 버린다. 이후 엄마와 다니던 시장과 식당까지도 멀리한다. 그의 유일한 친구라고는 집에서 기르던 고양이 또롱이 뿐이다. 그 또롱이 마저도 사고를 당한다.

이런 연우네 집으로 제마다의 타격 받은 아픔과 사연을 지닌 고양이들이 하나 둘 씩 식구로서 모여든다. '알아서 피해갈 줄 알았다'고 핑계 대는 청년의 오토바이 때문에 짝을 잃고 마는 모리. 주인을 지키려다 상처를 크게 입은 채로 온 크레머, 주인과 헤어진 채 입양되어 온 마루, 막내인 레오가 입양되어 온다. 이렇게 또롱이를 잃은 빈자리를 채워 줄 고양이는 직접 늘어났지만 연우는 엄마가 떠난 뒤 마음을 좀처럼 열지 않고 자기 방에서 나오지 않는다. 변화가 일어나게 된 것은 연우와 상처 입은 고양이들이 서로 마음을 열게 됨으로써 서로의 말이 통한다는 것과 서로는 이별한 누군가의 자리를 대신하는 존재가 아니라 다시 사랑할 새로운 존재, 다시 맺어야할 새로운 관계라는 것을 깨닫게 됨으로서 비롯된다.

고통의 몫은 서로 나누며 서로 소통하려는 마음을 열고 타자의 아픔과 슬픔을 깊이 들여다보면서 문을 두드릴 때 마침내 인간과 고양이의 말의 교감적인 대화를 위한 귀가 열려질 수 있고 그 초절적 가능성이 있음을 말하고 있다. 작가는 이를 두고서 '말의 힘, 소통의 힘'이라고 지적한다. 그래서 인간 연우는 이렇게 말한다.

> 끊임없이 내 마음에 문을 두드려 말을 걸어 준 모리가 아니었으면 나는 여전히 내 안에서 나올 수 없었을 거다. 이별의 슬픔과 장애를 묵묵히 받아들이며 우리에게 지혜를 나눠 준 그레마가 아니었으면 나는 열여덟이 된 지금까지 철부지로 남았을 거다. 상처투성이 마루가 아니었다면 나는 나와 닮은 상처를 가진 이들을 이해하지 못하는 차갑고 냉정한 사람으로 남았을 거다. 레오가 아니었으면 마루는 상처를 극복하고 싶은 의지를 가질 수 없었을 것이다.

작가의 유례가 없는 애묘증 현상이 발로된 작품이다.

이 시대의 세계적으로 고양이 소설로서 유명한 작품은 이탈로 칼

비노(Italo Calvino)의 '완고한 고양이정원'(1963)과 무라카미 하루키의 소설 '1Q84'(2009~2010)로 표시가 된다.

우리 작가들의 이제부터의 고양이 이야기도 이와 견주어 조금도 손색이 없어질 날이 그렇게 머지않을 것이다.

그 외에도 고양이와 관련된 작품으로서 살핌의 품목에 꼭 들어야 할 것으로 김진경(1953~)의 『고양이 학교』가 있다. 이 작품은 고양이들을 주인공으로 하는 장편 판타지 동화이다. 장르를 불문하고 꼭 주목해 보아야 할 작품이다. 동화 연구가에 의한 심도 있는 해석이 이루어지기를 기대한다. 이 작품은 현실과 초현실을 넘나들고 환상과 민법, 신화모티브가 서사요소로서 작용하는 작품이다. 그 밖에 산문현대로서 살필 형식의 고양이 이야기가 있을 테지만, 여기까지는 살핌이 닿지 않았다.

18장

동시대 시인들(황인숙 · 김선우 · 송찬호 · 황병승)의 고양이 시」

우리가 살고 있는 이 당대, 즉 21세기 초의 동시대를 살고 있는 시인들 가운데서 고양이시를 쓰고 있는 대표적인 시인들을 들라면, 황인숙 · 송찬호 · 황병승 · 박서원 · 이민하 등이다. 이중 황인숙(1958~)은 이 시대의 시인들 가운데에서 가장 월등한 애묘가로서의 시인이다. 어떤 이들은 그를 '캣맘'이라고 일컫기도 한다. 첫 시집 『새는 하늘을 자유롭게 풀어놓고』(1988)에서부터 시집 『리스본 야행 열차』(2007)에 이르기까지 근 20년 동안에 펴낸 여섯 권의 시집들 가운데 고양이가 빠진 경우가 드물만큼 수량으로도 서거정(徐居正) 이래로 고양이 시편에 있어서 최다량의 고양이 시인이다. 우선 그의 고양이와 관련된 몇 개의 시의 제목을 떠올려보면, 「나는 고양이로 태어나리라」, 「고양이」, 「죽음 위의 산책」, 「도둑 일기」, 「고양이를 부탁해」, 「밤과 고양이」, 「고양이들과 보내는 한철」, 「손대지 마시오」,

「란아, 내 고양이였던」, 「시(詩)와 고양이와 나와」 등으로 열거된다. 이로 보아서도 그는 당대의 문학에서 가장 우뚝한 애묘의 고양이 시인이다. 그는 시집 『나의 침울한 소중한 이여』(1998)의 뒤표지에서 자신이 시를 쓰는 이유를 들어서 "고양이가 가짐직한 존재감"이라고 밝힌 바가 있다. 주목되는 작품이 많지만 잘 알려진 대표적인 작품의 하나가 첫 시집 『새는 하늘을 자유롭게 풀어놓고』(1988)에 수록된 「나는 고양이로 태어나리라」이다.

> 이다음에 나는 고양이로 태어나리라.
> 윤기 잘잘 흐르는 까망 얼룩 고양이로 태어나리라.
> 사뿐사뿐 뛸 때면 커다란 까치 같고
> 공처럼 둥글릴 줄도 아는
> 작은 고양이로 태어나리라.
> 나는 툇마루에서 졸지 않으리라.
> 사기그릇의 우유도 핥지 않으리라.
> 가시덤풀 속을 누벼누벼
> 너른 벌판으로 나가리라.
> 거기서 들쥐와 뛰어놀리라.
> 배가 고프면 살금살금
> 참새 떼를 덮치리라.
> 그들은 놀라 후닥닥 달아나겠지.
> 아하하하
> 폴짝폴짝 뒤따르리라.
> 꼬마 참새는 잡지 않으리라.
> 할딱거리는 고놈을 앞발로 툭 건드려
> 놀래주기만 하리라.
> 그리고 곧장 내달아
> 제일 큰 참새를 잡으리라.

이윽고 해는 기울어
바람은 스산해지겠지.
들쥐도 참새도 가버리고
어두운 벌판에 홀로 남겠지.
나는 돌아가지 않으리라.
어둠을 핥으며 낟가리를 찾으리라.
그 속은 아늑하고 짚단 냄새 훈훈하겠지.
훌쩍 뛰어올라 깊이 웅크리리라.
내 잠자리는 달빛을 받아
은은히 빛나겠지.
혹은 거센 바람과 함께 찬 비가
빈 벌판을 쏘다닐지도 모르지.
그래도 난 털끝 하나 적시지 않을걸.
나는 꿈을 꾸리라.
놓친 참새를 쫓아
밝은 들판을 내닫는 꿈을.

시인은 가정법으로 훗날인 '이 다음'에 다시 태어난다면 까만 얼룩 고양이로 태어나기를 소망한다. 전생 윤회(Metempsychosis)의 변신 사고를 바탕으로 하여 고양이로 다시 태어나고 싶은 욕망과 꿈의 표현이다. 그리하여 그때에는 더 이상 툇마루에서 졸지도 않고 사기그릇의 우유도 핥지 않고 거부하며 가시덤불 속을 누비고 누벼서 '너른 벌판'으로 가고자 한다. 지향의 원망 공간으로서의 '벌판' 또는 '들판'이란 이미지가 거듭 반복되고 있다. 이 벌판은 너른 벌판, 어두운 벌판, 빈 벌판 그리고 밝은 들판으로 지형도나 상황이 조금씩 바꾸어지기는 하지만, 어느 들판이나 벌판도 야생적이고 모두 활력적인 공간의 이미지이다.

고양이로 변형된 시적 화자는 왜 이렇듯 집요하게도 벌판으로 가서 뛰놀며 들쥐와 참새를 덮치고 쫓으려 하는 것일까. 그것은 길들여진 이제까지의 가축성(家畜性)의 상태에서 야수성(野獸性)의 상태로의 존재론적 야생의 변환으로 돌아감으로써 벌판 즉 황야의 회복력(Recupertive Power)과 같은 생명력을 지향하고자 하기 때문이다. 야성에의 의지라고나 할까. 퇴행되고 잃어버린 순치의 상태에서 길들지 않고 존재론적 야성인 거침없고 자유분방하고 자연적인 삶을 되찾고 되돌아가고 싶은 욕망과 의지와 향수 때문이다. 그래서 이 시는 공간적으로도 그렇지만, 시간적으로도 양분되어 있다. 즉, 전반부는 낮의 시간이고, 후반부는 밤의 시간이다. 전자는 들판에 있는 들쥐나 참새들이랑 함께 뛰놀고 내닫는 시간이다. 이에 비해서 후반은 들쥐도 참새도 다 가버린 어두운 밤의 외로운 시간이다. 이 시간에 고양이로 변모된 시인(시적 자아)은 말처럼 고양이가 되어서 가축으로서의 자리로 다시 돌아가지는 않고 홀로 어둠 속에서 달빛을 밟고 바람과 찬비가 쏘다녀도 털 끝 하나 젖지 않고 놓친 참새를 쫓아 밝은 벌판을 내닫는 꿈을 꾼다. 낮이든 밤이든 자연성에 대한 깊은 향수요 지향이다.

이런 광야에서 자유로이 뛰놀고 닫고 꿈을 꾸는 고양이를 상징적인 매개로 하여 황인숙은 자유롭지도 행복하지도 않게 억압적으로 사회화된 자아와 인간의 삶의 조건과 현실의 제약과 상황을 해방시켜보려고 시적 성찰을 하고 있다. 다시 태어나는 고양이는 시인이 꿈꾸고 몽상하는 자유로운 삶과 자유 의지의 표상인 것이다.

평론가 박혜경은 「고양이의 영혼으로 살아간다는 것」이라고 해설에서 이 시를 두고 이렇게 말한다.

고양이는 시인이 꿈꾸는 자유로운 삶의 표상처럼 등장한다. 이 시를 노래하는 시인의 현재는 그다지 자유롭고 행복하지 않은 모양이다. 그러나 야생 동물들과 함께 벌판에서 자유롭게 뛰노는 고양이의 삶을 꿈꾸는 이 시의 문장들에는 별다른 슬픔의 기운이 묻어 있지 않다.[153]

내가 보건대, 이는 황인숙의 일련의 고양이시에 주목해서 가장 정확하고 통찰력 있는 시각으로 읽어내는 평론가의 한 사람이 박혜경이다. 고양이에 대한 유별나게 특별한 집착을 보이는 황인숙과 그의 고양이 시 세계에 대한 이해의 길잡이로서 박혜경의 해설의 대목을 한 번 더 인용해 보면 다음과 같다.

버려진 고양이에 대해, 시인이 자신의 시에서 버려진 고양이인 '란'을 호명했던 것은 아마도 버려진 고양이의 참혹한 현실과 버려지지 않는 고양이의 끈질긴 습성 사이에서 시인 자신의 운명을 보았기 때문일 것이다. 고양이는 인간에게서 버려짐으로써 아무의 것도 아무 것도 아닌 원래의 고양이로 되돌아갔다. 그러나 인간의 야생의 습성으로 돌아감으로써 인간의 이름을 잃어버린 고양이들에게 도둑고양이라는 새로운 이름을 선포한다. 뿐만 아니라 인간은 마치 도둑에게는 마땅히 그래야 한다는 듯, 고양이들을 발로 차고, 침을 뱉고, 심지어는 "굶주린 고양이에게 약 섞은 밥을" 주거나 "엄마 고양이를 쫓아버리고, 갓 태어난 새끼 고양이들을 쥐 잡는 끈끈이로 둘둘 말아 내버리"(「고양이를 부탁해」)는 만행을 저지른다. 인간에 의해 야생의 세계로 추방당한 고양이들이 그들에겐 인간이 누리는 문명의 안락함을 훔쳐갈 그토록이나 불길하고 위협적인 존재로 느껴진 것일까? 시인이 말한 "순수한 영혼과 타락한 현실감의 대립" 그것은 어쩌면 야생의 고양이와 인간의 마을 사이에도 존재하는 것인지 모른다. 순수한 영혼은 자랑도 환멸도 모른다. 그 영혼에

153 박혜경, 「해설」, 『황인숙 시선집 : 꽃사과 꽃이 되었다』, 문학세계사, 2013, 154쪽.

는 계산이 없기 때문이다. 고양이의 영혼은 잃어버린 세계, 그것은 아마도 순수와 타락 사이에 놓인 삶의 추가 타락 쪽으로 온전히 기울어져 버린 세계를 의미할 것이다. 그러니 시인의 말처럼, 고양이가 사라진 "잔인하고 부정한" 세계에서 인간의 영혼인들 어찌 살아갈 수 있겠는가?

고양이들이 사라진 동네는
사람의 영혼이 텅빈 동네입니다
이만저만 조용한 게 아니겠지요
그러면 좋을까요

－「고양이를 부탁해」 중에서[154]

이렇듯, 황인숙의 시 세계에 있어서의 고양이들은 참 여러 모습으로 나타난다. 손이 게으른 당신에게 안타까운 하소연을 하는 고양이(「고양이」), 들쥐와 참새와 들판을 내닫는 고양이(「나는 고양이로 태어나리라」), 이파리 하나 남지 않은 은행나무 아래 다리를 뻗고 잠이 든 것 같이 죽어있는 고양이(「죽음 위의 산책」), 잔인하고 무정한 이 거리에서 구사일생으로 살아가는 고양이들(「고양이를 부탁해」), 시인과 함께 응시의 주체가 되고 있는 고양이(「손대지 마시오」), 지붕 위의 고양이(「지붕 위에서」), 오직 권태뿐인 말간 눈의 고양이(「시와 고양이와 나」) 등으로 당양하다. 고양이의 삶에 각별하게 고착되고 집약되어 있는 황인숙이야 말로 찾아보기 드문 애묘가이고 고양이 시인이다. 여기에 바탕이 된 사상이나 상상력은 인간의 권리나 필요가 다른 생물의 그것에 우선하지 않다는 생물중심주의(Biocentrism)이다.

한편 적혈구 검사실 모니터에 뜬 피 한 방울이 이 백 마리 수코양이의 '눈알', '눈동자' 들과 결합 · 연계되는 김선우의 시 「오, 고양이!」(2004)가

154 같은 책, 172~3쪽.

있다. 이미지의 유니크한 선명성, 현실과 과거가 교차하는 기억의 회로가 주는 섬짓함, 저들을 죽게 한 사람들에 대한 적의의 대결과 응시로 해서 특별하게 주목되는 고양이 시다.

오, 고양이!

손가락 끝에서 피 한 방울 받아 현미경에 얹는다 보세요, 당신의 적혈구들이에요. 몸 밖에서 나를 쏘아보는 내 피 한방울, 수백 마리 고양이 눈알을 삼킨 듯 검사실의 모니터가 오글거리는 눈동자로 발광(發光)한다

어느 산길에서 갓 낳은 산고양이 두 마리를 보았다
어린 고양이들 혀를 내밀어
가을볕 냉큼냉큼 받아먹고 있었는데
이뻐서 그저 무심히 쓰다듬었던 노랑털
어린것은 다음날 죽어 있었다
어린것의 몸에 밴 사람 냄새에
어미는 새끼의 숨통을 끊어놓고
더 깊은 산으로 들어갔을 것이다

한 방울 피가 방주를 밀어 올리며 범람하는 모니터 안, 싸늘하게 식은 어린것의 눈알과 제 새끼의 숨통을 끊어 놓을 수밖에 없었던 어미의 눈알이 나를 노려본다

어느 깊은 새벽 검은 도둑고양이에게 돌팔매질을 한 적 있다
밤마다 쓰레기더미를 파헤쳐놓는 도둑고양이
산으로 가, 비굴하게 인간의 쓰레기 따위 뒤지지 말고
돌아가 제발, 돌멩이를 던지던 내 맨발이
가로등 불빛에 찔려 피 흘리던 밤

후미진 담벼락을 걷던 달 속에서
눈썹 성근 새끼고양이 밤새 울고

보아라 무엇인가 그리울 때마다 너희가 흘려놓은 저 적의를 찢어발겨놓은 쓰레기더미 속에서 얼굴을 쳐들고 나를 쏘아보던 이글거리는 눈알, 오 내 핏속의 고양이, 내 안의 그리운 것들이 나를 노려보기 시작한다

오늘도 몇 구의 고양이 시체를 넘어왔다
이 많은 고양이는 다 어디서 오는지
국도에 눌러 붙은 수많은 고양이 가죽들 길을 물들이면서
천천히, 야금야금, 전신을 샅샅이 훑으며 스며들다가
푹신한 살에 싸여 식탁 위에 올려진 내 몸을
날카로운 발톱으로 단번에 찢어놓고 간다
식탁에 떨구어진
내 피 한 방울 속에서 나를 쏘아보는 저 수천의 눈동자들!

'내 피 한 방울 속에서 나를 쏘아보는 저 수천의 눈동자들!' 피 한 방울이 수천의 고양이의 눈동자로 확산되어가는 연상의 이 기묘한 비유의 레토릭은 최초의 고양이 시인 이장희의 『고양이의 꿈』과의 새로움과 달리 모니터 범람 시대에 살고 있는 시인의 또 다른 하나의 고양이의 발견이면서 시적 비전의 혁신이다. 이는 피 한 방울이 수많은 응시하는 고양이 눈알로서 연상되거나 지각되는 충격적인 경이로움이다.

송찬호의 시집 『고양이가 돌아오는 저녁』(2009)에는 「고양이」와 「고양이가 돌아오는 저녁」 등 두 편의 시가 있다. 그 중 「고양이」는 다음과 같다.

여기 경매에 내놓으려 하는 오래된 꽃병이 있어요
꺾은 꽃가지에서 비린내가 나지 않으면 이제 그런 건 거들떠보

지도 않네요
그러니 누가 저 꽃병 목에 방울을 달겠어요 ?

쉬잇, 지금은 고양이 철학 시간이에요 앞발을 가지런히 모으고
앉아 모서리 구멍을 응시하고 있네요
아마 지금은 사라져버린 사냥 시대를 생각하고 있겠지요
우리는 모두 어둠과 추위로부터 쫓겨 온 무리랍니다

한때는 방안을 뒹굴던 털실 몽상가와도 잘도 놀았답니다
현기증 나는 속도의 바퀴와 아찔한 연애도 해봤구요

요즘은 부쩍 네발 달린 것에 믿음이 가는가 봐요

네발 달린 의자에 사뿐히 뛰어 올라 털실이 떠나간
털실 바구니에 들어가 때때로 달콤한 오수를 즐기지요

앗, 잠시 한눈을 파는 사이 방 안 모서리, 손거울,
집 열쇠, 어항의 물고기가 사라지고 없어요
다그쳐 물어도 종알종알 털만 핥을 뿐 모른다 도리질만 하네요
쫑긋 귀 동그란 눈동자 ……, 그토록 짧은 혀로 그 것들
모두 어디다 숨겼을까요

묘두현령(猫頭懸鈴)이라고 했던가. 난감한 고양이 목에 방울달기. 이를 '꽃병 목'으로 치환한 1연의 '꽃병'은 곧 '묘두'로서의 고양이의 대유(代喩)다. 그런데 꽃가지가 오래되어서 이제는 비린내 같은 생기가 없는 존재이다. 그런데도 2연은 구령 같은 경고음 '쉬잇'으로 화자는 '고양이 철학시간'을 알린다. 고양이에게 철학적인 모습을 부탁한 것으로 쫓긴 '우리'와 대비된다. 고양이는 앞발을 가지런히 모으고 앉아 "모서리 구멍을 응시하

고” 사라져버린 야수적 사냥 시대를 생각하는 고양이다. 3연은 애완적인 가축이 되어 한때는 털실 뭉치와 놀고 속도의 바퀴를 사랑하였던, 이제는 네 발 달린 의자에 뛰어올라 털실 바구니에 들어가 달콤한 오수를 즐기는 철저한 가축성의 고양이가 된 것이다. 그런데 4연의 '아, 찰나의 경고음과 함께 모서리 손거울, 집 열쇠 등' 인위적인 사물과 문명의 존재들이 졸지에 모조리 소멸되어 버리고 만다. 고양이에 의한 문명의 증발현상이다.

마지막 행의 수수께끼 같은 물음(riddle question)에 함축된 뜻이 의미심장하다. 아마도 소멸의 이유를 모른다 도리질하는 고양이는 그가 진작 응시하던 그 '구멍' 속으로 문명과 인위적인 것들을 모두 숨겼을 것이리라. 시인은 수수께끼를 걸고 있다.

이 시대의 시인 가운데서 『여장남자 시코쿠』(2012/14)의 황병승(1970~)도 동물 상상력에 있어서 고양이에 대한 시적 집착이 결코 예사롭지가 않은 시인이다. 「사성장군 협주곡」(四星將軍 協奏曲)에서는 '죽은 지 한 달이 지난 고양이 같은 하늘 빛/빈 벤치에 앉아서 올려다보는 붉은 지붕의 뾰족함'이란 시행이 세 번씩이나 반복된다. 루이스 캐럴(lewis carroll)의 『이상한 나라의 앨리스』(Alice in Wonderland)가 인유된 「Cheshire Cat's Psycho Boots_7th Sauce_여왕의 오럴 섹스 취미」에서는 '나뭇 등걸에 서서 체셔 고양이가 커다란 엉덩이를 흔들었다', '구름을 흔드는 웃음소리/하늘에 걸린 체셔 고양이의 얼굴', 「디스코의 마지막 날들」에서는 '고양이들이 혀를 찼다'가 나온다. 그 밖에도 「입 맞춤의 노래」에는 '발정기의 암코양이들이 어두운 공원에 모여 울고', 「소녀 미란다 좌절 공작기」에는 '서른두 살 침대 밑에서 고양이 밥을 주워 먹는 치타씨, 배고파 나는 배고픈 고양이 재킷 속의 미란다가 그르릉 야아옹 보일랑 말랑, 울랑 말랑', 「앨리스 맵map으로 읽는 고양이 좌(座) 왈츠를 추는 말쑥한 차림의 도둑고양이들을 바리바리 당신은 드레스를 쥐었다, 놓았다 목을 쳐라!」

이렇게 비교문학론적 상관성을 진인 황병승의 시적 공간에서 놀란만큼 고양이는 이미지의 시학으로서 널리 산재되어 있는 것이다.

이 중 한 편 자체가 고양이 시인 「고양이 짐보」가 있다. 이를 옮겨 보면 다음과 같다.

> 내가 갸르릉거리면요, 딴 뜻이 있어서 그런 건 아니니까요
> 내 이름은 짐보 나쁜 친구들과는 더 이상 어울리지 않아요 쥐는
> 옛날부터 싫었구요 이 골목은 누구보다 제가 잘 알죠
>
> 세탁소집 아이는 미용사가 꿈이구요 열여덟에 결혼한 수리공 마키는
> 말할 때 눈을 찡긋거리는 버릇이 있고 대장장이 키다리는
> 아침부터 술이지요
>
> 내가 밤늦도록 갸르릉거리면요,
> 당신이 천방지축 꼬마였을 때 내가 아프게 할퀸 적도 있구나,
> 그렇게 생각해요 딴 뜻이 있는 건 아니니까요
>
> 시답잖은 얘기예요 고양이에게 왕국이니 전설이니……
> 당신들보다 나이를 조금 더 먹었을 뿐 내 이름은 짐보
> 지붕을 뛰어넘다 애꾸가 되었구요 동네 고양이들은 나를 점프왕 짐보
> 그렇게 놀리더군요 나쁜 마음을 먹을라치면 벌써 먹었죠
> 우리 고양이들은 칼날 같으니까요
> 그러나 눈이 꼭 두 개일 필요 있나요 친구들은 이 마을 저 마을
> 들쑤시고 다니지 못해 안달을 하지만, 많이 안다고

다 아는 건 아니죠 내 이름은 그냥 짐보 이 골목만큼은
눈 감고도 걸을 수 있죠

내가 만일 밤늦도록 갸르릉거리면요,
당신은 아직 꼬마고 당신은 울고 싶은 일이 참 많고
그러나 그 모든 게 지난밤, 짐보가 할퀴고 간 상처 때문이라고
생각해요 당신들보다 나이를 조금 더 먹었을 뿐
딴 뜻이 있는 건 아니니까요.

'나'-'당신'(I-Thou relationship)의 관계에서 말하는 화자는 애꾸 고양이 짐보이고 피화자인 당신(너)은 꼬마였고 꼬미이고 짐보에게 아프게 할퀸 상처가 있는 사람이다. 고양이가 의인화되어서 인간과 같이 말하는 입을 갖고 있고, 인간화됨으로써 인간-고양이의 관계는 이웃과 공생의 대등한 아이덴티티로 연대되어 있다. 짐보의 목소리에는 인간 중심적이거나 고양이 중심적이거나 한 편향화 현상이 전혀 보이지 않는다. 같은 생활공간으로서의 '골목'에서 같이 살고 있는 공동체의 이웃이다. 그래서 짐보는 미용사가 되고 싶은 세탁소집 아이, 열여덟에 결혼한 수리공 마키의 눈 찡긋거리는 버릇, 아침부터 술을 마시는 키다리 대장쟁이 등 이웃들 삶을 소상하게 알고 있을 정도로 동물과 인간 간에서는 친밀감이 개제되어 있는 것이다. 배척의 관계가 아닌 것이다. 이것은 생물중심주의(Biocentrism)[155]에 근거한 인간중심주의(anthropocentrism)에 대한 비판을 함의한다.

이 시의 고양이는 야옹거리지 않고 세 번씩이나 가르릉거린다. 동 ·

155 Margot Norris. *Beast of the Modern Imagination*, The Johns Hopkins University Press, 1985, p. 3, p. 220~2 참조.

생물학자들은 고양이의 가르릉거리는 소리는 만족스런 기분을 나타내는 전형적인 신호이자 만족감이나 행복감 등의 자신의 감정 상태를 상대에게 전달할 때의 소리라고 한다.[156] 그러나 때로는 불안하거나 두렵고 고통스러울 때 및 다소 공격적일 경우에도 본능적으로 자신에게 유리한 상황을 만들기 위해서 가르릉 소리를 낸다고 한다. 그런데 여기 짐보는 3번이나 '내가 가르릉거리면요. 딴 뜻이 있어서 그런 것이 아니니까요'라고 하며 다른 뜻이 없음을 밝힌 만큼 화해적인 어법의 윤리와 겸손의 가치를 드러낸다. 짐보는 인간이 아니면서 인간의 말을 하는 짐승이며, 자신의 외눈박이인 불행한 운명을 받아들이는 짐승이다. 전통적인 우의가 아니라 서사적인 독백의 어법으로 삭막해진 인간의 휴머니티에 대한 역설적인 말걸기를 하고 있는 것이다. 이것이 황병승의 도발적인 시적 계책이다.

그는 난간이 두렵지 않다
벚꽃처럼 난간을 뛰어넘는 법을
아는 고양이
그가 두려워하는 건 바로 그 묘기의
명수인 발과 발톱
냄새를 잘 맡는 예민한 코
어리석은 생선은 고양이를 피해 달아나고
고양이는 난간에 섰을 때
가장 위대한 힘이 솟구침을 안다
그가 두려워하는 건
늘 새 이슬 떨구어내는 귀뚜라미 푸른 방울꽃
하느님의 눈동자 새벽별

156 John Bradshaw. *Cat Sense*, 하유선 역, 『캣 센스』, 글항아리, 2013, 287~8쪽.

거듭나야 하는 괴로움
야옹
야옹

박서원의 시집 『난간 위의 고양이』(1995)의 표제시 「난간 위의 고양이」이다. 고양이의 생태의 탄력적인 날렵한 동력성을 제시한 가운데, 내면적인 두려워하는 것/두려운 것의 의미론적 상반 관계가 대비되어 있다. 두렵지 않은 것은 위험한 끝자락인 '난간'이고 두려운 것은 발, 발톱, 코 같은 것과 귀뚜라미 방울꽃, 새벽별이다. 시의 주상은 이미지들의 의미론적인 대립의 조합으로 고양이의 내면성의 양면을 제시한다.

이민하의 시집 『모조숲』(2012)에는 「고양이라는 사건」, 「고양이라는 증상」 그리고 「검은 고양이 소셜 클럽」 등 3편의 고양이 시가 실려 있다. 이민하의 고양이는 '증상'으로서의 고양이가 아니면 '사건'으로서의 고양이이다. 이 중 「고양이라는 사건」은 다음과 같다.

길에서 데려왔으니 내가 주인인거죠
밤과 낮을 끌고 다니는
방울 목걸이는 누구의 목을 매겠다는 암시입니까
자명종처럼 울리며 나를 깨우는 방울소리
비린내가 덜 마른 내 귀를 깨물고 그는 달립니다
펼쳐 놓은 책을 껌처럼 씹으며
구겨진 원고지를 공처럼 걷어차며
바닥을 활용합니다
식탁에 앉아 침대에 누워 눈높이를 맞추는
그의 사탕 눈알이나 훔치는
나는 손이 모자란 좀도둑
인류가 멸망하면 텅 빈 빌딩들을 꿰차고

고양이들은 날아다닐지도 모른다는데
그건 영상을 보기 전에 내가 이미 눈치 챈 거죠
나의 보폭과 시야를 넘어 머릿속까지 그는 들락거립니다
밀림의 입양아 타잔처럼 태생을 숨기고 종횡무진
천장에 꼬리를 매달고 번지점프를 하며
허공을 활용합니다
거울 속에 빠뜨려도 꿈속까지 따라오는
그의 나비 걸음이나 흉내 내는
나는 발이 남아도는 무용수
껴입은 털을 긁어내느라 욕실에 납작 붙어 있습니다
등을 구부리고 허벅다리를 벌리고
반복적으로 혀를 놀립니다
울컥울컥 털 뭉치까지 토하고 나면
요령(鐃鈴)처럼 흔들며 나를 끌고 가는 방울 소리
그는 배설물처럼 나를 모래로 덮어
수면 상자 속에 넣어 둡니다
아침이면 노예시장으로 끌고 가
거리의 고양이들을 불러 모읍니다

고양이와 '사건'을 동일화하면서 고양이가 저지르는 종횡무진한 행태와 이런 사건에 끌려 다니는 화자의 상황을 통해서 관계의 전도성을 표출하고 있다.

이로써 고려 시대에서 21세기의 오늘에 이르기까지의 한국 문학과 문화 현상에서 나타나고 있는 고양이의 동물 상징과 이미지를 찾아보는 긴 검증의 트레킹을 이제 접으려고 한다. 이로써 우선 개괄적인 중요 특성으로 보면 고양이는 우리에게는 해를 끼치는 쥐의 사냥꾼으로서의 긍정상이 되고 있는 점이다. 그리고 고고한 선비나 문사들 그리고 외로운 사람들의 생의 동반 · 반려가 되고 있다. 그러나 이와는 달리 문학이나 문화 속의 많은 고양이가 부정상으로서 인간들에 의해서 요악의 대상물로 살묘되거나 참혹스럽게 나무에 매달리고 부대에 담겨지고 그리고 끔찍한 저주의 수단으로서 가마솥에 찌여져서 죽거나 버려진다는 점도 있다.

그래서 이와 같은 고양이의 성격이나 특성은 긍 · 부정의 양상으로 정리해 보면 다음과 같다.

19장

고양이 상(像)의 전반적 개요

이로써 고려시대에서 21세기의 오늘에 이르기까지의 한국 문학과 문화 현상에서 나타나고 있는 고양이의 동물 비유와 상징과 이미지를 찾아보는 긴 검증의 트레킹을 이제 접으려고 한다. 이 과정에서 시(한시 포함)·소설 · 기타 문학 장르에서 고양이와 관련된 모두 90여 편의 작품을 찾아낼 수 있었고 이에 대한 문학적 해석을 수행하게 된 것이다. 이로써 고양이가 한국 문학과 문화의 의식 체계에 각인된 비유동물 및 상징체계와 의미를 살피고 한국 문학의 동물 상징으로서의 인문학 작업을 추구해보고자 한 애초에 계획에 어느 정도는 실천적으로 접근할 수 있게 된 것이다. 우선 그 전반적 특성 몇 가지를 요약해서 개괄해 보면 다음과 같다.

⑴ 전체적인 처음 인간에게 해를 끼치는 쥐를 잡는 사냥꾼으로부터 이루어져 왔던 고양이와 인간과의 첫 동반 관계는 야수성 → 가축성 → 반려성 → 가족으로서 동서성(同棲性)으로서 역할과 가능의 변전이 이루

어지고 있다.

⑵ 고전문학에 있어서의 고양이는 고양이 자체로서 보다는 비유(trope)로서의 동물이다. 긍정적이든 부정적이든 인사와 세상에 대한 날카로운 경세적 풍자를 위한 병기가 된다.

⑶ 한편, 고양이는 고결한 문사나 선비들의 한적한 삶에서 가장 지근거리에 있는 친밀한 반려적 대상이 되고 시의 미학적 존재가 된다.

⑷ 또한 고양이는 고적한 노년의 삶에 있어서는 가장 절친한 인수(人獸) 동반의 존재이고 혈육이나 반쪽의 짝 같은 동반적 존재이다.

⑸ 고양이에 대한 반응은 세계 보편적으로 크게 고양이 애묘증과 공포증(혐오증)의 두 가지 특성적 의미론으로 갈라져 있거니와 한국 소설의 세계에서 고양이도 정이 깊은 반려 관계로서 다루어지기도 하지만, 많은 경우 고양이는 영물이나 요약한 마물로서의 혐오와 해코지의 두려운 존재이다. 그래서 실질적으로 소설의 공간에서 고양이들이 죽임(살묘)을 당하거나 버려진다. 그리고 극단적으로는 액막이나 저주를 위해서 달아매어져 죽거나 저주의 도착적 욕망의 한 결정 현상이라고 할 수 있는 잔혹한 쪄 죽이기 즉, 증묘의 희생물이 된다. 이것은 한국인이 고양이를 그만큼 영악한 짐승으로 본 의식의 투영 현상이다.

⑹ 동서가 관계없이 고양이는 여성과 일체화된다. 요염하고 관능적인 여성의 이미지이고 에로티시즘의 표상이다. 암코양이는 팜므파탈의 표상이다.

⑺ 제시되고 있는 고양이의 이빨 · 털 · 수염 · 발톱 등 신체 특징 양상에서 가장 현저하게 애용되고 강조되고 있는 것은 고양이의 호동그랗고 변화무쌍한 응시의 눈동자이다.(천변만화·구슬·양광주·광휘)

⑻ 특히 서거정의 (104운고양이 그림)은 쥐와 비교하여 고양이의 특성을 대표적으로 가장 잘 드려낸 작품이다.

⑼ 우리가 주목할 수 있는 대표성적인 고양이 고전문학작품으로 작품은 이색의 한적시와 가장 고양이 시를 많이 쓴 서거정의 「오원자부」와 「화묘 104운」, 정약용의 「이노행」이다. 현대문학작품으로는 이장희의 「봄은 고양이로다」, 황인숙의 「나는 고양이로 태어나리라」, 김선우의 「오! 고양이」 등의 시와 김동인의 「송동이」, 최명익의 「봄과 신작로」, 김문수의 「증묘」, 양선규의 「고양이 키우기」, 전경린의 「맨 처음 크리스마스」, 박덕규의 「고양이 살리기」, 김경욱의 등의 소설이다.

⑽ 현대문학에 있어서의 고양이는 교훈적 비판적 매체로서 비유되는 것이 아니라 다양한 문학상징으로서 기능한다.

⑾ 당대 문학에 이를수록 고양이는 이제 죽이기보다 연민의 애착의 대상으로서 살리기 모티프로 옮겨지고 문학적인 애묘증 현상도 또한 강세화 한다.

⑿ 현대소설에서부터 고양이는 이름이 부여되거나 명명된다.

⒀ 고양이의 이미지나 상징성을 긍(+) · 부정(-)의 이원적 계열 양상으로 대비해보면 다음과 같다.

「긍정상(好)」	「부정상(不好)」
적(주)을 섬멸하는 용맹한 장수	악(요악)
도적을 막는 파수꾼	변절자
동반자 · 반려자	복수(해꼬지)와 위해
경쾌, 기민, 난렵, 유연성, 민첩	배반, 교활
자유 · 자재	도둑
청결 · 아름다움	게으름(게으름뱅이잠보)

장수	어두움(음습과 죽음)
응시	비타협－비순응(비순종)
밝음	잔혹 · 복수
온난(따사로움)	멜랑콜릭(우울)
조력자(구조)	영물(마물·재앙·병)
	변질(변화)

중립적인 상(中立)

묘성(猫性)의 에로스(에로티시즘)과 울음(밤) 및 유혹성의 여성
한가로운 잠(낮)
재롱(장난질, 놀이꾼)
천변만화

그렇다면 마지막으로 한국 문학에 있어서 고양이의 미래는 어떻게 될까. 오늘의 추세로 보면 개나 고양이 등 동물을 대하는 인간의 의식은 점진적으로 바꾸어지고 있다. 인간 중심주의(anthropocentrism)에서 생물 중심주의(biocentrism)으로 이행해 가고 있는 현상이다. 이에 따라서 고양이들과 인간과의 반려 · 동반 관계는 더욱 확장되어지리라고 믿고 있다. 그에 따라서 문학에서도 고양이가 쥐잡이나 변질 · 배신의 부정적인 이미지나 상징으로서 표상되는 현상은 퇴화되어 가거나 축소될 것이다. 반면 가족구조의 핵화 현상과 결혼관의 변화 현상과 더불어 홀로 살아가는 독신자의 인구가 증가되고 있어서, 고양이는 이와 같이 증가하는 독신자들의 반려나 동거 · 동서자와 대리 가족적 인간화(Humanization)의 동물로서 생물중심주의적 이미지나 상징성을 더욱 증대하거나 넓혀갈 것이다. 사이버스페이스에서 증폭될 것이고 문학 · 문화적 상호 맥락 관계에 있어서 일본 애니메이션과 영어 애니메이션의 영향과 더부어 고양이는 인간과 전

에 없던 특별한 매혹을 갖게 될 것이다. 그런 문학적 및 문화적 추세 가운데서도 아이러니컬하게 길이나 들이나 인간에 의해서 따돌림 되고 유기되어지는 고양이들의 수도 또한 비례적으로 늘어갈 것이다. 이것이 바로 고양이와 개에 대한 인간에 행태의 빛과 그림자로서의 이중양상이기 때문이다.

참고문헌

가와이 하야오(河合隼雄). 『인간의 영혼은 고양이를 닮았다(猫だましい)』, 최용우 옮김, 사계절(2017)
『국역 사가시집』. 임정기 옮김. 제44권. 민족문화추진회, 1976.
권영민. 『한국 현대문학사 1-2』. 민음사, 2002.
김동욱, 최인학 외. 『한국민속학』. 새문사, 1988.
김동욱. 『국문학사』. 일신사, 1976.
김병익. 『존재의 허구 그 불길한 틈』. (해설) 문학과 지성사, 2003.
김열규. 『한국문학사 2. 형상과 해석』. 탐구당, 1987.
______. 『한국민속과 문학연구』. 일조각, 1971.
김예리. 『이미지의 정치학과 모더니즘』. 소명, 2003.
김용직. 『님의 침묵의 총체적 분석』. 서울대학교출판부, 2010.
김원룡, 안휘준. 『신판 한국미술사』. 서울대학교출판부, 1993.
김우창. 『궁핍한 시대의 시인』. 민음사, 1977 / 1993.
김윤식. 『90년대 한국소설의 표정』. 서울대학교출판부, 1994.
김재홍. 『한용운 문학연구』. 일지사, 1982.
김재환. 『한국동물우화소설연구』. 1989.
김종대. 『33가지 동물로 본 우리문화의 상징세계』. 다른세상, 2001.
김창룡. 『한국가전연구』. 1997.
______. 『한국가전문학선』. 정음사.
김치수. 『외로움과 그 극복의 문제』. 1966.
김학동. 『한국근대시의 비교문학적 연구』. 일조각, 1981.
______. 『한국시인연구』. 서강대학교 인문과학연구소, 1991.
김현자, 김현숙, 황도경 외. 『한국여성시학』. 깊은샘, 1997.
김현주. 『판소리와 풍속화, 그 닮은 예술세계』. 효형출판사, 2000.
김흥식. 『조선동물기 서해문집』. 2004.
『동국이상국전집』. 권20. 고전간행회(1953) 번역 III. 민족문화추진회, 1970.

『동물대백과』. 아카데미서적, 1995.
류보선. 『자유의 왕국을 향한 세계적 모험』. 문학동네 가을호, 1997.
민병수. 『한국한문학산고』. 태학사, 2007.
______. 한국한시강해. 태학사, 1985.
박병상. 『탐욕의 울타리』. 『인간세계에 들어온 동물들의 삶』. 『우리가 이룬 디스토피아』. 이상부스, 2014.
박영대. 『우리그림백가지』. 현암사, 2002.
박정수. 『현대소설과 환상』. 새미, 2002
박창원. 『장용학의 소설에 나타난 모더니티 연구』, 1929.
박혜경. 『고양이의 영혼으로 살아간다는 것(해설)』.
박혜경. 『황순원문학의 설화설과 근대성』, 2001.
백기만. 『상화와 고월』. 청구출판사, 1951.
______. 『씨뿌린 사람들』. 사조사, 1959.
백철. 『신문학 사조사』. 신구문화사, 1983.
서거정. 『서사가전집(徐四佳全集)』, 旿晟社, 1980.
______. 『국역 사가시집』. 엄정기 옮김, 제44권, 민족문화추진회 2008.
성민엽. 『포스트모던시대의 자아탐구 (해설)』. 1997.
______. 『존재론적 고독의 성찰』. 1990.
『세계대백과사전』. 학원출판공사, 1983.
손진태. 『한국민족설화의 연구』. 을유문화사, 1947.
______. 『조선민담집』. 동명, 1930.
송욱. 『님의 침묵』 전편해설. 과학사, 1974.
송재소. 『다산시연구』. 창비, 2014.
심우장, 김경희 외. 『설화속 동물, 인간을 말하다』. 책과함께, 2009.
안병설. 『한국가전연구』. 1980.
안휘준. 『한국회화사연구』. 시공사, 2000.
양동국. 『한일근대시 접촉의 일단면』. 일본언어문화 5집, 2004.
______. 『청묘의 계보와 시취』. 일본문화학보 11, 2001.
______. 『萩原, 朔太郎 (하기와라 사쿠타로)の 青猫論 어문학연구』 제3집. 상명대학교 문화연구소.
염무웅. 『실존과 자유』. 요한시집, 1965.
유찬제. 『오정희 깊이읽기』. 문학과 지성사, 2007.

유지근. 『만해 님의 침묵 연구』. 『만해 시와 주제적 시론』, 1983.
윤리관. 『일월의 정치적 차원』, 1990
이가원. 『이조한문소설선』. 한국고전문학대계 17. 민중서관, 1971.
『이규보 문선』. 솔, 1997
『이규보연구』. 한국문학연구총서, 고전문학편 3, 새문사, 1986.
이색. 『목은집 시고(詩藁)』 권19권, 한국고전번역원.
이수광. 『지봉유설(芝峰類說)』 남만성 역. 을유문화사, 1975 / 1985.
이승훈. 『문학상징사전』. 고려원, 1995.
이유원. 『임하단기(林下單記)』. 민족문화추진회, 1999.
이익. 『성호사설(星湖僿說) 및 유선(類選)』. 민족문화추진회, 1926.
이재선. 『한국 현대문학의 해석』. 새문사, 1981.
이종목. 『정극순의 연뇌유고: 서양화, 변상벽, 매합에 대한 이야기를 겸하여』. 문헌과 해석 36권, 2006.
이종찬. 『한국한시대관』. 5, 이회문화사.
임석재. 임석재선집. 『한국구전실화』. 평민사, 1980.
장덕순, 조동일, 서대석, 조희웅. 『구비문학개론』. 일조각, 1971.
장덕순. 『한국설화문학연구』. 서울대학교출판부, 1970.
장석주. 『동물원과 유토피아』. 푸르메, 2013.
장현숙. 『황순원문학연구』, 2005.
정민. 『한시미학산책』. 솔, 1991/1999.
정병문. 『KOREA ART BOOK』. 예경, 2007.
정선태. 『군대의 어둠을 응시하는 고양이의 시선』. 소명, 2006.
조남현. 『한국현대소설』 3. 문학과 지성사, 2016.
조동일. 『한국문학통사』 1-5. 지식산업사, 1994.
『조선황실의 한글편지』. 『숙명신한첩』. 국립청주박물관, 2011.
조수학. 『가전연구』. 어문학 29호.
조희웅. 『조선후기문헌설화의 연구』. 형설출판사, 1980.
천이두. 『부전과 궁전』 〈일월〉의 문제집. 황순원 연구총서, 1973.
천진기. 『조선동물기』. 서해문집, 2003.
최내옥. 『한국구비전승의 연구』, 일조각, 1981.
최순우. 도판해설, 『한국미술전집 12』. 동화출판공사, 1973.
______. 『한국미술청년』. 현암사, 1993.

최인학, 최내옥, 임재해 편. 『한국민속연구사』. 지식산업사, 1994.
『한국구비문학대계』 2-7. 한국정신문화연구원, 1999.
『한국문화상징사전』 전2권. 동아출판, 1995
『한국한시대관』 1-3. 이종찬. 이회문화사, 1983.
허경진. 『한국의 한시, 사가서거정시선』. 평민사, 1998.

A. J. Gremas. *The Semiotics of Passion*, Minnesota University Press, 1993.
Ad de Vries. *Dictionary of Symbols and Imagery*, North-Halland Publishing Co., 1974.
C.A.S. Williams. *Encyclopedia of Chinese Symbolism and Art Motives*, The Julian Press, 1960.
Claude Aziza, Clause Oliviéri, Robert Sctrick. *Ditionnaire des symboles et des themes Litteraires*, Fernand Nathan, 1978. 『문학의 상징 주제사전』. 장영수 옮김. 청하, 1989/1997.
Dmitry Markov. *Socialist Literature*, Routledge Publisher Moscow, 1984.
Donald keene. Dawn to the West, *Japanese Literature of Modern Era* (Fiction), Holt Rinehart and Winston, 1984.
__________. *Poetry*, *Literary Criticism*, 1984.
Elisabeth Frenzel. *Motive der Weltliteratur Kroner*, 1976.
Gerard Genette. *Discours du recit*, 1972. 『서사담론』. 권택영 옮김. 교보문고, 1992.
Gregory Polleta. *Issues in Contemporary Literary Criticism*, Little Brown Co., 1973.
Heda Jason (ed). *Pattern in Oral Literature Mouton*, 1979.
J. E. Cirlot. *A Dictionary of Siymbolism*, New york, 1962.
Jachen Vogt. *Aspekte erzahlende prosa Westdautscher Verlag*, 1990.
James J. Paxson. *The poetics of personification*, Cambridge University Press, 1994.
Jean chevalier, Alain Gheerbrant. *A Dictionary of Symbols*, Blackwell, 1982/1994.
Jean-Charles Seigneuret (ed). *Dictionary of Literature Themes and Motifs*, Greenwood Press, 1988.

Jiaming Zhon. *Tiere in der Literature*, Max Niemeyer, 1962.
John Bradshaw. *Cat Sense*, conville & walsh LTD., 2013. 『캣센스』. 한유선 옮김. 들녘 Cogito, 2003.
Laura Otis. *Membranes, Metaphore of Invasion in Nineteenth-century Literature, Science and Poeitics*, The Johns Hopkins University Press, 1997.
M. M. Bakhtin. *Speech Genres and Other Essays*, University of Taxas Press, 1987.
Makoto Ueda. *Modern Japanese Poets and The Nature of Literature*, Stanford University Press, 1982
Margo De Mello. (ed) *Speaking for Animals : Animal Autobiographical Writing*, Routledge, 2013.
Margot Norris. *Beats of Modern Imagination*. Darwin, Nietzsche, Kafka, Ernst & Lawrence. The Johns Hopkins University Press, 1985.
Marie-Louise von Franz. *The Cat : A Tale of Femine Redemption*, 1999. 『융 심리학과 고양이』. 심상영 옮김. 한국심층심리연구소, 2007.
Mario Ortiz Rables. *Literature and Animal Studies*, Routledge, 2016.
Mary Allen. *Animals in American Literature*, University of Illinois Press, 1980.
Max Luthi. *Es war einma*l. vom wesen des volksmärchen van den Heak Puprecht, 1983.
__________. *Das europaischen volksmarchen* : Form und Wesen. UTB Franke, 1978.
Monica Schrader. *Epische Kurzformenc*, Scriptor, 1986.
Morst Daemonrich, Ingrid Daemmrich : *Spirals and Circles*. Peter Lang, 1984.
Pierre Brunel. (ed) *Companion to Literary Myth*. Heroes and Archetypes, Routledge, 1992.
Regin Robein. *Socialist Realism and Impossible Aesthetics*, Stanford University Press, 1992.
Robert Danton. *Great Cat Massacure*, 1984. 『고양이 대학살 : 프랑스 문화사 속의 다른 이야기들. 조한욱 옮김. 문학과 지성사, 1996.
Robert T Tally. *Spatiality*, Routledge, 2013.

Roman Jakobson, Claude-Levi Strauss. "*Charles Baudelaire's* (*Les Chat*)".
Stith Thompson. *Motif-Index of Falkliterature*, Indiana University Press, 1993.
Theodere Ziolkowski. *Varieties of Literature Thematics*, Princeton University Press, 1983.
________. *Disenchanted Images* : A Literary Iconology. Princeton University Press, 1979.
Udo Reinhardt. *Mythen-Sagen-Maichen* : Eine Einfuhrung mit exemplarischen Motivreihen Rombach, 2012.
Walfran Eberhaud. *A Dictionary of Chinese Symbols*, Routledge & Kegan Paul, 1986.
Werner Sollors. *The Return of Thematic Criticism*, Havard University Press, 1993.
Wolfgang Düssing. *Erinnerung und Indentitat*, Wilhefan Fink Verlag, 1982.
Wolfran Eherhard. *Forltales of China*, The University Press, 1965.
Antti Aarne, Stith Thompson. *The Types of the Folktale*, 1973.

掘江珠喜(호리에 다마기).『猫の比較文學』. ミネルヴァ書房, 1996.
事文類聚.『後十二 新編 古今事文類聚後集券戸 四十一 (毛蟲部)』.
水之江有一.『シンボル事典』. 北星堂書店, 1985.
赤祖父 哲二(아카쇼후 테스리).『英語イメージ辭典』. 三省堂, 1993.
伊藤信吉.『現代詩の鑑賞』. 新潮社, 1977.
凌欣欣 :『初唐詩歌中 季節之 研究』. 文津出版社, 1997.
段成式.『酉陽雜俎(유양잡조)』.
居阅时, 瞿明安.『中國象征文化』. 上海人民出版社, 2011.
中國象征辭典.『王文宝』. 天津教育出版社, 1991.
中島健藏.『日本近代文學一比較文學的にみた』. 清水 弘文堂, 1971.

찾아보기

ㅅ

ㅈ

ㅊ

ㅋ

ㅌ

ㅍ

ㅎ

A

G

H

I

J

K

L

M